教育部人文社科基金：效果推理决策模式下科技型新创企业创业资源整合研究
（12YJC630151）

浙江省自然科学基金：效果推理下的新企业创业资源整合方式选择研究
（LY14G020015）

国家自然科学基金：效果/因果两种推理导向下创业新手的资源整合行为理性研究（71672181）

浙江理工大学人文社会科学学术专著出版资金（2012 年度）

# 效果/因果两种推理逻辑下的新企业创业资源整合研究

彭学兵　刘玥伶　著

中国财经出版传媒集团

经济科学出版社
Economic Science Press

图书在版编目（CIP）数据

效果/因果两种推理逻辑下的新企业创业资源整合研究/
彭学兵，刘玥伶著．—北京：经济科学出版社，2016.6
ISBN 978 - 7 - 5141 - 6643 - 9

Ⅰ.①效…　Ⅱ.①彭…　②刘…　Ⅲ.①企业管理 –
研究 – 中国　Ⅳ.①F279.23

中国版本图书馆 CIP 数据核字（2016）第 043047 号

责任编辑：袁　溦
责任校对：郑淑艳
版式设计：齐　杰
责任印制：邱　天

效果/因果两种推理逻辑下的新企业创业资源整合研究
彭学兵　刘玥伶　著
经济科学出版社出版、发行　新华书店经销
社址：北京市海淀区阜成路甲 28 号　邮编：100142
总编部电话：010 – 88191217　发行部电话：010 – 88191522
网址：www.esp.com.cn
电子邮件：esp@ esp.com.cn
天猫网店：经济科学出版社旗舰店
网址：http://jjkxcbs.tmall.com
北京密兴印刷有限公司印装
710×1000　16 开　18.25 印张　380000 字
2016 年 6 月第 1 版　2016 年 6 月第 1 次印刷
ISBN 978 - 7 - 5141 - 6643 - 9　定价：69.00 元
（图书出现印装问题，本社负责调换。电话：010 – 88191502）
（版权所有　侵权必究　举报电话：010 – 88191586
电子邮箱：dbts@ esp.com.cn）

# 前　　言

　　大众创业、万众创新的时代背景下，创业成为广受实践界关注的热点。而创业对经济增长、创新和就业的贡献，使得创业管理成为理论界研究的热点。资源整合作为创业管理中一个重要环节，对新创企业的生存和发展具有重要作用。创业者能否成功地开发出机会，进而推动创业活动向前发展，与他们掌握和能整合到的资源，以及对资源的利用能力息息相关。因此，有学者认为创业的过程就是创业者建立、整合和拓展资源的过程，是创业者获取必要资源后，对拥有的各种资源进行重新排列和评估，并通过整合各种资源为创业的顺利进行创造必要条件，满足顾客需要的过程（蔡莉等，2006）。进而有学者提出，资源观是一种能更好理解企业创建过程和创业战略导向的分析视角（买忆媛和徐承志，2012）。

　　然而，传统资源观重点关注资源特性对企业持续竞争优势的影响，缺少对资源组合效应的研究。资源整合理论则重点考察资源的组合效应在企业竞争优势和绩效中的作用，因而成为解释创业问题的重要理论视角。面对资源约束的窘境，新创企业如何充分挖掘资源的价值显得格外重要。创业资源整合通过协调、配置和组合创业资源等重要环节，最终使资源转化为能力，实现资源价值最大化。创业资源整合成为解决新创企业资源约束、实现资源价值到能力转换的重要手段，是创业成功的关键环节之一。然而，由于资源、经验及能力不足等"新创缺陷"，新创企业往往掉入资源整合"陷阱"，一个重要原因，是他们不懂得如何开展有效的资源整合（郑德明，2014）。因此，新企业的创业资源整合是新创企业前进过程中需要解决的一项重大课题，也是创业管理和资源管理领域的重要研究课题。

　　正是意识到创业资源整合的重要性，大量学者已从创业者个体特征、创业环境、整合的资源内容和创业网络等方面对创业资源整合的相关问题展开了研究。但是，现有的这些研究无论是从资源整合的形式入手（如 Cai et al. , 2014；Sirmon et al. , 2011；蔡莉和尹苗苗，2009），还是从整合的资源内容入手（如蒋天颖和程聪，2011；林嵩，2005），或者从资源整合过程入手（如董保宝等，2011；汪秀婷和程斌武，2014），都只是从外部现象去分析资源整合方式，缺乏对资源整合背后决策逻辑的深入分析与探究，因此无法有效探明资源整合更深层次的内在机理。基于资源整合现象的研究只能对创业者提供经验式的指导意见，而无法深入决策者内心世界提供更深入的指导。由此，基于效果/因果两种推理逻辑分析创业资源整合问题，是创业资源整合研究必然要跨越的鸿沟。

另外，现有资源整合理论主要针对成熟企业在稳定环境和未来可预测情境下开展的资源整合分析，这是一种在传统计划行为逻辑基础上，按照因果推理逻辑开展的资源整合分析思路。这种思路在分析环境高度不确定和未来不可预测的创业情境时解释力明显不足。而基于环境不确定和未来不可预测的事件空间提出的效果推理决策逻辑，为我们解释创业情境下的资源整合问题提供了新的分析思路。大量研究表明，新创企业在成长过程中，会同时存在因果推理和效果推理两种创业行为决策逻辑，为此，本书从效果/因果两种推理逻辑分析新创企业的资源整合问题，为揭示新创企业的资源整合机理提供了一个重要的分析视角。

本书从效果/因果两种推理逻辑研究新创企业的资源整合，分析新创企业如何构建资源组合、如何整合资源、如何选择合适的资源获取和资源整合方式、创业资源获取和整合方式如何演变，以及如何评价创业资源的整合效果等理论和实践问题。并在实证篇通过相关实证研究检验上述理论问题。

全书共分导论篇、理论篇和实证篇三个篇章。其中，导论篇为第一章，即绪论，主要介绍研究背景、国内外研究现状及发展动态、本书研究内容等。

第二至六章为理论篇。其中，第二章为构建新创企业的资源整合，主要从新创企业识别创业资源、获取创业资源和配置创业资源三个方面分析新创企业如何构建资源组合。

第三章为整合新创企业的创业资源，主要从新创企业的创业资源整合方式、效果/因果推理下的创业资源整合、资源整合协调机制三个方面进行分析。

第四章为创业资源获取和整合方式选择，分别从初始资源条件、创业环境、技术能力、吸收能力、信任机制和知识产权保护等角度论述创业资源获取方式选择；分别从不确定性、创业认知、创业网络、创业动机、制度环境和效果/因果推理等方面分析新创企业的资源整合方式选择机制。

第五章为创业资源获取与整合方式演变。新创企业获取和整合资源的方式并非一成不变，而是会随着企业的发展阶段、环境的变化、企业战略的调整等作出适应性调整。本章将在前述抽象出的资源获取与整合方式类型基础上，通过案例研究探讨中国转型经济背景下新创企业创业资源获取和整合方式的演进路径和演进机理。

第六章为创业资源整合效果的综合评价，从资源整合水平、资源整合能力以及创业资源整合对新创企业绩效的影响三个方面论述如何评价创业资源整合效果。

第七至十一章为实证篇。第七章、第八章实证研究影响新创企业资源获取和资源整合的因素，第九章、第十章实证研究新创企业资源获取和资源整合对新创企业绩效的影响，第十一章综合研究创业资源整合的前因和后果。其中，第七章实证研究先前合作经验对技术资源获取方式选择的影响；第八章实证研究环境不确定性对创业资源整合的影响，以及利用权变的中介效应和创业自我效能感的调节效应；第九章实证研究创业资源整合对新创企业绩效的影响，以及资源整合协调机制的调节效应；第十章实证研究创业资源整合对新创企业绩效的影响，及效果推理的调节效应；第十一章实证研究环境动态性情境下效果推理、创业资源整合与新创企业绩效的关系。

作者

2016 年 5 月

# 目　录

## 导　论　篇

# 理 论 篇

## 实　证　篇

导论篇

# 第一章

# 绪　论

## 第一节　研究背景

【引导案例】创业的两个核心问题是人才和资源问题，优秀的人加起来才能成就一件伟大的事，否则这件事可能做不大；而要做成一个事是需要时间的，要超常规发展，就需要做资源整合，把原有资源连接起来，我们把学生所需要的服务提供商，用金融的方式连接起来，让它快速地流动，另外一块是来自于跨行业，或者是不同的上下游资源，包括投资的连接，我们把这些资源整合成一个良好的生态，从而能够在竞争环境中保护自己。①

创业对经济增长、创新和就业的贡献，以及大众创业，万众创新的时代背景，使创业管理成为当前理论界和实践界关注的热点。资源整合作为创业管理中一个重要环节，对新创企业的生存和发展具有重要作用。创业者能否成功地开发出机会，进而推动创业活动向前发展，通常取决于他们掌握和能整合到的资源，以及对资源的利用能力。创业的过程就是创业者建立、整合和拓展资源的过程，是创业者获取必要资源后，对拥有的各种资源进行重新排列和评估，并通过整合各种资源为创业的顺利进行创造必要条件的过程。创业活动实际上是在识别机会的基础上，整合资源满足顾客需求的过程（蔡莉等，2006）。阿尔瓦雷斯和布西奈兹（Alvarez & Busenitz，2001）也认为创业是一种资源的重新整合。在创业文献里，资源观是一种能更好理解企业创建过程和创业战略导向的分析视角（买忆媛和徐承志，2012）。蔡莉等（2007）也指出中国转型经济背景下基于资源视角研究创业的必要性。面对资源约束的窘境，如何充分挖掘资源的价值显得格外重

① 编辑自杭州和江大学校友会 2015 年 8 月 22 日钱志龙校友在"从零到壹、创业中国"论坛上的分享。

要。创业资源整合通过协调、配置和组合创业资源等重要环节，最终使资源转化为能力。创业资源整合成为解决新创企业资源约束、实现资源价值到能力转换的重要手段，是创业成功的关键环节之一。

中国人的创业精神自古有之，从春秋战国时期弃官从商、后人尊称为商圣的范蠡①，元朝依靠海外贸易富甲天下的沈万三，晚清时期的"红顶商人"胡雪岩，民国时期为实现实业救国理想而创业的企业家张骞，到新中国成立初期为新中国的工业振兴做出卓越贡献的红色资本家荣毅荣。从最早以经营票号出名的晋商，到以经营范围广泛与晋商齐名的徽商，以及较早经营海上贸易及在海外发展而成名的潮商，再到福商、陕商、龙游商帮、宁波商帮、山东商帮、洞庭商帮等崛起于明清期间的十大商帮②。如果说这些中国早期的创业者是在一种创业资源相对稀缺，创业生态环境较差的环境中，主要通过整合有限的资源开展创业活动的话，今天中国的创业资源已经相当丰富，创业生态环境已经得到极大的改善，今天的创业者可以整合到更多的资源，资源管理手段也更加丰富。因此，迫切需要结合中国转型经济的制度背景，研究中国情境下的创业资源整合问题。

新中国创业者的创业活动是随着中国转型经济的发展而逐渐开展的。自1956年中国共产党第八次全国代表大会决定进行"经济管理体制改革"进行的行政性分权尝试，经过1978年中共十一届三中全会后增量改革战略的实施，到1992年中共第十四次代表大会确立建立社会主义市场经济改革目标的确立（吴敬琏，2003），中国经济开始了漫长的从计划经济向市场经济的转型之路。这场转型使得中国完成了西方发达国家200多年才完成的工业化和现代化之路，也使得中国经济经历了30多年的高速增长。转型经济带来的巨大商业机会使得一方面，中国人的创业热情得到极大释放并在创业上取得极大成功；但另一方面，转型经济带来的市场体系不完善、法制建设不健全、知识产权保护落后、信用机制缺乏等，使得创业面临极大的不确定因素（高建和石书德，2009）。这种创业环境的不成熟与创业经济成功的极大反差，使得越来越多国内外学者关注中国的创业现象。一些学者试图用西方成熟经济体发展起来的各种理论来解释中国转型经济背景下的创业现象，比如制度理论、社会网络理论、计划行为理论等，但因为转型带来的创业环境变化使得新企业的创新战略决策、创业融资、人力资源管理、新产品开发、创业营销等都不同于成熟市场经济体（如孙永风和李垣，2007；沈洪明，2006；赵慧娟和龙立荣，2008等），因而西方成熟经济体下的创业理论在解释中国创业现象时遇到困境。由于中国创业者在进行创业决策时会遇到更多不确定性和更加复杂的情境影响因素（张玉利等，2012），中国情境下的创业行为不

---

① 李雪峰. 华商之最 [J]. 信息经济与技术，1995.
② 曹天生. 旧中国十大商帮 [J]. 中国商人，1998.

同于成熟市场经济国家（Shan et al.，2014）。因此，迫切需要结合中国实际研究中国的创业行为，发展中国转型经济下的创业理论。当前，我国正处于制度转型和经济转型的特殊阶段，中国创业者在进行创业时会遇到更多不确定性、更多创业资源要素瓶颈、更复杂的网络关系等复杂的情境影响因素。这些特殊因素导致中国情境下的新创企业开展资源整合活动不同于成熟市场经济国家，具有特殊性（Shan et al.，2014；尹苗苗等，2014）。因此，研究中国转型经济背景下的创业者如何整合创业资源具有重要的现实意义。

在创业研究领域，创业资源整合即如何及为什么整合创业资源以开发和利用机会是一个重要研究主题。就如何整合创业资源而言，一些学者从资源管理的过程分析资源整合，如布拉什（Brush et al.，2001）将新创企业构建资源基础的过程划分为集中资源、吸引资源、整合资源、转化资源四部分；西尔蒙（Sirmon et al.，2007）则将资源管理过程划分为构建企业的资源组合、绑聚资源以形成能力、利用这些能力来为顾客和所有者创造并保持价值的过程三个阶段。另一些学者则分别针对技术资源整合（如 Van de Vrande et al.，2009）、新产品开发（如 Tomes et el.，2000），技术商业化（如 Kollmer & Dowling，2004）、人力资源整合（如颜仕梅，2009）等具体的创业资源整合问题展开研究。

而就为什么采取某种资源管理方式的研究而言，一些学者采取经济学关于交易治理方式的分类视角研究创业资源整合问题。但以往研究往往只看重有形资源的整合，忽视无形资源的整合；只关注狭义创业资源整合，忽视广义创业资源整合。组织创造研究中，组织资源主要指物理资源，包括人力资源、财务资源、财产资源（房产、设备、原材料）和信誉，不包括内生于意向的信息、概念等主观资源（Katz & Gartner，1988）。而创业过程往往需要整合信息、技术、人类动机、人的能力、组织设计等要素（谭劲松等，2009）。以往研究发现，创业者、创业团队、科技资源、融资环境、社会网络等式导致新创企业技术创业成功与否的关键因素（如 Shane & Stuart，2002；杨俊和张玉利，2004；林嵩等，2005；贺小刚和沈瑜，2007 等）。但以往研究较少从创业资源整合视角研究创业的成功与否。而不同类型资源之间的交互效果是初创企业成功的前提（Brush et al.，2001），忽略资源之间的交互效果可能导致矛盾的解释（Heirman & Clarysse，2004）。而且，在转型经济背景下，创业动机、创业能力、创业环境等都不同于成熟经济。因此，迫切需要从新的视角，综合不同的理论和方法来研究转型经济背景下新企业的创业资源整合问题。

一个企业总是建基于一个特殊的资源组合，这些资源组合在一起形成一个对创业者有价值的整体（Penrose，1959）；不同的资源组合产生不同的产品和服务。已有研究表明，新企业创建过程并非只是对已有资源的简单汇集，而是要求创造资源接口，并随着买方与卖方资源基础的连接而导致买卖双方技术和组织上的相互依赖（Ciabuschi et al.，2012）。基于资源观的创业理论认为，创业是识别机会和整合资源以形成企业竞争优势的资源开发过程（Stevenson，2001）。但资源观只关注了资源的异质性，而创业理论则关注创业者对资源价值的异质性认知，正是这种对资源价值的异质性认知导致机会被创业者而非其他人开发和利用（Alvarez & Barney，2000）。资源整合是完成机会开发，实现由资源到符合消费者需要的产品或服务的基础。而创业是创业者组织创业公司的组织资源、技术系统和战略以追求机会的过程（Shane & Venkataraman，2003），是创建新的资源组合，使创新可以实现的一系列活动（罗伯特等，2004）。而整合方式则是将公司战略、结构和管理过程塑造成一个有效整体的总逻辑（Miles et al.，1997）。基于资源观的创业理论认为，创业者对资源价值的不同认知，导致他们对资源采取不同于非创业者的处理行为（Alvarez & Busenitz，2001）。创业实际上是创业者发现和挖掘资源的独特价值的过程，从识别机会、整合资源，到开发和利用机会都需要各种资源。

　　传统因果推理决策逻辑分析框架下，创业是创业者理性计划下承担风险，并在可预测的目标指引下完成机会识别、资源整合、机会开发和机会利用的一系列线性决策过程（Fisher，2012），创业资源整合是创业机会识别的自然延伸和创业机会开发与利用的必然前提。这是一种我要整合什么、我要如何整合的因果推理资源整合决策逻辑。这种逻辑假设创业者可预测未来的资源整合环境，不存在资源、能力约束，通过选择合适的资源整合方式可以达到预设的资源整合目标。由于主流管理研究和创业研究所秉持的经济学、管理学和社会学基础假设发生了深刻变化（张玉利等，2011），在将因果推理决策逻辑运用于分析创业情境时，其解释力受到质疑。

　　与成熟企业的资源整合相比，新创企业的资源整合面临更高的产品、技术、市场、政策等不确定性，面临因为新而导致的更多资源与能力约束。新企业与既有企业资源整合存在明显差异：既有企业能够以资源交换资源的商业方式获取所需资源，而新企业不行；既有企业已建立一定声誉和关系网络，能够凭借可靠性和网络关系获得资源，而新企业在新进入缺陷的状况下，即便团队内部的信任和资源投入也不是那么可靠。新企业在面临新进入缺陷情况下，只有克服合法性门槛，才能有效通过网络方式获得来自创业团队及其外部的资源（杜运周等，2008）。这些内外环境使得创业者按照因果推理的计划行为逻辑的理想决策模型做出的创业资源整合决策不一定能达到满意效果。在高不确定的创业情境下，受制于资源和能力约束的创业者无法在有了明确的目标和预测竞争对手行动和反应基础上进行有计划的创业资源整合活动，他们只能基于掌握的资源和能力进行创业拼凑（Entrepreneurial Bricolage）（Baker & Nelson，2005；Desa，2012；秦剑，2012），并且经常采取设计与执行同时发生的资源整合即兴创造（Improvisation）

（Hmieleski & Corbett，2006）和适应性调整等有限理性策略以应对随时出现的机会。这是一种我能整合什么资源，我能如何整合的资源整合决策逻辑。这种逻辑充分考虑了外部环境不确定性和内部资源/能力约束，因而可以更好地解释创业资源整合现象。

按照效果推理理论，在进行创业资源整合决策时，创业者首先分析我拥有哪些创业资源？我可以整合哪些创业资源？我拥有怎样的资源整合能力？然后考察可能的资源整合目标，选择可能的资源整合方式（Sarasvathy，2001；Perry et al.，2011）。按照效果推理理论，面对不确定性、不可预测性和资源、能力与可承担损失约束，创业者尽量利用先前承诺、战略联盟和灵活性来降低外部环境不确定性对创业决策的影响，并利用其掌握的资源和能力，在可承担损失范围选择合适的创业行为（Sarasvathy，2001；Sarasvathy & Dew，2005；Costa & Brettel，2011；Fisher，2012）。效果推理理论既考虑外部环境的不确定性和未来不可预测性，也充分考虑了自身资源、可利用手段、可承担损失等"有限理性"约束对决策行为的影响，因此，适合解释环境不确定、受资源和能力约束的创业资源整合现象。为此，提出基于效果/因果推理两种决策逻辑的创业资源整合研究思路。

综上，创业情境下，不确定性、未来不可预测性、有资源和能力约束是创业者面临的内外环境，传统因果推理单一决策逻辑忽视环境变化对决策行为的影响，因而其资源整合研究的分析思路在解释创业资源整合问题时存在缺陷。而从效果/因果两种推理逻辑进行分析，充分考虑了这些创业情境环境对决策行为的影响，因而可以弥补传统分析思路研究的不足，更好地解释创业资源整合现象。为此，本研究从效果/因果两种推理逻辑分析创业资源整合问题，构建了一个效果/因果两种推理逻辑下的创业资源整合分析框架。

## 第二节　国内外研究现状及发展动态分析

本研究来源于资源整合和效果推理两个研究领域，因此，接下来的研究综述围绕这两个领域展开。从资源整合视角研究创业是创业领域一个重要研究方向，研究主题涉及创业资源分类与识别、创业资源获取、创业资源整合，以及新创企业资源束的演化等等。

### 一、新创企业资源的分类

公司某一时点上的资源指企业长期持有的有形和无形资产或要素存量（Wernerfelt，1984），包括公司控制的用来设计和执行战略以提高其效率和效果的所有资产、能力、组织过程、公司特征、信息、知识等（Daft，1983；Barney，1991）。企业通过利用各种其他如技术、管理信息系统、激励系统、信任等资产和整合机制将这些要素转换成产品或服务（Amit & Schoemaker，1993）。巴尼（Barney，1991）将企业发展所需要的资源归纳为物质资源、人力资源和组织资源三类，其中，物质资源包括物质技术、厂房与设备、地理位置、原材料获取途径等；人力资源包括公司管理者和工人的培训、经验、判断、智力、关系和见识等；组织资源包括企业正式的报告结构、正式的和非正式的规划、控制和协调系统以及企业内部、企业之间及企业周围各群体间的非正式关系。沃纳费尔特（Wernerfelt，1997）则将公司资源分为物质资源、财务资源和无形资源三类。阿密特和休梅克（Amit & Schoemaker，1993）将公司资源分为七类：（1）财务资源；（2）物质资源（地址、厂房、接近原材料、交通运输等）；（3）人力资源；（4）技术资源；（5）声誉资源（形象，品牌，忠诚，信任，商誉）；（6）组织资源；（7）社会关系资源。格兰特（Grant，1991）则将公司资源细分为财务资源、物质资源、人力资源、技术资源、声誉资源和组织资源六类。

　　布莱克和博尔（Black & Boal，1994）依据构成可持续竞争优势基础的资源应具有稀缺性和不可识别性两个特点，将公司资源分为可控资源（Contained Resources）和系统资源（System Resources），可控资源由那些资源要素间可识别的简单网络构成，这些要素可以通过货币定价。系统资源是由公司资源要素的复杂网络创造，这些复杂网络包括了嵌套的系统资源、内聚资源以及其他资源要素。复杂意味着网络没有清晰的边界，因而定价困难。战略性系统资源是由可交易和不可交易的要素存量和要素流量，以及它们之间相互关系构成的复杂网络。

　　维克隆德和谢泼德（Wiklund & Shepherd，2003）、朱秀梅和李明芳（2011）则将创业资源划分为资产型与知识型资源两大类，资产型资源主要指投入的有形的资源，主要包括金融、物质、人力、技术和市场资源。而知识型资源指企业对有形资源进行整合和转化的资源，主要包括技术诀窍、知识产权、品牌等无形资产；行业、市场、产品和技术等商业知识；引导企业行为的各种正式和非正式的规章、制度、流程和方针政策，执行复杂任务的企业战略和价值观，技术、产品、生产运作、市场营销、顾客服务和经营管理等方面的知识和技能的组织知识。此外，行业和政策信息对于新企业识别和开发创业机会也是至关重要的，信息资源也应划归到知识资源的分类之下。

　　卡特（Carter et al.，1997）将创业资源分为社会资源和创业者自身拥有的资源两大类，林嵩等（2005）则按照资源对企业成长的作用将创业资源分为创业要素资源和创业环境资源两大类，创业要素资源指那些直接参与高科技企业日常生产、经营活动的资源，创业环境资源则指那些虽然未直接参与企业生产，但是其存在极大地提高了企业运营有效性的资源，高科技企业发展过程中所需要的创业要素资源主要包括场地资源、资金资源、人才资源、管理资源和科技资源五种类型，而创业环境资源包括政策资源、信息资源、文化资源和品牌资源四种类型。林嵩（2007）则将创业资源分为政策资源、信息资源、资金资源、人才资源、管理资源和科技资源六种类型。

布拉什等（Brush et al.，2001）将新创企业构建的初始资源分为人力资源、社会资源、财务资源、物质资源、技术资源和组织资源六类，且每种资源的复杂性维度都包括从简单到复杂。简单资源指那些看得见的、具体的、财产基础的资源，而复杂资源指那些看不见的、系统的和知识基础的资源。如财务资源是简单资源，而人力资源是复杂资源。曾坤生和胡文静（2009）将创业资源分为社会网络资源、信息资源、资金资源、人力资源、组织资源和技术资源六种类型。恰布斯基（Ciabuschi et al.，2012）则认为，传统的资源分类方式对某些特殊资源没有提供任何有意义的信息，它导致人们错误地认为各种实体天然就是资源要素，因为只有在具体行动中，某些事物才能成为资源，资源是创业者寻找目标和方法过程中涌现出来的，是动态的。新企业的创建过程并非线性的，机会开发和机会利用之间并没有明确的界限，创业者是机会的共同创造者。他们通过案例研究，发现每个企业都拥有一套与其创业情景相适应的专门的资源组合，任何企业的关键资源需求都不在企业正式组织的控制范围。任何有形资源（如物质、产品、设施，运作系统）和无形资源（如财务、个人和集体知识和能力）对企业都有价值，资源是个相对的概念，由于资源异质性，资源要素的价值取决于其如何被整合（Penrose，1959），随着创业者互相影响和组合现有资源，新的不连续的资源涌现出来（Håkansson & Waluszewski，2007）。阿尔瓦雷斯和巴尼（Alvarez & Barney，2000）认为，企业家能力，如灵敏与灵活的决策能力、创造力、独创性和远见等，在本质上都是不可模仿的独特资源。而阿尔瓦雷斯和布西奈特兹（Alvarez & Busenitz，2001）则认为，包括机会认识和机会搜寻行为的创业认知（Entrepreneurial Recognition）和整合与组织资源的过程也是创业资源。

库珀等（Cooper et al.，1994）认为人力资源、财务资源、技术资源是新创企业必备的三种初始资源。海尔曼和克莱瑞斯（Heirman & Clarysse，2004）也认为上述三种初始资源比较重要，并认为不同的新创企业具有不同的初始资源结构，在初始资源结构形成过程中技术资源、财务资源和人力资源相互影响。阿里尔德等（Arild et al.，2005）研究发现，初始资源中创业团队职业经验的差异性和较高的技术水平最有可能减少企业的失败。马内夫等（Manev et al.，2005）认为在转型经济下社会网络资源是重要的初始资源，因为创业者需要与合作者、供应商、顾客及一些机构建立联系。弗罗林和玛丽亚（Florin & Maria，2001）也认为社会网络资源和人力资源是重要的初始资源，在新创企业创建阶段这两种资源是获得财务资源的重要途径。谢恩和斯图尔特（Shane & Stuart，2002）认为创业者的社会网络资源在初始资源中非常重要，数据分析表明创业者与风险投资者直接和间接的关系有利于企业获得资金且减少企业失败的可能性。

## 二、创业资源组织

组织创业资源是新创企业识别创业机会后，通过识别资源，获取资源和配置资源以开发机会的过程。不同的资源组织方式产生不同的资源基础和资源组合效果，因此，一些学者尝试研究资源的组织方式。组织方式（Organizational Form）指开展一项活动的方式或方法，包括资源获取方式、领导方式、组织结构、生产资源配置方式、团队协作方式等。创业资源组织方式是企业在创建和发展过程中逐步形成和完善的一种经营模式，包括创业开始采取的初创期模式，在发展过程中形成的成长期模式，以及成熟或定型期模式（陈寒松和张文玺，2005）。创业资源组织方式在一定时期内保持相对稳定，但创业资源组织方式具有明显的时代特征，随着技术发展和社会变迁而变化。

早期组织研究者主要研究企业的内部资源组织方式，尝试阐明一个组织的最佳形式。直到 20 世纪 50 ~ 60 年代，劳伦斯和洛尔施（Lawrence & Lorsch，1967）权变理论的出现，才认识到组织的最佳形式依赖于组织所处的环境。经济学对组织的研究使得资源组织方式的研究由内部组织转向外部组织。资源组织方式在经济学中指资源的配置方式。自科斯（Coase，1937）最早提出企业和市场两种替代的交易资源组织方式，经威廉姆森（1985）、乌奇（Ouchi，1980）等人的拓展，交易资源组织方式的研究已经拓展到包括市场到科层制连续谱中几乎所有的资源组织方式（Chesbrough & Teece，2002；Baker et al.，2008）。

在创业研究领域，罗伯茨（Roberts，1980）较早提出包括公司风险投资、创业培育、资产派生、大企业与小企业合资、创业兼并或融合和内创业在内的公司创业资源组织方式连续谱。蒂斯（Teece，1986）也认为，公司可以自己建立需要的补充资产（一体化方式），也可以与其他公司合作（联盟方式），或者将技术出售（市场方式）。而谢恩和文卡塔拉曼（Shane & Venkataraman，2000）则从机会开发角度提出了机会开发的市场方式和科层制方式。罗伯茨（1980）按照创业者或创业企业参与到新事业的程度，将公司创业资源组织方式归纳为：公司风险投资（CVC）；风险扶持（Venturing Nurturing）——不仅投钱，而且给予管理帮助；风险资产派生（Venturing Spin-off）——研发活动的副产品；新式合资（New-style Joint Venture）——大公司和小公司联合进入新的领域；风险兼并或融合（Venture Merging & Melding）——各种风险的融合；内部创业（Internal Ventures）——公司建立内部实体（一个完全分开的部门或群体）以便进入不同的市场或开发完全不同的产品。蒂斯（1986）也认为，公司创业资源组织方式包括自己建立需要的补充资产（一体化方式），与其他公司合作（联盟方式），或者将技术出售（市场方式）。一些学者基于创业企业是否营利而将创业分为营利性和非营利性两种创业资源组织方式。如约翰逊（Johnson，2000）和卡农（Cannon，2000）认为，具有社会目的的创业包括共同财富的创业，非营利企业，慈善事业的创业，社会企业创业和公民创业等。

国内学者严志勇等（2003）从新创事业来源的角度分析了中国高技术小企业的技术创业资源组织方式，认为中国的高技术小企业存在研发单位的衍生公司、技术企业家需求资金自行创业成立公司、公司内部技术创业的衍生公司、公司技术引进或技术转移衍生的新公司和资本家需求技术创业家合作发展成立的公司等五种技术创业资源组织方式；而冯玲和陈林奋（2001）则分析了中国学术型企业衍生过程的五种要素组合模式：独立主体—技术推动、技术企业家、技术企业家与内部风险资金、母体组织内部风险基金的商业驱动和外部企业家与风险投资者联盟。这些研究虽然并未直接提及技术创业的资源组织方式问题，但一方面说明从资源组织方式角度研究创业的重要性；另一方面也为创业资源整合方式更深层次的研究提供了有益借鉴。刘健均（2003）基于创建企业的创新层次，列举出产品创新，市场营销模式创新，以及企业组织管理体系创新的创业资源组织方式。

另有一些文献主要针对研发活动资源组织方式（如 Narula，2001）、资源获取方式（如 Desyllas & Hughes，2008；Van de Vrande et al.，2009）和技术产品商业化方式（如 Kasch & Dowling，2008；Vivek et al.，2009）等展开研究。一些学者（如 Zahra，1996；Narula，2001；Schilling & Steensma，2002；Tsai & Wang，2008 等）研究了创业企业的技术获取方式，将公司的技术获取归纳为独立从事技术研发、与合作者研发联盟、收购成熟公司技术、技术许可或从外部购买或引进技术。范登兰德等（Van de Vrande et al.，2009）则按照灵活性和公司参与到新事业的程度将公司外部技术引进方式进一步细分为非股权联盟、公司风险投资、少量持股、合资和并购五种。

周二华和陈荣秋（1999）将技术开发方式归纳内部开发、实体式技术合作和非实体式技术合作。他们还比较了不同技术开发模式的特点，认为内部开发没有其他企业的参与和介入，所以不仅可以防止技术专长的无意泄露，也可以杜绝伙伴有意的机会主义行为，同时有利于促进企业内部人员的知识和信息的交流，提高开发工作效率；而实体式技术合作通常伴随着具有独立主权，有自己独立的组织制度和运行规则的新实体的产生，合作伙伴往往通过持有实体的股票形成对实体的共同主权，从而协调伙伴之间的利益和目标，减少矛盾和冲突的可能，限制机会主义动机。但实体式技术合作往往导致较高的启动费用、交易费用和管理费用，因为建立实体式合作关系不仅需要对特定的技术创新进行专门投资，还要建立一套独立的运行规则，而且实体日常运作独立于合作伙伴之外单独进行，所以必然引起大量额外的管理费用，同时增加的额外投资使得实体式技术合作的退出壁垒增高，规避风险的能力减弱。而且合作成员共同决策、共同管理必然使实体的日常运作过程变得复杂，减少了实体的灵活性。与此相对，非实体式技术合作比实体式技术合作具有更大的灵活性。首先，由于非实体式技术合作中没有实体产生，技术合作的大部分运作仍留于合作成员内部，需要投入的启动费用很低，需要增加的额外治理费用也很少，合作伙伴的贡献相对有限，合作关系的退出壁垒低，企业可以随意退出而逃避风险。其次，进行非实体式技术合作的企业只需遵照合作协议中的条款执行自己的义务，并不需要事事都联合决策，因此与实体式技术合作企业被迫进行一些不必要的联合决策相比，非实体式技术合作的企业通常具有更大的余地。但另一方面，由于非实体式技术合作伙伴之间没有主权关系，所以很难协调合作伙伴的利益、控制它们的行为，达到有效防止机会主义行为的目的。

克里斯琴（Christian，2000）基于创业的创意来源，将创业资源配置方式分为：复制型创业、模仿型创业、演进型创业和创新型创业四种创业资源配置方式。郭鲁伟和张健（2002）将创业资源配置方式归纳为主要的四种类型：项目小组、内部创业、创业孵化器和公司风险投资。赵应丁和李晓玉（2005）把科技型中小企业创业资源组织方式分为以下几种：（1）完全由科技人员自愿合作的模式；（2）大专院校、科研院所与社会力量合作创办模式；（3）大专院校、科研院所自主创办的模式；（4）借助外力，与外商合资或合作创办的模式；（5）乡镇企业提升方式，这种方式主要以集体或股份制为主。

资源依赖理论（RDT）认为，组织无法自给自足，作为一个开放系统必须依赖环境提供资源，为了获得生存所需要的资源，必须与环境要素进行交易。因此，组织行为和结果受其嵌入的环境影响。但管理者并不是被动的适应环境，他可以采取积极的行动减少不确定性和对环境的依赖，其中心是对关键资源的控制权。组织可以采取五种行为减少环境依赖，包括并购、合资、参与董事会、政治行为（通过政治手段尽量创造有利于自身的环境）、管理者继承（Pfeffer & Salancik，1978）。

### 三、创业资源整合

只有不同类型创业资源之间的良好配合，才能真正理解创业资源对初创企业成功的作用，忽略资源之间的交互效果可能导致矛盾的解释（Heirman & Clarysse，2004）。因此，一些学者从要素组合角度分析创业资源整合方式。如冯玲和陈林奋（2001）分析了中国学术型企业衍生过程的五种要素组合模式：独立主体—技术推动；技术企业家；技术企业家与内部风险资金；母体组织内部风险基金的商业驱动；外部企业家与风险投资者联盟。林嵩等（2005）则提出以资金、场地等有形资源为高科技企业发展的基础要素，以人才、管理、科技资源为发展的关键要素，以政策信息品牌文化等环境资源为促进资源的创业资源整合思路。

创业资源整合的研究起源于资源观的创业理论。该理论认为，创业是识别机会和整合资源以形成企业竞争优势的资源开发过程（Alvarez & Busenitz, 2001; Stevenson, 2001），是创业者拓展资源整合能力的过程（秦志华和刘艳萍, 2009）。布拉什等（Brush et al., 2001）将创业型企业构建资源基础的过程归纳为集中资源、吸引资源、整合资源和转化资源四部分。但企业的资源只有经过有效的整合和配置才能发挥集聚效应，给企业带来持续竞争优势（Sirmon & Hitt, 2003）。因此，从资源整合角度分析创业成为一个重要的研究视角。

尽管有关资源整合的研究非常丰富，但到目前为止对资源整合的内涵还没有形成一个完全一致的认识。格兰特（1996）将整合定义为组织协调和配置知识资源的过程。一些学者研究组织结构、协调、知识、技术等单一资源的整合（如Narasimhan et al., 2010; Gary & Pisano, 1994）；另一些学者则研究资源束的整合（如Sirmon et al., 2007; 蔡莉和尹苗苗, 2009; 秦志华和刘艳萍, 2009）。

西尔蒙和希特（Sirmon & Hitt, 2003）、西尔蒙等（Sirmon et al., 2007）是资源整合研究的代表，他们将资源管理过程分为构建企业的资源组合、绑聚资源以形成能力、利用这些能力来为顾客和所有者创造并保持价值的过程三个阶段。其中，构建企业的资源组合包括获取、积累和剥离资源，绑聚是指用于整合公司资源以形成和改变能力的过程，包括稳定调整、丰富细化和开拓进取三种资源整合方式。稳定调整指对现有能力做了极少的提高的过程，丰富细化指对现有能力做了一定的延伸，而开拓进取则是创造新能力以改变公司竞争环境的过程。一旦构建了资源结构和绑聚了资源，必须对资源进行有效的利用，包括调动资源、协调资源和配置资源来利用市场机会、为顾客创造价值（Sirmon et al., 2011）。国内学者蔡莉等人在西尔蒙等（Sirmon et al., 2007）的研究基础上，做了大量关于资源整合的理论和实证研究。

恰布斯基等（Ciabuschi et al., 2012）运用资源交互理论，通过对汽车产业的创业案例研究，发现创建新事业时，创业者只拥有部分如何整合资源的知识，因此创业者不得不采取大量适应其他人和与其他人交流的方式，以激活可工作的资源接口和资源整合。这种工作的需要使得企业的形成过程非线性和复杂。此外，作者还发现新企业的形成过程是一个不仅包含新的正式组织形成，而且包含重组可应用的资源市场的集体行为。

除了从一维角度分析资源组织方式，雅斯贝尔斯和范登恩德（Jaspers & Van den Ende, 2006）对垂直关系的资源配置方式进行了四维整合结构分析，分别是所有权整合（公司拥有上游企业所有权的程度）、协调整合（联合两个生产阶段的信息交换密切程度）、任务整合（整合企业执行上游企业任务的程度）和知识整合（购买企业拥有上游企业知识的程度）。整合程度从完全一体化到完全分离，这些维度可以组合成各种组织结构，它能比一维资源配置方式的概念更好地反映资源配置方式的真实特征。

此外，杨俊和张玉利（2008）的研究发现，创业者整合资源的速度和创业者能整合的资源数量决定了新企业的资源基础条件，并最终影响其存活与成长的可能性和创业绩效。蔡莉等（2010）和易朝辉（2010）则实证研究了资源整合方式和资源整合能力对新创企业绩效的影响。莫尔（Mauer et al.，2010）实证分析了效果推理各维度对新企业资源整合水平的影响。

## 四、创业资源获取与整合方式选择

创业者究竟基于怎样的考虑选择某种类型的资源获取与整合方式而不选择其他类型的资源获取与整合方式？有关创业资源获取与整合方式选择的研究可以追溯到三个研究来源：一个来源是管理学和经济学中有关资源配置方式选择的研究；一个来源是资源观和知识观中有关资源整合方式选择的研究；还有一个来源是创业理论中有关创业资源整合方式选择的研究。

### 1. 管理学和经济学中有关资源配置方式选择的研究

管理学通过研究组织内部工作的分工与协调来研究组织内部资源配置方式选择问题，其研究基本遵循法约尔强调工作分工和韦伯强调权威对资源配置方式选择影响的传统。之后提出的各种资源配置方式如矩阵式、项目式、虚拟组织、网络组织等，则基本遵循社会学中结构决定论传统，分析不同资源配置方式的特点、适应条件及其选择（韩炜，2011）。管理学重点分析内部资源配置方式的选择，较少考虑跨边界的资源整合。

经济学范式下的资源配置方式选择则重点考察企业跨边界的资源整合问题。它以企业追求效率最大化为假设前提，分析资源配置方式选择如何实现成本最小化、收益最大化或收益—成本结合最优。交易成本经济学从成本最小化角度分析，认为资源配置方式选择的目的是防止交易风险，节约交易成本，实现交易与资源配置方式的最佳匹配（威廉姆森，1985；Gulati & Singh，1998；Reuer et al.，2006）。产权理论则从收益最大化角度分析，认为资源配置方式选择是基于对剩余索取权和合作租分配如何实现最优的考虑（Carcía – Canal et al，2008；Kascha & Dowling，2008）。期权理论则结合收益和成本同时考虑资源配置方式选择问题，认为收益与增长期权有关，而风险与投资期权有关，公司的价值包括公司资产的目前价值和创造有权决定未来机会的当前价值，决策者是在追求当前利益和未来利益中进行平衡，即在增长期权和投资期权的平衡中进行资源配置方式选择（Leiblein & Miller，2003；Leiblein，2003）。

传统管理学和经济学从组织本身或交易属性分析资源配置方式选择，忽视了决策者特征和行为在资源配置方式选择中的作用。一些研究在这方面做了一些有益的探索，如乌奇（Ouchi，1980）基于组织追求个人目标一致和清晰的绩效目的下资源配置方式选择分析，赫斯特德和福尔杰（Husted & Folger，2004）基于交易公平感在资源配置方式选择中作用的分析，单（Shan，1990）、彭学兵（2011）等基于合作和创造意愿对资源配置方式作用的分析；胡剑锋（2010）结合经济学、管理学和社会学的组织分析等。但总体而言，传统管理学和经济学在分析资源配置方式选择上都是基于传统的计划和适应传统，认为公司在如何控制未来绩效并决定下一步该如何做时，要么更好的预测（计划学派），要么更快地行动以更好地适应（学习学派），它们的重点都是在环境给定情况下组织如何定位以应付给定的不确定性（Wiltbank et al.，2006），较少考虑企业能动性和内部资源与能力约束在资源配置方式选择中的作用。

**2. 资源观和知识观中有关资源整合方式选择的研究**

资源观以资源为分析对象，认为资源整合方式选择的目的是通过创造异质性资源的最优资源整合方式来获得持续竞争优势（Barley，1999；Antoncic & Prodan，2008）。资源观重点分析企业独特的资源、资源束以及企业能力在资源整合方式选择中的作用。一些研究认为，异质性资源和资源类型的组合是影响企业选择某种资源整合方式的重要原因（如 Das & Teng，2001；Sirmon & Hitt，2003；马鸣川，2006 等）；另一些研究则认为，企业独特且有价值的能力是影响企业选择一体化资源整合方式的关键因素（如 Barney，1999；Argyres，1996；Leiblein & Miller，2003；Shan，2006 等）。

资源观为研究具体资源的整合提供了理论指导，许多研究运用资源观分析单一资源整合方式问题，如技术资源整合方式选择、人力资源整合方式选择等（如 Iansati & West，1997；Pablo，1994；雷家骕，2004；颜士梅和王重鸣，2006）。西尔蒙和希特（2003）对家族企业资源整合的研究代表了资源整合方式选择研究的一个新突破。他们认为，家族企业的特有属性使得家族企业的资源整合方式比非家族企业具有更多优势。克里斯曼（Chrisman et al.，2003）则将西尔蒙和希特（Sirmon & Hitt，2003）的研究做了一个推进，认为除了家族企业的特有属性，其家族成员的愿景和价值观对其资源整合方式选择同样重要。

西尔蒙等（Sirmon et al.，2007）则着重考察了外部环境不确定性（包括环境动态性和环境宽松性）对资源整合方式选择的影响，认为产业结构的变化、市场需求的不稳定性、环境的突变性等带来的环境不确定性，是影响资源整合方式选择的关键因素。他们肯定了资源整合方式选择对企业生存和成功的重要性，认为资源整合方式的选择是导致企业初始条件相同，结果却迥异的主要原因。他们将绑聚公司资源以形成和改变能力的资源整合方式划分为稳定调整、丰富细化和开拓创造三种，为我们清晰理解不同的资源整合方式及对不同资源整合方式选择的实证操作提供了思路。尽管西尔蒙等（Sirmon et al.，2007）已经关注到环境动态性这个影响创业资源整合方式选择的重要外部因素，但后来的研究并没有在这方面做更深入的理论和实证研究。

已有研究表明，资源整合对于获取创业资源、创造新知识、提高企业绩效等都具有重要作用（Wiklund & Shepherd，2009；Tolstoy，2009 ；Sirmon et al.，2007）。因此，一些学者尝试从资源整合方式选择的效果角度分析创业资源整合方式选择，如布莱克和博尔（Black & Boal，1994）从构成资源的要素的整合方式对企业可持续竞争优势影响的研究，雅亚瓦拉姆和阿乌哈（Yayavaram & Ahuja，2008）从不同知识整合方式对发明质量影响的研究，等等。

知识观则着重分析了知识资源整合方式选择问题。它用问题解决替代交易成本经济学中的交易分析，用知识交互频率替代交易成本，认为问题的复杂性决定了解决问题所需知识的交互频率，进而决定了知识资源配置方式选择（Nickerson & Zenger，2004）。知识观重点分析知识和能力在资源配置方式选择中的作用。一些研究认为，机会开发需要的知识多少、企业知识基础、知识属性等决定了知识资源资源配置方式的选择（如 Miles et al.，2001；Schilling & Steensma，2002；Zhang et al.，2009；Contractor & Ra，2002；O'Dwyer 和 O'Flynn，2005 等）；另一些研究则认为，企业的学习能力、吸收能力等能力对知识资源资源配置方式选择具有重要影响（如 Kogut & Zander，1992；Moon，1998；Osborn & Baughn，1990；Desyllas & Hughes，2008；Kasch & Dowling，2008 等）。

整体而言，知识观是资源观的延续，其重点是分析知识资源整合方式选择的影响因素（如 Grant，1996；彭学兵，2011；彭学兵和牛贵如，2011 等）。但无论是资源观还是知识观视角的研究，其研究仍然是在传统管理学和经济学基本假设前提下进行的，且对外部环境与内部条件对资源整合方式选择的影响研究明显不足。

### 3. 创业理论中有关创业资源整合方式选择的研究

创业理论中有关创业资源整合方式选择的研究主要涉及创业环境（如 Sirmon et al.，2007；Lajili & Mahoney，2006）、创业机会特征（如 Shane，2001）、创业者特征（如 Brush et al.，2008；Shan，1990）、创业网络和战略导向（如 Sirmon & Hitt，2003；蔡莉等，2011；Ciabuschi et al.，2012）等对创业资源整合方式选择的影响。一些学者将资源观运用于创业资源整合方式选择的分析，认为创业机会识别和资源整合能力影响创业资源整合方式选择（Alvarez & Busenitz，2001；Stevenson，2001；秦志华和刘艳萍，2009）。莫萨科夫斯基（1998）运用代理理论，分析决策权分配、激励、风险承担、组织层级数量、水平联系结构、信息非对称性等对新创企业个体创业资源和团队创业资源两种创业资源整合方式选择的影响。恰布斯基等（2012）则通过案例研究，探讨了创业者资源和能力缺失对其创业资源整合方式选择的影响。

　　国内学者蔡莉及其研究团队是创业资源整合研究的杰出代表，他们将西尔蒙等（Sirmon et al.，2007）关于成熟企业资源整合方式的研究拓展到对创业资源整合方式的研究，从创业资源整合方式与绩效、网络能力、学习能力、创业导向等的关系，探讨了创业资源整合方式选择等问题（如蔡莉等，2011；蔡莉和尹苗苗，2009；朱秀梅等，2008；朱秀梅和李明芳，2011），取得了丰硕的研究成果。国内还有一些学者从创业者成长期望、资源整合结构、资源整合能力、创业绩效等视角对创业资源整合方式选择问题作了一些探索性研究（如张玉利等，2010；林嵩，2005；杨俊和张玉利，2008；王晓文等，2009；崔启国，2007；张君立等，2008；朱秀梅等，2011；文琼，2008；饶扬德，2006；易朝辉，2010；等等）。唐靖等（2007）则分析了环境和创业者拥有的内外资源对创业者决策行为的影响。但整体而言，国内研究还鲜有人提出"创业资源整合方式选择"这一研究选题，本书研究可以弥补这一缺陷。

　　在技术创业中，技术本身的特征被认为是影响组织方式选择的重要因素，技术越年轻、市场越细分、专利越有效、补充资产越不重要，则越有可能通过创建公司开发技术（Shane，2001）。周二华和陈荣秋（1999）也认为，技术本身的特征对开发技术方式的选择具有重要作用，核心技术开发选择实体式技术合作开发模式比较有效，辅助性技术的开发适合选择非实体式技术合作，大多数企业更情愿通过内部开发完成技术改进工作。

　　除此之外，技术体制（Technology Regimes）（Shane，2001）和外部技术环境（Lajili & Mahoney，2006）也被考虑为影响创业组织方式选择的重要依据。拉奇里和马奥尼（Lajili & Mahoney，2006）就认为信息技术的变化正改变着交易成本的特征，在承认交易成本经济学的生命力的同时，他们指出信息技术使得市场的交易成本相比科层降低了，通过电子市场化组织方式解决方案获得更有效的管理，比威廉姆森时代的技术上本应可行时更加有利于合同和外包组织方式。创业者除了基于自身能力和外部信息、考虑技术本身特征和追求费用最低外，速度也是创业者选择某种组织方式考虑的重要因素（沙恩，2005）。而单（Shan，1990）认为，竞争压力是影响创业型生物技术公司选择联盟组织方式的重要原因。

不管选择哪种组织方式，决策都是由创业者或管理者作出的，因此决策者心理预期和心理愿望也是影响组织方式选择的重要因素。乌奇（Ouchi，1980）认为组织方式的选择是基于组织追求个人目标一致和清晰的绩效的假设前提，当目标不相容程度高而绩效模糊程度低时，应该选择市场治理方式；而当目标不相容程度低而绩效模糊程度高时，应该选择家族治理方式；而当目标不相容程度和绩效模糊程度都中等高时，应该选择科层治理方式。赫斯特德和福尔杰（Husted & Folger，2004）则将乌奇（Ouchi，1980）的分析归纳为一种交易公平感在组织方式选择中起作用。单（Shan，1990）也认为，合作意向是影响创业型生物技术公司选择联盟组织方式的原因。

社会网络理论认为，在创业活动中，社会网络丰富的创业者更容易整合到充裕的创业资源，新企业在创业初期的绩效会更好。有先前经验的创业者，基于先前的经历，与顾客、供应商和其他利益相关者建立了一定的社会网络。吕明非和彭灿（2007）从网络结构与成员关系两方面分析了社会网络对高科技创业企业资源获取的影响，提出了基于社会网络的高科技创业企业资源获取方式。

学习理论则基于组织以学习为目的假设前提分析组织方式的选择，认为组织基于自身的学习能力选择组织方式（Moon，1998）。科格特和桑德尔（Kogut & Zander，1992）也认为公司是基于自身能力作出组织方式选择的，认为有三个因素影响"制或购"（Make or Buy）决策：公司当前擅长做什么，公司擅长学习怎样的具体能力，这些能力作为平台在新市场中的价值。资源观也认为是能力而不仅仅是交易成本决定了某一组织方式被选择的原因（Argyres，1996）。单（Shan，1990）也认为，公司商业化新产品的内部能力也影响其组织方式选择决策。究竟维持和发展哪个能力是由公司当前知识和期望的经济利益决定的。

从以上分析不难看出，创业资源整合方式选择是创业领域的重要研究问题，而现有基于稳定环境和信息完备的完全理性条件下的成熟企业的资源整合方式选择研究，不完全适合环境不确定和资源/能力约束条件下的创业情境下的资源整合方式选择分析。而现有关于创业资源整合方式选择的研究，尽管已经关注到环境不确定性和资源/能力约束的影响，但并未将它们纳入创业资源整合方式选择的分析框架中做更深入的理论和实证研究，这正是本书要突破的重点研究内容。

## 五、效果推理

效果推理理论的提出起源于对传统创业认知风格的怀疑。创业认知研究起源

于科米吉斯（Comegy，1976）对企业家认知风格的研究（cf. Forbes，1999；His-
rich et al.，2007；Katz & Shepherd，2003）。学术界普遍假设企业家与非企业家
或商业管理者存在不同的认知风格（如 Busenitz & Barney，1997），但这种差异
究竟是来源于企业家固有的特质，还是来自于企业家后天的经验（如 Foo et al.，
2009；Sarasvathy，2008），又或是来自于任务和环境条件（如 Baron，1998，
2000；Lovallo et al.，2008），却存在争议。通过对 1976～2008 年发表的 154
篇有关认知，尤其是创业认知的文献内容分析，格里高利等（Grégoire et al.，
2008）概括了认知研究的三个层次：心理层面研究、过程导向研究和跨层面认
知动态性的研究。无论是一般的认知研究还是管理认知应用的研究，在对认知
究竟是经济理性主义的还是组织或心理驱动的理解仍然存在争议。但两种视角
都承认，认知研究都需要综合考虑心理表征和跨层面因素的交互效果
（Grégoire et al.，2008）。心理表征方面的研究需要考虑个性、认知图式、知识
结构、观念，以及认知能力、智力、专长、愿望和动机等方面的认知要素（如
Morsella et al.，2008）；跨层面分析则需要考虑环境、认知和行为的交互作用，
不同于行为主义的"刺激—反应—强化—行为"的观点，跨层面分析综合考虑
环境和心理的复杂交互过程（如 Bruner，1990；Fiske & Taylor，1991；Turner，
2001）。

经济学依赖效用最大化的理性决策逻辑广受诟病，尽管并不意味着决策者
非理性，但至少意味着决策者在决策过程中需要采取启发式和近似归纳的逻辑
（Gigerenzer，Hell & Blank，1988）。机会发现观的创业研究认为机会是机敏的
个体发现了创业机会，机会创造观的创业研究则认为机会是有愿望的个体创造
出来的。布坎南和凡勃格（Buchanan & Vanberg，1991）认为市场是一个构建
的过程而非发现的过程。萨拉斯瓦蒂（2001，2008）正是基于创造观的创业研
究提出了效果推理理论。效果推理研究提供了一套聚焦于行动导向和控制导向
思维的原则。萨拉斯瓦蒂（Sarasvathy，2001）基于玛驰（March，1982）的注
意力分配理论、韦克（Weick，1979）等的使能理论，提出并构建了创业决策
的三维问题空间，即未来不可预测、目标不清楚或不太清楚、环境不独立于我
们的决策。作为一种对创业理解范式的转换（Perry et al.，2011），效果推理
理论认为，创业者对市场信息或创造新市场的信息的看法、处理和使用，对未
来是可预测还是可控的看法，是其选择不同创业决策方式的基础。效果推理
理论认为，创业者在做出创业决策时，首先分析我是谁？我知道什么？我认识
谁？然后考察可能的创业目标和创业机会。在创业过程中，创业者计算能够承
担多少损失，聚焦于通过手中掌握的有限资源来实践更多的创业战略，并依赖
先前的承诺和战略联盟来降低创业过程的不确定性，而非通过竞争分析展开竞
争；利用权变因素来处理未预料到的不确定性，并控制一个不可预测的未来而

不是预测一个不确定的未来（Sarasvathy，2001，2008；Sarasvathy & Dew，2005）。

效果推理是一种不确定情境下的一般决策理论（Sarasvathy，2008），该理论聚焦于人类行为是塑造未来的前提因素（Sarasvathy，2008），并为我们提供了一套聚焦于行动导向和控制导向思维的原则（Brettel et al.，2012）。一些全球著名的创业学者认为该理论有望帮助创业研究实现新的突破（秦剑，2010，2011），可能为创业研究做出重要理论贡献（张玉利等，2012；张玉利和杨俊，2009；张玉利等，2011），甚至有望解决当前在新古典经济学的因果推理决策逻辑下进行的创业研究至今仍然有许多理论和概念未形成普遍一致结论的矛盾，成为创业研究一次范式转换的重要催发剂（Perry et al.，2011）。

效果推理方法只在可承担损失范围进行资源投资，因此，它将驱动合作伙伴作为扩大资源的核心方法。不是基于计划和研究来确定具体的股东预设目标，而是快速与他们认识或碰巧接触的各类人员沟通，这些人有些就对公司做出了实际承诺。效果推理过程的最主要不同，是创业者不是寻求企业的合法性，因而从目标利益相关者获得承诺，而是为利益相关者的自我选择创造收入。效果推理过程中，利益相关者基于利益共享、风险共担原则，因为他们将机会看成与创业者共创的过程。创业者可能建立许多关系，但只有那些共担风险、共享成功者才是效果推理型战略伙伴（Chandler et al.，2011）。效果推理方法还利用不确定性通过将突然看成可以利用未来可能性的机会（Sarasvathy et al.，2014）。

莫尔等（Mauer，2010）则研究了效果推理原则在新手创业中的作用，他们研究了效果推理原则是否有利于新手加速新企业创建，实验研究发现，效果推理的不同原则对新企业创建具有不同的影响，手段导向与合作伙伴关系对新企业创建具有直接影响，而可承担损失和利用权变对新创企业创建具有间接的影响，它们分别影响资源扩大循环和收敛目标或限制循环。静态原则通过两个共生循环发挥作用（见图1-1）：第一个循环是扩大手段和聚焦目标，这一循环通过增加效果推理网络的利益相关者成员来增加可获得的资源；第二个循环通过增加限制，即限制随着时间过去，新创企业不断聚焦于效果推理型创造物，来聚焦于具体目标（Sarasvathy & Dew，2005）。换句话说，使用效果推理原则的创业者将扩大其利益相关者网络来增长手段，同时通过利益相关者的自我选择和兑现承诺来聚焦目标（Sarasvathy et al.，2014）。

迪尤等（Dew et al.，2009）研究发现，面临复杂的决策，与MBA学生等新手相比，熟练的创业者（15年创业经历且创业比较成功）更多表现为启发式和概念式思维，更多依据以前的经验采取类推式推理，采取更加整合的方法来建立新事业，并采取了更细致和更复杂的方式对信息的重要性进行区分。维尔特班克

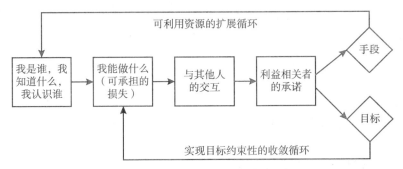

图 1-1 效果推理理论的两个循环

资料来源：Sarasvathy S. D.. Causation and effectuation: Towards a theoretical shift from economic inevitability to entrepreneurial contingency [J]. Academy of Management Review, 2001, 26 (2): 243-288.

（Wiltbank et al., 2009）发现，强调预测的天使投资人比强调非预测控制的天使投资人做了更多的风险投资，而强调非预测控制的天使投资人在投资成功数没有减少的情况下，投资失败率显著降低。詹姆斯（James, 2010）则构建了一个创业者个体心理特征（自我效能感、创造性和可塑性）和情境（高度不可预测性、高度目标模糊）结合下的效果推理策略模型。这些研究，可以为我们研究效果推理决策逻辑下的创业资源整合问题提供借鉴。

自效果推理理论提出以来，已经引起学术界的极大兴趣。学者们纷纷围绕效果推理的内涵和构思维度，在创业实践中的应用，影响效果推理决策的因素，以及效果推理对创业决策和创业绩效的影响等展开研究（如 Chandler et al., 2007, 2009; Dew et al., 2009; Wiltbank et al., 2006, 2009; Garonne et al., 2010; Mauer et al., 2010 等）。但该理论的提出时间毕竟不长，对效果推理构思的认识还存在分歧，早期研究者将效果推理当成一维构思（如 Politis & Gabrielsson, 2006）。萨拉斯瓦蒂和迪尤（Sarasvathy & Dew, 2005）在萨拉斯瓦蒂（Sarasvathy, 1998）对新企业创建决策和迪尤（Dew, 2003）对新市场创建决策的实证分析基础上，提炼出价值创造中效果推理决策思想的三个基本逻辑：（1）认知逻辑对预测逻辑；（2）行动逻辑对信念逻辑；（3）承诺逻辑对交易逻辑。进而提炼出效果推理构思的四方面共 11 个维度：（1）对未来的看法是预测逻辑还是设计逻辑；（2）目标给定还是手段给定；（3）决策标准是根据给定目标整合必要资源还是依据掌握的资源决定达到的目标；（4）行动的基础是希望达到什么目标还是看能达到什么目标；（5）是依据最优化决策认为应该如何做还是基于设想和满意标准认为能够做什么；（6）是依据项目目标确定合作伙伴还是依据谁是合作伙伴确定项目目标；（7）是计算最大潜力来追求最好的机会还是计算可以承担多少损失；（8）是避免权变因素的影响还是利用权变因素；（9）对成功/失败的态度是认为成功/失败是追求或避免的结果，还是认为成功/失败是输入一个可管理的流程从而度过失败，积累成功；（10）对概率的估计是运用贝叶斯估计依据条件估计概率，还是认为条件可以具体化或修改以便未来更符合行动要求；（11）对其他人是竞争的还是合作的态度。这些维度的潜在逻辑是我们多大程度可以预测未来决定了我们可以控制未来，还是我们可以控制而不需要预测未来。

钱德勒等（Chandler et al.，2007，2009）根据萨拉斯瓦蒂（Sarasvathy，2001）的思想，通过交叉检验两组不同时段的调查数据开发出了因果推理和效果推理测量量表。实证分析结果表明：效果推理是一个由实验、可承担损失、灵活性和先前承诺四个维度组成的多维构成型构思，并与不确定性显著正相关，而因果推理逻辑是一个单维构成型构思，并与不确定性显著负相关。瑞德等（Read et al.，2009）则运用元分析技术，分析了效果推理的关注手段、合作伙伴、可承担损失和利用权变等四个维度对绩效的影响。这些研究，都是将效果推理放在新企业创建情境进行构思设计和测量开发。布雷特尔等（Brettel et al.，2012）则将效果推理研究延伸到研发（R&D）领域，分析了研发情境下效果推理的四个特征：聚焦于现有手段、可承担损失、合作伙伴和先前承诺、承认不可预期性，并开发了适合研发领域的效果推理量表。

此外，目前该理论的研究还只涉及创业进入（如 Sarasvathy，2001）、投资（如 Wiltbank et al.，2009）、新企业创建（如 Mauer et al.，2010）、退出策略（如 DeTiene & Chandler，2010）、研发（Brettel et al.，2012）、新产品开发（Costa & Brettel，2011）、国际创业模式选择（如 Harms & Schiele，2012）、生产制造（Blauth et al.，2014）、人力资源管理（金健，2010）等创业过程。从我们掌握的 50 多篇涉及效果推理的文献来看，还没有研究将效果推理运用于分析资源整合方式选择研究，本书的研究可以弥补这一不足。

尽管首次从创业情境引入效果推理概念，但已经引起了包括管理学（Augier & Sarasvathy，2004）、经济学（Dew et al.，2004）、金融学（Wiltbank et al.，2009）和营销学（Read et al.，2009）等学科的广泛兴趣。研究问题涉及研发（Brettel et al.，2012）、投资决策（如 Wiltbank et al，2009；Dew et al，2009）、资源整合（如 Mauer et al.，2010）、退出策略（如 DeTiene & Chandler，2010）等创业过程的诸多方面。

近年来，我国学者开始关注效果推理相关主题。其中，张玉利及其研究团队是效果推理研究的典型代表，张玉利和赵都敏（2008）试图用效果推理理论解释创业行为的特殊性，张玉利和田新（2010）、张玉利等（2010）发现中国创业者在许多情况下的确采取了效果推理的决策逻辑。金健（2012）则分析了效果推理理论在创业人力资源管理中的应用。此外，张玉利等（2011）、段锦云等（2010）和秦剑（2010，2011）都对效果推理进行了文献综述。这些研究，为将效果推理运用于分析中国情境下的创业资源整合现象提供了支撑。但我国对效果推理理论的研究还处于介绍其概念及其发展的早期阶段（如张玉利等，2011；段锦云等，2010；秦剑，2010，2011），实证研究更是欠缺，本书的研究是一次有益的探索。

我国学者对效果推理理论的研究还处于介绍其概念及其发展的早期阶段（如张玉利等，2011；段锦云等，2010；秦剑，2010，2011）。而对创业过程中的决策模式，一些学者做出了探索性研究，如张玉利和田新（2010）通过案例研究发现，创业者的行为接近效果推理决策逻辑，他们在可承受损失的范围内大胆尝试，在小范围试点过程中通过不断校正进行风险控制。张玉利等（2010）则通过比较研究发现，不同类型的创业者行为模式不同，成长导向型创业者比适当规模型创业者更多地采用偶然发现的机会识别方式，进行更多的计划准备工作，进行更多的资源整合工作。

## 六、现有研究评述

综合以上分析，效果/因果两种推理逻辑视角下的创业资源整合研究是资源整合和效果推理两个领域交叉的重要研究问题，现有文献为本书的开展提供了理论基础和借鉴意义。但整体而言，现有研究存在以下不足：

（1）现有关于创业资源识别、创业资源获取和创业资源整合的研究往往从创业者理性逻辑视角进行分析，从成本节约、收益最大和未来收益预期等角度分析创业资源管理决策。基于因果推理逻辑分析资源整合决策，认为公司在如何控制未来绩效，并决定下一步该如何做时，要么更好地预测（计划学派），要么更快地行动以更好地适应（学习学派），其重点都是在给定环境下组织如何定位以应付给定的不确定性（Wiltbank et al.，2006），没有从效果推理决策逻辑分析资源整合。但在高不确定和高不可预测的创业情境，基于理性预测的分析思路在解释创业行为时可能遇到困境。而基于效果推理的控制逻辑和目标导向分析创业资源管理问题，是一个比较适合创业情境的分析视角。

（2）目前，效果推理理论已广泛运用于新企业创建、风险投资、创业营销、新创企业制造、人力资源管理和国际市场进入等创业环节，但较少涉及创业资源整合这一重要的创业的过程，因此，从效果/因果两种推理决策逻辑视角分析创业资源整合，可以为效果推理理论的应用领域提供新的研究视野。

（3）现有资源整合方式选择的研究较少涉及创业资源整合方式选择这一特殊领域，且对创业认知和创业网络这两个重要因素的影响缺乏深入研究，尤其缺乏结合中国情境的创业认知和创业网络关系这些特殊影响因素的研究。

（4）中国正经历的经济转型和制度转型使得中国创业者面临的创业环境不同于西方成熟经济体下的新创企业，现有研究缺少针对转型经济背景下，信息、技术、人类动机、创业能力、组织设计和创业制度环境等广义创业资源的配置和整合方式的研究。因此，解读中国情境下新创企业如何进行创业资源整合，如何选择合适的创业资源整合方式成为在中国情境下开展创业研究的重要命题。

（5）实证研究尚显不足，尤其在转型经济背景下涉及创业资源获取和整合方式演变的案例研究，以及涉及创业资源获取和整合方式选择与创业成长绩效关系的统计研究还不多见。某种意义上说，实证研究的不足制约了创业资源整合理论进一步深化。这正是本书研究的出发点。本书将在充分借鉴已有研究成果基础上，以案例研究和统计分析为主，研究中国转型经济背景下的创业资源整合问题，努力探索基于效果推理和因果推理两种决策逻辑视角下的创业资源整合新理论和新方法。

# 第三节　研究内容

本书以中国转型经济背景下的新创企业为研究对象，综合运用效果推理理论、组织理论和社会网络理论等最新研究成果，研究效果/因果两种推理逻辑下新企业如何构建资源组合，如何整合资源，并研究资源获取与整合方式的选择和演变，建立创业资源整合效果的综合评价模型。

本书拟回答三个理论和实践问题：（1）新创企业整合创业资源从哪些（What）方面入手？即创业资源整合的内涵（概念如何）；（2）效果推理和因果推理决策逻辑下，新创企业如何（How）选择合适的创业资源整合方式？即创业资源整合方式的选择机制（发生机理）；（3）为什么（Why）有些创业资源整合方式效果更好？即创业资源整合方式选择的绩效形成机理（结果如何）。本书从理论和实践两方面对上述理论问题进行回答。具体研究内容如下：

## 一、构建新创企业的资源组合

创业是创业者组织各种创业资源以开发和利用识别的商业机会，通过提供产品和服务以创造价值的过程。创业资源不仅包括资金、设备、技术和人才等狭义的有形资源，也包括人类动机、创业能力、信息、声誉、文化、品牌等无形资源。因此，本研究提出广义创业资源概念，以区别传统狭义创业资源概念。那么，广义创业资源究竟应该包括哪些内容？其内涵和外延是什么？这些资源在创业活动中各具有怎样的地位？创业者在创业中如何识别和获取这些资源？这些问题将具体分解为以下研究内容：

**1. 识别创业资源**

本节拟在国内外文献分析基础上，识别新企业创业的各种有形和无形资源，运用广义系统理论，分析信息、技术、创业能力、人类动机、组织设计、制度环境等广义创业资源在创业中的地位和作用，构建广义创业资源分析框架，为后续研究提供分析基础。

**2. 获取创业资源**

企业不可能具备所有的创业资源，组织获取创业资源既可以通过内部学习方式获取，也可以通过外部联盟或购买方式获取。资源的内部获取方式可以在组织学习过程中增强组织能力、减少交易风险，但内部获取方式一般耗时较长，而且受组织学习能力影响。不仅如此，如果过分依赖内部学习方式，就可能将公司锁定在一个狭小的技术发展路径。因此，许多企业都同时选择内部和外部资源获取方式。资源的外部获取是通过购买、许可、联盟或并构等方式获得。此外，转型经济背景下某些制度资源可能既非内部获取，也非外部获取，而是企业固有的资源，而这些资源的获取靠特殊的方式如关系去维系。本节拟建立广义创业资源获取方式分类表，比较各种广义创业资源获取方式的优劣势、适用条件和应用范围，并比较效果/因果两种推理逻辑下创业资源获取的异同。

**3. 配置创业资源**

配置创业资源是在获取必要资源后，对企业的资源进行必要的增加或剥离，以构建企业的资源束和企业资源基础的过程。资源配置为下一阶段资源整合做准备，资源配置的结果是企业通过内外部方式获取的必要资源进行增加或剥离后形成的企业资源束。本节运用资产配置理论，分析单一创业资源和多种创业资源的配置问题。

## 二、整合新创企业的创业资源

拥有静态的资源配置并不能保证企业获得持续的发展和竞争优势，必须对资源加以整合以形成企业独特的能力。本部分分别从整合结构、整合内容及整合决策逻辑等三个方面对创业资源整合方式进行研究，并研究资源整合协调机制。具体从下述三个方面对创业资源整合进行研究。

**1. 创业资源整合方式**

整合结构并非一维的概念，它包括对所有权、知识、任务等各方面的整合；

整合内容则包括信息、技术、创业能力、人类动机和组织设计等这些广义创业资源。而整合程度则包括从完全一体化到完全分离的连续谱。此外，企业不仅是资源整合的机制，也是知识整合的机构。能力中整合的知识越宽，模仿越难。宽范围整合的复杂性创造了更多因果模糊和更大的复制障碍。而整合过宽带来协调成本上升，导致协调困难，因此合理的整合范围是提升整合效果的关键。因此，广义创业资源的整合模式是一个复杂的结构，它能比一维整合结构的概念更好地反映资源配置方式的真实特征。西尔蒙（Sirmon et al.，2007）、蔡莉和尹苗苗（2009）按照资源整合内容将资源整合方式划分为稳定调整方式、丰富细化方式和开拓进取方式。但这种划分只从形式上刻画了资源整合方式，并没有打开资源整合的"黑箱"。有些新创企业擅长单一资源整合，而有些企业擅长多种资源的整合。将资源整合的内容和结构结合起来分析资源整合方式，可以更好地揭示资源整合的内涵。本书将单一资源束的整合称为内聚，它反映新企业在单个资源上的整合能力；将不同资源束之间的整合称为耦合，它反映企业整合不同资源的能力。此外，资源整合还包括决策逻辑，还将创业资源整合方式分为效果推理型和因果推理型两种类型。研究在厘清效果推理理论内涵和构思维度基础上，综合运用资源整合理论和模块化组织理论，从整合结构、整合内容和整合逻辑三个角度分析创业资源整合方式，探讨创业资源整合中的多维整合模式，构建三维创业资源整合方式的综合分析框架。

**2. 创业资源的整合协调机制**

良好的协调机制是资源整合后发挥效果的重要保证。要保证创业资源内部和不同资源之间协调配合，避免资源不足或冗余，就必须有一种建立在组织协调基础上的信息传递机制和信息反馈机制，确保创业过程中整个组织的集中资源需求和分散资源需求。不仅以往研究中的组织协调、市场协调和信任协调可以发挥资源整合协调的作用，转型经济背景下，行政协调也是一种高效的整合协调机制。本部分将对创业资源的整合协调机制类型和运行机理进行探讨，构建创业资源整合协调机制分析框架。

## 三、创业资源获取与整合方式选择

### 1. 创业资源获取方式选择

不同的资源属性适合采取不同的资源获取方式，如创业能力一般适合内部积累，无法直接从成熟企业购买；而技术则既可以内部积累，也可以通过联盟或购买方式获取。此外，中国转型经济背景下的融资环境、知识产权保护、信任机制等制度环境也可能影响创业资源获取方式的选择。本研究拟分析创业资源获取方式的选择机理，构建创业资源获取方式选择分析框架。重点分析不确定性、知识基础、技术能力、学习能力和信任制度、知识产权保护等制度环境对创业资源获取方式选择的影响机理，并比较效果/因果推理两种推理逻辑下创业资源获取方式选择的异同。

**2. 创业资源整合方式选择**

本节从决策行为的影响机制入手，探讨影响创业资源整合方式选择的因素及其影响机理。根据班杜拉（Bandura，1977）提出的三元交互决定理论，决定人类行为的因素包括环境和个体，行为是个体认知与环境相互作用的一种副产品。由于创业者社会网络是新创企业的存在环境，它不仅提供新创企业由于"新创缺陷"而必须从外部获取并加以整合的丰富创业资源，而且影响资源整合行为（朱秀梅和李明芳，2011）。而中国背景下，创业网络具有关系特殊性。由此，本书基于三元交互决定理论，构建环境不确定性、创业认知、制度环境、创业网络（环境）和创业资源整合方式选择等多要素分析模型，以探索中国背景下创业资源整合方式选择机制。

## 四、创业资源获取和整合方式演变

**1. 创业资源获取方式演变**

由于面临的内外环境变化，企业处于不同发展阶段可能采取不同的资源获取方式。创业初期，由于处于创业资源和能力的弱势地位，因此在创业资源获取方式选择上可能会加强自我保护，以预防对手或伙伴的机会主义行为；随着创业资源的丰富和创业能力的提升，创业企业将以构建资源组合以形成能力为重点，此时获取资源的方式可能受自身资源和学习能力的影响；随着与合作伙伴间互信的建立，创业企业资源的获取方式将更多建立在信任基础上。而转型经济的大背景既可以促进，也可能阻碍资源获取方式的演进。本研究将在上述研究的资源获取方式分析框架基础上，采取案例研究方法，探索企业不同阶段创业资源获取方式的演变路径和演变机理。

**2. 创业资源整合方式演变**

资源获取方式的选择更多从企业需求角度出发，而资源整合方式的选择更多从企业积累的能力角度出发。处于不同发展阶段企业的机会识别和机会开发能力不同，创业认知能力不同，因此在机会的开发模式上可能采取不同的资源整合方式。资源整合方式不仅受资源配置方式的影响，也可能受转型经济的制度背景影响。本研究将在前述抽象出的资源整合模式类型基础上，结合案例研究，探讨中国转型经济背景下新创企业资源整合方式的演变路径和演变机理。

## 五、创业资源整合效果的综合评价

资源整合水平和资源整合能力是衡量创业资源整合效果的重要指标，而新企业成长是新创企业做强做大的必经过程，创业资源整合是否有利于新创企业绩效的提高，是衡量创业资源整合效果的重要指标。已有研究发现，当企业快速成长时，资源整合方式的选择对其生存具有重要的影响（Lichtenstein & Brush，2001）。而创业资源整合必定要与创业环境和创业者自我效能感匹配，才能带来更高的创业成长绩效。因此，本章在前述研究基础上，综合运用资源观、资源整合理论和创业认知等相关理论的最新研究成果，构建资源整合水平和资源整合能力的评价指标，并构建创业资源整合、创业成长绩效、环境不确定性和创业自我效能感的综合分析模型。

## 六、先前合作经验对技术资源获取方式选择的影响

选择合适的技术资源获取方式是高技术企业重要的技术战略。为深化现有关于先前合作经验的研究，丰富先前合作经验与组织方式选择关系的理论条件，本章通过理论和实证研究，探讨先前合作经验（包括先前合作频率和先前合作深度）对技术外部获取方式选择的影响，同时探讨环境动态性和技术能力在先前合作经验（包括先前合作频率和先前合作深度）与技术资源外部获取方式选择关系中的调节作用。

## 七、环境不确定性对创业资源整合的影响：利用权变的中介效应和创业自我效能感的调节效应

创业资源整合是创业研究中的一个重要内容。资源整合是创业资源转化为能力，发生"质变"的关键过程，因此，探索创业的成功因素必然涉及资源整合这一重要过程。然而，现有资源整合的研究多集中在对资源整合效果的研究，较少把资源整合看作决策行为，研究这种决策行为的影响因素。本研究在西尔蒙等（Sirmon et al.，2007）对资源整合的理论研究基础上，探讨环境不确定性对创业资源整合的影响机理。此外，由于决策行为受决策逻辑的影响，受高不确定性和未来不可预测性的影响，创业资源整合的决策行为不同于一般成熟企业的资源整

合决策行为。因此，本章通过理论和实证研究，探讨环境动态性对创业资源整合的影响，效果推理灵活性在环境不确定性与创业资源整合关系中的中介效应，以及创业自我效能感在环境不确定性与效果推理灵活性关系中的调节效应。

## 八、创业资源整合、组织协调与新创企业绩效关系

通过资源整合形成异质性产品或服务不仅是新创企业完成机会开发的基础，也是其获取竞争优势，提高企业绩效的重要手段（Ciabuschi et al.，2012）。现有资源整合与企业绩效关系的研究得出了不一致的研究结论。本研究认为这与对资源整合的不同解释和测量有关，也与资源整合作用的发挥受情境因素的影响有关。因为一方面，现有研究仍将资源整合看成一个黑箱，没有区分相同资源整合与不同资源整合的差异；另一方面，在资源整合发挥作用的过程中，组织协调具有重要作用。要保证创业资源内部和不同资源之间协调配合，避免资源不足或冗余，就必须有一种建立在组织协调基础上的信息传递机制和信息反馈机制，确保创业过程中整个组织的集中资源需求和分散资源需求。因此，本研究通过理论和实证研究，从创业资源内聚和创业资源耦合两个维度探讨创业资源整合对新创企业绩效的影响，以及组织协调（权威协调和信任协调）的调节作用。

## 九、创业资源整合与新创企业绩效关系研究：效果推理的调节效应

基于现有资源整合与企业绩效关系的研究结论不一致与对资源整合的不同解释和测量有关，也与资源整合作用的发挥受情境因素的影响有关的认识，本章通过实证探讨创业资源整合对新创企业绩效的影响，以及效果推理的调节效应。研究将创业资源整合分为创业资源整合的内聚和耦合两个维度，将效果推理分为战略联盟、可承担损失和柔性三个维度，分别探讨创业资源内聚和创业资源耦合对新创企业绩效的直接影响，及效果推理的可承担损失、战略联盟和柔性三个维度的调节作用。

## 十、环境动态性情境下效果推理、创业资源整合与新创企业绩效的关系研究

自萨拉斯瓦蒂（Sarasvathy，2001）提出效果推理构思以来，效果推理如何影响新创企业绩效成为创业领域的重要研究内容。然而，目前相关实证研究还明显不足，且现有研究得出了不一致的研究结论。作为一种决策逻辑，效果推理通过影响决策行为来影响创业绩效。资源整合作为创业过程的重要决策行为，必然

受效果推理决策逻辑的影响。因此，从效果推理到资源整合和新创企业绩效形成了一条影响链。此外，效果推理是一种高动态环境下的决策逻辑，其决策行为和决策效果受环境动态性的影响。由此，本研究通过实证探讨效果推理对新创企业成长绩效的影响，以及创业资源整合的中介作用和环境动态性的调节作用，以解释效果推理对新创企业绩效更加复杂的作用关系。

## 本章参考文献

[1] 边燕杰，丘海雄. 企业的社会资本及其功效 [J]. 中国社会科学，2000，21（2）：87 - 99.

[2] 蔡莉，尹苗苗. 新创企业学习能力，资源整合方式对企业绩效的影响研究 [J]. 管理世界，2009，35（10）：1 - 10.

[3] 蔡莉，费宇鹏，朱秀梅. 基于流程视角的创业研究框架构建 [J]. 管理科学学报，2006，9（1）：86 - 95.

[4] 蔡莉，葛宝山，朱秀梅. 基于资源视角的创业研究框架构建 [J]. 中国工业经济，2007，24（11）：96 - 103.

[5] 储小平. 社会关系资本与华人家族企业创业及发展 [J]. 南开管理评论，2003，6（6）：8 - 12.

[6] 韩顺平，王永贵. 市场营销能力及其绩效影响研究 [J]. 管理世界，2006，22（6）：153 - 154.

[7] 贺小刚，李新春. 企业家能力与企业成长：基于中国经验的实证研究 [J]. 经济研究，2005，51（10）：101 - 111.

[8] 贺小刚，沈瑜. 基于企业家团队资本视角的新创企业成长理论探析 [J]. 外国经济与管理，2007，29（12）：30 - 37.

[9] 胡继灵. 高新技术企业生命周期各阶段技术创新战略的选择 [J]. 科技进步与对策，2001，18（8）：47 - 48.

[10] 焦豪，魏江，崔瑜. 企业动态能力构建路径分析：基于创业导向和组织学习的视角 [J]. 管理世界，2008，24（4）：91 - 106.

[11] 雷家骕. 在国家层面积极实施技术整合战略 [J]. 中国创业投资与高科技，2004，4（1）：50 - 51.

[12] 林嵩，张帏，林强. 高科技创业企业资源整合模式研究 [J]. 科学学与科学技术管理，2005，26（3）：143 - 147.

[13] 刘帮成，王重鸣. 国际创业资源配置方式与组织绩效关系：一个基于知识的概念模型 [J]. 科研管理，2005，26（4）：72 - 79.

[14] 刘帮成，王重鸣. 技术能力如何转化为竞争优势：组织动态能力观点 [J]. 管理工程学报，2007，21（1）：20 - 24.

[15] 龙勇，常青华. 高技术创业企业创新类型，融资方式与市场策略关系研究 [J]. 科学学与科学技术管理，2008，39（1）：70 - 74.

［16］［美］罗伯特·A·伯格曼，［美］莫德斯托·A·麦迪奎，［美］史蒂文·C·惠尔赖特. 技术与创新的战略管理［J］. 机械工业出版社，2004.

［17］吕明非，彭灿. 基于社会网络的高科技创业企业资源获取研究. 中国高新技术企业，2007，7（2）：24-25.

［18］彭灿，杨玲. 技术能力、创新战略与创新绩效的关系研究［J］. 科研管理，2009，30（2）：26-32.

［19］彭学兵，胡剑锋. 初创企业与大企业技术创业的资源配置方式比较研究［J］. 科研管理，2011，32（7）：53-59.

［20］杨波. 新创企业投融资体系建设研究——基于企业成长周期视角［J］. 宏观经济研究，2011，33（5）：64-69.

［21］杨俊，张玉利. 基于企业家资源禀赋的创业行为过程分析［J］. 外国经济与管理，2004，26（2）：2-6.

［22］杨俊，薛红志，牛芳. 先前工作经验、创业机会与新技术企业绩效——一个交互效应模型及启示［J］. 管理学报，2011，8（1）：116-125.

［23］严志勇，陈晓剑，吴开亚. 高技术小企业技术创业资源整合方式及其识别方式［J］. 科研管理，2003，24（4）：71-75.

［24］易朝辉. 资源整合能力、创业导向与创业绩效的关系研究［J］. 科学学研究，2010，28（5）：757-762.

［25］原磊. 商业模式体系重构［J］. 中国工业经济，2007，24（6）：70-79.

［26］王重鸣，刘帮成. 技术能力与创业绩效：基于战略导向的解释［J］. 科学学研究，2005，23（6）：765-771.

［27］王玲，杨武，雷家骕. 企业技术整合过程中的技术转移分析［J］. 科学学与科学技术管理，2005，26（4）：67-69.

［28］魏江，焦豪. 创业导向、组织学习与动态能力关系研究［J］. 外国经济与管理，2008，30（2）：36-41.

［29］吴敬琏. 当代中国经济改革［M］. 上海：上海远东出版社，2003.

［30］张荣祥，刘景江. 高技术企业创业社会网络嵌入：机制要素与案例分析［J］. 科学学研究，2009，27（6）：904-909.

［31］周二华，陈荣秋. 技术开发的类型与创新模式选择的关系［J］. 科研管理，1999，20（4）：15-20.

［32］张瑾. 基于企业家能力的企业成长研究综述［J］. 产业经济评论，2007，6（1）：200-214.

［33］张伟，钟卫东，冯淑霞. 初创新创企业生存前景的经验判别［J］. 商业研究，2006，49（1）：90-94.

［34］张骁，王永贵，杨忠. 公司创业精神、市场营销能力与市场绩效的关系研究［J］. 管理学报，2009，6（4）：472-477.

［35］张玉利，杨俊，任兵. 社会资本、先前经验与创业机会——一个交互效应模型及其启示［J］. 管理世界，2008，24（7）：91-102.

［36］Ahuja, G. & Katila, R. Technological acquisitions and the innovative performance of acquiring firms: A longitudinal study [J]. Strategic Management Journal, 2001, 22 (22): 197 – 220.

[37] Alvarez, S. , A. & Busenitz, L. W. Alvarez and Busenitz, The entrepreneurship of re-source-based theory [J]. Journal of Management, 2001, 27 (6): 755 – 775.

[38] Antoncic, B. & Prodan, I. Alliances, corporate technological entrepreneurship and firm per-formance: Testing a model on manufacturing firms [J]. Technovation, 2008, 28 (5): 257 – 265.

[39] Barney, J. Firm resources and sustained competitive advantage [J]. Journal of Mange-ment, 1991, 17 (1): 99 – 120.

[40] Brush, C. G. , Gieene, P. G. and Hait, M. M. From initial idea to unique advantage: The entrepreneurial challenge of constructing a resource base [J]. Academy of Management Executive, 2001, 15 (1): 64 – 78.

[41] Ciabuschi, F. , Perna, A. , and Snehota, I. Assembling resources when forming a new business [J]. Journal of Business Research, 2012, 65 (2): 220 – 229.

[42] Cohen, W. & Levin, R. Empirical studies of innovation and market structure. In R. Schmalensee & R. Willig (Eds. ), Handbook of industrial organization, vol. II: 1060 – 1107. New York: Elsevier. public policy [J]. Research Policy, 1989, 18 (15): 286 – 305.

[43] Cohen, W. M. and Levinthal, D. A. Absorptive capacity: A new persective on learning and innovation [J]. Administrative Science Quarterly, 1990, 35 (1): 128 – 152.

[44] Day G. S. The Capabilities of the Market-driven organization [J]. Journal of Marketing, 1994, 58 (2): 37 – 51.

[45] Grant, R. M. . The resource-based theory of competitive advantage: Implications for strate-gy formulation [J]. California Management Review, 1991, 33 (3): 112 – 135.

[46] Henderson, R. M. & Cockburn, I. Measuring competence? Exploring firm effects in phar-maceutical research [J]. Strategic Management Journal, 1994, 25 (15): 63 – 84.

[47] Heirman, A. and Clarysse, B. How and why do research-based start-ups differ at foun-ding? A resource-based configurational perspective [J]. The Journal of Technology Transfer, 2004, 29 (3 – 4): 247 – 268.

[48] Katz, J & Gartnet, W. . Properties of Emerging Organizations [J]. Academy of Manage-ment Review, 1988, 13 (3): 429 – 441.

[49] Kerin R. A. , Varadarajan R, Peterson R. A. First-mover advantage: A synthesis, con-ceptual framework, and research propositions [J]. Journal of Marketing, 1992, 56 (4): 33 – 52.

[50] Lee J, Bae Z. T, Choi, D. K. Technology development process: A model for a develop ing country with a global perspective [J]. R &D Management, 1988, 18 (3): 235 – 250.

[51] Malechi, E. J. Entrepreneurship regional and local development [J]. International Region-al Science Review, 1993, 16 (12): 119 – 153.

[52] Moon, C. W. Tehnological capacity as a determinant of governance form in international strategic combinations [J]. The Journal of High Technology Management Research, 1998, 9 (1): 35 – 53.

[53] Narula, R. Choosing between internal & non-internal R&D activities: Some technological & economic factors [J]. Technology Analysis & Strategic Management, 2001, 13 (3): 365 – 387.

[54] Patton, D. and Kenney, M. The spatial configuration of the entrepreneurial support network for the semiconductor industry [J]. R&D Management, 2005, 35 (1): 1 – 16.

[55] Roberts, E. B. New ventures for corporate growth [J]. Harvard Business Review, 1980, 59 (7 – 8): 134 – 142.

[56] Schilling, M. A. and Steensma, H. K. Disentangling the Theories of Firm Boundaries: A Path Model and Empirical Test [J]. Organization Science, 2002, 13 (4): 387 – 401.

[57] Shane, S. & Venkataraman, S. The promise of entrepreneurship as a field of research [J]. Academy of Management Review, 2000, 25 (1): 217 – 226.

[58] Sirmon, D. G. & Hitt, M. A. Managing Resources: Linking Unique Resources, Management, and Wealth Creation in Family Firms [J]. Entrepreneurship Theory and Practice, 2003, 29 (27): 339 – 358.

[59] Sirmon, D. G., Hitt, M. A. and Ireland, R. D. Managing firm resources in dynamic environments to create value: Looking inside the black box [J]. Academy of Management Review, 2007, 32 (1): 273 – 292.

[60] Slater S. F., Narver J. C. M arket Orientation and the Learn ing Organization [J]. Journal of Marketing, 1995, 59 (6): 63 – 74.

[61] Teece, D. J. Profiting from technological innovation: Implication for integration, collaboration, licensing and public policy [J]. Research Policy, 1986, 15 (6): 285 – 305.

[62] Tsai, W. P. Knowledge Transfer in Intraorganizational Networks: Effects of Network Position and Absorptive Capacity on Business Unit Innovation and Performance [J]. The Academy of Management Journal, 2001, 44 (5): 996 – 1004.

[63] Tsai, K. H. and Wang, J. C. External technology acquisition and firm performance: A longitudinal study [J]. Journal of Business Venturing, 2008, 23 (1): 91 – 112.

[64] Winter, S. "Knowledge and Competence as Strategic Assets" in David Teece (Ed.), The Competitive Challenge – Strategies for Industrial Innovation and Renewal [C]. Cambridge, MA: Ballinger, 1987.

[65] Van deVrande, V., Vanhaverbeke, W. and Duysters, G. External technology sourcing: The effect of uncertainty on governance mode choice [J]. Journal of Business Venturing, 2009, 24 (1): 62 – 80.

[66] Zahra, S. A. Technology Strategy and New Venture Performance: A Study of Corporate-sponsored and Independent Biotechnology Ventures [J]. Journal of Business Venturing, 1996, 11 (4): 289 – 321.

[67] Zhang, J., Baden – Fuller, C. & Mangematin, V. Technological knowledge base, R&D organization structure and alliance formation: Evidence from the biopharmaceutical industry [J]. Research Policy, 2007, 36 (4): 515 – 528.

理论篇

# 第二章

# 构建新创企业的资源组合

## 第一节 引　　言

【引导案例】复星国际集团自创立之初就不断构建自身的资源组合。其前身广信科技咨询公司由 1991 年五个复旦大学的优秀毕业生创立。公司刚成立时，除了知识没有其他任何优势资源，复旦学子郭广昌在校期间就在统计预测分析中心工作过，多次带着学生搞市场调研，而当时专业的市场调查公司非常少且不专业。于是公司开始不断找市场调查项目，结果太阳神、乐凯胶卷、天使冰王等诸多品牌公司成为公司客户，公司成立 10 个月就赚到了第一个 100 万元。接着，公司先后搞过彩色火焰蜡烛、咕咚健身糖、婴儿尿湿报警器等项目，但这些公司没有资源优势的项目都不成功，这时，公司创始人郭广昌突然发现郊区一家房地产公司的房子卖得不是很好，他们再次利用自身市场调查知识资源的优势进军房地产销售市场。他们利用到处打广告和将房子一间间、一套套卖给个人消费者的做法，一下子颠覆了原来在工地附近挂块售楼广告，而且喜欢将房子一栋栋卖给企业用户的传统做法，使得房子的销量一下子上去了，复星也因此赚到了公司第一个 1 000 万元。在初步构建了自身市场资源和资金资源的基础上，创始人开始构建他们的技术资源基础。1993 年上半年，他们回到母校，找到生命科学院一种新型基因诊断产品——PCR 乙型肝炎诊断试剂，开始介入生物医药产业。在合作方式上，复星提供基因诊断检测设备和技术人员，医院提供场地，利润两家分成。这样的变革为公司初步积累了组织资源优势，结果到 1995 年，复星赚到了第一个 1 亿元。根据郭广昌对国有企业改革趋势的正确分析判断，复星从 1996 年起就开始超前探索民营机制与国有企业的有效嫁接，通过建立混合所有制企业良性发展道路的方式，先后斥资参与国内数十家国有企业改制，通过参股、控股，成功地介入医药、房地产、钢铁、商业零售、金融等多个产业领域，根据它对国内和全球市场、产业发展的正确分析判断，复星始终把企业的发展定位在主流市场、有比较优势的行业，从而构建了公司从技术资源、资金资源、人才资源、市场资源，到组织资源等比较完整的创业资源基础。①

---

① 资料来源：杨雷，田笑丹. 复星集团战略投资模式案例研究 [J]. 战略管理，2010，2（2）：96 - 103.

　　创业资源是开展创业活动的关键要素，没有可以利用的创业资源，新企业无法创建，也无法实现新创企业的可持续成长。每一个企业都是一个独特的异质性资源组合，它构成了新创企业生存和成长的条件，创业者必须为新创企业构建必要的资源组合。特定的企业资产和独特的资产组合是新创企业取得最优绩效的关键（Barney，1986；Conner，1991）。尽管资源在创业过程中具有非常重要的作用，但主流创业研究都围绕机会展开，较少关注资源在创业特别是在新企业（或事业）创建过程中的作用。阿尔瓦雷茨和布西奈特兹（Alvarez & Busenitz，2001）提出了以资源为分析单位的创业研究框架，并认为创业机会的存在主要是因为不同的人对资源被从输入转换为输出过程中价值的不同认知。

　　创业资源指企业在创业全过程中先后投入和利用的企业内外各种为企业创造价值的有形和无形资源总和（顾桥，喻良涛和梁东，2005），其中有形创业资源包括技术、人才、资金和物质资源等（如 Chandler & Hanks，1998；林嵩，2005；崔启国等，2007），无形创业资源包括创业者和创业团队的远见和直觉、创业动机、创业警觉性、创业知识、创业能力、组织设计等（如 Mosakowski，1998）。无论是公司资源的分类，还是创业资源的分类，都包括人力资源、资金资源、技术资源、物质资源等有形资源，以及声誉资源、组织资源和社会关系资源等无形资源。而技术创业过程往往需要整合信息、技术、人类动机、人的能力、组织设计等要素（谭劲松等，2009）。

　　资源整合是一个复杂的动态过程，是指企业对不同来源、不同层次、不同结构、不同内容的资源进行选择、汲取、配置、激活和有机融合，使之更具较强的柔性、条理性、系统性和价值性，并对原有的资源体系进行重构，摒弃无价值的资源，以形成新的核心资源体系。布拉什等（Brush et al.，2001）认为，根据输入的初始资源类型和资源的早期应用来理解资源开发路径是理解资源构建管理的基础，他们从选择的资源类型和选择资源的顺序两个方面分析初始资源的构建过程，并将新创企业构建初始资源基础的过程分为识别资源、集合资源、获取资源和配置资源以适用产品或市场战略四个环节。而新创企业面临四个资源决策：集合资源、吸引资源、整合资源和将个人资源转化为组织资源。其中，集合资源指新创企业将资源带入新创企业，包括带入的资源顺序、时机和类型等。饶扬德（2007）提出资源整合过程包含三个步骤，即资源识别与选择、资源汲取与配置以及资源激活与融合。而西尔蒙等（Sirmon et al.，2007）则将成熟企业的资源管理过程归纳为构建资源、绑聚资源和利用资源三个阶段，他们认为，企业管理资源的目的是创造价值和竞争优势，有价值、稀缺、难以模仿和不可替代的资源并不会自动产生价值和竞争优势，只有经过对资源进行吸收、积累和剥离等资源构建过程，稳定调整、丰富细化和开拓创造等资源绑聚以形成能力的过程，以及调动资源、协调资源和配置资源等发挥能力的杠杆作用过程，才能真正创造价值和形成竞争优势。

新创企业创新性整合和配置资源可以导致竞争优势和更优的绩效。随着规模的增长，新创企业需要重新组织他们的资源，获取新的资源，一些资源变得更加专用性，另一些资源则变得无用（Penrose，1959）。公司发展过程中，不断调整的资源整合需求需要不同的管理实践以保持持续成功（Miller & Friesen，1984）。

总之，创业资源整合应该包括从资源识别到资源利用的全过程，虽然在对这一过程的描述上，不同的学者稍有不同，通常是在活动的数目和名称上有所不同，但基本概念是一致的。本书将创业资源整合过程分为两大阶段，即构建新资源基础和整合资源，前者主要是企业面向外部的行为，包括识别资源、获取资源和配置资源三个环节；而后者是企业内在资源组合与使用的行为。

## 第二节　识别创业资源

构建新企业的初始资源基础要求在资源被分配以适用产品和市场战略之前，资源被识别、集聚和获取以满足感知到的机会。识别创业资源如同识别创业机会对新创企业一样重要，如果不能识别哪些资源对机会开发更加重要，即使识别了创业机会，也无法将创业机会进行有效开发以转化为企业价值。资源识别是创业资源开发过程的起点，对于整个开发过程的科学性具有重要影响。创业资源识别能够影响创业者对其创业资源利用，同时也会影响创业企业的机会选择。新企业缺乏管理经验，没有忠诚的顾客基础，不能通过声誉带来绩效，没有可以被分享的经验，创业者对资源的决策判断只能基于现有的信息。而每一种资源的选择都会对企业的生存与成长产生重要的影响。如果获取到不需要的资源，不仅不能与机会相匹配，更有可能造成资源浪费，甚至给企业带来负面影响。因此，企业需要识别哪些资源对于新企业创建和早期成长是必要的、关键的资源，是企业进行资源开发的基础。

尽管新创企业创业过程中，需要各种有形和无形资源。然而，创业资源并非越多越好，成功的创业者往往更着眼于有选择地使用那些以前没有被开发的资源，积极借助企业内外部力量配置和整合创业资源，从而导致资源的异质性产生，并最终形成企业能力，促进新创企业成长。汉隆和桑德斯（Hanlon & Saunders，2007）通过对48个创业者在资源获取上的访谈，发现最大化资源组合效果是一项复杂的任务，包括在可获得资源的质量和数量中获得平衡，以及支持者的支持效率和支持效果间的平衡。只有那些能做好平衡的创业者才能走得更远。识别关键创业资源的目的是在识别出机会后，搞清楚机会与资源之间的关系，并努力配置和整合对新创企业成长最有利的资源要素，以便在资源和能力约束下发挥出资源的最佳效果。

## 一、创业资源识别的内涵

尽管识别资源对新创企业获取和整合资源具有非常重要的作用，学者们也针对资源识别展开了广泛的研究，但有关创业资源识别的内涵，学者们还存在不同的观点。布拉什等（Brush et al.，2001）认为，创业资源识别不仅要评估资源的类型，还要确定资源的数量、质量、使用时间和顺序，创业者除识别资源本身的特性之外，还要对资源潜在的供应商进行识别，即资源需求的识别和资源来源的识别。周强（2011）认为，创业资源识别指创业者根据自身资源禀赋状况，对创业企业所需资源进行分析、确认，并最终确定其所需资源的过程。单标安等（2013）则认为，创业资源识别包括评估现有资源、判断资源缺口和计划资源渠道等。通过访谈和问卷调查的实证分析，他们将资源识别分为自我评价、细化需求和确定来源三个维度，其中，自我评价指创业者通过对自己拥有的机会、初始资本、人际关系等多方面的评估，对自己拥有的初始资源与创业需要的资源之间做一个比较；细化需求指对资源需求进行细化，包括创业者要判断企业需要资源的数量、获取资源采取的方式和渠道等过程，对很多创业者来讲，这个过程并不是特别清晰和详细的，有时可能只是创业者的潜意识活动；而创业者对资源可能来源的判断并不是一个有计划、有步骤的过程，他们通常会选择从评估周围的社会联系开始，考虑资源获取的时效性、获取的容易程度、资源提供者的可靠性等，并通过对可能的资源提供者的评估，来确定自己能够通过什么渠道获取所需的资源。根据创业动机的不同，汉格尔等（Hunger et al.，2002）将资源识别的过程分为决策驱动型资源识别和机会驱动型资源识别。决策驱动型资源识别是创业者首先决定创业，然后发掘商业机会、组织资源、形成企业。机会驱动型资源识别是首先发现商业机会，然后评估组织资源，形成企业（周强，2011）。

资源识别还包括资源的价值识别和风险识别，资源价值识别需要考虑资源的时间价值，包括资源过去的价值、现在的价值和未来的价值（Bowman & Ambrosini，2007）。资源能力学派认为，今天形成竞争优势的基础不再是机器设备、厂房、资本和产品等物资资源，因为这些资源很容易从市场上买到，而管理、技术、人才、市场、品牌等无形资源则起着关键作用，这些资源不易流动、不易被复制、交易频率低，其他企业不容易从市场上得到，具有资产专用性特点。因此，企业主要应识别这类资源的价值。巴尼（Barney，1991）认为，企业稀缺的、有价值的、不易模仿和不易复制的资源是企业绩效差异产生的重要来源，而彼得拉夫（Peteraf，1993）则认为，企业资源必须同时满足四个条件才能为企业带来可持续竞争优势，即该企业能够利用资源的异质性获取租金、凭借对竞争的事前限制以低于租金的成本获得优质资源、依靠资源的不完全流动性将租金保持在企业内部、凭借对资源的事后限制来保持住这些租金。这意味着新创企业不需要采取分门别类地获取各种资源的战略，而应该致力于识别最需要的资源并采取行动来取得，创业资源的获得过程也是一个不断学习和试错的过程（Lichtenstein & Brush，2001；吴士健和田为厚，2010）。资源的风险识别则主要是识别资源对企业带来的潜在风险。

## 二、识别的创业资源内容

资源识别是创业者为了实现创业计划所进行的一种有意识地识别资源价值、资源需求和确定资源潜在来源的过程。资源识别包括认识到哪些资源对创业重要，如何重要，以及了解这些资源可以通过什么途径获得。按资源的表现形态，组织资源可以分为有形资源和无形资源两大类。有形资源通常是指那些具有一定实物、实体形态的资源，如组织得以存在和发展的自然资源以及建筑物、机器设备、实物产品、资金等。无形资源则是指那些不具有实物、实体形态的资源，如信息资源、关系资源、组织资源、品牌资源等。本研究从要素资源组合角度分析新创企业的资源整合问题。由于物质资源的特殊属性，这些资源的识取和整合往往无法依据创业者主观意愿进行，因此，本研究主要考虑技术资源、人力资源、财务资源、社会网络资源、市场资源等有形资源以及信息资源、创业认知、人类动机、企业家能力、组织资源、品牌资源等无形资源。其中创业认知、人类动机和企业家能力都属于人力资源范畴，而品牌资源则属于市场资源范畴。

### 1. 技术资源

技术资源是科技型新创企业创业的首要资源，没有具有自主知识产权的创造发明，且该创造发明能转化为有市场前景的产品，技术创业无从谈起。技术是一种致力于创造（制作或装配物质产品的）工艺的人类活动形式，其根本作用在于拓展人类的实践领域（Mcginn，1991；郝新，2006）。技术是知识的体现，这种体现表现在使新产品的开发、新市场的开拓、新的组织形式的应用、新型原材料的合成或者满足客户需求的新的工艺的使用等成为可能（沙恩，2005）。现代组织理论中，技术包括获得一些必要的、通常被概念化为产品或服务结果、目标或产出的方式，包括：（1）物质目标或人工制品，包括产品和用于生产产品的工具和设备；（2）包括生产方法的活动或过程；（3）开发和应用设备、工具所需要的专门知识（Know-how）和生产特殊产品的方法。技术是一种隐藏在产品背后的能力，体现在产品设计、加工以及提供服务中，它包括有形和无形两个方面，包括有形的工具装备、机器设备、实体物质等硬件，也可以表现为无形的工艺、方法、规则等知识软件（狄德罗，1766）。技术的内容既可以包含整个系统活动，又可以仅指一个独立的生产或加工过程。改变一个组织的技术意味着调整这个组织进行输入输出转化的有形资产、知识和技巧。促使组织进行技术开发的主要动机就是为了获得控制关键资源的最先进入优势和实现自学习的效果（周二华，陈荣秋，1999）。技术创业中的技术可以被描述为公司用于开发、生产、传递其产品和服务的全部理论和实践知识、专门技能和技能，它可能包含在人员、材料、设备、程序和物质过程中（Antoncic & Prodan，2008）。除了作为知识的技术，技术创业中的技术还指作为产品的技术，既用成熟的技术产品进行的创业也应该划到技术创业的范畴。

技术是新创企业得以生存和发展的核心竞争力。新创企业的技术资源包括有关产品的技术和有关工艺的技术。有关产品的技术主要体现在公司拥有的专利水平和研发能力，而有关工艺的技术则体现在公司拥有的先进生产工艺和工艺技术改造能力。有的学者用技术能力表示公司关于产品和工艺方面技术的实力，它反映了组织开发产品和设计新的生产流程的能力（Park，2004）。单纯的产品方面的技术能力则指公司开发持续的技术资源，并将其运用于新产品开发的能力，或者公司独特的学习新的外部技术的能力（Moorman & Slotegraaf，1999；Moon，1998）。具有高技术能力的企业（即技术开拓者）可以开发出新的技术和知识，并且可以使这些技术和知识推广成行业标准或主要设计方案，而且可以第一时间向市场推出新产品和服务，以获取"先动优势"。

有形的技术资源往往表现为已申请成功的发明专利、实用新型专利和外观专利，或者是某一领域公认的技术专家，如注册会计师、律师、高级美工师、设计师、工程师、医生、心理咨询师等。无形的技术资源则表现为一些专有技术、科研成果或者对某个特行业和领域的深入研究等。有些企业依靠自身的专业知识提供相关服务。如杭州起航翻译有限公司创始人王音，创业的基础就是其英语专业的优势；而桐乡市斯可睿知识产权代理有限公司创始人朱学新，则利用其具备知识产权代里人的专业技术优势，为企业提供专利代理服务。

### 2. 人力资源

人力资源是新企业创业最核心的要素，是推动新创企业成长的关键资源要素。已有研究发现，人力资源包含丰富的内容：创始人的特质、家庭背景、教育、经验、声誉、态度、动机、目标、能力等都包括在人力资源中（Brush & Chaganti，1998）。人力资源是由个人特征、教育和工作经验组成的（Becker，1964）。人力资本理论将人力资本分为一般人力资本和专用性人力资本（Becker，1975；DeTienne & Chandler，2007）。一般人力资本指那些可以在不同工作岗位或工作单位发挥作用的知识和技能，其测量如正式教育、年龄、先前工作经验、先前创业经历等（Gimeno，Folta，Cooper，& Woo，1997）。而公司或行业专用性人力资本则指只在某个公司或某个行业有用的知识和技能（Becker，1975；DeTienne & Chandler，2007）。新创企业的人力资源包括企业家、创业团队和一般人力资源，高素质人才的获取和开发，是现代企业可持续发展的关键。

企业家的资源禀赋对企业创业行为和企业绩效具有非常重要的作用，大量文献强调企业家资源禀赋在创业过程中的重要作用，认为企业家资源禀赋是创业过程的关键资源，甚至在一定程度上决定新创企业的资源构成特征（Morris，1998）。企业家资源禀赋包括经济资本、人力资本和社会资本。经济资本是企业家所有的可直接变现的各种财务资产的总和（Bourdieu，1986），包括个人存款、持有的股票等。企业家人力资本指包含在企业家身上的知识和技能存量，由一般人力资本与特殊人力资本构成，一般人力资本包括个体受教育背景、以往的工作经验及个性品质特征；特殊人力资本包括产业人力资本（与特定产业相关的知识、技能和经验）与创业人力资本（先前的创业经验或创业背景）（Becker，1993）。企业家社会资本是嵌入企业家现有稳定社会关系网络和结构中的稳定资源潜力，其价值取决于关系网络规模与关系成员所有的资本量，分为基于家庭关系的社会资本与基于人际关系的社会资本两类（杨俊和张玉利，2004）。

创业团队资源是新创企业创业的重要因素。大量研究表明，科技型新创企业的创业都是团队创业的形式。例如，张玉利和杨俊（2003）对我国企业家的调查表明，合伙创业的比率高达60.5%，而个体创业的比例仅为39.5%。企业家团队资本不是企业家个体资本的简单相加，而是要体现各创业团队成员的能力和素质在叠加后能实现1 + 1 > 2的整体效果。新创企业中，技术人员是企业家团队的重要组成部分。技术人员的技术能力不仅能保证企业研发的持续性，而且对于新创企业识别和获取必要的技术非常重要。

企业家团队资本包括三个方面：企业家团队的抱负水平、企业家团队的决策能力和企业家团队的异质性。企业家抱负是指对开创新事业的承诺及其程度和实践创业构想的决心（Mitchell et al.，2000）。企业家抱负主要有以下内容：（1）识别机会，即确定方向、寻找新情境的动力，以及尝试新事物的倾向；（2）对承诺的执著，即集中投资、全力以赴的决心以及承担新创事业风险和责任的勇气；（3）对机会的追求，即宁可遭遇失败也不愿错失机会的信念。企业家团队的决策能力是团队资本的一个重要组成部分。企业家团队的决策能力指企业家对稀缺资源的协调做出判断性决策的能力（Casson，1982）。所谓企业家的判断性决策，是指在不确定条件下，根据手头掌握的信息，按照既定的决策规则和程序进行决策。企业家的这种决策能力是企业家本人的心理素质与接受教育和培训的综合结果，是先天素质与后天学习、实践的珠联璧合，它涉及所受的教育、经历（如干中学）、天赋和专业知识等（Shultz，1961）。企业家的判断决策能力只能在具体环境中体现出来，它能够改善在不确定环境下必须迅速做出的决策的质量。在新创企业的成长过程中，不排除个别决策由单个企业家独自做出的情况，但决定企业发展方向的更多决策是经团队成员商议后做出的。企业家团队异质性则指企业家团队成员在经验、知识、专业等方面的差异性。研究表明，异质性团队比同质性团队获得更多的信息资源、技能组合和社会认知力，而且企业家团队成员一定程度的背景异质性也有助于团队内部进行互动、交流和协作（Hambrick，1994）。由此可见，团队成员之间的异质性也是企业家团队资本的重要内容。

创业认知（Entrepreneurial Cognition）是创业者大量使用影响决策的个人启发式和信念（Alvarez & Barney，2000）。与管理认知更多依赖事实为基础不同，创业认知更多依赖于有限和关键的经验或信仰。不同于以往关注创业者与非创业者特质的差异，认知方法重点关注创业者与非创业者思维方式和作决策方式的差异。布西奈特兹和巴尼（Busenitz & Barney，1997）通过对大企业中创业者和管理者的实证研究发现，与管理者相比，创业者更多采取决策偏见（Decision-making Biases）和启发式（Heuristics）。因为在不确定和复杂的环境下，偏见和启发式是一种更有效率和更有效果的决策方式，在这种情况下，更复杂和合理的决策是不可能的，而偏见和启发式则更加接近正确决策。此外，采取偏见和启发式决策还有利于创新，主要的差异是他们采取偏见和启发式决策程度的差异。作者检验了两种偏见和启发式：过分自信启发式（高估正确的概率）和代表性启发式（从少数特征或观察中而过分归纳）。愿意且有信心依赖启发式思维拼凑出有限的信息做出令人信服的决策可能事实上是推动事业前进的唯一方法。

新创企业中，创业者的远见和坚定的信念也是重要的人力资本。由于创业是一项艰苦的活动，其成功往往需要时间的检验，而在创业遇到困难时，创业者的远见卓识和对创业成功的坚定信念往往对公司生存和发展起决定性作用。阿里巴巴创业时也遇到过工资都发不出的瓶颈，但马云坚信其"让世上没有难做的生意"的创业理念的正确性，也坚信他们公司商业模式能实现他们的创业目标，因此，在融资过程中，他们首先获得了孙正义的信任，然后孙正义从日本拉来六个投资人去杭州听马云的融资计划。马云将这些人安排在一条游船上，给他们灌输他的创业理念，最终度过了一个创业难关[①]。

### 3. 财务资源

财务资源是企业创建、运营和成长中使用的资金（Bygrave，1992），包括企业可以使用的所有来自于创业者、投资人和银行等的资金。"巧妇难为无米之炊"，没有资金，再好的创新技术也难以转化为现实的生产力，新创企业没有资

---

① 阎焱：中国第一家互联网公司已灰飞烟灭！创业的6大铁律和大忌是这些！［N］.2015 年 12 月 21 日.

金也难以运转。能否快速高效地筹集资金，是创业企业站稳脚跟和可持续发展的关键。财务资源也是企业获取原材料、设施、设备，支付工资、报酬和其他必需的支出，以此来提供服务和产品，从而产生维持企业运作的收入。缺乏新创企业运作的资金也使得新创企业难以支付开发新产品的成本、寻找新客户的成本以及维持市场形象的成本。总之，没有资金，新创企业寸步难行。卡彭特（Carpenter，2001）通过对1 600家小企业实证研究表明，多数企业的发展与其内部资金限制有关。而来自杭州大学生创业的一份调查显示，被调查的1 710家创业企业中，1 146家认为创业最大困难是资金不足。税赋负担重、缺乏经验、市场风险大和对市场的把握能力不足的人数分别是786人、607人、543人和542人，相比之下，认为专业技术知识不足和创新能力欠缺的人数较少①。根据世界银行所属的国际金融公司（1FC）对北京、成都、顺德、温州4个地区的私营企业的调查表明：我国的私营中小企业在初始创业阶段几乎完全依靠自筹资金，90%以上的初始资金都是由主要的业主、创业团队成员及家庭提供的，而银行、其他金融机构贷款所占的比重很小。

识别创业财务资源首先要了解新创企业可能的创业资金来源。新创企业往往首先从创始人团队及其社会关系网络中开展创业资金资源来源的识别，其次会考虑可能的天使投资资金，这可以通过参加各种投融资宣讲会，或到政府部门了解各种政府创业扶持资金，以及各种风投洽谈会进行资金来源识别。随着融资渠道的拓展和创业网络的丰富，创业者识别的资金来源渠道会越来越广。一旦有了一定的信誉和足够的资产抵押物，银行就变成一种可行的资金来源渠道。识别创业财务资源还需了解创业资金的用途，钱用在刀刃上对于初始资金匮乏的新创企业特别有效。因此，新创业者需掌握一些财务知识，懂得运用财务杠杆效应，以尽量使新创企业拥有维持企业正常运营的资金。当然，识别出企业资金需求的数量、时间等也是创业资金资源识别的重要内容，为了获取生存所需要的资金而牺牲对事业的控制权是一些新创企业常犯的财务资源识别误区。

### 4. 市场资源

市场资源指为新创企业实现价值增值而将企业的产品或服务转化为消费者需求的市场，是企业所控制或拥有的与市场密切相关的资源要素，主要包括各种有利的经营许可权、企业现有各种品牌、企业现有销售渠道、企业现有顾客以及他们对企业产品或服务的忠诚度，以及其他各种能为企业带来竞争优势的合同关系等。除了具备开发市场需求的产品和服务外，还需要将开发的产品和服务推向市场。对于新创企业而言，很多时候市场资源比技术资源更加重要，因为新创企业

---

① 黄海峰. 我们来了：80后创业者［M］. 浙江人民出版社，2012.

需要快速找到市场的突破口，需要稳定的客户提供公司必要的现金流。而拥有稳定的客户也为公司进一步开发新产品和提供更好的服务提供了保障。市场资源最重要的是客户。尽管有些新创企业在前期做了充分的市场调研，发现他们开发的产品/市场契合度达到了46%，许多人都需要这样的服务。然而，一旦产品真正推向市场，需求却并没有想象的好，让消费者点赞和让消费者买单并不是一回事。因此，新创企业需要不断需找潜在客户，并说服潜在客户真正下单。

在当今激烈的竞争环境下，消费者可选择的余地越来越大且消费者越来越成熟，单靠优良的产品和低廉的价格已经难以吸引消费者，一个强大的品牌可以让一项产品或服务深入人心，让消费者保持持续的忠诚，从而为企业带来持续的竞争优势。美国营销协会对品牌的定义是一个名字、名称、设计、象征，或者是可以将一个卖者的产品和服务于另一个卖者的产品和服务相区分的词汇。成熟的顾客往往因为一个品牌而不仅仅因为产品的品质或价格才想拥有一件商品，因为品牌可以消除买卖双方的信息不对称，并降低营销成本。因此，许多科技公司都将品牌作为产品营销战略中一个重要组成部分。知名品牌可以维持较高的价格并享有更多忠诚的顾客。由于科技产品更新速度极快，因此创业者建立品牌最有效的途径是为公司或者其创新平台而不是为某个特定产品或某项技术创建品牌。

品牌资源包括品牌知名度和品牌美誉度。在当今信息爆炸的时代，获得品牌知名度是赢得市场认知的前提。许多企业采取广告、事件营销、病毒营销、网络营销等手段迅速获得品牌传播的目的。但品牌知名度对新创企业而言并不总是好事，因为没有品牌美誉度支撑，品牌知名度可能起到负向的作用。通过获得央视标王广告而迅速获得品牌知名度的爱多 VCD，因为后续支撑工作的不足，缺乏对品牌美誉度的维护而迅速失败。而淘宝创业的成功则源于其在品牌知名度和品牌美誉度上的悉心经营，甚至可以说在品牌美誉度提升之前，并不急于提升其品牌知名度，在缺乏与竞争对手 Ebay 直接抗衡的实力之前，悄悄地经营其品牌美誉度。小米手机同样采取品牌美誉度与品牌知名度同步进行的饥饿营销策略，在有限顾客中传播其品牌美誉度，当品牌美誉度达到足够高时，才放手去提高其品牌知名度。

## 5. 信息资源

创业信息资源是创业和创业型经济可持续发展的重要支撑和基础保障条件，其在生产、加工整理、存储、共享和使用过程中，始终伴随着资源价值的流动、传递和增值（张波，谢阳群，邵康，2013）。创业信息资源指新创企业为完成机会的识别、开发和利用而需要的知识或消息，以及创业信息服务设施、机构及人才等。创业信息资源由两大部分构成，一是与创业紧密相关的信息本身；二是与创业相关的信息服务设施、机构及人才等（车娇，2007）。前者具体表现为经济、政治、文化、科技和法律等宏观信息，还包括资本市场、产品市场、技术市场、劳动力市场、金融市场、客户需求、政府及社会团体价值取向等微观创业环境信息，更包括决策、预测、统计、行为、控制、反馈、销售、市场、商品、计划、管理、经济等商务信息。后者则体现在信息获取渠道上，诸如邮政、电报、电话、广播网络、数据库服务软件、信息处理人才等方面，这些相关资源既是信息流动或传递必须依赖的资源，也是创业信息资源的重要组成部分，它们对创业信息的开发、共享和利用有着重要影响。

信息伴随新创企业创建和成长的全过程，机会识别需要获得需求信息、供给信息、行业信息、竞争者信息、法律法规信息，以及政治、经济、文化、科技等大量的信息。识别机会后，需要有关公司运营信息、市场信息和财务信息等来帮助完成机会开发。创业经营计划完成后，围绕新公司的生产能力的形成也需要做大量资源评价工作，也需要做大量信息工作。新公司成立后，企业的生产，安全、环境、质量、财务、营销等活动的有效进行都伴随着大量的信息收集、处理、传递、控制等信息管理活动（谢雄标，2014）。新创企业创业过程中所需要的信息包括创业信息和发展信息。创业信息决定小企业所进入的产业和使用的技术，以及与之相关的设备、人才。发展信息是指新创企业如何进行技术升级，如何开拓新的市场等方面的信息。对于高科技创业企业来说，由于竞争十分激烈，就更加需要丰富、及时、准确的信息，以争取到更多的生产要素资源。

温池洪（2015）将创业信息分为一次信息、二次信息和三次信息。一次信息是低层次创业信息，它是经过初级加工、筛选、分类的原始信息，多属于描述性信息，比较直观和零散，反映了创业的现状和感性认识。二次信息是中层次的创业信息，是对低层次信息进行筛选、加工、提炼的结果，表现为对规律性的认识和应用。创业信息汇集摘要就是这样的信息。三次信息是高层次创业信息，这类信息是对前两层信息的加工提炼、分析、研究，是高层次、高深度的规律性认识的归纳和总结，应用价值更大，概括性更强，认识更清楚，参考作用也更大，内容也更全面，创业研究报告、创业分析综述和述评属于三次信息。

### 6. 社会网络资源

创业者的社会网络资源主要是指新创企业的创业者个体或创业团队所拥有的社会网络关系，组织的关系资源也决定了组织的舆论状态和形象状态，它们构成了组织最重要的无形资源。创业者能否与关键资源提供者保持良好的关系以及其获取网络资源的能力都成为企业生存和良好绩效的关键（Pfeffer and Salancikg，1978）。创业者的社会关系网有助于他们识别顾客、获取资源、弥补管理团队的不足、促进公司的发展，甚至在出售公司时也会有所帮助，这种关系影响企业行为和价值创造。从我国的创业环境看，中小企业的活动需要相应的政治法律环境、经济环境和社会自然环境，只有正确地处理好与各个组织之间的关系，企业才能获得更多的国内外人才、贷款和投资、各种服务与优惠等。边燕杰和丘海雄（2000）提出企业社会资本的概念，认为企业社会资本是企业通过与经济领域的各个方面发生的种种联系而摄取稀缺资源的一种能力。这种联系包括三个方面：即企业的纵向联系、横向联系和社会联系。企业的纵向联系是指企业与上级领导机关、当地政府部门以及下属企业、部门的联系。这种纵向联系的取向主要是向上的，目的是从"上边"获得和摄取稀缺资源。企业的横向联系指企业与其他企业的联系。这种联系的性质是多样的，如可以是业务关系、协作关系、借贷关系、控股关系等。社会联系则指企业及其经营者的社会联系。企业经营者非经济的社会交往和联系往往是企业与外界沟通信息的桥梁和与其他企业建立信任的通道，是摄取稀缺资源和争取经营项目的非正式机制。调查发现，企业的纵向联系是积累和发展社会资本的最重要的渠道，其次是横向联系，再次是社会联系。在中国社会背景下，通过建立良好的关系网络、积累充足的社会资本是促进企业成长的重要途径。

　　社会网络中，特别应该受到重视的是客户关系资源。企业与客户长期良好的合作而建立起来的顾客忠诚，使得客户成为企业经营中获取强大竞争优势的一项重要资源。人脉资源无疑也是社会网络中最重要的资源之一。它是创业者及其团队成员创业过程中能利用的各种人脉关系，是社会中可供创业者利用的，能为企业自身带来优势或经营帮助的人物。

　　对创业者来说，职业资源也是一种重要的社会网络资源。创业者在创业之前，为他人工作时所建立的各种职业资源，包括项目资源和人际资源，符合创业活动"不熟不做"的教条。尤其是在国内目前还没有像美国或欧洲国家一样，普遍认同和执行"竞业避止"法则的情况下，选择从职业资源入手进行创业，已经成为许多人创业成功的捷径和法宝。如昆明的"云南汽车配件之王"何新源，在创办新晟源汽配公司之前，就在省供销社从事相同工作；有名的宝供物流，其创始人刘武原来也是汕头供销社的一名"社员"，被单位派到广州火车站从事货物转运工作，后来承包转运站，再后来利用工作中建立的各种关系，创立了宝供，通过为宝洁公司做物流配送商，一举成为国内物流业之翘楚①。"好孩子"创始人宋郑还是通过一位学生的家长得到了第一批童车订货，这才知道世界上原来还有童车这样一个赚钱玩意儿。同时，宋郑还做童车的第一笔资金也是通过一位在银行做主任的学生家长获得的。如果没有学生家长的帮助，宋郑还可能会一事无成。据调查，国内离职下海创业的人员，90%以上利用了原先在工作中积累的资

---

① 谢菊梅. 创业指南：创业者必备的素质修养. 遂宁新闻网，2011，04，15.

源和关系①。

社会网络中，同学或战友资源也是重要的创业资源。杭州浙江大学校友会一直致力于围绕浙大校友创业者搭建一个投资人、企业家、创业者加上孵化器、校友创业投资基金的浙大校友创业生态圈。目前，该校友会已联络社会各界浙大校友10万余人，每年组织各类校友活动近千场。校友会通过举办校友创业大赛，挖掘优秀创业项目，促进资本对接。而北京大学一个由金融投资家进修班学员组成的仅有200余人的同学会控制的资金却高达1 200亿元。许多名校举办的各种企业家班、金融家班、国际MBA班等之所以能吸引大批学员参加，一个重要原因是许多人花大价钱从全国各地来进修，学知识是一方面的原因，交朋友是更重要的原因，甚至交朋友可能比学知识更加重要，有些人唯一的目的就是交朋友。同学之间因为接触比较密切，彼此比较了解，同学友谊一般都较可靠，纯洁度更高。对于创业者来说，同学资源是值得珍惜的最重要的外部资源之一。许多创业成功者的身后都可以看到同学的身影，《福布斯》中国富豪南存辉和胡成中就是小学和中学时的同学，一个是班长，一个是体育委员，后来两人合伙创业，在企业做大以后才分了家，分别成立正泰集团和德力西集团②。

同乡是另一种重要的社会网络资源。共同的人文地理背景，使老乡有一种天然的亲近感。曾国藩用兵只喜欢用湖南人，中国历史上最成功两大商帮，徽商和晋商不管走到哪里，都是老乡拉帮结派，成群结伙。今天的温州商会，创业的触角遍布全世界，正是利用老乡的互相支援，才成就了温州商人的辉煌。

### 7. 政策资源

在中国转型经济背景下，政策资源在创业中发挥着重要的作用。那些能读懂中国政策，更好地利用创业政策的创业者在创业中往往占据有利地位。早期创业政策主要指中小企业政策，但随着对创业认识的深入，人们开始关注创业政策与中小企业政策的区别。伦德斯特隆和史蒂文森（Lundström & Stevenson，2001）认为，创业政策与中小企业政策至少存在三方面不同：聚焦于个人和聚焦于企业的区别；聚焦于支持创业前与支持创业后的区别；广义与狭义的区别，即是否认为制度结构构成了支持环境。在他们看来，创业政策指那些聚焦于个人、支持创业前且不包括制度结构，直接影响某国或地区创业水平的措施。但这种界定显然只关注到个人创业，没有包括促进公司创业的政策。我们认为，既然创业包括独立创业和公司创业，促进创业的政策则应该包括促进独立创业和促进公司创业的措施。如果说中小企业只针对已有中小企业，创业政策则包括促进潜在创业者和

---

① 陈华. 用创新勇闯世界的"好孩子" [J]. 经济导刊，2007，02.
② 谢菊梅. 创业指南：创业者必备的素质修养 [DE/OL]. 遂宁新闻网，2011，04.15.

促进已有中小企业（Audretsch，2003；Hindle & Rushworth，2002）。一般政府可以采取两种创业促进政策：其一，促进特定产业内技术公司创新的政策；其二，促进新技术公司产生的政策（Wennekers & Thurik，2001）。

针对这两类政府促进创业的政策，学者们分别进行了研究。针对促进独立创业的政府政策，伦德斯特隆和史蒂文森（2001）认为，创业政策是同时影响创业动机、创业机会和创业技能三个方面的措施，目的是使人们更有创业精神，其政策框架如图2－1所示。

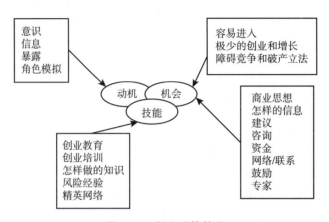

**图 2－1　创业政策基础**

资料来源：Anders Lundström and Lois Stevenson（2001），Entrepreneurship Policy in the Future，Volume 1 of The Entrepreneurship in the Future Series.

沃海尔等（Verheul et al.，2001）则从另一个角度对影响创业的政府干预政策进行了分类：（1）需求维度，包括收入政策、刺激技术发展政策、竞争政策和立法等；（2）供给维度，包括移民政策、地区发展政策、有孩子家庭的财政支持等；（3）资源的可获得性（Availability），包括刺激风险资本市场产生的政策、提供直接资金支持、提供相关商业信息、提供创业教育；（4）形成创业价值观，包括教育系统及其与文化的整合；（5）改变创业的风险—回报关系，包括税收政策、劳动市场雇佣和解雇政策、破产政策等。世界经济合作与发展组织（OECD，2001）在比较其成员国创业政策与水平的报告中，将创业政策分为四个主要类别：获得融资、有利于进入与退出的规制、政府支持项目推进、鼓励企业家精神（转引自张鹏，2003）。

针对促进公司创业的政策，严志勇等（2003）将影响高技术小企业成长的要素分为：市场拉力、技术推力、技术创业机制和创业精神。基于将技术创业定义为"发现与开发技术的市场机会"的认识，本文认为创业政策主要是围绕有利于机会发现和机会开发展开的。与机会发现有关的因素主要是市场和技术，而与机会开发有关的因素主要是人才和资金，且这些因素都直接影响技术创业。

随着大众创业，万众创新国家战略的提出，各地进一步出台了各种新的创业扶持政策。譬如深圳正在全力打造创客之都，但高房价、高成本会给深圳的创业者带来压力，成为打造创客之都的一大阻碍。为此，深圳提供了一些措施来保证创新创业环境，应对相对高的房价。如设立创客空间，为创客们提供居住的环境，政府对创客空间的租金有优惠措施，减免和降低了房租。深圳对创客的发展高度重视，出台了专门的政策，针对推进创客发展制定了 3 年行动计划。深圳市专门从财政资金中预留 2 亿元来推进创客的发展，对政府所认定的创客空间都会给予一定的运维费用的补贴，另外也打造更多的创客空间，让创客们有一个活动的地方。同时，对于一些创客所需要的公共服务、开源软件、检验检测，政府也提供一定的支持。此外，对于创客所开展的具体创造活动，则给予相应的项目支持。以创新券的方式，对于创客们所提出的诸如检验检测、软件使用、硬件建设所花费的费用等政府给予相应的补贴支持，以此营造创客文化和创新创业的氛围。

### 8. 物质资源

创业物质资源指新创企业作为运作实体必须依赖的物理资源，主要包括办公室与厂房、设备与物质技术、地理位置、原材料等。多数情况下，可以通过财务资源来获取物质资源。一般认为，公司办公场所选址最好临近相关工作地点或目标客户居住、活动区域，但许多互联网及电子通信系统的飞速发展使得世界似乎变得越来越小，地理距离不再是创业者考虑的重要因素。许多研究表明，技术创业者在新企业地址的选择中主要考虑两类因素：区域环境、有类似相关企业或行业聚集的成熟地区。这是因为在这些集群区域，资金获取性、人力资源获取性、顾客认可度和接近关键人物的便利性等都要远高于其他非集群区域。许多学术型新创企业选址都在离学校很近的地方，大学科技园则为许多学术型新创企业提供了可以集群创业的场所。当然，选址还会考虑靠近资金来源的地方，这对于需要依靠天使或风险投资获得发展的技术型公司尤其重要。厂房和设备也许可以通过资金来解决，但对于缺乏资金的新创企业而言，合适的利用合作伙伴的厂房和设备资源不失为好的选择。许多技术型新创企业的生产和销售都是外包给合作企业，自己只负责设计和开发，因为制造和销售两个环节的成本太高，并且需要大量经验才能有效执行。永道会计师事务所针对美国 400 个快速成长的小型企业的调查发现，2/3 的企业都采用了外包战略，使用这种战略产生了更高的收入和增长率①。因此对于科技型新创企业而言，厂房和设备资源也许不是最关键的资源。具有领先于竞争对手的原材料获取途径对新创企业而言无疑是新创企业成功的一大法宝。这种领先于对手的原材料获取途径主要来源于创业者或创业团队的社会网络资源。

创业初期，创业者经常利用自身或家族成员的物质资源为初创企业降低成本。阿里巴巴初创业时，公司办公场所就在马云的家。今天，中国的创业环境已经成熟许多。许多地方都提供了免费或非常廉价的办公场所，以帮助有创业梦想的人。"西安慈善大学生创业园"是西安市慈善会助学慈善项目的延伸，变以往传统式的捐钱"输血式"为"造血式"，给有梦想有目标的大学毕业生提供切实有效的创业帮助。入驻企业可享受创业园给予的最多两年的免费办公场所和办公设备。除了给那些初期最需要场地的创业者提供办公环境，更多的是为园内外大学生创业者提供创业导师辅导、同行业成功企业支持等一系列的帮助。每周五，创业园的大学生创业者都会与自己的创业导师面对面交流。创业导师都是同行业龙头企业的负责人，他们自愿为大学生创业者"传帮带"，用自己的经验让创业者少走弯路，及时帮他们解决不同阶段遇到的疑难问题②。

### 9. 组织资源

组织资源指新创业企业的组织管理体系。组织资源包括企业正式的报告结构、正式的和非正式的规划、控制和协调系统以及企业内部、企业之间及企业周围各群体间的非正式关系。公司的组织架构是创业者达成目标和实现公司愿景的框架，包括组织内所有正式或非正式的体系以及这些体系之间的相互联系。成功的组织架构一般能反映出简单、灵活、可靠、经济以及可接受等特征。

新创企业初期不具备较强的组织资源，因为创业初期，新创企业的工作重点是开发适合市场需要的产品和服务，并迅速将这些产品和服务推向市场，找到市场上真正购买产品和服务的客户。一旦新创企业有了稳定的客户和可以带来稳定收入的产品或服务，新创企业就需要随着企业规模的扩大而通过建立独特的组织资源保持企业正常的运转。

### 三、效果/因果推理逻辑下的创业资源识别

不同创业者对资源的认识程度不同，有的创业者能意识到资源对创业的重要性，但这些资源到底在多大程度上影响新创企业生存和成长，以及可以通过什么

---

① [美] 凯瑟琳·艾伦. 技术创业：科学家和工程师的创业指南 [M]. 机械工业出版社, 2009.
② 无偿提供办公场所和创业指导 [N]. 网易新闻, 2010 – 08 – 09.

途径获得这些资源，他们的认识却不足。创业行为受决策逻辑的影响，效果推理理论提出的效果推理与因果推理决策逻辑影响创业资源识别。

**1. 手段导向与目标导向**

效果推理理论认为，效果推理基于手段导向原则开展创业活动，而因果推理基于目标导向原则开展创业活动。效果推理基于现有手段，即我是谁（身份）、我知道什么（知识）和我认识谁（网络）的中心问题是我能做什么而非我应该做什么；而基于目标导向的中心问题是我应该做什么而非我能做什么。以往研究发现，新创企业的初始资源条件是影响新创企业资源识别的重要因素，效果推理决策逻辑下的认知逻辑和行动导向，使得新创企业围绕已有资源条件开展资源识别。手段导向和满意逻辑使得新创企业在资源识别方法上，往往依据路径依赖逻辑和权变因素在既有资源识别手段上开展满意标准的资源识别。基于现有手段和掌握的资源，在可承担损失范围努力获得一个满意的资源识别结果。而因果推理决策逻辑下，创业者基于预测和信念逻辑，按照预设的目标和计划的路径开展资源识别。莎拉斯瓦蒂等（Sarasvathy et al.，2014）分析发现，国际创业者的手段导向，即不同的身份、知识和网络影响国际化的速度，而且这一过程是其不断重塑环境的过程。

手段导向还是目标导向也影响创业者对过往经历的看法，而以往研究发现，创业者过往经历影响创业者资源识别。效果推理决策逻辑将过往经历看成现有手段和掌握的资源，这些经历为其开展资源识别提供基础，他们往往根据自己的过往经历挑选可识别的资源和选择资源识别手段。而因果推理决策者将过往经历看成一种已有的能力，并依据理论预测的目标开展创业资源识别。卡萨尔（Cassar，2014）通过实证研究发现，行业经验与更精确和更少偏见的预期相关，在高技术产业等高不确定的环境下，行业经验对绩效的积极作用越大。

手段导向还是目标导向也会影响创业者如何利用自己的认知能力，而创业者认知能力也是影响创业资源识别的重要因素。奈瑟（Neisser，1967）将认知定义为所有感知输入被改造、简化、详尽阐述、存储和使用的东西。认知能力是人脑加工、储存和提取信息的能力，即人们对事物的构成、性能与他物的关系、发展的动力、发展方向以及基本规律的把握能力，它是人们成功地完成活动最重要的心理条件。知觉、记忆、注意、思维和想象的能力都被认为是认知能力。具有较高认知能力的创业者，对机会和资源具有警觉性，能在错综复杂的关系中理出各种资源之间的联系，捕捉到转瞬即逝的机会，能看清事物的本质。创业警觉性被奥地利学派视为区别企业家和管理者的标志。柯兹纳（Kirzner，1979，1985）将这一概念界定为：（1）一种注意到迄今尚未发掘的市场机会的能力；（2）一种激发人们大胆构想未来商业可能的倾向性。凯什（Kaish）等人认为："创业警觉性是将自己置于信息流中，从而扩大遇见机会的概率，整个过程不需要精细搜索（Deliberate Search）某个特定机会。"加利奥（Gaglio）等人则指出警觉性是一种慢性心理图式（Chronic Schema），是衡量一个企业家是否成熟的标准（苗青，2008）。

　　手段导向还是目标导向也会影响创业者如何利用自身的知识结构，手段导向的创业者基于自身知识结构开展创业资源识别，拥有某方面知识使得创业者在创业过程中首先识别出自己掌握相应知识的资源，而拥有综合知识的创业者更容易识别那些需要复杂知识的资源。对资源所蕴含的知识认识越深刻，越容易识别该资源的市场价值和获取渠道。杭州起航翻译有限公司的王音本科是英语专业，因此在创业资源识别上，首先是从自己掌握的英语知识入手，首先从英语翻译入手，在此基础上，扩展到日语、韩语、西班牙语、法语等的翻译；嘉兴申度工业设计有限公司的复伟强则是从自己的工业设计专业背景识别创业资源；而桐乡斯可睿知识产权代理有限公司的朱新学则从自己拿到了专利代理人的便利识别出自己的核心创业资源。

　　手段导向还是目标导向也会影响创业者利用社会网络识别资源。手段导向的创业者将自身的社会网络关系和新创企业的创业网络作为现有手段，认识掌握什么资源的人，意味着创业者在这方面资源获取上的便利，因而更容易识别这类资源。嘉兴冠青网络科技有限公司的沈建青，本来专长是计算机，刚创业时识别的核心创业资源是技术，用技术作产品，通过产品和服务实现盈利，但在与风投的多次接触后，他发现创业的关键是整合资源，而且需要风投的介入，通过风投资金实现公司的快速扩张。而杭州麦扑文化创意有限公司的徐奇，因为长期依靠手绘地图技术实现了公司盈利，因此，在公司开发的新产品旅游 APP 依然沿袭原有模式，即一个城市或一个景区去做，他们识别的主要是客户资源，而没有把风投资源作为识别的主要创业资源，因此失去了快速扩张的机会。

　　手段导向还是目标导向也会影响创业者对新创企业初始资源条件的看法和利用。由于存在路径依赖，新创企业往往更容易识别那些具有较好初始资源条件的资源。技术型新创企业往往将更多精力放在技术资源的识别上，会投入更多精力放在技术挖掘和技术的商业化应用上，而文创类新创企业则会将更多精力放在创意资源识别上，不断寻求新的创意。杭州麦扑文化创意有限公司以手绘地图起家，在手绘地图取得成功后，实时推出旅游 APP，它们对市场资源的识别沿袭各地旅游局的传统，仍然围绕旅游局开拓市场。而以手机贝贝充电器起家的杭州个推有限公司，则是基于其对手机技术的积累，识别出个性推送的机会资源，从而积累起自己在个性推送方面的领先优势。

　　维尔特班克等（Wiltbank et al.，2009）发现，控制逻辑的风险投资人与预测逻辑的风险投资人在投资决策上不同，控制逻辑的风险投资人开始于我是谁、我知道什么和我认识谁，他们也不会基于预设的目标寻求利益相关者和资源所有者，相反，他们与一切感兴趣的个体接触，通常首先是家族网络成员，再通过自我选择过程扩大利益相关者网络。而预测逻辑的风险投资人采取目标导向，他们开始于先前决定的愿景和被外部证实的机会。

哈姆斯和希尔（Harms & Schiele，2012）通过实证研究发现，有经验的创业者往往采用效果推理而非因果推理逻辑，但不确定性并不是选择效果推理逻辑的原因。因果推理型国际创业的创业者往往采取出口型进入模式，而效果推理型国际创业并未预测国际进入模式选择。可见，采取因果推理决策逻辑的创业者首先识别出出口机会资源，而效果推理决策逻辑的创业者则可能识别出不同的出口机会资源。专家使用类比推理模式，而新手往往采取分析推理模式。类比推理是基于个人经验作出决策，他与创造和想象关联；而分析推理则是基于系统的知识进行因果逻辑和层次关系的解释，通常与解释和正规分析相关联。

**2. 可承担损失与预期回报**

可承担损失还是预期回报是效果推理理论指出的效果推理与因果推理的另一个区别。效果推理者的风险倾向是在可以和愿意承担损失的范围内开展创业活动，而因果推理者按照预期可能的收益和在最优决策基础上开展创业活动。因此，效果推理者识别出的资源是在计算可以承担多少损失基础上不断避免失败，积累成功。莎拉斯瓦蒂等（Sarasvathy et al.，2014）发现，效果推理方法只在可承担损失范围进行资源投资，因此，它将驱动合作伙伴作为扩大资源基础的核心方法。而因果推理者则基于预期收益开展创业资源识别，并尽量按照计算的最大潜力选择资源识别方法。维尔特班克等（Wiltbank et al.，2009）发现，控制逻辑的风险投资人设想和执行一切可承担损失的行动，而预测导向的风险投资人往往基于最优回报开展投资决策。效果推理理论认为，效果推理决策逻辑的创业者依据满意标准确定能够做什么，并尽量利用权变因素，对概率的估计是认为条件可以修改以便未来更符合行动要求；而因果推理决策逻辑的创业者依据预测逻辑，通过计算预期回报，依据最优化决策认为应该如何做，并尽量避免权变因素的影响，对概率的估计是运用贝叶斯估计，依据条件估计概率（Sarasvathy et al.，2014）。

可承担损失原则还是预期回报原则影响创业者如何利用过往经历开展资源识别。基于可以和愿意承担损失范围开展资源识别，则会从过往失败经验中吸取教训，并按照路径依赖原则在原来积累的经验、知识和能力范围开展可承担损失范围的资源识别。而基于预期回报原则的创业者则将过往经历看做成功的基础，因此，依据条件估计成功概率，并在预测的最优回报基础上开展资源识别。嘉兴威玛逊自动化科技有限公司的宋金因为有大公司工作经历，而且创业前是集团分公司的总经理，大公司高管的工作经验使得他特别看重管理资源的重要性，公司创业初期就按照大公司的管理模式进行管理，每月例会、上了 ERP 系统，领料等都要按照 ERP 系统下单的严格流程执行。这是一种依据预测逻辑和计算最优回报的因果推理逻辑进行的资源识别。而杭州起航翻译有限公司的王音则因为大学做过电子商务的经历，从做电子商务的失败经历中了解到风险控制的重要性，因此毕业后真正创业时，也是稳打稳扎，在有了稳定的客户来源后才开始注册公司，她的公司客户来源主要也是基于过去通过淘宝开店积累的经验，可见，她是依据效果推理的手段导向和可承担损失原则开展的资源识别。

### 3. 战略联盟与竞争分析

战略联盟还是竞争分析是效果推理与因果推理的又一个区别。效果推理者通过风险共担、利益共享的战略联盟（合作伙伴）获取资源，与联盟伙伴共创机会，而因果推理者按照竞争分析制定市场战略，开展市场竞争。效果推理者对资源提供者采取的是合作而非竞争的态度，并认为能否识别资源是自身资源识别能力和资源识别手段的综合结果。效果推理者认为网络是动态的，创业者如何利用网络更重要，他们快速与认识的或碰巧接触的各类人员沟通，这些人有些就对公司做出了实际承诺（Sarasvathy et al.，2014）。而因果推理者往往注重网络结构特性、关系特性等网络静态分析，基于计划和研究来确定具体的股东预设目标。莎拉斯瓦蒂等（Sarasvathy et al.，2014）发现，效果推理过程中，利益相关者基于利益共享、风险共担原则，因为他们将机会看成与创业者共创的过程。创业者可能建立许多关系，但只有那些共担风险，共享成功者才是效果推理型战略伙伴（Chandler et al.，2011）。而因果推理者对资源提供者采取的是竞争的姿态，并认为资源识别的成功主要依赖于自身努力追求的结果，而失败则是自身避免的结果。维尔特班克等（Wiltbank et al.，2009）发现，控制逻辑的风险投资人与预测逻辑的风险投资人在投资决策上不同，创业者及其利益相关者尽量不采取预测和适应环境的思路，而是经常用一种非常独特的方式转变和重塑环境。因此，采取效果推理决策逻辑的创业者首选识别家族网络成员的资源，然后通过利益相关者的自我选择扩大资源识别网络。而因果推理决策逻辑的创业者是依据预测逻辑，基于预设的目标和先前决定的愿景及被外部正式的机会，按照市场调查确定的方向识别资源。因果推理决策逻辑下，创业者往往为了寻求企业的合法性而从目标的利益相关者那里获得承诺。

战略联盟与竞争分析的决策逻辑影响创业者的认知风格在资源识别中的作用。心理学将沉思—冲动型认知风格称为概念化速度，是指在不确定条件下个体作出决定有速度上的差异。认知冲动型的人能够简洁而迅速地作出选择，而认知沉思型的人在选择前仔细考虑，对每一次选择都花较长时间仔细思考。冲动型的创业者反应快，但精确性差。冲动型创业者面对资源决策问题时不能全面细致地分析决策的各种可能性，有时还没弄清资源对企业的重要性及资源之间的联系就做出资源获取的决策，他们的信息加工策略使用的多是整体加工方式。而沉思型的特点是反应慢，但精确性高。沉思型的创业者记忆、推理和创造力等方面都表现比较好，沉思型创业者的信息加工策略多采用细节性加工方式，因此在资源识别上，沉思型的创业者表现得更加冷静，更愿意在资源决策上做更多的分析和推理。一般而言，沉思型创业者更多表现出因果推理的理性竞争分析开展网络关系资源识别，而冲动型创业者更多表现为及时利用，采取战略联盟的网络关系资源识别路径。

### 4. 利用权变与避免权变

利用权变还是利用知识避免权变是效果推理与因果推理的又一个区别。效果推理者尽量学习不确定性，将突然看成可以控制未来情形的机会，效果推理决策逻辑下，创业者对环境的看法是环境不确定性是必然的，是可以控制和利用的，因此，他们尽量利用环境不确定性提供的权变因素。而因果推理者尽量利用自己掌握的知识进行分析，以尽量避免不确定性的发生。效果推理型创业者将所有资源视为可替代，资源属性只在某一时点适应特殊的环境，扩展资源适应性是重要的资源战略，如何利用资源比资源属性更重要。效果推理方法还利用不确定性，将突然看成可以利用未来可能性的机会（Sarasvathy et al.，2014）。而因果推理者尽量避免不确定性对资源识别的影响，他们通过提高预测准确性和计划周密性来减少不确定性的冲击。技术不确定性使得因果推理型创业者首先识别那些技术比较确定的资源，如获得专利授权，在实践中得到应用的技术。市场不确定性使得因果推理型创业者在开展营销活动时首先识别出那些比较确定的，有销售潜力的市场。而政策不确定性也会使得因果推理型创业者首先识别出那些确定的政策，在政策利用上首先考虑确定的政策对创业的积极作用。

利用权变还是利用知识规避权变会影响创业者认知风格在资源识别中的作用。心理学中聚合—发散型认知风格反映了个体两种习惯的思维模式，发散型思维指遇到问题时能超越传统念的限制，产生许多不同想法的一种积极态度，他们拥有丰富的情绪、敏感性、想象力和非线性思维；而聚合型思维则代表了一种限制各种可能以便获得一种明确的解决方案，并围绕问题弄清楚事实真相的偏好。聚合型思维的个体往往基于事实、逻辑、程序、精确、冷静客观和线性思维识别出一两个可行的思路（Basadur & Hausdorf，1996），而发散性思维则往往基于自己的认知和经验做天马行空式的发散思维，一开始就产生许多不同的想法。效果推理者更倾向于发散式思维，利用一切可以利用的机会。而因果推理者更倾向于聚合型思维，围绕一两个可行的方案开展资源识别，以避免资源识别不确定性导致资源识别失败。

利用权变还是利用知识规避权变也会通过影响创业者的创业动机进而影响创业资源识别。效果推理型创业者创业初期往往更多表现出机会型创业动机，他们创业时往往更多依据现有手段，在可承担损失范围开展创业活动。他们创业的起点是机会，围绕机会组织资源，他们往往利用一切可以利用的资源为企业服务。因此他们不会专注于某一个创业机会，他们会利用一切有利于机会识别和机会利用的资源。而因果推理型创业者则更多表现为生存型创业动机，他们通过计算最优回报、按照创业计划书所描述的创业流程开展创业活动，他们比较忠诚于最初识别的机会，并尽量围绕这一机会组织创业资源。生存型创业者围绕生存组织创业资源，因此在资源识别上会有所取舍，他们更关心那些对生存有帮助的资源。这种创业者往往目标坚定，对当初确定的创业方向确信不疑，并且坚持围绕该创业方向组织创业资源。没有多少创业和工作经历的嘉兴创世信息技术有限公司的陈飞宇，因为不满足按部就班的工作，在朋友的帮助和桐乡科创园的优惠政策鼓励下成立公司，他成立公司时还不清楚自己的主营业务，因此还在寻找如何通过信息技术为客户提供服务的摸索阶段。陈飞宇过去做销售的经历使得他特别看重客户的需求，他的创业机会都是围绕客户需求寻找相应资源，在此基础上提供相应服务，对于他而言，客户资源和技术资源是他初创时识别的主要资源，而这些资源并不是一成不变的，而是随着环境和客户需求变化而发生变化。他更像一种看菜吃饭，量体裁衣的效果推理逻辑开展资源识别。

德蒂恩和钱德勒（DeTiene & Chandler，2010）发现，在退出策略选择上，外在动机型创业者更可能考虑 IPO 战略，更少考虑单独出售，而内在动机型创业者更少考虑 IPO 战略或清算，而更倾向于通过独立出售退出。采取因果推理决策逻辑的创业者更可能考虑 IPO 退出战略，更少考虑清算的方式退出。而效果推理的子维度与退出战略选择关系不同，实验维度与 IPO 战略正相关，而可承担损失维度与 IPO 战略正相关，灵活性与清算退出战略负相关。

### 5. 控制原则与预测原则

控制原则还是预测原则是效果推理与因果推理的另一个区别。效果推理者认为未来不可预测且不需要预测，而是尽量从对不确定性的学习中发现机会并尽量控制未来。效果推理过程的创业者寻求为利益相关者的自我选择创造收入。不确定的环境往往蕴藏着更多的创业机会，但不确定环境下创业的风险也越大。而因果推理决策逻辑下，创业者认为环境不确定性是非连续的，未来不可控，因此需要做好预测并通过周密计划规避不确定性，他们往往选择那些环境不确定性之间的确定性环境间隙开展资源识别。他们会首先识别出那些风险较小的，能确定来源的资源（Sarasvathy，2001；Sarasvathy et al.，2014）。心理学研究发现，场独立性个体较多依赖自己内部的参照，不易受外来因素影响和干扰，独立对事物做出判断；而场依存性个体较多地依赖自己所处的周围环境的外在参照，以环境的刺激交往中定义知识、信息。场依存性创业者的资源识别更多受其所处环境的影响，因此他们更容易依据环境给予的条件如家族、政策等进行预测，并在预测基础上开展资源识别。而场独立性创业者则更依赖于对开发机会所需要资源的理性判断，他们更擅长对未来的控制，因此更加倾向于控制逻辑的资源识别。

控制原则还是预测原则也会影响创业者认知风格在资源识别中的作用。整体型个体倾向于领会情境的整体，重视情境的全部，对部分之间的区分是模糊的，倾向于将信息组成整体。而分析型个体则偏好将情境看做是部分的集合，常常会集中于一两个部分而忽略其他方面，可能曲解甚至夸大某部分，倾向于将信息组织成轮廓清晰的概念集。往往在某一时点更加关注细节，将事物看成由细节构成（Zhou et al.，2015）。在创业资源识别上，整体型认知风格的创业者更能看到各种创业资源之间的联系，在考虑当前情境时，可以看到整体的图像，使其对整体有均衡的看法和理解，能够在整体中理解时间或情境，但他们在将信息分析划分为有逻辑的部分时有困难，因而能识别出什么资源对公司创业更加重要，如何可以获得这些创业资源。而控制导向更有利于整体型认知，因此强化了整体型认知风格在资源识别中的作用。而分析型认知风格的创业者善于将信息分析成部分并从中发现相似性和差异性，使其能够迅速找到并进入问题的核心，但他们不能形成整体的均衡的概念，整合信息会遇到困难，并有可能过分注意部分从而忽略其他，甚至夸大某一特征。在资源识别上，分析型认知风格的创业者更能看出单个资源在企业中的作用，因此往往在单个资源识别上表现出更有优势。而预测原则更适合分析型认知，因此强化了分析型认知在资源识别中的作用。

控制原则还是预测原则也会影响创业者风险投资资源的识别。维尔特班克（Wiltbank et al.，2009）发现，强调预测的天使投资人比强调非预测控制的天使投资人做了更多的风险投资，而强调非预测控制的天使投资人在投资成功数没有减少的情况下，投资失败率显著降低。说明在不确定环境下，采取效果推理决策逻辑能取得更好的投资绩效。控制逻辑适合环境不确定性高，需要创造机会的情形；而预测逻辑适应于机会外生、环境大大超过了可控制的情形。

控制原则还是预测原则会影响创业者市场资源、信息资源和社会网络资源的识别。迪尤等（Dew et al.，2009）通过实验研究发现，面临复杂的决策，与MBA学生等新手相比，熟练的创业者（15年创业经历且创业比较成功）更多表现为启发式和概念式思维，更多依据以前的经验采取类推式推理，更多采取效果推理逻辑，能识别出更多潜在市场，在资源识别上更加借助合作网络的力量，在信息资源识别上采取了更细致和更复杂的方式对信息的重要性进行区分。而新手更强调在预测框架下进行照本宣科式机会识别。但恩格尔等（Engel et al.，

2014）发现，面临奈特不确定性和完全无法预测的未来，新手创业者在将创业想法付诸实践过程中，其初始战略选择往往依赖预测逻辑。但创业自我效能感（Entrepreneurial Self – Efficacy，ESE）和情境框架（Situational Framing）调节经验匮乏与利用效果推理的非预测逻辑（创业专家的做法）之间的负向关系。随机试验的结果表明，相对于控制组和低创业自我效能感组，创业自我效能感增加的新手试验组在不确定环境下更可能采取效果推理逻辑，而这一关系受机会情境框架的中介作用影响。

效果推理的五个原则只关注了效果推理的静态层面，效果推理理论认为，静态原则可以通过两个共生循环发挥作用：一个循环是扩大手段，另一个循环是聚焦目标。扩大手段的循环通过增加效果推理网络的利益相关者成员来增加可获得的资源，第二个循环通过增加限制，即限制随着时间推移，新创企业不断聚焦于效果推理型创造物。来聚焦于具体目标（Sarasvathy & Dew，2005）。换句话说，使用效果推理原则的创业者将扩大其利益相关者网络来增长手段，同时通过利益相关者的自我选择和兑现承诺来聚焦目标（Engel et al. ，2014）。

## 四、创业资源识别的途径

整体来说，创业资源识别包括创业前的资源识别和创业中的资源识别，创业前的资源识别指新企业形成前需要识别构成新创企业发展所需的基础资源，而创业过程中的资源识别则是已建新企业需要识别哪种资源对企业的发展起到重要的作用，能形成企业的核心竞争优势（周强，2011）。创业者可以依据效果推理逻辑和因果推理逻辑开展不同路径的资源识别，依据效果推理逻辑开展创业资源识别，创业者从现有手段——即我是谁（身份手段）、我知道什么（知识手段）和我认识谁（网络手段）开展创业资源识别，从我是谁的身份手段开展资源识别，创业者可以从自身具备的初始资源条件、创业团队的过往经历等开展资源识别，如从自己的家人和朋友等最亲密的社会网络，从自身具备的各种初始创业资源条件等开展创业资源识别。创业者甚至应该根据自己的性别差异开展不同的资源识别，如德蒂恩和钱德勒（De Tienne & Chandler，2007）发现，男性和女性具有不同的机会识别过程，且女性识别机会的创新性不如男性识别机会的创新性高。基于知识手段的认知途径则需考虑自身具备的知识和能力结构、从自身掌握的行业经验和市场经验、自己的认知能力和认知风格等开展资源识别。基于网络手段的创业资源识别途径则需要充分利用创业团队的社会网络和新创企业的创业网络开展资源识别。创业者也可以依据目标导向开展资源识别，根据市场调查和掌握的信息开展资源需求预测，然后在计划导向下制定资源识别战略，并严格按照制定的战略并展具体的资源识别。

布拉什等（Brush et al. , 2001）认为，资源识别首先需要列出一份资源的详细说明，以评估自身的初始资源禀赋及新创企业资源存量，他们认为按照人力资源、社会资源、财务资源、物理资源、技术资源和组织资源进行分类对资源识别是有帮助的。然后评估资源缺口，看现在可获得的资源量与满足机会所需的资源之间存在的差距，主要是评估人力资源和社会资源。教育和经验是人力资源的重要内容，一般的管理经验、创业经验和产品市场经验是比较理想的，但一般很难三者都具备。识别资源可以从上到下也可以从下到上，从下到上是创业者先拟定一个商业模式，看需要什么资源，然后考虑这些资源如何整合或开发成更专有性资源，并最终转化为核心能力、战略资产和竞争优势。而自上而下的资源识别方法是创业者首先描述组织愿景，再考虑如何实现愿景，接着识别需要的战略资产、核心能力、能力和资源。

周强（2011）提出通过建立资源、需求，优势、劣势矩阵开展资源识别，通过资源和机会的匹配程度来决定创业的具体方向，就是一种因果推理逻辑的资源识别途径。他将这种资源识别分为四种途径，即如果创业通过资源评估发现自身资源比较少，创业需求也比较少，这个时候就需要匹配自身资源，确定资源差异，填补资源缺口；如果创业者本身资源比较丰富，确定创业所需资源比较少，那么，说明资源基础比较雄厚，能够满足创业要求；如果创业者自身资源禀赋较多，而创业需求资源也较多的时候，同样需要资源匹配，确定差异，满足需求；而如果自身资源禀赋少而创业所需资源较多，这说明资源贫瘠，需要寻找相应的资源。而机会驱动型资源识别则按照效果推理逻辑开展资源识别，创业者先发现了商业机会，然后开展资源识别以开发机会。这种资源识别过程在没有先期计划的情况下，"突然"看到商业机会才开展资源识别。这种资源识别优先按照手段导向，优先识别那些能承担和愿意承担损失的资源，资源识别过程中尽量利用碰巧遇到的合作伙伴的先前承诺，利用市场中的权变因素灵活地开展资源识别。

# 第三节　获取创业资源

获取创业资源是构建新创企业资源基础的重要一环。尽管已经识别出资源的重要性、需求数量及资源来源，但如果不能获取到这些资源，也无法构建企业的资源基础。新创企业的核心资源往往掌握在外部企业或个人手中，企业必须跨越组织边界去获取这些资源，因此，发展企业间的关系对新创企业识别、撬动和获取这些资源就变得非常重要（Ciabuschi et al. , 2012）。然而，新创企业一般资源相对匮乏，需要获取的创业资源非常多，但新创企业可获取创业资源的基础，如资金、信用、人脉等都不够，这给新创企业获取创业资源带来一定的难度。但无论如何，获取创业资源都是创业者非常重要的工作。

## 一、创业资源获取的内涵

创业资源获取指新创企业为缓解新创缺陷导致的资源和能力匮乏而通过内外环境获得创业所需资源的过程，一般包括内部开发和外部获得两种类型。蔡等（Cai et al.，2014）将资源获取方式划分为内部开发、资源购买和资源汲取三种类型。资源购买指新创企业用其初始资金资源从外部要素市场购买目标资源的过程（Barney，1986）。资源汲取指新创企业运用非资金手段从外部获取目标资源的过程，吸收资源（如知识、资金资源、技术员工、产品服务等）包括非正式的社会网络或正式的战略联盟等形式。商品类资源如设备，隐性资源如人力资本，以及一些显性和隐性资源的组合可以通过要素市场并购的方式获取（Denrell et al.，2003）。内部资源开发则指公司通过扩大被配置的独特资源组合和资源结构，开发异质、稀缺和难以模仿的资源束和能力等资源存量的过程（Barney，1991）。期权理论认为，公司可以不用完全投资某些具体资源，而只需要保有对这些资源的期权，就可以即获得这些资源未来价值的机会，也可避免现在投入过多导致损失过大（Sirmon et al.，2007）。

每个创业者都面临获取的创业资源先后顺序、时机和资源类型的决策，布拉什等（Brush et al.，2001）将这一过程称为集合资源。由于新创企业的初始资源禀赋不足，为了获得其他资源创业者必须尽量表现得值得信任。吸引初始资源的能力受创业者社会技能的影响，包括社会知觉（创业者评估其他人的特征、意向和动机的准确性）、印象管理（积极引导他人积极反馈的方法）、表达（清晰表达情感并引起他人共鸣）、说服和社会适应性等。

## 二、创业资源获取的内容和途径

尽管有学者提出了不同的资源获取方式分类，如赖晓和郭志辉（2011）从创业资源所有者的资源交易决策角度分析提出的白手起家创业者在新创期可以选择的四种资源获取方式——象征性行动的方式、步步为营的方式、情感认同的方式、资源即时开发的方式。但整体而言，创业资源获取方式包括内部开发、外部汲取和外部购买三种类型。

### 1. 技术资源获取

获取技术资源的途径主要有三种：技术引进，自主研发和外部购买。技术引进是通过各种渠道引进、消化、吸收领先企业开发的技术和管理经验，实现技术积累的创业资源整合方式（王德鲁，张米尔，2006）。从技术能力成长的角度看，发展中国家的企业一般将经历从技术引进、消化吸收到创新的过程。对于技术基础及创新资源处于明显劣势的技术创业企业而言，采取技术引进模式能够降低技术创业的难度和风险。自主研发型技术创业是依据新产业的技术需求，挖掘和再利用原有产业中积累的知识和形成的技术能力，在此基础上，通过在新进入产业的技术学习，有针对性地开发新技术，并将其与原有技术能力进行整合，实现技术能力再造（王德鲁，张米尔，2006）。蒂斯（Teece）等人认为，在变化的经营环境中，竞争的成功来自企业特定资源的不断发展和重新构建；对于转型企业而言，对原有的技术知识进行挖掘和再利用，是通过自主研发实现技术能力再造的基础。自主研发技术的技术资源获取方式因具有技术的独特性，在市场上易取得垄断地位，获得市场竞争的主动权，所以有利于建立自己的核心竞争能力，但往往也存在较大投资风险，一旦不被市场认可，则易招致失败。购买技术型技术资源获取方式指通过从技术供应市场购买专利技术或工艺设备以进行技术创业的行为。这种技术创业资源获取方式的投资风险比较小，但资金投入大，且受专利持有方影响大，技术创新被动，使得企业在市场竞争中处于被动地位。外部购买技术中比较典型的模式是特许经营。特许经营是指特许者按照合同的要求给予被授权人一定的权利，允许受许人使用授权人的商标、经营模式及技术等商业活动和经营方式。被特许者按合同规定，在特许者统一的业务模式下从事经营活动，并向特许者支付特许加盟费和特许权使用费。利用这种方式，特许人可以迅速实现低成本扩张，赚取更多的利润，而被特许人可以充分利用现有成功企业的各种优势来创建自己的一个事业机会（汪溢涵，梁苏芹，2004）。

技术购买的另外一种方式是整体并购拥有核心技术的企业，从而实现新创企业技术的跳跃。深圳易方数码科技股份有限公司成立于2002年，公司成立时，主要为客户代工U盘销往海外，当时U盘市场很小，而且生产厂家也不多，很容易拿到份额，因此到2003年，创业仅仅1年，易方数码U盘销量就占据了全球市场份额的5%。公司创始人王斌一心想让易方数码拥有核心技术和创新能力，于是开始全球寻找合适的技术和创新伙伴。2003年一次参加意大利会展的机会，王斌接触到以色列飞马技术有限公司（Pegasus Technologies LTD）的一种笔尖上带超声波发射器、在书写时可以将所有内容同步显示到电脑屏幕上的数字笔，但王斌并未马上开始与飞马的合作。直到2006年，当易方数码成长为广东省制造业百强，国家也出台了鼓励自主创新的一系列政策，王斌开始了与飞马的合作之路。易方数码选择先授权合作，再整体收购的两步走战略。授权合作三年后，易方数码顺利收购了飞马技术有限公司，将其变成自己在以色列的研发中心，并实施了一系列整合措施，如重新整合技术创新体系，调整组织结构，实施跨团队项目管理，将原以色列公司 CEO 派往深圳，加强沟通和文化整合等。并购后，易方数码公司研发能力大大增强，一年能出十几款信号的产品，而且中国员工也从以色列伙伴身上学到了真正的创新观念、创新思维和精神①。

选择合适的技术战略对技术创新企业的生存和发展起着举足轻重的作用。一般来说，企业的技术战略包括技术创新战略和技术转移战略。企业的技术创新战略是指企业通过自我研发或者合作研发，实现技术的创新。技术创新战略包括技术领先和技术模仿两种战略。技术领先指企业试图成为第一个实现新技术研发的企业，在技术创新上具有率先性，即依靠自身的努力和探索，产生核心技术或核心概念的突破，并在此基础上依靠企业自身的能力完成创新的后续环节，率先实现技术的商品化和市场开拓，向市场推出全新的产品或率先使用全新工艺，这是一种根本性的创新。技术模仿则指企业在技术领先企业研发出新产品后，通过实物剖析或情报分析等合法方式，掌握新技术的关键内容，然后进行二次开发，对技术领先者的技术进行改进和升级。技术转移战略一般包括技术转让与技术引入两个方面，技术转让是指企业将自行研发或持有的某项独特技术转让给其他组织，以获取高额转让费用的技术策略。技术引入一般指有一定研发能力的技术创业企业引入未进入市场的非成熟的技术成果，通过二次开发，使其适应自己的知识基础，并使其实现商业化。技术创新是现代社会经济进步的主要动力和源泉。不断进步的科技将有利地助推技术创业企业更上一层楼，使技术创业企业健康成长、不断发展壮大。强化技术创新企业的技术战略管理是全面推进和完善该类企业成长壮大并可持续发展的必要前提和可靠保障（付勇，2009）。

### 2. 人力资源获取

创业人力资源获取途径包括内部培养和外部吸收两种类型。创业人员组成一般有两个部分，一是创业元老，他们是公司核心人员，通常是拥有专业技术的高级人才和投入或运用创业资金的管理人员。二是从外部招聘的各部门人员和用多种手段从外部引进的技术人员。人员配置外包作为一种新型用工方式，在世界及我国都逐渐受到更多企业的青睐。人员配置外包能够将无序的劳动力组织、整合起来，开辟合理合法的就业渠道，减少重复的人力开发与使用，解决人才供需的矛盾，是共享和节约社会资源的有效方式（李育英，2007）。许多新创企业在初创期都充分利用人员外包带来的便利灵活获取创业人力资源。一家成立于 2006 年做企业差旅管理服务的公司为了快速获得技术人才和节约人力资源成本，在重要技术开发时会从专门的软件人员外包公司借人，这些人按照 3 个月、6 个月不

① 刘雪慰. 易方数码：去以色列寻找创新圣杯 [J]. 商业评论，2012，11：83 – 93.

等的合同期来公司上班。成立于 2005 年的杭州每日科技的多功能手机数据备份器开发，在产品外形设计上则找高校学生设计模具；而成立于 2007 年的杭州龙之子科技有限公司在创业初期则充分利用在校学生，通过给在校学生提供实习机会获取外部创业人力资源。

公司发展到一定阶段后，对中层的渴求越来越强烈，对新创企业而言，培养中层显然太慢，此时，许多企业借助外援来提升中层的战斗力。对于快速发展的企业而言，找第三方猎头公司招人不失为最有效的方式。对于电子商务的团队来说，技术骨干、产品可以自己把握，管理上的人才可以大量使用外援。[①]

### 3. 财务资源获取

总的来说，财务资源的获取有三种途径：内部融资、外部融资和政府投资。内部融资指由企业经营活动结果产生的资金，是企业不断将税后利润所形成的资金转化为投资的过程，这种筹资方式使业主权益增大，资金所有权与经营权合二为一。内部融资对企业资本形成具有原始性、自立性、低成本性和低风险性等特点，内部融资资金包括留存利润、折旧和内部集资三种形式。对于创业初期而言，可供选择财务资源获取方式往往只有内部融资。当新创企业的主营业务无法为公司提供稳定现金流时，为了维持公司正常运转，一些新创业者依靠自身个人技术提供公司主营业务以外的其他服务赚钱养活新创企业，这也是一种创业融资方式。杭州易沙网络科技有限公司在下沙网的初期投资人撤资，公司面临困境的时候，三个创始人依靠自身做网页的技术赚钱养活了下沙网两年。

外部融资是企业通过一定的方式向企业之外的其他经济主体筹集资金，包括银行贷款、发行股票、企业债券、股权融资等形式。

从企业的财务资本来源来看，企业资本包括权益资本和负债资本两种。权益资本代表股东对企业的个人投资。权益资本的主要融资渠道包括：自我融资、向亲朋好有融资、天使投资、合伙人、机构风险资本、风险资本公司、上市等。负债融资指公司以借款的方式筹集资本，到期需还本付息，在资产负债表中列为负债。负债融资的主要渠道包括商业银行贷款、资产抵押融资、贸易赊账、设备融资、商业投资公司、通过担保机构融资。而通过政府的创新、创业基金融资是一种政府无偿资助的融资方式。政府创新基金作为一种政府鼓励创新、支持科技创业的有效手段，为世界各国广泛采用，美国、德国、加拿大、澳大利亚、意大利、法国、以色列以及中国台湾等国家和地区都通过设立不同形式的政府基金来达到促进科技发展的目的，成为推动区域科技水平和经济发展的重要因素。政府创新基金的主要运作方式包括股权投资和政府担保两种方式来保证企业在使用政

---

① 黄海峰. 我们来了：80 后创业者［M］. 浙江人民出版社，2012，1.

府创新基金时的效率（薛文理和曾刚，2007）。

创业融资与创业发展阶段密切相关。在创业的种子开发期，由于缺少营业记录、创业团队不稳定、没有稳定的现金流等因素，无法从银行获得贷款，往往只能依靠创业者或亲戚朋友的自有资金，或者寻找合伙人，或者获得天使投资的青睐。在创业的启动期，公司刚刚成立，产品还未开发出来或还未得到市场认可，此时，依靠自有资金已经无法维持公司运转，必须依靠天使投资、商业银行贷款、资产抵押贷款或通过担保机构融资。等到企业发展到成长阶段，成型的产品出来后，批量生产、产品推广还需要一大笔钱。企业产品已经得到市场认可，销售额迅速上升，此时，风险投资公司愿意投资，银行愿意贷款，企业处于一个相对容易融资的时期。此时，合资也是获取财务资源的一个重要手段。杭州每日科技推出第一款产品手机贝贝充电器时，由于缺乏批量生产和产品推广资金选择了与杭州萧山老板合作成立合资公司。但合资公司运行不到1年即宣告失败，主要原因是萧山老板是抱着赚快钱的目的，但看到合资公司需要巨大的广告费时，选择了撤资。一旦企业到达成熟阶段，其主要融资方式变为债券融资、银行贷款、上市融资和风险投资（Adelman & Philip，2002；Smith & Richard，2000）。表2-1为创业阶段与融资渠道的匹配模型。

表2-1　　　　　　　　　　　创业阶段与融资渠道的匹配

| 融资渠道 ＼ 创业阶段 | 种子开发期 | 启动期 | 早期成长 | 快速成长 | 成熟退出 |
|---|---|---|---|---|---|
| 创业者 | | | | | |
| 朋友和家庭 | | | | | |
| 天使投资 | | | | | |
| 战略伙伴 | | | | | |
| 创业投资 | | | | | |
| 资产抵押贷款 | | | | | |
| 设备租赁 | | | | | |
| 小企业管理局投资 | | | | | |
| 贸易信贷 | | | | | |
| IPO | | | | | |
| 公募债券 | | | | | |
| 管理层收购 | | | | | |

注：黑色部分表示该阶段的主要融资渠道，灰色部分表示该阶段的次要融资渠道。

　　风险投资是风险投资家运用股权或准股权的投资方式，投资于具有技术创新或高速增长潜力的公司，并通过投入管理模式和方法、人才协助企业发展，在企业获得初步成功时于适当时机以上市或转让企业股权的方式回收投资，并获得资本收益的一种投资活动。风险投资是把资本投向蕴藏着失败风险的高新技术及其产品的研究开发领域，旨在促使高新技术成果尽快商品化、产业化，以取得高资本收益的一种投资过程。新创企业由于技术开发及生产难度大，所需要的仪器设备及原材料要求高，技术更新换代快，所以需要不间断地进行探索。而探索失败的次数要比传统利用现有技术和能力的企业多得多，因此需要较多资金的支持，所以一般高新技术企业需要风险投资公司的支持。众所周知的微软公司、英特尔公司、苹果电脑公司等无一不是借助风险投资起家。正是风险投资推动了全球高新技术产业迅猛发展，风险投资也正成为推动我国科技型中小企业发展的一支重要力量。

　　风险投资通过如监督、战略咨询、公司治理等方面促进了新创企业的发展，但风险投资的参与使企业失去了相当的控制权，而且，风险投资的融资成本相对较高（Hellmann & Stiglitz，2000）。风险投资方式是资本家鉴于市场拉力与投资机会而寻求技术创业家合作发展技术创业。资本流动的本质是为了追逐利润，风险投资家在选择合作伙伴的时候，往往更加关注的是技术产品的市场前景，因而，一旦风险投资家和技术创业家合作成立的公司中资本取得了控制权，公司主导创业的驱动力因素一般都是风险投资家关注的市场拉力，这一现象在硅谷企业中表现尤为明显。除了技术创业家有很大的创业精神以外，风险投资的性质和投资方式同时也是一种高风险、高收益的投资活动，与之对应的风险投资家也有较强的冒险精神（严志勇等，2003）。

　　新创企业也可以从国家和地方获取创业支持资金，随着国家对创业的重视，国家和地方出台了许多支持创业的政策，其中资金支持是重要内容。1999 年 6 月25 日，我国政府设立了用于支持科技型中小企业技术创新的专项基金。创新基金的宗旨是支持技术创新、鼓励技术创业，培养技术创业企业家和引导社会资金，加速科技成果转化。创新基金对企业的支持方式包括：贷款贴息、无偿资助和投资补助等。贷款贴息率是指国家对企业用于某一项目的中短期贷款（不含流动资金贷款）利息给予的适当资助。支持已具有一定水平、规模和效益的创新项目，原则上采取贴息方式支持其使用银行贷款。无偿资助主要用于中小企业技术创新中产品研究开发及中试阶段的必要补助、科研人员携带科技成果创办企业进行成果转化的补助。投资补助是对少数起点高、具有较广创新内涵、较高创新水平并有后续创新潜力、预计投产后具有较大市场需求、有望形成新兴产业的项目，采取投资补助方式。

　　财务资源获取的理论研究成果主要来自创业者与投资者的关系研究。目前研究的重点是融资契约设计，即试图通过合理的契约安排，强化外部投资者的投资意愿，引导创业者对于投资的理性选择。例如，贝蒂尼斯（Bettignies，2008）研究了如何根据控制权分配设计融资合约；温顿和叶尔米利（Winton & Yerramilli，2004）研究了如何根据企业现金流量设计融资合约；卢卡斯，莫利斯和威灵（Lukas，Mölls & Welling，2016）的研究试图通过阶段性融资控制创业投资风险。这些研究把创业者的初始资本、利益相关者的机会主义行为、融资合约的不完全性作为分析前提，应用博弈方法探讨创业融资过程中的利益关系和契约治理（秦志华和刘传友，2011）。

赫尼希和汉高（Hoenig & Henkel，2015）研究发现，可观测的资源，特别是专利、联盟和团队经验是影响初创企业吸引风险资本的重要能力。特别是专利、联盟和团队经验充当了新创企业技术的可观测质量。多数现有研究基于公司层面的交易数据不能解释生产性效果的信号功能，他们用187个欧美风险资本样本，研究发现样本依赖联盟、特别是团队经验作为技术质量信号。专利影响风险资本决策的财产权功能，但没有充当技术质量信号功能。

安德里厄和格罗（Andrieu & Groh，2012）分析了风投公司的加入如何影响创新型创业公司。开发了一个解释创业者依靠自有资金还是依靠银行资金融资的分析理论。文章假设独立风险资本提供了更好的支持质量，而银行提供了更少的资金限制，创业者尽量在这些特征中做好权衡。创业者应该考虑项目成熟度、清算价值、期望管理支持的重要性和融资剩余时间对融资决策的影响。费尔柴尔德（Fairchild，2011）则运用博弈论方法分析了创业者在风险资本和天使投资两种融资方法的选择问题。作者分析了经济和行为特征对创业融资决策的影响，创业者融资决策面临事前努力逃避和事后项目被侵占的双重道德风险。创业者必须在两者中做出权衡，风险资本家比天使投资人具有更高的价值创造能力，然而，创业者与天使投资人可以保持更加亲密、更加移情和更加可信的关系可以减少逃避和被侵占的道德风险。

### 4. 信息资源获取

创业者在整个创业过程中，需要大量信息资源作为基础保障条件，只有良好的信息资源支撑，其他要素才能得到很好的配置和平衡以支持创业活动的推进，而信息资源的获取和利用则需要畅通的渠道（谢雄标，2004）。创业信息资源获取指通过公司内外获取创业相关信息资源的过程，按照获取方式不同可以分为内部积累、外部购买和合作获取等。内部积累主要依靠公司内部人员获取和积累信息，公司内部信息资源获取和积累，需要发挥每个员工的作用，企业最好建立一个内部信息共享平台，如企业内部网，或现在流行的QQ群、微信群等，任何一位员工获得了新的信息，都可以将获得的新信息上传到这个共享平台，这样其他员工便可通过这个共享平台分享这些信息。公司不同的员工往往掌握了不同的创业信息，因此通过正式渠道或非正式渠道让员工分享信息，是公司内部积累信息的有效渠道。一般而言，企业从内部获取正式信息资源的渠道是通过各种会议的形式，让员工在正式场合表达意见，然后以会议纪要的形式将获得的信息固化下来。一些企业通过创建员工随时随地自由交流的场所也是一种从内部获取信息的有效方法，员工通过发散性思维自由交流，可以产生许多创新的想法，而这些创新的想法和信息往往是正式渠道无法获得的。此外，需要发挥不同人员在信息共享中的作用。对于新创企业而言，市场人员掌握的信息往往非常关键，他们直接与顾客接触，是最能了解消费者需求的群体，因此，发挥好市场人员在信息资源获取中的作用非常重要，企业则要做好市场信息的搜集、整理和分析工作，为企业决策提供依据。

创业信息资源也可以从企业外部获取，如通过文献查阅、聘请专业的咨询公司或通过市场调查等方式，从同行、风投公司、专业机构或政府部门获得创业相关信息。也可以加强与专业信息公司的联系、交往，从这类公司购买创业所需要的技术信息、市场信息、生产信息等。还可以通过参加各种会展、派对、信息交流会议、学术会议等获取创业信息。聘请专业顾问也是一种有效的创业信息资源获取方式，专业顾问往往对某一种技术或某一类产品市场十分了解，他们在某些方面的经验帮助他们可以敏感地捕捉有关此方面的信息。

### 5. 市场资源获取

科技研发中有一条定律：$1T = 3t$，即把一个实验室里研发成功的产品变成推向市场的产品，所消耗的时间一般是实验室研究的 3 倍。获取市场资源意味着为新创企业开展稳定的营销活动创设良好的环境，包括获得有利的经营许可权、构建企业良好的品牌与声誉、建立良好的销售渠道、稳定且忠诚的客户及客户的可增长性，以及其他各种能为企业带来竞争优势的合同关系等。寻找和积累客户是新创企业的头等大事，无论创意多么完美，没有客户为你的创意买单，创业就无法成功。

有利的经营许可权既可以通过向政府申请获得，也可以与具备经营许可权的企业合作，或者直接将自己的产品提供给具备企业产品和服务经营许可权的企业经营。总之，新创企业并不需要所有的产品和服务都自己具备经营许可权。譬如阿里巴巴最早的支付功能是与银行合作完成的，有了支付宝以后，阿里巴巴才具备独立的支付功能。

建立良好的销售渠道对于新创企业获取市场资源至关重要。杭州每日科技公司的首款产品贝贝充电宝，就是公司创始人方毅参加了央视策划的一个名为《青年创业中国强》的节目，一部 80 分钟的专题片，方毅和他的团队有 10 分钟戏份，而这 10 分钟戏份，为其带来了大量订单①。

### 6. 社会网络资源获取

新创企业社会网络资源是新创企业通过与经济领域的各个方面发生的种种联系而汲取稀缺资源的一种能力。企业的社会网络资源包括内部社会网络资源和外部社会网络资源。内部社会网络资源通过在企业内部建立各种联系从而有利于信息和知识在组织内员工之间的流动和共享，进而产生企业内部高度协调的行为。而外部网络资源则是企业与投资人、供应商、合作伙伴、顾客，以及政府相关机构之间纵横交错的网络。网络资源实质上是突破企业边界，将基于资源观的企业资源构成拓展到企业间的关系及其网络结构层面，使得企业可以利用和共享存在于合作伙伴中的资源要素，或通过合作伙伴之间的关系及资源整合创造出具有异质性的全新资源（陈莉平，2013）。

经验是许多初创业者最缺乏的创业资源，缺乏创业相关经验导致许多创业者走了许多弯路。但如果依靠创业者自身去积累经验，往往代价会比较高，而利用创业者的社会网络资源，利用合作者或创业导师的经验则可以避免创业者少走弯路。

商业创意为资源获取提供了杠杆，但获取资源还有赖于这一创意的价值为资源所有者认同。如何展示商业创意的价值，使资源所有者从中看到自己可能获得的回报，是创业资源获取必须解决的问题。但由于知识的分散性，商业创意价值难以被他人理解，而商业的竞争性又使得创业者把创意价值当做商业秘密加以保护。有选择地向不同对象展示商业创意的不同内涵，使其对于不同资源所有者具有不同吸引力，从而把资源配置的整体运作掌握在创业者手中，使创业者在资源配置的交易过程中成为链接各利益相关者的中心签约人，成为资源整合的决策者和控制者（秦志华和刘传友，2011）。

## 三、效果/因果推理逻辑下的创业资源获取

资源获取不仅决定着能否把创业设想转化为行动，而且决定着企业这一契约组织的形成方式。从资源所有者对于使用价值的期望出发，通过更好地满足所有者的效用期望来获取资源使用权，是创业资源获取的重要途径。由于创业活动具有不确定性，理性分析方法无法解释创业资源获取问题，尤其无法解释白手起家的创业者如何进行资源获取。资源投入的动因，并非仅仅对于财务收益的理性计算，也可能来自对于某种使用价值的效用期望。而资源异质性、效用多维性和知

---

① 黄海峰. 我们来了 80 后创业者［M］. 浙江人民出版社，2012.

识分散性是导致创业资源获取的重要前置因素。创业资源获取的实质，是从资源所有者手中获取资源使用权。这种获取之所以能够实现，是因为创业者所发现的资源配置方式，不仅对自己有用，而且对资源所有者有利。在此基础上，如果资源配置方式创新只有创业者才能实现，就为创业资源无偿获取提供了可能（秦志华和刘传友，2011）。

**1. 手段导向与目标导向**

手段导向还是目标导向影响创业者对自身资源获取手段的认识，强调创业者在创业时是基于我是谁、我知道什么和我认识谁的手段导向逻辑，使得创业者的资源获取往往从最亲密的网络关系，如家属成员或亲密朋友获取资源。而与政府建立良好关系的创业者在资源获取上首先想到用政府关系，而社会网络关系丰富的创业者，在资源获取上也会更多借助社会网络关系获取资源。在获取资源的手段选择上，则主要依赖掌握的手段，如掌握了资源购买技巧的创业者，会首先考虑购买的方式获取资源；而熟悉战略联盟方式获取创业资源的创业者，则会首先考虑通过战略联盟的方式获取创业股资源；而习惯于垂直整合方式获取资源的创业者，则会路径依赖地首先考虑垂直整合的方式获取创业资源。

手段导向还是目标导向影响创业者对自身人力资本在资源获取中作用的认识和利用，创业者特征如性别、年龄、知识结构、认知结构等人力资本是影响新创企业资源获取的因素。人力资本理论将人力资本分为一般人力资本和专用性人力资本（Becker，1975；DeTienne & Chandler，2007）。一般人力资本指那些可以在不同工作岗位或工作单位发挥作用的知识和技能，其测量如正式教育、年龄、先前工作经验、先前创业经历等（e.g.，Gimeno，Folta，Cooper，& Woo，1997）。而公司或行业专用性人力资本则指只在某个公司或某个行业有用的知识和技能（Becker，1975；DeTienne & Chandler，2007）。创业者的一般人力资源使得创业者可以获得创业所需要的各种资源，而创业者的公司和行业专用性人力资源则使得新创企业在获取专门技术和专业人才方面更有优势。男女由于不同的社会化过程使得男女具有不同的人力资本，从而使得男女在创业资源获取上存在差异。男性创业者更容易获得男性相关的资源，如女性创业者则更容易获得女性特有的创业资源。

罗明忠（2012）研究发现，个体特征的差异直接影响其资源获取的能力及创业的意愿和行为。性别、家庭年收入及打工经历与农民创业意愿直接相关。农民创业者表现出积极的价值取向，则对其创业能力持积极的自我评价。硬件设施、社会关系和政府服务等直接影响农民创业者的创业地点选择。农民创业者认为影响创业成功的最主要因素是：机遇与能力、良好个性、技术与资金以及环境与才能。公正和善、勤劳善断及渴望成功被认为是成功创业者的品质。核心人物在农民创业成功中的作用体现在把握机会并凝聚人心、开拓市场并筹措资金、协调关系并处理难题等。

手段导向还是目标导向影响创业者对自身认知特征和认知能力在创业资源获取的中的作用。整体型认知风格的个体往往按照预测逻辑从整体上把握资源获取，他们在资源获取上能做更全面的考虑，因此会按照计划获取的资源和资源获取手段开展资源获取。而分散型认知风格的个体则在资源获取行为上表现出更多片段性和随机性，他们往往没有严格计划所要获取的资源和采取计划的资源获取手段，当他们碰巧遇到合适的资源和合适的资源获取手段时就开展资源获取，这更像一种效果推理逻辑的资源获取方式。不同的规则聚焦也会影响资源获取，布罗克纳等（Brockner et al.，2004）认为，创业者在资源获取过程中需要整合促进型聚焦和预防型聚焦两种规则聚焦行为，促进型聚焦使得资源提供者知道你能仰望星空，而预防型聚焦使得资源提供者知道你在脚踏实地。

手段导向还是目标导向影响初始资源条件在资源获取中的作用。初始资源条件越好，新创企业用于从外部获取资源时谈判的条件越好，越容易获得外部资源所有者的信任，从而越容易从外部获取创业资源，而手段导向则强化了这种关系，因为效果推理型创业者会充分利用初始资源条件这个身份手段来获取必要的创业资源。布拉什等（Brush et al.，2001）通过案例研究发现，新创企业所需资源的获取中，已具备的初始资源是至关重要的，初始资源可以作为工具性资源从而撬动其他资源。具备丰富的初始资源使得新创企业从银行贷款时用于抵押的资产越丰富，从而越容易从银行获得创业资金资源。不同的初始资源类型、初始资源结构使得新创企业在资源获取上具有不同的考虑，因为一般认为新创企业主要是为了获取互补性资源以弥补创业资源的不足，因此什么样的初始资源条件，决定了新创企业资源获取类型、资源获取数量上的差异。效果推理过程的最主要不同，是创业者不是寻求企业的合法性，因而从目标利益相关者获得承诺，而是为利益相关者的自我选择创造收入（Sarasvathy et al.，2014）。

手段导向还是目标导向影响创业者对创业者社会网络和新创企业组织网络在资源获取中的作用。新生性导致的新创缺陷使得新企业很难获得资源所有者的支持，拥有良好的社会网络关系有利于创业者获取创业资源。手段导向的创业者充分利用创业团队的社会网络和新创企业的组织网络获取创业资源，创业者的社会网络对于新创企业早期撬动其他资源具有非常重要的作用（Ciabuschi et al.，2012）。

## 2. 可承担损失与预期回报

效果推理的可承担损失原则使得创业者只从外部获取可以和愿意承担损失的资源，目的是可以控制这些资源，他们不会在一开始就投入更多资源在不可控损失范围的资源获取上。采取效果推理决策逻辑的创业者在面临资源获取时机决策时，会按照不同资源对企业可以和愿意承担的损失进行排序，那些在企业可承担和愿意承担损失范围的资源会进入优先获取的范围。而在资源获取的数量上，效果推理型创业者也会按照可承担和愿意承担损失的范围考虑资源获取的数量。资源获取方式的选择，如采取购买还是联盟方式获取资源，也会按照哪种获取方式更能降低失败带来的损失风险考虑。而基于因果推理逻辑的创业者则基于预期的回报开展资源获取行为，他们往往根据市场调查分析市场中的资源机会，再根据理论模型计算哪种资源可以获得最优回报，并计算出什么时候获得资源以及获得多少资源可以获得最优回报，在这些理性计算基础上，采取因果推理决策逻辑的创业者制定详细的资源获取计划，并按照计划执行资源获取行动。维尔特班克等（Wiltbank et al. , 2009）发现，强调非预测控制的天使投资人设想和执行一切可承担损失的行动，而强调预测的天使投资人基于最优回报开展投资决策。

可承担损失还是预期回报原则调节外部环境和内部条件对创业资源获取的影响，以往研究发现，创业资源获取既受外部资源环境和交易环境的影响，也受新创企业和创业者内部条件如创业者或新创企业特征、初始资源条件、创业网络、战略导向的影响（Auken et al. , 2009；蔡莉等，2011）。外部交易环境主要包括影响资源交易的因素，如交易频率、不确定性和资产专用性等影响交易成本的因素，而外部资源环境如资源的丰富性与资产专用性等特征影响资源获取的难易程度。在可承担损失原则下，交易成本成为创业者资源获取时重要的考量因素，可承担损失越大，交易成本对创业资源获取的负向影响越小。而预期回报原则则会强化交易成本与创业资源获取之间的负向关系，越是考虑预期回报，在资源获取时越不会考虑交易成本的负向影响。在可承担损失原则下，资源易获得性也是创业者资源获取时重要的考量因素，可承担损失越大，资源易获得性对创业资源获取的正向影响越大，因为企业承载损失的能力越强。预期回报原则会弱化资源易容获得性与创业资源获取之间的正向关系，越是考虑预期回报，越不会考虑资源易获得性对创业资源获取的影响，因为预期回报成为创业者和利益相关者创业的核心考虑，而获取资源成为价值共创的必然选择，因此不会考虑资源是否容易获得。

## 3. 战略联盟与竞争分析

战略联盟还是竞争分析原则也是影响创业资源获取的重要因素。战略联盟和先前承诺原则使得创业者只将那些风险共担、利益共享的利益相关者视作效果推理型合作伙伴，因此会优先从这些效果推理型合作伙伴获取资源。维尔特班克等（Wiltbank et al.，2009）发现，强调非预测控制的天使投资人与一切感兴趣的个人接触，通常首先是家族网络成员，再通过这些网络成员的自我选择过程扩大利益相关者网络。而强调预测的天使投资人会基于预设的目标寻求利益相关者和资源所有者。效果推理型创业者通过快速与他们认识或碰巧接触的各类人员沟通来获取资源，这些人有些就对公司做出了实际承诺（Sarasvathy et al.，2014）。效果推理过程中，利益相关者基于利益共享、风险共担原则，因为他们将机会看成与创业者共创的过程。创业者可能建立许多关系，但只有那些共担风险，共享成功者才是效果推理型战略伙伴（Chandler et al.，2011）。而因果推理型创业资源获取逻辑则是通过竞争分析确定资源获取方向和资源获取手段，因果推理型创业者更倾向于有明确用途地确定资源，并严格按照计划选择资源获取数量、时机和类型等方面的战略。

战略联盟与竞争分析影响创业导向对创业资源获取的关系。战略联盟原则使得高创业导向的个体可以获得更多创业资源，而竞争分析原则则会弱化创业导向对创业资源获取的积极影响。吴能全等（2015）研究发现，工作团队创业导向的两个维度对财务资源获取具有正向影响，团队领导吸引力正向调节风险承担性与财力资源获取之间的关系，然而团队领导专业度负向调节超前行动性与团队人力资源获取之间的关系。本书认为，团队领导的战略联盟风格和能力是团队领导吸引力的重要指标，而团队领导竞争分析则是团队领导专业度的重要表现。

### 4. 利用权变与规避权变

利用权变还是利用知识规避权变也是影响创业资源获取的重要因素。采取效果推理逻辑的创业者获取资源时尽量保持足够灵活性，并利用不确定性创造的机会获取资源。效果推理方法充分利用权变和不确定性，通过将突然看成可以利用未来可能性的机会，而因果推理方法则是基于计划和研究来确定具体的股东预设目标（Sarasvathy et al.，2014）。习惯于因果推理决策逻辑的创业者基于严格的市场调查和周密的计划开展创业资源获取，以此来降低不确定性对资源获取的冲击。新创企业在创建期往往需要利用权变来利用一切可以利用的机会，而在新企业的成长期，创业者往往逐渐规避权变的影响，按照路径依赖原则开展创业互动，因此，利用权变和规避权变原则也影响不同时期新创企业的资源获取行为。尹苗苗（2013）通过实证研究发现，无论在新企业的创建期还是成长期，创业导向对资源获取都具有积极的影响。但是，在新企业的创建期，投机导向与创业导向的交互作用对资源获取具有负向影响，而在新企业的成长期，投机导向与创业导向的交互作用对资源获取具有正向影响。

　　以往研究发现，创业导向也是影响创业资源获取的重要因素，如蔡莉等（2011）发现，创业导向通过促进机会识别和机会开发，进而促进新创企业知识资源和运营性资源的获取。利用权变还是利用知识规避权变则会影响创业导向对创业资源获取的关系。总体而言，较高的创业导向使得创业者必须获取维持高创业导向所需的各种资源，而利用权变则能强化创业导向对创业资源获取的正向关系，越是利用权变，越能获得丰富的创业资源机会，因此能促使高创业导向个体在资源获取上采取更加积极的态度。而利用知识规避权变则会弱化创业导向对资源获取的正向影响，它会限制新创企业可获取的资源范围和获取的资源数量，也会延误创业资源获取时机。一般而言，维持高创业导向需要更多具有创业精神的创业合伙人，因此创业导向影响创业人力资源获取。利用权变原则使得高创业导向的创业者更多考虑和利用人才的优点，而利用知识规避权变原则则会使得高创业导向的创业者更多考虑人才的弱点。利用权变还是利用知识规避权变也会影响创业导向中的创新性对新创企业创新资源如技术资源和人才资源的获取，利用权变原则使得高创新性创业者技术资源和人才资源获取上采取更加开放的姿态，努力达成创新的实现。而利用知识规避权变原则则会使得高创新性创业者规避创新性人才资源和技术资源带来的不确定性。利用权变还是利用知识规避权变也会影响创业导向中的超前行动维度对市场资源和人力资源的获取，利用权变原则使得超前行动的创业者积极开拓市场，积极获取超前行动所需要的人才资源，而利用知识规避权变则阻碍了超前行动的创业者开拓市场、获取人才资源的积极性。利用权变还是利用知识规避权变也会影响创业导向中的风险承担维度与新创企业财务资源获取的关系，利用权变原则促使高风险承担个体积极获取财务资源，充分利用财务资源的杠杆作用开展创业活动，而利用知识规避权变原则则使得高风险承担个体在获取财务资源方面有所顾忌，因而阻碍其财务资源获取。

### 5. 控制原则与预测原则

　　效果推理的控制原则使得创业者在获取资源时，尽量获取那些可控制的资源，能在自己控制能力范围的资源，如家族成员的资源和强关系网络资源，以及自身掌握足够知识的资源。而预测原则的资源获取则是根据市场调查和市场分析，通过理论计算可获取的资源数量、资源类型和资源获取时机，然后按照预先制定的资源获取计划开展资源获取。一般而言，控制原则的创业者获取的资源比较有限，而预测原则的创业者可能获取多于实际创业所需要的资源，导致资源冗余和浪费。维尔特班克等（Wiltbank et al., 2009）发现，强调非预测控制的天使投资人在创业过程中，尽量超越预测和适应环境，并经常用一种非常独特的方式转变和重塑环境。迪尤（Dew et al.，2009）通过实验研究发现，面临复杂的决策，与 MBA 学生等新手相比，熟练的创业者（15 年创业经历且创业比较成功）更多采取效果推理逻辑，更加借助合作网络的力量获取资源；而新手更强调在预测框架下按照计划逻辑进行照本宣科式资源获取。

# 第四节　配置创业资源

配置创业资源是在获取必要资源后，对企业的资源进行必要的增加或剥离，以构建企业的资源束和企业资源基础的过程。资源配置为下一阶段资源整合做准备，资源配置的结果是企业通过内外部方式获取的必要资源进行增加或剥离后形成的企业资源束。

通过资源改造进行资源效用开发，使利益相关者的期望得到更好满足，这是商业活动的生产性功能。彭罗斯（Penrose，1959）区分了企业的生产性资源和资源的生产性服务，她认为，所谓企业的生产性资源，是企业为生产经营活动而购买、租借的物品以及雇员；而资源的生产性服务，则是这些资源在生产经营过程中提供的效用。在彭罗斯看来，资源不是生产过程的真正投入品，资源所引致的服务才是。同样的资源有可能提供不同的服务。由于同样的资源要素有不同的利用方式，因此会产生不同的生产性服务，导致不同的生产经营效果。企业之间的差别正是资源利用方式的区别，企业异质性由此产生。因此，彭罗斯反对新古典经济学的厂商理论，认为不同企业之间的区别，不能仅从行业和规模角度来理解，而要从资源配置方式的角度来理解（秦志华和刘传友，2011）。

## 一、单一创业资源配置

单一创业资源配置，是指依据单一资源的冗余程度和优化组合来考虑这类资源的增加或剥离。

### 1. 技术资源配置

技术资源配置的关键，是根据新创企业技术发展需要，增加一些与公司现有核心技术相关的技术资源，或剥离一些与公司主营业务不相关的技术资源，最终，形成公司的技术资源束。

### 2. 人力资源配置

人力资源配置是指新创企业为了提高工作效率、实现人力资源的最优化而实行的对组织或企业的人力资源进行科学、合理的增加和减少。人力资源配置的关键，是从打造高质量创业团队角度出发，增加与公司现有人力资源结构和人力资源实践相匹配的人员，而开掉那些与公司现有人力资源结构和人力资源实践不相融合的人员。

### 3. 财务资源配置

财务资源配置是全部资源配置的核心，是企业实现其战略目标与经营目标的基本保证。财务资源配置的目的，是尽量争取优质的财务资源，剥离那些与公司发展目标不一致的财务资源。

### 4. 信息资源配置

一般认为，对于新创企业而言，信息资源越多越好，但由于管理信息资源同样需要成本，因此必须对信息资源进行合理的增加和删除。信息资源配置是从公司信息管理的角度考虑对现有或获取的信息资源进行合理的增加和删除。信息资源有效配置的目标是实现信息资源在企业各部门或人员之间的均衡合理分配，实现企业信息福利的最大化。信息资源的配置形式包括信息数量配置、信息时间配置和信息空间配置等类型。信息资源的数量配置包括信息的存量配置和增量配置、总量配置和个量配置。信息资源存贮量应当达到一定规模才能满足信息需求，同时要根据新信息的巨量增长和信息需求的不断变化，及时组织贮存新的信息。无论是存量还是增量，都要保证信息资源的足够种类。种类也并非越多越好，而是以满足不同类型信息需求为依据，这需要研究总量和个量的关系。一般来说，信息资源无论是实现存量配置还是增量配置，总量配置还是个量配置，都有相当大的难度，这是因为任何个人或机构都可能既是信息的利用者也是信息的生产者，这容易导致所需要的信息千差万别，无所不包。信息资源的时间配置是指在过去、现在和将来三种时态上的配置，既对不同时段上的信息进行贮存，又满足企业对不同时段上的信息需求。不同类型的信息时效差别较大，一般来说，科学技术信息相对稳定，其效用随着时间推移逐渐过时，表现为一种老化；商务信息的时效性很强，一条价值连城的信息可能在一夜之间变得分文不值。因此，在不同的时态上对不同种类的信息资源进行配置是保证信息资源结构具有合理时效分布的重要指标，也是满足用户信息需求的前提。信息资源的空间配置是指信息资源在企业不同部门之间的分布，实质上是在不同使用方向上的分配。由于信息在不同部门、不同员工的信息量分布和信息基础结构存在着很大的差距。信息资源在空间优化配置的先决条件是构建先进的信息基础结构。无论是从时间上，还是从空间上、数量上，信息资源的配置都是以已有的资源条件为基础。无论是"硬"资源，还是"软"资源，相对于一定时期内信息用户的需要和国家信息系统的具体目标而言，都是有数量与质量上的相对盈余和相对亏负这两个特点。这就要求通过信息资源配置过程，将信息资源的相对盈余和相对亏负进行合理调节和利用。

**5. 市场资源配置**

市场资源包括市场营销中形成的为组织或个人占有的核心技术、经验积累、产品及个人声誉、客户关系、市场网络等资源。市场资源配置是从公司市场资源组合优化的角度考虑对公司拥有或获取的上述市场资源进行必要的增加和剥离，目的是提高资源利用效率，降低资源占用成本。

**6. 社会网络资源配置**

社会网络资源的优化配置是以人们对社会网络关系的需求为出发点，以追求社会网络关系资源配置的效率和质量为目标，为新创企业挑选优质的社会网络关系，而远离那些对公司价值增长不大的社会网络关系。

## 二、多种创业资源配置

多种创业资源配置是指从创业资源组合优化的角度考虑增加或剥离不同的创业资源。任何企业都是一个资源的组合，什么样的资源组合最有利于新创企业的生存和发展，是创业者开展创业时必须要考虑的战略。静态的创业资源配置能在一定条件下为新创企业带来优势，但随着环境不断变化，新创企业必须适时调整企业的资源配置。

与成熟企业相比，初创企业在人力资源、技术资源、财务资源、信息资源和社会网络资源等方面处于劣势，但初创企业可以利用自身在某一方面的资源优势抢占市场先机。如创业者在某方面的资源禀赋可以帮助创业者在自己擅长的领域赢得优势，而新创企业利用自身在某方面的技术突破也可以为企业赢得某个利基市场，独特的信息和社会网络资源则可以帮助企业赢得先动优势。如果说成熟企业是以大量资金投入取胜的话，新创企业则可以在某个资源优势上取胜。

我们基于人力资源、技术资源、社会网络资源和信息资源四类资源要素进行创业资源配置模式实证分析，运用杭州市 102 家科技型创业企业技术创业样本数据，分析杭州市科技型创业企业主要技术创业资源配置模式。首先，通过问卷的探索性因子分析，得出四类创业资源因子：分别是社会网络资源、技术资源、信息资源和人力资源（见表 2 - 2）。

表2-2　　　　　　　　　　　　创业资源因子分析结果

| 创业资源 | | 因子 | | | |
|---|---|---|---|---|---|
| | | 1 | 2 | 3 | 4 |
| 社会网络资源 | AC3 技术关系网路 | 0.573 | 0.228 | 0.079 | 0.041 |
| | AC4 企业间关系网络 | 0.846 | 0.002 | -0.191 | 0.274 |
| | AC5 行业关系网络 | 0.877 | 0.023 | -0.009 | -0.067 |
| | AC7 研究机构关系网络 | 0.731 | 0.105 | 0.293 | -0.107 |
| 技术资源 | BK4 团队成员专业背景 | -0.062 | 0.728 | 0.452 | -0.073 |
| | BK5 主导产品技术运用 | -0.092 | 0.723 | 0.143 | 0.043 |
| | TC1 新产品开发中技术运用 | 0.182 | 0.683 | -0.019 | 0.290 |
| | TC3 公司 R&D 上投入 | 0.236 | 0.465 | 0.070 | 0.056 |
| 信息资源 | DK3 行业信息 | 0.100 | -0.044 | 0.834 | 0.258 |
| | DK4 技术信息 | 0.054 | 0.128 | 0.696 | 0.376 |
| | DK5 管理信息 | 0.012 | 0.328 | 0.667 | 0.253 |
| 人力资源 | BK1 团队知识 | 0.022 | 0.318 | 0.244 | 0.664 |
| | BK3 员工训练 | -0.068 | 0.104 | 0.208 | 0.731 |
| | DK2 员工学历 | 0.120 | 0.047 | 0.279 | 0.734 |

　　将这四类因子用皮尔逊相关方法对102家科技型创业企业进行聚类分析。依据关系资源、技术资源、信息资源和人力资源四类创业资源要素进行聚类，102家科技型新创企业的创业资源配置模式可以被划分为八类。分析各聚类后的创业资源配置模式的特点，本书将这八种技术创业模式归纳为：

　　创业资源配置模式1：这种技术创业模式的关系资源相对最丰富，而技术资源相对最不丰富。各创业资源相对比重为：社会网络资源＞信息资源＞人力资源＞技术资源（见图2-2）。

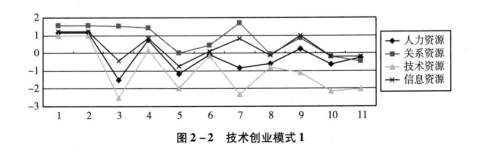

图2-2　技术创业模式1

　　创业资源配置模式2：这种技术创业模式的关系资源相对最丰富，而人力资源相对最不丰富。各创业资源相对比重为：社会网络资源＞信息资源＞技术资源＞人力资源（见图 2 − 3）。

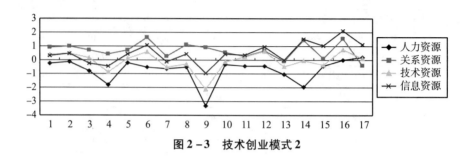

图 2 − 3　技术创业模式 2

创业资源配置模式 3：这种技术创业模式的人力资源相对最丰富，而关系资源相对最不丰富。创业资源相对比重为：人力资源＞信息资源＞技术资源＞社会网络资源（见图 2 − 4）。

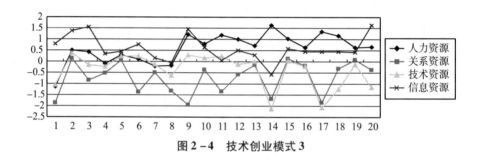

图 2 − 4　技术创业模式 3

创业资源配置模式 4：这种技术创业模式的技术资源相对最丰富，而关系资源相对最不丰富。各创业资源相对比重为：技术资源＞信息资源＞人力资源＞社会网络资源（见图 2 − 5）。

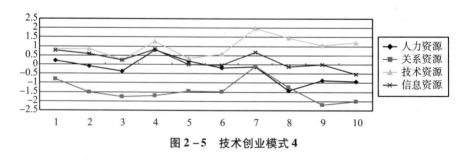

图 2 − 5　技术创业模式 4

创业资源配置模式 5：这种技术创业模式的技术资源相对最丰富，而人力资源相对最不丰富。各创业资源相对比重为：技术资源＞信息资源＞社会网络资源＞人力资源（见图2－6）。

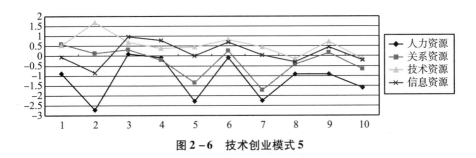

图2－6　技术创业模式5

创业资源配置模式6：这种技术创业模式的人力资源相对最丰富，而信息资源相对最不丰富。各创业资源相对比重为：人力资源＞社会网络资源＞技术资源＞信息资源（见图2－7）。

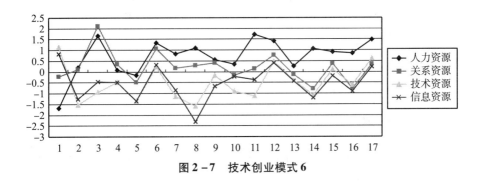

图2－7　技术创业模式6

创业资源配置模式7：这种技术创业模式的关系资源相对最丰富，而信息资源相对最不丰富。社会网络资源＞技术资源＞人力资源＞信息资源（见图2－8）。

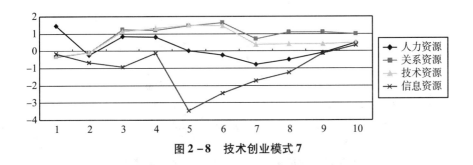

图2－8　技术创业模式7

创业资源配置模式 8：这种技术创业模式的技术资源相对最丰富，而信息资源相对最不丰富。技术资源 > 人力资源 > 社会网络资源 > 信息资源（见图 2 - 9）。

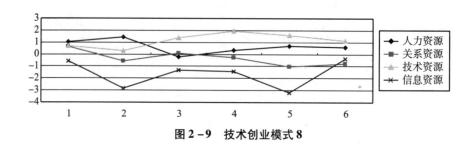

**图 2 - 9　技术创业模式 8**

从以上实证分析结果可以看出，样本新创企业的技术创业多数是技术主导型和社会网络关系主导型，几乎没有信息主导型。而且，在相对最少的资源中，信息资源最少也是类型最多的，说明多数企业对外部信息资源不够关注。此外，对上述 8 类技术创业模式中关键资源要素重要性总体排序，发现排序后的结果是：技术资源 > 社会网络资源 > 人力资源 > 信息资源。

# 本章参考文献

［1］蔡莉，费宇鹏，朱秀梅．基于流程视角的创业研究框架构建［J］．管理科学学报，2006，9（1）：86 - 95．

［2］高宇，高山行，沈灏．合作方技术获取对企业绩效的作用机制研究［J］．科研管理，2011，32（9）：108 - 116．

［3］黄信．转型背景下制度不确定性与人的发展［J］．经济纵横，2009，10：5 - 11．

［4］杰拉德．乔治，亚当·J·博克．技术创业：技术创新者的创业之路［M］．机械工业出版社，2009．

［5］赖晓，郭志辉．白手起家创业者新创期资源获取方式的作用机理研究［J］．华东经济管理，2011，25（2）：102 - 105．

［6］刘立群，柯昌清．技术战略联盟中企业技术能力提高过程研究［J］．技术经济，2010，29（9）：26 - 30．

［7］吕明非，彭灿．基于社会网络的高科技创业企业资源获取研究［J］．中国高新技术企业，2007，4（1）：23 - 25．

［8］彭学兵，胡剑锋．初创企业与成熟企业技术创业的组织方式比较研究［J］．科研管理，2011，32（7）：52 - 59．

［9］彭学兵．基于知识观的新创企业技术创业组织方式选择研究［M］．北京，经济科学出版社，2011．

［10］秦志华，刘传友．基于异质性资源整合的创业资源获取［J］．中国人民大学学报，2011，6：13－150．

［11］单标安，单标安，蔡莉，费宇鹏，刘钊．新企业资源开发过程量表研究［J］．管理科学学报，2013，16（10）：81－94．

［12］田莉，薛红志．创业团队先前经验、承诺与新技术企业初期绩效——一个交互效应模型及其启示［J］．研究与发展管理，2009，21（4）：1－9．

［13］王英．技术合作的规模与边界［J］．科学经济社会，1996，2：19－22．

［14］吴士健，田为厚．社会网络、知识溢出与产业集群衍生企业资源获取［J］．东岳论丛，2010，31（8）：97－101．

［15］魏江．基于知识观的企业技术能力研究［J］．自然辩证法研究，1998，14（11）：54－57．

［16］魏江，王铜安，刘锦．企业技术能力的要素与评价的实证研究［J］．研究与发展管理，2008，20（3）：39－45．

［17］温池洪．创业信息对创业行为影响机理研究［J］．吉林工商学院学报，2015，31（1）：49－52，70．

［18］谢雄标．论创业信息资源的管理［J］．科技进步与对策，2014，1：57－59．

［19］杨建党，转型期制度信任资源的开发路径，深圳特区报，2011，08，16．

［20］曾坤生，胡文静．创业资源与我国中小企业家资源整合能力［J］．天津市经理学院学报，2009，2（1）：15－16．

［21］张波，谢阳群，邵康．基于公共信息服务平台的创业信息资源共享参与者角色分析［J］．情报杂志，2013，32（10）：168－173．

［22］张玉利，杨俊，任兵．社会资本、先前经验与创业机会——一个交互效应模型及其启示［J］．管理世界，2008，7：91－102．

［23］周强．创业网络对资源识别的影响研究——基于创业学习的中介作用（D）．吉林大学硕士学位论文，2011．

［24］朱秀梅，李明芳．创业网络特征对资源获取的动态影响——基于中国转型经济的证据［J］．管理世界，2011，6：105－115．

［25］赵文红，李秀梅．资源获取、资源管理对创业绩效的影响研究［J］．管理学报，2014，11（10）：1477－1483．

［26］Agarwal, R., Anand J., Bercovitz J., Croson R. Spillovers across organizational architectures: The role of prior resource allocation and communication in post-acquisition coordination outcomes［J］. Strategic Management Journal, 2012, 33（6）：710－733.

［27］Allen, S. A. & Hevert, K. T. Venture capital investing by information technology companies: Did it pay?［J］. Journal of Business Venturing, 2007, 22（2）：262－282.

［28］Almeida, P., Song, J. & Grant, R. M. Are firms superior to alliances and markets? An empirical test of cross-border knowledge building［J］. Organization Science, 2002, 13（2）：147－162.

［29］Amit, R. and Schoemaker, P. J. H. Strategic assets and organizational rent［J］. Strategic Management Journal, 1993. 14（1）：33－46.

［30］Anderson, E. & Gatignon, H. Modes of foreign entry: A transaction cost analysis and propositions [J]. Journal of International Business Studies, 1986, 17 (3): 1 – 26.

[31] Andrieu, G., Groh, A. P. Entrepreneurs' financing choice between independent and bank-affiliatedventure capital firms [J]. Journal of Corporate Finance, 2012, 18: 1143 – 1167.

[32] Auken, H. V., Kaufmann, J. and Herrmann, P. An Empirical Analysis of the Relationship between Capital Acquisition and bankruptcy Laws [J]. Journal of Small Business Management, 2009, 47 (1): 23 – 37.

[33] Balakrishnan, S. & Wernerfelt, B. Technical change, competition and vertical integration [J]. Strategic Management Journal, 1986, 7 (4): 347 – 359.

[34] Berends, H., Jelinek, M., Reymen, I. and Stultiëns, R.. Product Innovation Processes in Small Firms: CombiningEntrepreneurial Effectuation and Managerial Causation [J]. Journal of Product innovation management, 2014; 31 (3): 616 – 635

[35] Bettignies, J.. Financing the entrepreneurial venture [J]. Management Science, 2008, 54 (1): 151 – 166.

[36] Bowman, C. & Ambrosini, U.. Identifying valuable resources [J]. European Management Journal, 2007, 25 (4): 320 – 329.

[37] Brush, C., Greene, P. G., Hart, M. M.. From initial idea to unique advantage: The entrepreneurial challenge of constructing a resource base [J]. Academy of Management Executive, 2001, 15 (1): 64 – 78.

[38] BrocknerJ., Higgins, E. T. & Low, M. B.. Regulatory focus theory and the entrepreneurial process [J]. Journal of Business Venturing, 2004, 19 (2): 203 – 220.

[39] Busenitz, L. W. &Barney, J. B. Differences between entrepreneurs and managers in large organizations: Biases and heuristics in strategic decision-making [J]. Journal of Business Venturing, 1997, 12 (1): 9 – 30.

[40] Cai, L., Hughes, and Yin, M. M.. The Relationship between Resource Acquisition Methods and Firm Performance in Chinese New Ventures: The Intermediate Effect of Learning Capability [J]. Journal of Small Business Management, 2014, 52 (3): 365 – 389.

[41] Cantner U. & Meder A. Technological proximity and the choice of cooperation partner [J]. Journal of Economic Interaction and Coordination, 2007, 2 (1): 45 – 65.

[42] Carpenter, B. C. Is the Growth of Small Firms Constrained by Internal Finance? Working Paper, 2001, 1 – 42.

[43] Carter N. M., Williams M., Reynolds P. D. Discontinuance among New Finns in Retail: the Influence of Initial Resources, Strategy and Gender [J]. Journal of Business Venturing. 1997, 12 (3): 125 – 145.

[44] Cassar , G. Industry and startup experience on entrepreneur forecast performance in new firms [J]. Journal of Business Venturing, 2014, 19: 137 – 151.

[45] Chen, M. H., Chang, Y. Y., Lo, Y. H. Creativity cognitive style, conflict, and career success for creative entrepreneurs [J]. Journal of Business Research, 2015 (68): 906 – 910.

[46] Cook, K. S., & Emerson, R. M. Gillmore, M. R. Yamagishi T. The distribution of power in exchange networks: Theory and experimental results [J]. American Journal of Sociology, 1983,

89 (2): 275 –305.

[47] Cohen, W. M. & Levinthal, D. A. Absorptive capacity: A new perspective on learning and innovation [J]. Administrative Science Quarterly, 1990, 35 (1): 128 – 152.

[48] Desyllas, P. & Hughes, A. Sourcing technological knowledge through corporate acquisition: Evidence from an international sample of high technology firms [J]. The Journal of High Technology Management Research, 2008, 18 (2): 157 –172.

[49] Dougherty, D. Managing your core incompetence for corporate venturing [J]. Entrepreneurship: Theory & Practice, 1995, 19 (3): 113 – 135.

[50] Dushnitsky, G. , & Lenox, M. J. When do incumbents learn from entrepreneurial ventures? Corporate venture capital and investing firm innovation rates [J]. Research Policy, 2005, 34 (5): 615 –639.

[51] Dushnitsky, G. , & Lenox, M. J. When does corporate venture capital investment create firm value [J]. Journal of BusinessVenturing, 2006, 21 (6): 753 –772.

[52] Fairchild, R. . An entrepreneur's choice of venture capitalist or angel-financing: A behavioral game-theoretic approach [J]. Journal of business venturing, 2011, 26 (3): 359 –374.

[53] Folta, T. B. , & Leiblein, M. J. Technology acquisition and the choice of governance by established firms: Insights from option theory in a multinomial logit model [J]. Academy of Management Proceedings, 1994, 20: 27 –31.

[54] Folta, T. B. Governance and uncertainty: the trade-off between administrative control and commitment [J]. Strategic Management Journal , 1998, 19: 1007 – 1028.

[55] Freeman, J. Organizational life cycles and natural selection processes [J]. Organizational Behavior, 1982, 4: 1 –32.

[56] Galbreath, J. Which resources matter the most to firm success? An exploratory study of resource-based theory [J]. Technovation, 2005, 25 (9): 979 –987.

[57] Garette, B. , & Dussauge, P. Alliances versus acquisitions: Choosing the right option [J]. European Management Journal, 2000, 18 (1): 63 –69.

[58] Gulati, R. , & Singh, H. The architecture of cooperation: managing coordination uncertainty and interdependence in strategic alliances [J]. Administrative Science Quarterly, 1998, 43 (4): 781 –814.

[59] Gulati, R. & Sytch, M. . Dependence asymmetry and joint dependence in interorganizational relationships: effects of embeddedness on a manufacturer'sperformance in procurement relationships [J]. Administrative Science Quarterly, 2007, 52: 32 –69.

[60] Gulati, R. Does familiarity breed trust? The implications of repeated ties for contractual choice in alliances [J]. Academy of management Journal, 1995, 38 (1): 85 –112.

[61] Gulati, R. , & Singh, H. Interorganizational Trust, Governance Choice, and Exchange Performance [J]. Organization Science, 2008, 19 (5): 688 –708.

[62] Hagedoom, J. B. , & Sadowski, B. The transition from strategic technology alliances to mergers and acquisitions: An exploratory study [J]. Management Study, 1999, 36 (1): 87 –107.

[63] Hagedoom, J. B. , & Duysters, G. M. External sources of innovative capabilities: The

preference for strategic alliances or mergers and acquisitions [J]. Journal of Management Studies, 2002, 39 (2): 167 – 188.

[64] Hanlon, D. &Saunders, C. Marshaling Resources to Form Small New Ventures: Toward a More Holistic Understanding of Entrepreneurial Support [J]. Entrepreneurship Theory and Practice, 2007, 31 (4): 619 – 641.

[65] Harms, R. & Schiele, H. . Antecedents and consequences of effectuation and causation in the international new venture creation process [J]. Journal of International Entrepreneurship, 2012: 95 – 116.

[66] Hitt, M. A. , Leonard B. , Katsuhiko S. , Rahul K. . Direct and moderating effects of human capital on strategy and performance in professional service firms: A resource-based perspective [J]. Academy of Management Journal, 2001, 44 (1): 13 – 28.

[67] Hmieleski, K. M. , & Ensley, M. D. A contextual examination of new venture performance entrepreneur leadership behavior, top management team heterogeneity, and environmental dynamism [J]. Journal of Organizational Behavior, 2007, 28 (7): 865 – 889.

[68] Hoenig, D. & Henkel, J. . Quality signals? The role of patents, alliances, and teamexperience in venture capital financing [J]. Research Policy, 2015, 44: 1049 – 1064.

[69] Huang, C. M. , Chang, H. C. & Henderson S. Knowledge transfer barriers between research and development and marketing groups within Taiwanese small-and medium-sized enterprise high-technology new product development teams [J]. Human Factors and Ergonomics in Manufacturing, 2008, 18 (6): 621 – 657.

[70] Jones, G. K. , Lanctot, A. , & Teeegen, H. J. Determinants and performance impacts of external technology acquisition [J]. Journal of Business Venturing, 2001, 16 (3): 255 – 283.

[71] Kogut, B. Joint ventures and the option to expand and acquire [J]. Management Science, 1991, 37 (1): 19 – 33.

[72] Kogut, B. , & Zander, U. Knowledge of the firm, combinative capabilities, and the replication of technology. Organization Science, 1992, 3 (3): 342 – 355.

[73] Lambe, C. J. , & Spekman, R. E. Alliances, external technology acquisition, and discontinuous technology change [J]. Journal of Product Innovation Management , 1997, 14 (2): 102 – 116.

[74] Lee, C. , Lee, K. & Pennings, J. M. . Inernal capabilities, external networks, and performance: A study on technology based ventures [J]. Strategic Management Journal, 2001, 22: 614 – 640.

[75] Leiblein, M. J. & Miller, D. J. An empirical examination of transaction and firm-level influences on the vertical boundaries of the firm [J]. Strategic Management Journal, 2003, 24 (9): 839 – 860.

[76] Lukasa, E. , Möllsb, S. Wellinga, A. . Venturecapital, staged financing and optimal funding policies under uncertainty [J]. European Journal of Operational Research, 2016, 250 (1): 315 – 313.

[77] Luo, Y. Procedural fairness and interfirm cooperation in strategic alliances [J]. Strategic Management Journal, 2008, 29 (1): 27 – 46.

[78] Messick, S. (2001) . Style in the organization and defense of cognition. In J. M. Collis, &

S. Messick (Eds.), Intelligence and personality: Bridging the gap in theory and measurement (pp. 259 - 272). Mahwah, NJ: Erlbaum.

[79] Miller, D. Strategy - making and environment: The third link [J]. Strategic Management Journal, 1983, 4 (3): 221 - 236.

[80] Mosakowski, E.. Overcoming Resource Disadvantages in Entrepreneurial Firms: When Less is More [M]//HITT MA, IRELANDETAL R D. Strategic Entrepreneurship: Creating a New Mindset. Malden: Blackwell Publishing Ltd, 2002: 106 - 126.

[81] Villalonga, B. and A. M. McGahan, The choice among acquisitions, alliances and divestures [J]. Strategic Management Journal, 2005, 26 (13): 1183 - 1208 16.

[82] Villanueva, J.. Van de Ven, A. H. & Sapienza, H. J.. Resource mobilization in entrepreneurial firms [J]. Journal of Business Venturing, 2012, 27 (1): 19 - 30.

[83] Moon, C. W. Technological capacity as a determinant of governance form in international strategic combinations [J]. Journal of High technology Management Research, 1998, 9 (1): 35 - 53.

[84] Park, S. H. Luo Y. Guanxi and organizational dynamics: Organizational networking in Chinese firms [J]. Strategic Management Journal, 2001, 22 (5): 455 - 477.

[85] Petitmengin C. Toward the source of though: The gestural and transmodal dimension of lived experience [J]. Journal of Consciousness Studies, 2007, 14 (3): 54 - 82.

[86] Pisano, G. P. The R&D boundaries of the firm: An Empirical Analysis [J]. Administrative Science Quarterly, 1990, 35 (1): 153 - 176.

[87] Powell, W. W. Neither market nor hierarchy: Network forms of organization [J]. Research in Organization Behavior, 1990, 12: 295 - 336.

[88] Read, S. Dew, N., Sarasvathy, S. D., Song, M. & Wiltbank, M.. Marketing under uncertainty: The logic of an effectual approch [J]. Journal of Marketing, 2009, 73 (3): 1 - 18.

[89] Reuer, J. J., & Koza, M. P. Asymmetric information and joint venture performance: Theory and evidence for domestic and international joint ventures [J]. Strategic Management Journal, 2000, 21 (1): 81 - 88.

[90] Riding R, Cheema I. Cognitive styles-an overview and integration [J]. Educational Psychology, 1991, 11 (3 - 4): 193 - 214.

[91] Ruzzier, M., Antonèiè, B. &Koneènik, M. The resource-based approach to the internationalisation ofSMEs: Differences in resource bundles between internationalised and non-internationalised companies [J]. Zagreb International Review of Economics & Business, 2006, 9 (2): 95 - 116.

[92] Roberts, E. B., & Liu, W. K. Ally or acquire? How technology leaders decide [J]. MIT Sloan Management Review, 2001, 43 (1): 26 - 34.

[93] Sahaym, A., Steensma, H. K. & Schilling, M. A. The influence of information technology on the use of loosely coupled organizational forms: An industry-level analysis [J]. Organization Science, 2007, 18 (5): 865 - 880.

[94] Sampson, R. C. Organizational choice in R&D alliances: Knowledge based and transaction cost perspective [J]. Managerial and Decision Economics 2004, 25 (6 - 7): 421 - 436.

[95] Santoro, M. D. & McGill, J. P. The effect of uncertainty and asset co-specialization on gov-

ernance in biotechnology alliances [J]. Strategic Management Journal, 2005, 26 (13): 1261 – 1269.

[96] Sarkar, M. B., Echambadi, R. A. J. & Harrison, J. S. Alliance entrepreneurship and firm market performance [J]. Strategic Management Journal, 2001, 22 (6–7): 701–712.

[97] Schilling, M. A. Technology success and failure in winner-take-all markets: The impact of learning orientation, timing, and network externalities [J]. Academy of Management Journal, 2002, 45 (2): 387–398.

[98] Schilling, M. A., & Steensma, H. K. Disentangling the theories of firm boundaries: A path model and empirical test [J]. Organization Science, 2002, 13 (4): 387–401.

[99] Shan, W. An empirical analysis of organizational strategies by entrepreneurial high-technology firms [J]. Strategic Management Journal, 1990, 11 (2): 129–139.

[100] Shane, S. Prior knowledge and the discovery of entrepreneurial opportunities [J]. Organization Science, 2000, 11 (4): 448–469 17.

[101] Sharfman, M. P., & Dean J. W. Conceptualizing and measuring the organizational environment: A multidimensional approach [J]. Journal of Management, 1991, 17 (4): 681–700.

[102] Sutcliffe, K. M., & Zaheer, A. Uncertainty in the transaction environment: an empirical test [J]. Strategic Management Journal, 1998, 19 (1): 1–23.

[103] Tsai, K. H., & Wang, J. C. External technology acquisition and firm performance [J]. Journal of Business Venturing, 2008, 23 (1): 91–112.

[104] van de Vrande, V., Lemmens, C., & Vanhaverbeke, W. Choosing governance modes for external technology sourcing [J]. R&D Management, 2006, 36 (3): 347–365.

[105] van de Vrande, V., Vanhaverbeke, W., & Duysters, G. External technology sourcing: The effect of uncertainty on governance mode choice [J]. Journal of Business Venturing, 2009, 24 (1): 62–80.

[106] Vareska VandeVrande and W. Vanhaverbeke, How prior corporate venture capital Investments shape technological alliances: A real options approach [J]. Entrepreneurship Theory & Practice, 2012, April: 1–25.

[107] Vanhaverbeke, W., Duysters, G., & Noorderhaven, N. External technology sourcing through alliances or acquisitions: An analysis of the application-specific integrated circuits industry [J]. Organization Science, 2002, 13 (6): 714–733.

[108] Villalonga, B., & McGahan, A. M. The choice among acquisitions, alliances and divestures [J]. Strategic Management Journal, 2005, 26 (13): 1183–1208.

[109] Wernerfelt, B. A resource based view of the firm [J]. Strategic Management Journal, 1984. 5 (2): 171–180.

[110] Williamson, O. E. The Economic Institutions of Capitalism: Films, Markets, Relational Contracting [J]. Free Press, New York. 1985.

[111] Xin, K. K. & Pearce, J. L. Guanxi: Connections as substitutes for formal institutional support [J]. Academy of Management Journal, 1996, 39 (6): 1641–1658.

[112] Zhang, Z., Wan, D. F. & Jia, M. When does trust influence coopeartion effects in pub-

lic – Priavte Partnerships? ［J］. SAM Advanced Management Journal, 2009, 74 （3）: 21 – 32.

［113］Zhang, Z. , Wan, D. F. , & Jia, M. Prior ties, shared values and cooperation on Public Private Partnerships ［J］. Management and Organization Review. 2009, 59 （3）: 353 – 357.

［114］Zhou, J. f. ,, Zhou, C. P. ,, Li, J. S. , Zhou, M. Z. . Cognitive style modulates conscious but not unconscious thought: Comparing the deliberation-without-attention effect in analytics and wholists ［J］. Consciousness and Cognition, 2015, 36: 54 – 60.

# 第三章

# 整合新创企业的创业资源

## 第一节 引 言

【引导案例】杭州女装网店七格格靠着每个月至少推 100～150 个新款，保证店铺内货品不少于 500 款的硬性规定，使得这家打着"潮"字号的小店在激烈的网络竞争中势头迅猛，被网友称为"史上发迹最快最成功的网店"。然而，在业务量迅速增长的背景下，由于生产资源与品牌资源的整合失误，导致产品质量出现问题，最终导致两个月内遭受了近 400 个中差评的记录，从而极大损害了其网络品牌声誉；而在一个单日销售量突破 1 万件的 7 折促销活动中，由于人力资源和技术资源整合的失败导致 7 天才将 1 天的货全部发完，而且错误率很高，从而导致了 300 个中差评。两次危机后，"七格格"在创业资源整合上采取了一系列措施，包括合作工厂的长期固定化，质检部门的成立，对服装实行 100% 的全检；扩充客服团队；同时请人量身订制了一整套 IT 电子管理系统，包裹日处理能力达到 5 000 个以上。①

资源观认为，有价值、稀缺、难以模仿和不可替代的资源可以成为企业持续竞争优势的基础（Barney，1991）。然而，单一资源或资源的特性并不足以解释企业成长与良好绩效的原因，资源之间的相互关系及其构成才能更好地解释企业竞争优势的来源。资源管理理论认为，资源只有经过整合才能发挥作用（Sirmon et al.，2007）。雷诺森和米勒（Reynolds & Miller，1992）证实组织可以通过网络获取一定的资源，所获取的资源可以转化为组织内部的优势和能力，形成一种资源整合的能力，从而提高效率，为组织带来绩效。饶扬德（2006）则认为资源整合决定着资源效能充分发挥的程度，以及竞争优势的形成。创业过程是创业者

---

① 资料来源：科技创业编辑部．100 家小企业调查之资源整合篇：小企业如何长大 [J]．科技创业，2005，2.

整合公司的组织资源、技术系统和战略以追求机会的过程（Shane & Venkatara-man，2003），因此，创业研究的一个重要问题是探究创业者如何整合创业资源以创造价值（彭学兵，2011）。资源编排理论表明，公司高管努力使各层管理者的资源管理活动合拍和被精心安排的资源编排活动。资源、能力和管理智慧的组合最终导致了更优的公司绩效（Helfat，2007；Sirmon et al.，2007，2011；Chad-wick et al.，2015）。尽管资源需要整合才能更好地发挥资源的效应这一观点得到了学术界的认可，但有关资源整合的概念，方式，机理等仍需进一步探讨。

　　帕布鲁（Pablo，1994）认为，整合（Integration）是指组织在文化、结构和体制以及功能性活动安排上所作的变革，目的是促进组织成为一个功能性整体。格兰特（Grant，1996）将知识整合看成组织协调和配置知识资源的过程。西尔蒙等（Sirmon et al.，2007）将企业对不同来源、不同层次、不同结构、不同内容的资源在识别与选择、汲取与配置基础上所做的激活和有机融合过程，称为资源整合，其目的是使企业资源具有较强的柔性、条理性、系统性和价值性，并最终创造出新的资源组合。资源整合是系统论的思维方式，就是要通过组织和协调，把企业内部彼此相关但却彼此分离的职能，把企业外部既参与共同的使命又拥有独立经济利益的合作伙伴，整合成一个为客户服务的系统，取得一加一大于二的效果。资源整合是优化资源配置的决策，目的是要通过组织制度安排和管理运作协调来增强企业的竞争优势，提高客户服务水平。

　　尽管存在资源约束，但创业者并不会被当前控制或支配的资源所限制，成功的创业者善于利用关键资源的杠杆效应，利用他人或者别的企业的资源来完成自己创业的目的：用一种资源补足另一种资源，产生更高的复合价值；或者利用一种资源撬动和获得其他资源。其实，大公司也不只是一味地积累资源，他们更擅长于资源互换，进行资源结构更新和调整，积累战略性资源。

　　有效的资源撬动是很重要的，因为，即便当一个企业拥有或控制了资源，能有效地发挥资源潜在价值创造的作用，但只有当企业在市场上能有效撬动那些能力，企业才能认识到资源的价值创造（Lichtenstein & Brush，2001）。资源集之间的交互作用对新创企业更加重要，因为积累、整合和扰动资源发生在相当模糊的环境下（Ciabuschi et al.，2012）。新企业创业过程中，资源整合并非线性，因为资源要素本身也许可以更好的整合，也许资源整合参与人改变了对资源的看法而需要不断调整资源整合方式、（Ciabuschi et al.，2012）。亚斯贝斯和范登恩德（Jaspers & Van den Ende，2006）对垂直关系的资源整合方式进行了四维整合结构分析，分别是所有权整合（公司拥有上游企业所有权的程度）、协调整合（联合两个生产阶段的信息交换密切程度）、任务整合（整合企业执行上游企业任务的程度）和知识整合（购买企业拥有上游企业知识的程度）。整合程度从完全一体化到完全分离，这些维度可以组合成各种组织结构，它能比一维资源整合方式的概念更好地反映资源整合方式的真实特征。

本章在界定创业资源整合概念基础上，分析不同的创业资源整合方式，效果/因果推理决策逻辑在创业资源整合中的作用，及资源整合协调机制。

## 第二节　创业资源整合方式

资源整合方式的概念源于组织理论和经济学中有关组织方式的研究，组织理论将组织方式界定为组织资源的配置方式（Arranz & Arroyabe，2007）。早期研究强调的是对所有权或控制权等管理资源的配置，资源观和动态能力理论中资源整合方式的研究则强调对企业运营起作用的要素资源的协调和配置（Grant，1996；Teece et al. ，1997）。

以资源观和动态能力理论为基础，当前资源整合方式的分类主要从三个角度展开：一个角度是从整合的资源内容展开，如林嵩等（2005）对高科技创业企业的创业资源整合方式分类；一个角度从资源整合的形式展开，如西尔蒙等（Sirmon et al. ，2007，2008）、蔡等（Cai et al. ，2014）将资源整合方式划分为稳定调整、丰富细化和开拓进取三种类型；一个角度是从资源整合的过程分类，如董保宝等（2011）、汪秀婷和程斌武（2014）将资源整合划分为资源识别、资源获取、资源配置和资源利用四个环节。然而，现有对资源整合方式的分类研究无论是从整合的资源内容、资源整合形式，还是资源整合过程切入分析，都只从资源整合的表象来看资源整合，没有区分相同类型资源整合和不同类型资源整合的区别，且鲜有研究从资源整合的决策逻辑入手对资源整合方式进行分类。本研究接下来分别从整合的资源内容、资源整合的形式和资源整合决策逻辑三个角度对创业资源整合方式进行论述。

### 一、创业资源内聚和创业资源耦合

从整合的创业资源内容分析创业资源整合，可以将创业资源整合分为创业资源内聚和创业资源耦合两种类型。由于每种资源在新创企业中的地位不同，这就形成了不同企业单一资源丰富程度差异的创业资源整合方式。同时由于不同创业资源之间丰富程度的差异，形成了不同资源丰富程度差异的创业资源整合方式。从资源整合的内容来刻画，可以将资源整合方式划分为同类资源的整合和异类资源的整合。我们借用物理学中的"耦合"（Coupling）和软件工程学中的"内聚"（Cohesion）两个概念，将同类创业资源整合称为创业资源内聚，将异类创业资源整合称为创业资源耦合。软件工程学中用"内聚"反映一个模块内部各成分之间相互关联的程度，用耦合反映一个软件结构内不同模块之间相互关联的程度，而物理学中的耦合指两个（或者两个以上）系统或运动形式通过各种相互作用而彼此影响的现象。在创业过程中，新创企业为了获得某类资源上的领先优势而对该类资源进行识别与选择、汲取与配置、激活和有机融合，达到同类资源高度关联，彼此促进的目的；而为了发挥不同类型资源的组合优势，在资源配置过程中，会对不同类型资源进行识别与选择、汲取与配置、激活和有机融合，达到不同类型资源相互作用、彼此影响的目的。这一现象正好与物理学中的"耦合"和软件工程学中的"内聚"两个概念相似。因此，可以将相同类型创业资源的整合称为创业资源内聚，将不同类型创业资源的整合称为创业资源耦合。

坎贝尔等（Campbell et al.，2000）从资源形态或资产特性的角度区别了互补效应与协同效应的区别，认为互补效应主要是通过对可见资源的使用来实现的，而协同效应则主要是通过对隐性资产的使用来实现的。互补的过程是由不同个体组成整体后，使得对个体中的实体资产利用范围发生变化，从而使整体产生量的变化。互补效应是指通过扩大实体资产的使用范围而使实体资产得到了充分的利用从而产生的效应。通过组合挖掘出没有得到利用的实体资产并充分利用而提高了整体的效能，互补本质上是一种数量的增加。而由不同个体组成整体后，所拥有的隐形资产的共享而使整体资产发生质变的过程就是协同。协同效应是指在实体资产得到充分利用的基础上，通过整体的隐性资产相互共享和重用，使整体和个体提高了对实体资产的利用效率而产生的效应。通过对整体以及各个部分的隐性资产的利用，而使单位实体资产能够创造出更多的价值，协同本质是一种质量的提高。联邦德国物理学家赫尔曼·哈肯教授在对复杂系统做整体性研究时，提出的协同学认为，协同系统在外参量的驱动下和在子系统之间的相互作用下，以自组织的方式在宏观尺度上形成空间、时间或功能有序的结构。协同学自提出至今，已广泛应用于经济学、社会学、管理学等社会学科。

资源内聚是指对企业资源库中的资源筛选、归类和融合而达到细分子类资源和统分大类资源的效果。在内聚过程中需要剔除无效资源，保留有效资源，同时将重复冗余资源进行删减，最后将细分好的子类资源按照性质进行科学的排序、叠加或有机融合进而达到统分大类资源的效果。资源耦合是指不同类型资源之间通过协同或互补效应进行相互作用而形成资源组合（见图 3 -1）。

### 1. 人力资源整合

人力资源整合指新创企业将不同来源、不同部门的人力资源进行整合，即组织在人力资源方面所作的变革，诺伊等（2001）认为，人力资源整合包括人员整合和人力资源管理实践整合两个方面。人员整合指在人员方面所作的变革，具体包括员工留任、岗位和升迁上的变革；人力资源管理实践整合指组织在人力资源管理实践上所作的变革，即在岗位设计、招聘与甄选、培训开发、薪酬管理、员工关系上的变革。按照西尔蒙等（Sirmon et al.，2007）的观点，人力资源整合方式可以分为稳定调整型、丰富细化型和开拓进取型。稳定调整型一般指对人员和人力资源实践做细小的调整，人员和人力资源管理实践基本沿袭原来的做法，只进行个别人事变动，招聘人员也比较少，岗位轮换也比较少，薪酬也没有多少变化，组织结构也不做大的变动。开拓进取型则意味着工作做大的人员变动和大的人事调整，甚至进行组织变革。而丰富细化型则介于稳定调整和开拓进取型之间。

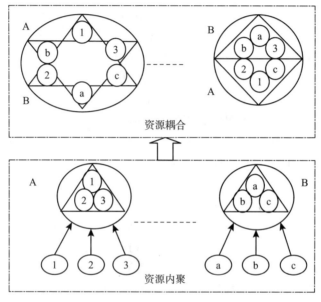

**图 3 – 1　资源内聚方式和资源耦合方式**

人力资源整合尤其是创业团队的整合对新创企业获得投资者青睐至关重要，能获得投资者青睐的项目往往具有超前的创新性和明确的目标市场，但创业团队是否整合良好也是投资者考虑的重要因素，由于不同的创业团队在不同时期具有不同的能力特征且面临不同的问题，投资方青睐于投资一种两到三个要素构成的模式。只有把团队整合起来才能成为综合性的强项，资源整合的关键是动用社会力量，将团队化的资源注入产品和项目中。创业企业需要借助投资银行、创业管理团队、创业孵化器等专业服务部门的帮助。①

成立于1998年的爱多和步步高，因为创业人力资源整合的差异，导致两种

---

①　王田田. 整合社会资源提升创业项目的创新水平［DB/OL］. 中国经济新闻网，2015 – 07 – 22.

截然不同的创业结果。爱多的企业队伍由公司成立后招人组建，从散兵游勇到精干高效显然需要一个漫长的过程，而步步高成立不久即聚集了原来小霸王的大部分骨干，这支创业人力资源队伍经过小霸王的人力资源整合，形成了一支围绕核心团结效力的队伍。而且，这支队伍都有做小霸王的成功经验，90%以上具有本科以上学历，学历加经历，使得这支整合的队伍更高效。

**2. 技术资源整合**

技术资源整合指新创企业将不同来源、不同层次、不同结构的技术资源进行整合，扬西蒂（Iansiti，1998）认为技术整合是指对新产品及其工艺所采用的一系列的技术评价、选择和提炼的方法，目的是使最终的技术方案与企业的实际环境相匹配。弗莱克（Fleck，1994）则认为，技术整合是企业将各种技术结合起来，产生新的产品生产工艺和制造流程的过程。雷家骕（2004）将技术整合定义为综合运用相关知识，通过选择、提炼产品设计与制造技术，整合成合理的产品制造方案与有效的制造流程的系统化过程与方法。

在创业初期，技术是最关键的资源，它是决定所需创业资本的大小、创业产品的市场竞争力和获利能力的根本因素。创业企业成功的关键是首先寻找成功的创业技术。做成功企业的核心是要有好的产品，好的产品则依赖企业具有专有性技术，专有性技术的关键是将公司现有技术、外部通用技术进行各种关联，以形成公司独特的专有性技术。一个企业，特别是中小企业要保持技术优势往往很难，只有不断进行技术创新，进行技术整合则是技术创新的重要途径。必须整合企业之外的技术资源，与科研院所大专院校合作是一条有效途径，因为那里有技术上前沿人才，而且科研院所大专院校的人才也很愿意把自己的技术资源转化为产品，实现技术成果的转化。

技术资源的主要来源是人才资源，重视技术资源的整合同时也就是注重人才资源的整合。技术资源的整合，不仅要整合、积聚企业内部的技术资源，还要整合外部的可资利用的技术资源。整合技术资源只是起点，技术资源整合是为了技术的不断创新，自主研发并拥有自主知识产权，保持技术的领先，占领市场，壮大企业。

按照西尔蒙等（Sirmon et al.，2007）的观点，技术资源整合方式可以分为稳定调整型、丰富细化型和开拓进取型。稳定调整型指按照原有的核心技术，依然沿袭原来的技术路线开展技术活动，只对核心技术和技术路线做一些细微调整，如公司产品和工艺路线基本维持不变。而开拓进取型则需要打破原有的产品格局和工艺路线，进行流程再造。

**3. 财务资源整合**

财务资源整合指对企业内外财务资源进行优化配置和协调整合，使财务资源发挥最大效果。整合财务资源不仅仅是解决"钱"的问题，更重要的是看战略投资者还能否为企业带来其他的资源，比如政府背景、行业背景、市场影响力、营销支撑等，选择的战略投资者要与企业当前阶段的发展目标相吻合。

资本市场在创业企业资源整合中的作用主要体现在：资本市场保证了企业股权的流动性，为企业资源整合提供了便利的通道。在资本市场中，资源的优化配置是通过股权的交换来实现的。由于资本市场的每一个参与者都希望自己所拥有的资源价值最大化，因此通过反复的交易，可以使其资源得到充分的利用，其价值得到充分的体现，进而达到资源的价值最大化。

在整合财务资源引进外来资本时，首先要对准备引入的财务资源有个整体性了解。在初步确定投资意向之后，创业企业就可以根据实际情况，在众多的意向投资者中选择钟情目标。在整合外部财务资源时，必须对这些投资者的基本情况，如资质情况、业绩情况、提供的增值服务情况等有一些了解，在多次谈判过程中，将会一直围绕企业的发展前景、新项目的想象空间、经营计划和如何控制风险等重点问题进行。整合外部财务资源还要明确双方的出资数额与股份分配，其中包括对投资企业的技术开发设想和最初研究成果的股份评定，同时要明确创建企业的人员构成和双方各自担任的职务。

按照西尔蒙等（Sirmon et al.，2007）的观点，财务资源整合方式可以分为稳定调整型、丰富细化型和开拓进取型。稳定调整型指不做大的财务制度、资金使用和融资渠道等方面的调整。而开拓进取型则指公司进行大的财务制度、资金使用、融资渠道方面的变革，甚至打破原有资本结构。

### 4. 信息资源整合

信息资源与人力、物力、财力以及自然资源一样，都是创业企业的重要资源，因此，应该像管理整合其他资源那样管理整合信息资源。信息资源内聚是对公司不同来源、不同层次、不同结构的信息资源进行分析和提炼，提取对新创企业有用的信息。在信息爆炸的时代，整合信息资源对新创业来说就是把握了成功的机遇。随着信息技术的发展，信息与日常生活、工作越来越密不可分，但信息爆炸使得企业具有许多冗余信息、无用信息，如何在最有效的时间内获得最有效的内、外部信息成了信息资源整合的一个难题。创业企业信息化的最高层次是决策，企业在做决策时，关心的问题是来自包括竞争对手、政府、行业、合作伙伴、客户等在内的周边环境的变化。在对变化的预测、分析的基础上做出尽可能合理的决策，这个层次上的企业信息化通常针对创业以及高层管理所遇到的问题。对创业者而言，信息是不对称的，了解分析包括竞争对手、政府、行业、合作伙伴、客户等在内的周边环境的变化信息，才能做到"知己知彼，百战不殆"，才能做到"有的放矢"。

信息资源整合不仅要整合管理好企业外部的信息，而且要整合管理好企业内部的信息资源，进行信息资源规划。信息资源规划是根据需求分析建立集成化信息系统的功能模型、数据模型和系统体系结构模型，再结合通信计算机网络工程、数据库工程和应用软件工程等形成一个系统化的企业信息化解决方案（中国孵化器编辑部，2005）。按照西尔蒙等（Sirmon et al.，2007）的观点，信息资源整合方式可以分为稳定调整型、丰富细化型和开拓进取型。稳定调整型技术资源整合指对公司现有信息内容、信息管理和使用、信息来源等作细微调整，甚至维持原状；而开拓进取型则意味着打破原有信息获取、信息管理和使用、信息来源等做大的变革，重新思考公司的信息资源战略。

**5. 市场资源整合**

市场资源整合指将企业内外有利于开展市场活动的各种资源进行有机配置和融合，以创设一个良好的市场营销环境。整合市场资源需要充分了解企业所处的行业，掌握该行业关系网，如业内竞争对手、供货商、经销商、客户、行业管理部门等，同时，需要了解企业自身具有的市场资源，将企业内外部市场资源进行有机整合。市场资源整合有时需要整合行业内竞争对手的资源，把竞争对手转变为合作伙伴。市场竞争没有永远的对手，也没有永远的伙伴，更没有敌人。借助竞争对手的优势市场资源，可以化被动为主动，使新创企业快速进入市场，获得市场认可。在整合市场资源时，有时需要基于企业利益基础之上的放弃，任何优质的资源进来，都需要自身付出代价，但需要具备长远战略眼光。很多小企业长不大，很多时候是因为放弃了市场优质资源的整合机会。但错误的整合市场资源，则会给企业带来巨大的损失，杭州每日科技有限公司，在做贝贝充电宝产品时，由于急于扩张企业销售渠道，与萧山老板合资成立销售公司，但该老板目的是赚快钱，但看到合资的销售公司不能给自己带来快速盈利时，终止了对合资公司的资金投入，同时将每日科技拖入几年的官司中。

整合市场资源还需要掌握并充分整合各类政府资源。政府资源对创业者而言是成功创业的助推器，如政府的财政扶持政策、税收优惠政策，科技政策、产业政策、人才政策、中介服务政策、创业扶持政策、政府采购政策等都是较好的政策资源，充分利用好政府资源，不仅可以降低市场营销成本，提高市场认可度，还能在对政府销售上分得一杯羹。获取政策资源的途径包括上政府公网查询、委托政策服务公司提供政策咨询、与有关部门保持密切沟通等，必要时，可指定专人负责有关政策信息的收集。

按照西尔蒙等（Sirmon et al.，2007）的观点，市场资源整合方式可以分为稳定调整型、丰富细化型和开拓进取型。稳定调整指对原有的营销渠道、营销策略、营销队伍、营销手段等作细微调整，甚至维持原状；而开拓进取型则需要对上述市场资源做大的变革，打破原有思路，进行重新调整。

### 6. 社会网络资源整合

社会网络资源整合指将企业各种社会关系资源进行有机整合，使这些社会网络资源成为企业价值创造的重要加速器。网络资源整合模式就是寻求对不同构成的网络资源进行相互匹配、协调和控制以达到资源总体效能和创造价值潜力最大化的方式（陈莉平，2013）。社会网络资源整合重点是管理好各种社会网络关系，保持与公司的利益相关者建立良好的关系，在需要这些社会网络关系时，能真正为公司所利用。社会网络资源整合还包括及时剔除社会网络关系中对公司产生负价值的社会网络关系，因为管理社会网络关系是需要成本的，即使是时间成本对于新创企业而言也是巨大的资源。

然而，企业间竞争优势的产生，并不是网络资源要素的简单相加，而是通过网络资源要素的相互关联、有序构成而产生更大的协同，从而创造关系性租金。如兰加·古拉提（Gulati，1990）提出，网络中的资源能够给企业提供有价值的信息，使网络中的企业行动比竞争对手更加迅速，从而使企业获得竞争优势。因此，网络资源的形成是企业与企业之间长期互动的结果，是企业内外社会关系网络相互嵌入的最终体现。企业一旦与所嵌入的关系网络不可分割，由于企业间经常、重复的知识共享和创新合作，使得企业"自有资源"和"公共资源"的界限变得越来越模糊，促使企业的资源成为网络内的"准公共物品"，即网络资源。但网络资源又无法内化为企业独占的专有资源，而是依附于合作双方或多方的战略互动行为过程，并且由于跨组织资源之间的结合具有更强的社会复杂性、因果模糊性以及更高的难以模仿性（Barney，1991），从而为整个企业合作网络带来了竞争优势。而企业嵌入关系网络整合资源能力的强弱以及战略协同能力的影响，则直接关系到企业对具有稀缺性、异质性的网络资源的获取和利用（陈莉平，2013）。

新创企业的社会网络资源包括人际关系和组织间的关系，这些关系是新创企业获得各种资源的重要媒介。网络关系可以提供创业风险承担的情感支持，进而可以提高创业者坚持创业的黏性，获得信息、建议以及声誉和信号，良好的社会关系表明企业具有良好的创业环境，从而可以提高企业的合法性，降低外部对企业的风险估计（Hong & Antonic，2003）。在林南看来（Lin，1982：131–147），社会资源可分为两种：一种是个人拥有的资源，另一种是社会资源。资源是被社会认为有价值的而且能够促进个人福利的东西，既包括诸如性别、种族、年龄等先赋性因素，也包括诸如声望、权力等成就性因素。林南把那些"嵌入"于个人的社会网络之中的资源叫做社会资源（Lin，1982：132）。社会资源不是个人拥有的东西，而是个人通过其直接或间接的社会联系而从他人那里摄取的资源

（Lin，1982，2001；Lin，Vaughn & Ensel，1981）。

**7. 创业资源耦合**

资源耦合指新创企业不同资源的组合结构。有些新创企业具有丰富的人力资源、但技术资源相对欠缺，而有些新创企业则拥有更加丰富的技术资源，人力资源相对欠缺。格林和布朗（Greene & Brown，1997）发现，企业根据创新率和增长率对人力资源、物理资源、社会网络资源、财务资源和组织资源进行不同的整合，那些相对不太创新和增长缓慢的企业具有或者高或者低的人力资源和较低的组织资源。

企业不同资源组合结构构成了不同的资源配置模式。布拉什等（Brush et al.，2001）运用资源开发路径和价值创造的资源金字塔两个分析框架来解释 Palm 和 Handspring 两个公司资源选择的差异，她们将新创企业资源分为人力资源、社会资源、金融资源、物质资源、技术资源和组织资源六类；这些资源根据属性可以分为简单资源和复杂资源，实用型资源和工具型资源。简单资源是那些有形的、离散的、以所有权为基础的；复杂的资源是那些无形的、系统的、以知识为基础的。实用型资源是那些直接用于生产过程的或用于整合其他资源的资源；工具型资源是用于获取其他资源的资源，如财务资源等。通过这种资源类型的划分来刻画新创企业可能的资源组合和资源应用。他们发现，Palm 公司主要依赖创始人的个人人力资源，包括拥有专利和由于教育和经验积累的技术能力、行业知识、在技术同伴和风投朋友圈中良好的口碑，这些人力资源与其他资源整合，形成了公司的初始资源基础；而 Handspring 具有更深和复杂的初始资源束，具有更丰富的组织资源和知识型资源，使得他可以非常快地发展自己的组织系统、惯例和产品，创始人也拥有雄厚的资本足够支撑种子轮的发展，且在与风险资本洽谈时处于非常有利的地位。

我们借用广义系统理论的松散耦合概念来刻画创业资源内聚和耦合程度。然后以杭州 89 家新创企业的问卷数据为样本进行统计实证分析。广义系统理论认为，松散耦合（Loose Coupling）是模块化组织理论中的重要概念，20 世纪 70 年代，美国学者维克（K. E. Weick）提出了松散耦合系统（Loosely Coupled Systems）理论。张首魁等（2006）指出，"松散"是形式概念，而非强度概念，松散耦合并不代表系统的耦合强度是低的。芮明杰和左斌（2008）也认为，这两者不是优劣问题，而是匹配问题。松散耦合可以通过强耦合和弱耦合来表达。强耦合与弱耦合各有优势，如乌西（Uzzi，1997）等指出强耦合可以保持企业间的紧密联系并增强信任，利于企业的资源获取和隐性知识共享，而兰夫斯特（Lancaster，2003）等则认为强耦合成本高昂，从系统总体来看造成了信息通路上的重叠和浪费，而弱耦合可以更有效地传递新鲜或异质性的信息与知识。实际上，不同的知识需要不同的耦合强度。如强耦合对应着隐性知识的共享，适用于创新性耦合，而弱耦合对应着显性知识（如信息）的共享，适用于类似联合采购式耦合。

　　奥顿和魏克引入了各个组成部分（简称组分）之间的响应性（Responsiveness）和各个组分自身的独特性（Distinctiveness）两个维度来对组织的松散耦合程度进行分类，独特性是一个组织系统中各组分保持其自身特点的性质，而响应性则是一个组织系统中各组分保持彼此间某种程度一致的性质（Brusonis & Prencipe，2005）。独特性是指特定组分之内各参数之间的依赖关系（确切地说是指有依赖关系的设计参数的值）是否可以调整变化而不受组分之间依赖关系的制约，若是则有独特性，若否则无独特性；而响应性则是指各组分之间是否有依赖关系和有什么样的依赖关系，并进一步将响应性这个维度细分为三种情况：一是人为的响应，指任何一个组分有一点变化，其余组分需随时做出人为调整的情况；二是自动的响应，指事先预设界面或设计规则，各组分之间仅按这个明晰的规则发生联系，其余则相互独立（王建安和张钢，2008）。

　　我们依据企业资源内聚和耦合程度的差异将新企业创业资源整合方式划分为高内聚高耦合、高内聚低耦合、低内聚高耦合和低内聚低耦合四种类型。然后以浙江211家新创企业的问卷数据开展创业资源内聚和创业资源耦合类型的实证分析。211家新创企业创业资源整合方式的散点图如图3-2所示，可以看出，211家新创企业中，高内聚高耦合型创业资源整合方式最多，其次为低内聚低耦合类型，而高内聚低耦合和低内聚高耦合类型的创业资源整合方式相对最少。

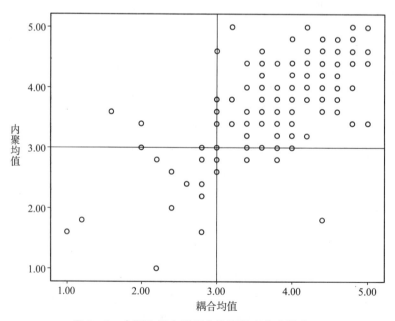

图3-2　内聚和耦合型创业资源整合方式散点图

## 二、从稳定调整到开拓创造的创业资源整合形式

按照资源整合的形式可以将创业资源整合方式分为稳定调整、丰富细化和开拓进取三种基本的类型（Sirmon et al.，2007；蔡莉和尹苗苗，2009）。稳定调整指公司对现有能力做非常小的增量的创业资源整合方式，处在环境不确定性小而环境冗余性大的市场环境中的公司可以采取这种策略。丰富细化指公司延伸或丰富现有能力的创业资源整合方式，它类似于嫁接法。开拓进取则指公司将完全新的资源整合到公司能力中去。依据新创企业资源整合形式，将新企业创业资源整合方式分为高稳定调整高开拓进取型、高稳定调整低开拓进取型、低稳定调整高开拓进取型、低稳定调整低开拓进取型四种类型。高稳定调整高开拓进取型创业资源整合方式表示企业在资源整合上手段丰富，既采取对现有能力做微小增量的方式，也采取对资源做较大调整的方式来整合资源。与其对立的是低稳定调整低开拓进取型创业资源整合方式，这种创业资源整合方式表示企业不愿在资源整合上投入更多精力，他们也许觉得新创企业的工作重点并不在资源整合，或者企业在一开始就做了较好的资源配置，因此在创业过程中无须调整资源组合。高稳定调整低开拓进取型创业资源整合方式则表示企业主要采取对资源做微小调整的方式整合资源，而较少对资源做较大调整，这是一种相对稳健的创业资源整合方式；与之对应的低稳定调整高开拓进取型创业资源整合方式则表示企业主要采取对资源做较大调整的方式整合资源，而较少对资源做较小调整，这是一种比较激进的创业资源整合方式，新创业者在创业过程中不断变换资源组合，调整资源结构。

89 家杭州新创企业创业资源整合方式的类型散点图如图 3-3 所示，可以看出，多数企业采取了高稳定调整高开拓进取型创业资源整合方式，其次较多企业采取了低稳定调整高开拓进取型创业资源整合方式。相对而言，采取高稳定调整低开拓进取型和低稳定调整低开拓进取型创业资源整合方式的企业较少。

## 三、效果/因果推理型创业资源整合方式

现有对资源整合方式的分类研究无论是从整合的资源内容、资源整合形式，还是资源整合过程切入分析，都只从资源整合的外部表象来看资源整合，缺乏对资源整合决策逻辑的分析。效果推理理论认为，人们存在效果推理和因果推理两种相对的决策逻辑（Sarasvathy，2001）。对创业资源整合而言，因果推理决策逻辑假设创业者可预测未来，通过选择合适的资源整合方式可以达到预设的资源整合目标；而效果推理决策逻辑则假设创业者可控制未来，只能基于现有资源和手

段选择可能的资源整合方式。创业者在新创企业早期阶段且不确定性程度非常高时，通常采取效果推理决策逻辑；随着新创企业及其业务市场不确定性程度降低，未来变得越来越可预测时，企业逐渐转向因果推理决策逻辑（Perry et al.，2011）。可见，受创业环境和创业者认知的影响，新创企业的资源整合方式既有手段导向的效果推理逻辑，也有目标导向的因果推理逻辑。然而，现有资源整合方式的研究仍然较多遵循因果推理决策逻辑传统，较少考虑效果推理决策逻辑在新创企业资源整合中的作用（Mauer et al.，2010）。从效果/因果推理两种决策逻辑入手分析创业资源整合方式，不仅拓展了资源整合方式研究的新思路，而且可以将创业资源整合方式划分为效果推理型和因果推理型两种类型，从而丰富了创业行为理论。

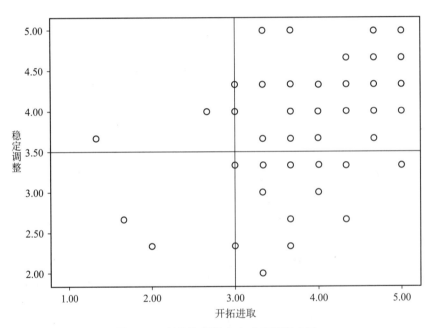

图 3 – 3　创业资源整合方式实证散点图

　　莎拉斯瓦蒂等（Sarasvathy et al.，2013）将效果推理概括为五个原则：（1）手段导向，即三类手段，身份（Who I am），知识（What I know）和网络（Whom I know），基于现有手段的中心问题就是我能做什么而非我应该做什么；（2）可承担损失，效果推理者的风险倾向是在可承担损失范围而非预测可能的收益基础上开展活动；（3）碎布缝成的被单（Crazy Quilt），即通过风险共担、利益共享的战略联盟（合作伙伴）获取资源，与联盟伙伴共创机会；（4）将柠檬变成柠檬汽水（Lemonade），即利用权变，将突然看成可以控制未来情形的机会；

（5）飞机驾驶员原则（pilot-in-the-plane），即明确拒绝不可避免趋势，控制导向。布雷特尔等（Brettle et al.，2012）也用上述五个维度对研发中的效果/因果推理逻辑进行了分析，因此，本书借用布雷特尔等（2012）效果/因果推理型研发的分类维度的思想，将效果/因果推理型创业资源整合方式分为五维度（见表3-1）。

表3-1　　　　　　　资源整合情境下的效果/因果推理维度及含义对比

| 维度 | 效果推理型创业资源整合 | 因果推理型创业资源整合 |
| --- | --- | --- |
| 手段导向 vs. 目标导向 | 根据现有手段进行资源整合决策 | 根据预设目标进行资源整合决策 |
| 可承担损失 vs. 预期回报 | 根据创业者愿意和能承受多大损失来进行资源整合决策 | 根据预期回报来进行资源整合决策 |
| 战略联盟 vs. 竞争分析 | 通过战略联盟和先前承诺减少资源整合中的不确定性 | 通过市场和竞争分析来识别和规避资源整合中的不确定性 |
| 利用权变 vs. 利用以前的知识 | 情境和意外被看成是资源整合中的机会 | 尽量根据以前经验进行资源整合，规避情境和意外 |
| 控制导向 vs. 预测导向 | 资源整合在于控制一个不可预测的未来 | 资源整合在于预测一个不确定的未来 |

手段导向型创业资源整合是指创业者在进行创业资源整合时，首先分析新创企业现有的手段，然后考察可能的创业资源整合目标与机会。现有手段包括创业者具备的性格特质、个人经历与能力以及新创企业的初始禀赋（"我是谁"，即身份）；创业者掌握的相应领域的知识储备以及新创企业现有的人力资源（"我知道什么"，即知识）；创业者和新创企业拥有的创业网络、社会资本与组织资源（"我认识谁"，即网络）（秦剑，2010）。手段导向型创业资源整合的思路要求创业者在进行创业资源整合时更多地考虑新创企业现有的手段（身份、知识和网络）。可承受损失型创业资源整合是指创业者在考虑可承担风险与损失而非可预期收益的前提下确定可能达成的创业资源整合目标并进行创业资源整合。可承担损失型创业资源整合要求创业者从新创企业能够承受的风险和损失角度出发进行创业资源整合。战略联盟型创业资源整合指创业者进行创业资源整合时通过战略联盟并利用其他利益相关者的信任与承诺来降低创业资源整合过程中的不确定性。权变型创业资源整合指创业者善于利用权变因素处理创业资源整合过程中未预料到的不确定性。权变型创业资源整合要求新创企业保持灵活性以应对创业资源整合过程中出现的风险和偶然事件。新创企业往往面临创业资源匮乏的境况，当新创企业利用有限的创业资源进行创业资源整合时，灵活性能够帮助新创企业更好地迎合顾客需求并提升新创企业绩效（Thomke，1997）。灵活性较高的新创

企业能够随时调整创业资源整合的进程，这不仅有助于新创企业更好地适应难以预测的环境，还有助于新创企业迅速地识别与抓住创业资源整合过程中偶然出现的机会并对其进行开发，从而带来新创企业绩效的提升（Chandler et al.，2011）。灵活性是权变的一部分，因此，采用权变型创业资源整合的新创企业能够更好地利用新的信息、适应新的环境。并且，保持灵活性的新创企业能够在创业资源整合过程中利用和开发偶然事件，这些都能够帮助创业者更为有效地进行创业资源整合，从而取得良好的新创企业绩效。控制导向的资源整合强调资源整合的目的是控制不可预测的未来，而预测导向的资源整合则强调资源整合是为了预测未来。

# 第三节　效果/因果推理下的创业资源整合

由于新创缺陷，初创业者不可能拥有创业所需要的所有资源，因此，在环境不确定和未来不明确的双重模糊状态下，在资源有限和时间压力下，创业者经常采取资源拼凑和资源即兴创造的方式整合资源。效果推理理论认为，人类存在效果推理和因果推理两种相对的决策逻辑（Sarasvathy，2001）。对创业资源整合而言，因果推理决策逻辑假设创业者可预测未来，通过选择合适的资源整合方式可以达到预设的资源整合目标；而效果推理决策逻辑则假设创业者可控制未来，只能基于现有资源和手段选择可能的资源整合方式。创业者在新创企业早期阶段且不确定性程度非常高时，通常采取效果推理决策逻辑；随着新创企业及其业务市场不确定性程度降低，未来变得越来越可预测时，企业逐渐转向因果推理决策逻辑（Perry et al.，2011）。可见，受创业环境和创业认知的影响，新创企业在进行资源整合时，既可以采取效果推理决策逻辑，也可以采取因果推理决策逻辑。本章接下来分析效果/因果推理的五个相对维度在创业资源整合中的作用。

## 一、手段导向与目标导向

手段导向还是目标导向影响创业资源整合，手段导向的创业者基于现有手段确定资源整合目标，选择资源整合方式；而目标导向的创业者则基于预先设定的目标选择资源整合方式。不同认知风格的创业者利用不同决策逻辑开展创业资源整合活动，直觉型认知风格的创业者更多采取手段导向原则，利用现有手段进行创业资源拼凑和资源整合即兴创造，分析型认知风格的创业者则更多采取目标导向原则，按部就班的开展资源整合活动。维瑟和菲姆斯（Visser & Faems，2015）研究发现，分析型认知风格的 CEO 往往从事更多利用现有产品和市场的活动，而直觉型认知风格的 CEO 往往从事更多探索新产品和新市场的活动。发散型认知风格的创业者更多采取手段导向原则开展创业资源整合，而聚合型认知风格的创业者更多采取目标导向原则开展创业资源整合活动。陈等（Chen et al.，2015）通过实证研究发现，具有高发散型认知风格的创业者在面对人际冲突时更多采取整合、主导和强制的冲突处理模式进行人力资源整合；相反，聚合型认知风格的创业者不太喜欢使用主导和强制的冲突处理模式整合人力资源，他们在处理人际冲突时表现得更加理性而非利用权威赢得下属的服从或达成一致意见。

　　手段导向还是目标导向影响新创企业资源整合逻辑。布雷特尔等（Brettel et al.，2012）发现，研发情境下，效果推理逻辑强调基于现有手段创造新的研发结果，而因果推理强调预先定义研发目标，基于这个目标获得必要的研发手段。手段导向型研发项目可能基于团队成员先前不同的行业经验，运用个体的偏好、知识和网络等手段作为研发项目的起点开展研发资源整合；而目标导向型研发项目则是基于公司研发路标，按照具体的期望研发结果开展研发资源整合。

　　手段导向还是目标导向影响新创企业资源整合速度。手段导向的创业者开展资源整合时，能基于现有手段快速做出资源整合决策；而目标导向的创业者面临资源整合决策困境时，需要考虑资源整合目标是否符合公司整体目标，需要公司层层决策才能做出资源整合的决定，因此影响了资源整合的速度。莎拉斯瓦蒂等（Sarasvathy et al.，2014）研究发现，面对高不确定的事件空间，效果推理型创业者尽量学习它，并努力转化和重塑它。国际创业者不同的身份、知识和网络决定了国际化创业的速度，而且这一过程是其不断重塑环境的过程。莫尔等（Mauer et al.，2010）研究发现，效果推理的手段导向对新企业创建的速度具有直接影响。瑞德等（Read et al.，2009）则发现，专家型创业者更多按照手段导向来处理不确定的营销市场，整合营销资源；而没有多少创业专长的管理者则按照预先设定的目标，通过详细的计划来整合营销资源。研究发现，专家型创业者往往基于经验和直觉进行决策，使得其决策速度要快于新手按照理性分析进行科学决策的速度。而在互联网时代，决策速度往往比决策质量更重要。

　　手段导向还是目标导向也影响新创企业资源整合的范围。社会网络能够提供创业所需的各种资源，促进信息的快速传递，加快知识转移速度，是隐性信息传播的重要渠道。高质量关系网络的知识"溢出效应"，为新创企业开展创业学习，提高资源整合能力提供了便利（买忆媛和徐承志，2012）。手段导向使得创业者充分利用创业者的社会网络和新创企业的组织网络开展资源整合，由于创业者在创业过程中通过利益相关者的自我选择过程不断扩大创业网络，使得新创企业的资源整合范围越来越大；而目标导向使得创业者往往基于单个创业活动开展创业资源整合，而目的性太强也阻碍了创业网络的发展，因此目标导向的创业者创业资源整合范围不如手段导向扩大得快，甚至过多的目标导向使得新创企业的资源整合范围越来越小。由于专家型创业者往往采取手段导向，新手往往采取目标导向（如 Dew et al.，Read et al.，2009），而专家具有更多的经验和人脉资源积累，使得其在资源整合范围上要多于新手。

## 二、可承担损失与预期回报

可承担损失还是预期回报影响创业资源整合。基于可承担损失开展资源整合使得创业者按照可以和愿意承担的损失范围确定资源整合目标，选择资源整合内容和资源整合方式；而按照预期回报开展资源整合则是在周密的市场调查和科学的战略计划基础上，按部就班地开展创业资源整合。效果推理考虑潜在损失或投资项目的下行风险，而因果推理考虑预期回报（Brettel et al.，2012）。

可承担损失还是预期回报影响创业资源整合速度。基于可承担损失开展资源整合只需要计算企业可以和愿意承担的损失就可以开展资源整合，因此面对资源整合决策时能快速做出是否及如何开展资源整合的决策；而基于预期回报开展资源整合则需要结合市场环境计算最优回报，而市场环境常常是不确定和动态的，使得精确计算最优回报变得困难，因此会拖延资源整合的决策速度。迪尤等（Dew et al.，2009）通过实验研究发现，面临复杂的决策，熟练的创业者（15年创业经历且创业比较成功）更多表现为启发式和概念式思维，更多依据以前的经验采取类推式推理，采取更加整合的方法来建立新事业，并采取了更细致和更复杂的方式对信息的重要性进行区分。专家往往能在纷繁复杂的决策情境中快速理清头绪，做出决策。而新手往往按照理性决策逻辑开展创业资源整合决策，他们需要搜集原始数据、进行过滤和分析、确定决策目标和约束、建立决策优化模型并求解，用得到的结果去支持决策等，这一系列的决策过程显然拖慢了决策速度，因此影响了创业资源整合速度。

可承担损失还是预期回报也影响新创企业资源整合范围。迪尤等（Dew et al.，2009）研究发现，面临复杂的决策，专家型创业者能识别出更多潜在市场，更关心用现有资源做其可承担损失的投资；而新手更强调基于预测基础上的最优回报原则，创业时往往照本宣科。瑞德等（Read et al.，2009）也发现，专家型创业者更多采取效果推理逻辑来整合营销资源，而没有多少创业专长的管理者则更多采取因果推理逻辑，通过详细的计划来整合营销资源。专家所具有的经验、知识和社会网络资源，使得专家在资源整合时可以有更多的选择；而新手则只能基于自己有限的经验、知识和社会网络做有限的资源整合。莫尔等（Mauer et al.，2010）研究发现，效果推理的可承担损失对新创企业创建具有间接的影响，它影响资源扩大循环。由于效果推理者是通过利益相关者的自我选择过程来扩大创业网络，利益相关者都会基于可承担损失原则加入创业网络，从而使得这一创业网络不断扩大，那些不能或不愿意承担相应损失的利益相关者在这一资源扩大循环中被淘汰。

## 三、战略联盟与竞争分析

战略联盟还是竞争分析影响创业资源整合。战略联盟原则开展创业资源整合时努力形成创业网络和战略联盟，利用联盟网络的知识和经验来降低资源整合的风险；而竞争分析原则则往往基于战略管理的优劣势分析和机会威胁分析来确定自己与竞争对手的差别，并强调市场关系是一种竞争关系，因此，竞争分析原则使得创业者开展创业资源整合时更多选择交易关系的资源整合形式。莫尔等（Mauer et al.，2010）研究发现，效果推理的合作伙伴关系对新企业创建具有直接影响。而布雷瑞尔等（Brettel et al.，2012）发现，效果推理型创业者努力形成合作伙伴并获得合作伙伴的先前承诺来减少研发中的不确定性，这些合作伙伴来自于自我选择的利益相关者，如顾客、供应商、外部研发群体等，先前承诺可能是与顾客就某一研发产品的质量协议，或支持项目研发的资金或能力支持协议；而因果推理逻辑则是尽一切可能有效地和最小化突发事件地采取线性研发过程。

战略联盟还是竞争分析影响新创业不同阶段的资源整合。新创业在不同阶段会选择不同的决策逻辑，一般产生创业动机、计划创业和初创阶段往往表现出更多战略联盟姿态，因为需要弥补新创企业资源和能力的不足以获取市场合法性。而在创业成长阶段往往更多表现出竞争分析姿态，因为需要保护自己的既得市场和利益。格雷夫和萨拉夫（Greve & Salaff，2015）发现，创业者在产生创业动机、计划创业和创建或购买一个企业等不同阶段利用的网络规模不同，因为需要利用网络获取更大的社会网络关系，计划创业阶段利用的网络规模最大；因为需要花更多时间去发展和维持网络关系，计划创业阶段网络关系强度最大；因为家族成员的强关系在早期阶段提供的帮助比正式创业阶段大，产生创业动机阶段比其他两个阶段整合的家族成员数量更多。莎拉斯瓦蒂等（Sarasvathy et al.，2014）研究发现，面对高不确定的事件空间，效果推理型创业者认为网络是动态的，并非创业者的网络结构特性、关系特性等如何重要，而是创业者如何利用网络更重要。

战略联盟还是竞争分析影响新创企业资源整合的范围。战略联盟原则使得创业者不断依赖网络获取商业信息、商业建议、问题解决，一些网络关系提供多种资源，战略联盟原则可以帮助企业获得更多利益相关者的支持和信任，不断拓展创业网络边界，提高创业网络规模，加强网络关系强度，改善网络关系结构。而创业者创业时所嵌入的社会关系网络，如网络内容、网络治理和网络结构影响资源整合等创业行为（Hoang & Antoncic，2003）。不同的网络关系为新创企业提供了不同的创业资源获取渠道，商业网络提供的是商业资源获取渠道，而人际关系网络则常常可以提供商业网络所不能提供的情感资源获取和信息资源获取渠道。罗等（Luo et al.，2011）通过元分析发现，不同的网络关系对新创企业资源整合效果产生了不同的影响，商业网络关系和政府网络关系都能提高组织的经济与运营绩效，而商业网络关系对运营绩效影响更大，政府网络对经济绩效的影响更大。网络关系强度也会影响创业资源整合，格兰诺维特（Granovetter，1973）的弱联系理论认为，创业者可以通过直接联系以外的弱联系获得新的信息和思想。网络结构对创业资源整合的影响主要体现在不同的网络规模和网络位置导致不同的资源整合行为。外部关系数量越多的企业，在整合的资源内容上具有更多的选择余地，更多的网络关系还可以保证企业获得更多信息和建议，使得企业在资源整合方面少犯错误，因而越有利于其资源整合能力的拓展。而越是处于网络中心地位的创业者，越有可能利用其网络中心地位优势整合到非网络中心地位创业者所能整合的资源。伯特（Burt，1992）提出的结构洞理论认为，处于网络结构洞桥联系地位的创业者，可以利用桥联系地位获得权利，进而影响非桥联系地位的行为人。网络独特的治理机制能加强和协调网络交易，伙伴间的信任能创造成本优势，提高资源流动的质量（Hoang & Antoncic，2003）。网络成员间形成的共同语言、共同准则及一致性倾向，代表着相互间的信任、信赖和给予的支持，影响新企业所感知的收益或支持，通过影响创业者的认知偏好来支持创业活动（Uhlaner et al.，2007）。

战略联盟还是竞争分析影响新创企业资源整合的速度。战略联盟原则使得新创企业具有更大的创业网络规模和更优的创业网络关系质量，而社会网络能够促进信息的快速传递，加快知识转移速度（买忆媛和徐承志，2012），因此，战略联盟原则能加快创业资源整合的速度。迪尤等（Dew et al.，2009）研究发现，面临复杂的决策，专家型创业者更注重伙伴网络；而新手创业时往往照本宣科。由于专家型创业者依据经验和直觉开展决策的速度，要快于新手基于理性战略分析开展决策的速度，因此一般而言，战略联盟原则的创业资源整合速度要快于竞争分析原则的创业资源整合。

战略联盟还是竞争分析影响新创企业资源整合的内容。萧和鲍（Siu & Bao，2008）通过案例分析发现，中国高技术小企业对外部资源的依赖与关系属性及承诺程度有关，在交易型关系主导网络中，如果创业者决定发展自己的资源竞争力，往往更少依赖外部资源。而在合作型关系主导网络中，如果创业者对维持关系保持了较低的承诺，则往往较少依赖外部网络。顾客导向型网络非常看重人际关系并努力建立长期的顾客关系。伙伴型网络者往往与供应商、制造商和分包商等外部资源获取来源建立战略联盟。价值导向型网络者往往有整体的网络观，在网络构建和发展中扮演积极的角色。开拓型网络者则向外部行为人保持高承诺以利用外部资源和采取积极行动以适应环境变化。

## 四、利用权变与规避权变

利用权变还是利用知识规避权变影响创业资源整合。效果推理型创业者尽量利用一切权变因素提供的机会选择资源整合目标，挑选资源整合方式；而因果推理型创业者则尽量利用掌握的知识开展市场调查，通过精确计算和严格的计划执行创业资源整合。布雷特尔等（Brettel et al.，2012）发现，效果推理逻辑研发项目仔细搜寻曝光和使用开放式创新工具来为偶然事件发生创造丰富的土壤，而因果推理逻辑研发项目则规避各种干扰。萨拉斯瓦蒂等（Sarasvathy et al.，2014）研究发现，面对高不确定的事件空间，效果推理型创业者将所有资源视为可替代，资源属性只在某一时点适应特殊的环境，扩展适应是重要的资源战略，如何利用资源比资源属性更重要。效果推理者认为网络是动态的，并非创业者的网络结构特性、关系特性等如何重要，而是创业者如何利用网络更重要。

利用权变还是利用知识规避权变影响创业资源整合速度。布雷特尔等（Brettel et al.，2014）发现，为了处理大规模定制中的不确定性，生产管理人员运用效果推理逻辑寻找合适的战略伙伴，增加虚拟生产，并保持更多创业的情形。通过模块化生产和流程保持生产的灵活性、通过供应链整合生产手段以提高整体透明性、每一个伙伴成员都将资源提供给一个整合的资源池，采取模块化制造以从规模经济困难中获得稳定收益、控制分散在网络中的回报，相信合作伙伴的预测能力，网络合作伙伴的知识共享，将不确定性看作开发新市场的机会。但同时他们也利用因果推理逻辑，通过降低库存水平和提前期以提高预期回报，通过联合计划减少需求不确定性，能力管理目标是更好地利用。而规避权变的生产管理人员则往往依照最佳生产实践思路开展生产资源整合。布雷特尔等（Brettel et al.，2012）发现，研发过程中，利用权变原则使得创业者利用合作伙伴的先前承诺来进行研发资源整合，先前承诺可能是与顾客在某一研发产品的质量协议，或支持项目研发的资金或能力支持协议；而利用知识规避权变原则是尽一切可能有效地和最小化突发事件地采取线性研发资源整合过程。

利用权变还是利用知识规避权变影响创业资源整合范围。权变带来风险，但权变也带来可能性，利用权变可以为新创企业开展资源整合创造无限的可能，不仅包括可整合的资源、可选择的资源整合方式，还包括可选择的资源整合战略。德蒂恩和钱德勒（DeTiene & Chandler，2010）发现，在退出策略选择上，采取因果推理决策逻辑的创业者更可能考虑 IPO 退出战略，更少考虑清算的方式退出。而效果推理的子维度与退出战略选择关系不同，实验维度与 IPO 战略正相关，而可承担损失维度与 IPO 战略正相关，灵活性与清算退出战略负相关。说明因果推理决策者在资源整合上更加聚焦和收敛，而效果推理决策者在资源整合上更加灵活和发散，尤其是实验和可承担损失维度与 IPO 战略正相关，而灵活性与清算退出战略负相关。说明利用权变的创业者不愿清算退出，给自己创业不留退路，而是愿意继续留在创业道路上，为未来实施新的创业资源整合提供可能性。莫尔等（Mauer et al.，2010）的研究发现，效果推理的利用权变对新创企业创建具有间接的影响，它影响收敛目标或限制循环。

## 五、控制逻辑与预测逻辑

控制逻辑还是预测逻辑也会影响创业资源整合。控制逻辑的创业者开展资源整合时，基于可控原则挑选资源整合对象和资源整合方式，并尽量控制资源整合失败带来的损失；而预测逻辑的创业者在开展创业资源整合时则往往在对未来概率估计基础上进行资源整合效果的预测，并根据预测目标选择资源整合对象，挑选资源整合方式。萨拉斯瓦蒂等（Sarasvathy et al.，2014）研究发现，面对高不确定的事件空间，效果推理型创业者尽量学习它，并努力转化和重塑它。

控制逻辑还是预测逻辑也会影响创业资源整合速度。控制原则基于学习和重塑市场的原则开展创业资源整合，在资源整合上能快速做出决策；而预测逻辑则基于理性分析和理性计算原则开展创业资源整合，理性分析和理性计算及层层决策都会拖延决策速度，因此影响创业资源整合速度。瑞德等（Read et al.，2009）研究发现，专家型创业者更多采取效果推理或非预测控制逻辑来处理不确定的营销市场，整合营销资源，而没有多少创业专长的管理者则依据预测逻辑，按照预先设定的目标，通过详细的计划来整合营销资源。而专家往往利用经验和直觉开展创业资源整合决策的速度，要快于新手基于理性分析和战略计划开展创业资源整合的决策速度。

控制逻辑还是预测逻辑也会影响创业资源整合范围。控制逻辑下开展创业资源整合是考虑可以控制的资源和资源整合方式，因此其资源整合的范围是基于创业者可控范围；而预测逻辑则往往在理性计算和战略计划下开展创业资源整合，其整合的资源范围和可挑选的资源整合方式也是通过计算得出，因此，其创业资源整合的范围也非常有限。

## 第四节　资源整合协调机制

组织间协调就是管理跨越组织边界的相互依赖及相互冲突的活动（Malone & Crowston，1994）。组织内或组织间协调是不同的组织为了实现某一结果，在制定组织决策时综合考虑各方面的信息并据此做出适当的调整。组织内部和组织之间存在某种依赖性，因为相互依赖关系的不同也会使处理这种冲突的协调机制不同。奥尔特和哈格（Alter & Hage，1993）认为，组织之间的协调是一个方法或过程，组织通过协调来处理各种矛盾和冲突，而亚历山大（Alexander，1993）则将组织间协调视为一种结果，认为当某种决策将所有信息都考虑在内并能够根据这些信息自发地做出适当调整的时候，这一决策就是协调的。

资源整合的关键是规则的制定，治理机制是一种重要的规则。良好的协调机制是资源整合后发挥效果的重要保证。要保证创业资源内部和不同资源之间协调配合，避免资源不足或冗余，就必须有一种建立在组织协调基础上的信息传递机制和信息反馈机制，确保创业过程中整个组织的集中资源需求和分散资源需求。不仅传统研究中的组织协调、市场协调和信任协调可以发挥资源整合协调的作用，转型经济背景下，行政协调可能也是一种高效的整合协调机制。本章将对创业资源整合协调机制的类型和运行机理进行探讨，重点探讨权威协调、团队协调、信任协调、关系协调和制度协调五种协调机制在创业资源整合中的作用。

## 一、权威协调

权威是企业组织内部最直接，最高效的协调方式。尤其是在企业发展初级阶段，在工作环境刚建立的这个时间段内，员工陌生的心理因素，组织间配合不默契，效率低下，权威可以在最短时间内实现组织内部协调。

权力的研究是管理学中的重点问题，权力结构是组织结构的核心，它决定了组织的运行效率，进而对组织绩效产生影响。关于企业组织中集权与分权的争议由来已久，至今尚无定论。争论者多从不同的角度提出组织集权或分权的理由，如组织战略、组织规模、技术、组织环境、权力控制等，更多的人想利用经验式管理实例来争辩，最终却大都走入模棱两可的权变式管理怪圈（刘华，2007）。权威协调对于协调人类动机具有最为重要作用，新创企业运用权威协调，可以快速将不同的个体动机统一到新创企业成长中来。权威协调在协调信息和技术上的作用也非常明显，因为透过权威可以迅速实现信息的集成和技术的开发。但权威协调不利于创业能力的发挥，在威权领导下，创业者的创业技能难易得到有效发挥。对新创企业而言，由于新进入缺陷，一个强势的领导者或领导团队运用权威协调来整合信息、技术、人类动机、创业能力和创业制度环境将使得其比竞争对手更快地掌握市场先机，赢得竞争优势。

## 二、团队协调

团队协调关注的是团队中的人如何阐述、管理以及改变组织的行为。它与一般意义上协调的区别在于：团队协调特定的情景是工作场所，其对象既包括人际关系协调的一般对象，同时还包括工作任务要求协调的对象，具有双重性。它作为一种影响企业运作的核心因素，对企业的生产力和利润、员工的满意度以及劳资关系等方面的影响已经得到了国外学者的广泛认同。

团队协调增强了企业人事之间的相互交流，使公司各个部门之间进行经常性的沟通，尤其是在创业期的公司表现尤为明显。同时，公司的决策也显得更加的民主化、集合化，各个部门之间的联系更加的紧密。员工的工作环境和工作环境处于最佳的状态，员工的工作积极性得到了极大的增强，从而使得企业绩效得到提升。

## 三、信任协调

信任是信任方对被信任方采取合意行动可能性的信念和预期（Deutsch，1973）。道奇森和马克（Dodgson & Mark，1993）把信任看作是一种思维状态，即交易一方将另一方将付诸意料之中的、相互可接受的行为的预期。塞布尔（Sable，1993）认为，信任就是合作各方相信任何一方都不会去利用另一方易受攻击的弱点去获取利益。约翰逊和卡伦（Johnson & cullen，1996）指出，信任就是相信合作伙伴愿意而且能够完成他们的义务和作出承诺，同时合作伙伴对联盟和其他的行为都出于好的意愿。布恩和霍姆斯（Boon & Holmes，1997）认为，信任是在承担风险的情况下为尊重他方而对其动机的积极预期。信任可以增进人员合作，强化团队绩效。

信任体现了成员间对彼此可靠性和诚实度的信心。通过增强组织成员的社会交往和信任，促进知识转移，提高资源整合效益（窦红宾，王正斌，2011）。知识转移的双方在知识、组织等方面有时存在差异，这些差异导致一定程度的冲突产生。信任协调机制可以促进创业资源整合，提高资源转移的速度和整合效果。

相互信任的组织更容易主动暴露自己，更愿意主动共享信息，更有利于增进相互了解（林建宗，2008）。在这个过程中，伙伴之间会建立起一种强的集体一致性；信任缓解了对合同完备性的苛求；信任还赋予组织一种强有力的、令人鼓舞的信心，这种信心也会弱化高风险交易对合同完备性的要求；信任还会改变组织承担风险的意愿，增强组织的风险吸收能力，从而使组织愿意承担更高的风险。总体而言，高水平的相互信任能够降低资源整合的成本。

## 四、关系协调

西方主流的社会学理论将社会结构界定为一种网络的系统，社会成员（包括个体和组织）按照联系点有差别地占有稀缺资源和结构性地分配这些资源。网络的概念引入社会学中始于 20 世纪 40 年代，英国人类学家拉德克利夫·布朗在《论社会结构》一文中，首次使用了"社会网络"概念，他采用"社会网络"理论来解释社会分配和社会支持。

米切尔（1969）从社会关系的角度出发，将社会关系网络界定为"某一群体中个人之间特定的联系方式，其整体的结构，可以称之为该群体中个人的社会行为。"当然，社会关系网络中的点即个体并不一定仅限于个人，它也可以是群体，组织或是整个社会甚至是国家。社会关系网络中连接个体之间的关系也是多种多样的，既可以是朋友，亲戚，也可以是交流渠道，商业交换或贸易往来关系。

格兰诺维特（Granoveter，1973）发表在《美国社会学杂志》的"弱关系的力量"一文中，对社会网络的研究产生了重大影响。他认为关系是指不同参与主体经过交流和接触而实际存在的一种纽带关系，根据力量的不同可将关系分为强关系和弱关系，两者在人与人、组织与组织、个体与社会系统之间所起的作用是不同的。其中，强关系是群体和组织内部的纽带，而弱关系是不同群体或组织之间的相互关系纽带，关系的强弱可以通过互动频率、感情力量、亲密程度以及互惠交换的数量这四个方面来测量。格兰诺维特指出由于分布范围较广，弱关系比强关系更可能跨越关系的社会局限，可以充当信息桥梁以获得信息和其他资源，且更容易在群体之间发生。

何小杨（2010）则将企业与其外部主体之间的关系型交易称为企业的外部网络，而企业内部人与人之间的关系则称为内部网络。公司外部网络关系常常作为正式制度不完善的替代机制，为了降低企业交易的成本，企业会与其外部的利益相关者建立关系型交易；而企业内部的网络关系，更多的是对关系型交易的一种自然延伸。两类网络关系都对公司治理行为产生重要的影响。

## 五、制度协调

除了上述协调机制外，制度协调在资源整合中同样发挥着重要作用。制度指特定社会范围内统一的、调节人与人之间社会关系的一系列习惯、道德、法律（包括宪法和各种具体法规）、戒律、规章（包括政府制定的条例）等的总和。它由社会认可的非正式约束、国家规定的正式约束和实施机制三个部分构成。在经济发展过程中，企业为适应市场发展，必然会进行企业制度的制定和完善，产生属于企业自身的制度协调机制。组织内外成员根据事先制定的规则协调彼此活动，可以降低沟通成本，提高协调效率。制度理论的基本假设是，企业在其内部和外部环境遵守主要规范、传统和社会影响将导致企业在结构和活动的同质性。成功的企业是那些通过遵守社会压力而获得支持和合法性的企业，遵从于社会预期有利于组织成功和生存。由于企业之间资源异质性存在着不同租的可能，但由于规则以及企业之间环境的影响，组织的范式和实际操作中存在惊人的同化现象，制度的同化将减少企业之间的异质性，所以就引出了制度协调机制这一观念。

　　资源通常与利益相关，创业者之所以能够从家庭成员那里获得支持，就因为家庭成员之间不仅是利益相关者，更是利益整体。既然资源与利益相关，创业者在整合资源时，就一定要设计好有助于资源整合的利益机制，借助利益机制把包括潜在的和非直接的资源提供者整合起来，借力发展。因此，整合资源需要关注有利益关系的组织或个人，要尽可能多地找到利益相关者。同时，分析清楚这些组织或个体和自己以及自己想做的事情有无利益关系，利益关系越强、越直接，整合到资源的可能性就越大，这是资源整合的基本前提。利益关系者之间的利益关系有时是直接的，有时是间接的，有时是显性的，有时是隐形的，有时甚至还需要在没有的情况下创造出来。另外，有利益关系也并不意味着能够实现资源整合，还需要找到或发展共同的利益，或者说利益共同点。为此，识别到利益相关者后，逐一认真分析每一个利益相关者所关注的利益非常重要，多数情况下，将相对弱的利益关系变强，更有利于资源整合。

　　然而，有了共同的利益或利益共同点，并不意味着就可以顺利实现资源整合。资源整合是多方面的合作，切实的合作需要有各方面利益真正能够实现的预期加以保证，这就要求寻找和设计出多方共赢的机制。对于在长期合作中获益、彼此建立起信任关系的合作，双赢和共赢的机制已经形成，进一步的合作并不很难。但对于首次合作，建立共赢机制尤其需要智慧，要让对方看到潜在的收益，为了获取收益而愿意投入资源。因此，创业者在设计共赢机制时，既要帮助对方扩大收益，也要帮助对方降低风险，降低风险本身也是扩大收益。在此基础上，还需要考虑如何建立稳定的信任关系，并加以维护管理。

## 本章参考文献

　　[1] 蔡莉，尹苗苗. 新创企业学习能力，资源整合方式对企业绩效的影响研究 [J]. 管理世界，2009，10：1 - 10.

　　[2] 阿玛尔·毕海德. 新企业的起源与演进. 中国人民大学出版社，2004，05.

［3］蔡淑琴，马龙强，吴颖敏，张星．基于内容分析法的市场机遇发现实证研究［J］. 武汉理工大学学报·信息与管理工程版，2007，29（1）：127－130.

［4］陈晓萍，徐淑英，樊景立．组织与管理研究的实证方法［M］. 北京大学出版社，2008.

［5］陈磊，孙济庆．第三方物流信息管理与信息合作模型研究［J］. 物流科技，2006（10）：98－100.

［6］黄芳，施学良，戴晓震．浙江省第三方物流资源整合模式研究［J］. 物流技术，2008（2）：25－28.

［7］黄付艳．基于战略联盟的第三方物流供应商管理研究［J］. 物流技术，2007（5）：13－15.

［8］李志华．企业战略管理的发展与趋势［J］. 科学与管理，2007（4）：6－7.

［9］林久华，梁戈．合作营销：一种比并购更理想的选择［J］. 沿海经济，2001，3：40－41.

［10］［美］罗伯特·A·伯格曼，［美］莫德斯托·A·麦迪奎，［美］史蒂文·C·惠尔赖特著，陈劲，王毅译，技术与创新的战略管理［M］. 北京：机械工业出版社，2004，12.

［11］刘帮成，王重鸣．国际创业模式与组织绩效关系：一个基于知识的概念模型［J］. 科研管理，2005，26（4）：72－79.

［12］刘群．论我国第三方物流战略联盟存在的问题及其有效构建［J］. 《江苏论坛》，2007（4）：65－67.

［13］刘益，李垣，杜旃丁．战略联盟模式选择的分析框架：资源、风险与结构模式间关系的概念模型［J］. 管理工程学报，2004（3）：33－37.

［14］马文峰．试析内容分析在社科情报学中的应用［J］. 情报科学，2000，18（4）：346－349.

［15］马春爱．企业战略联盟的合约分析［J］. 科研管理，2004（3）：26－30.

［16］潘镇，李晏墅．联盟中的信任——一项中国情景下的实证研究［J］. 中国工业经济，2008（4）：44－54.

［17］（美）奥利弗·E·威廉姆森著．段毅才，王伟译．资本主义经济制度［M］. 商务印书馆，1985.

［18］芮杰明，周勃．构建中小企业战略联盟［J］. 企业管理，2003（5）：90－91.

［19］苏翠莲，巴雅尔．浅析中小型第三方物流企业战略联盟的合资模式［J］. 中国储运，2008（3）：101－102.

［20］孙永波．中小物流企业发展战略联盟模式研究［J］. 商场现代化，2007（9X）：111－112.

［21］汪克夷，朱亚涛，任毅．第三方物流企业建立战略联盟的可行性研究［J］. 中外科技信息，2003（5）：69－70.

［22］王婷．第三方物流企业战略联盟的发展模式分析［J］. 天津理工学院学报，2004（12）.

［23］王询．论企业与市场间的不同形态［J］. 经济研究，1998，（7）：34－40.

［24］武斌，阮平南．企业战略网络生产机理研究［J］. 企业经济，2007（3）：48－50.

[25] 魏宏森，王伟. 广义系统论的基本原理 [J]. 系统辨证学学报，1993，1：52－58，65.

[26] 邢顺福，常永胜. 第三方物流定义的比较研究 [J]. 商业时代，2007 (20)：18－19.

[27] 徐玲玲，谢春林. 第三方物流供需联盟的博弈分析 [J]. 商业时代，2006 (6)：26－28.

[28] 徐飞，徐立敏. 战略联盟理论研究综述 [J]. 管理评论，2003 (6)：12－19.

[29] 许征文，朱荣林，张柏松. 资源理论的破绽 [J]. 企业管理，2005 (4)：32－35.

[30] 曾楚宏，林丹明. 对企业建立战略联盟的理论解释 [J]. 科研管理，2004 (2)：93－97.

[31] 张余华. 欧美日第三方物流的发展与我国的借鉴 [J]. 国际经贸探索，2004 (6)：62－66.

[32] 张健雄. 中国第三方物流业呼唤战略联盟伙伴 [J]. 物流科技，2002 (11)：32－33.

[33] 赵杨. 第三方物流企业的发展战略 [J]. 中国物流与采购，2004 (12)：54－55.

[34] 颜士梅，王重鸣. 并购式内创业中人力资源整合水平的选择：一个实证研究 [J]. 管理世界，2007，9：107－118.

[35] 张青山，温志勇. 制造业网络联盟合作生产的合理半径选择. 成组技术与生产现代化，2007，24 (4)：6－15.

[36] 周二华，陈荣秋. 技术开发的类型与创新模式选择的关系 [J]. 科研管理，1999，20 (4)：15－20.

[37] 吴能全，苏郁锋，谢鸿存. 团队创业导向与资源获取关系研究：团队领导说服力的调节作用 [J]. 中大管理研究，2015，10 (2)：83－105.

[38] 尹苗苗. 创业导向、投机导向与资源获取的关系 [J]. 经济管理，2013，5：43－51.

[39] 粘永昌. 大学生创业动机与创业模式探析 [J]. 法制与社会，2009，5：246－247.

[40] 胡怀敏，肖建忠. 不同创业动机下的女性创业模式研究 [J]. 经济问题探索，2007，8：24－26.

[41] 刘娟娟. 动机理论研究综述 [J]. 内蒙古师范大学学报 (教育科学版)，2004，17 (7)：68－70.

[42] 张秀娥，张峥，刘洋. 返乡农民工创业动机及激励因素分析 [J]. 经济纵横，2010，6：50－53.

[43] 郭军盈. 我国农民创业的区域差异研究 [J]. 经济问题探索，2006，6：70－74.

[44] 曾照英，王重鸣. 关于我国创业者创业动机的调查分析 [J]. 科技管理研究，2009，9：285－287.

[45] 中国孵化器编辑部. 小企业如何长大——创业资源整合三信息资源 [J]. 中国孵化器，2005 (2)：30－31.

[46] Amit, R., Muller, E., Cockburn, I. Opportunity costs and entrepreneurial activity [J]. Journal of Business Venturing, 1995, 10：95－106.

[47] Arranz, N. & de Arroyabe J. C. F. Governance structures in R&D networks：An analysis in the European context [J]. Technological Forecasting & Social Change, 2007, 74：645－662.

[48] Baker G. P., Gibbons R. & Murphyc K. J. Strategic alliances：Bridges between isl&s of conscious power [J]. Journal of The Japanese & International Economies, 2008, 22：146－163.

[49] Bowman, C. & Ambrosini, U.. Identifying valuable resources [J]. Enropean Managament Journal, 2007, 25 (1): 320 – 329.

[50] Brush, C. G., Gieene, P. G. and Hait, M. M. From initial idea to unique advantage: The entrepreneurial challenge of constructing a resource base [J]. Academy of Management Executive, 2001, 15 (1): 64 – 78.

[51] Caloghirou, Y., Ioannides, S. & Vonortas, N. S. Research joiont ventures [J]. Journal of Economics Surveys, 2003, 17 (4): 541 – 570.

[52] Caose, R. H. The nature of the firm [J]. Economica, New series. 1937, 4 (16): 386 – 405.

[53] Carley, K.. Coding choice for textual analysis: A comparison of content analysis & map analysis. Sociological Methodology, 1993, 23: 75 – 126.

[54] Chesbrough, H. W. & Teece D. J. Organization for innovation: When is virtual virtuous? [J]. Havard Business Review, 1996, 127 – 135.

[55] Eisenhardt, K. M. Building theories from case study research [J]. Academy of Management Review, 1989, 14 (4): 532 – 550.

[56] Greve, A. &Salaff, J. W.. Social Networks and Entrepreneurship [J]. Entrepreneurship Theory & Practice, 2003, Fall: 1 – 22.

[57] Greene, P. G., and Brown, T.. Resource needs and the dynamic capitalism typology [J]. Journal of Business Venturing, 1997, 12 (3): 161 – 174.

[58] Gunasekaran, A. &Ngai, E. W. T. Modeling and analysis of build-to-order supply chains [J]. European Journal of Operational Research, 2009, 195: 319 – 334.

[59] Hong, H. & Antonic, B.. Network – based research in entrepreneurship: A critical review [J]. Journal of Business Venturing, 2003, 18 (2): 165 – 187.

[60] Huesch, M. D.. Are there always synergines between productive resources and resource deployment capabilities? [J]. Strategic Management Journal, 2013, 34: 1288 – 1313.

[61] Jauch, L. R., Osborn, R. N., Martin, T. N., Structured content analysis of cases: A complementary method for organizational research [J]. The Academy of Management Journal, 1980, 5 (4): 517 – 525.

[62] Kasch, S., Dowling M. Commercialization strategies of young biotechnology firms: An empirical analysis of the U. S. industry [J]. Research Policy, 2008, 37: 1765 – 1777.

[63] Koza, M. & Lewin, A.. Managing Partnerships and Strategic Alliances: Raising the Odds of Success [J]. European Management Journal, 2000 (4), 146 – 151.

[64] Mehta, R., Polsa P., Mazur, J., Fan, X. C., Dubinsky, A. J. Strategic alliances in international distribution channels [J]. Journal of Business Research, 2006, 59: 1094 – 1104.

[65] Miles, R. E., Miles G., & Snow, C. C. Collaborate entrepreneurship: A business model for continuous innovation [J]. Organizational Dynamics, 2001, 35 (1): 1 – 11.

[66] Narula, R., Choosing between internal & non-internal R&D activities: Some technological & economic factors. Technology Analysis & Strategic Management 2001, 13 (3), 365 – 387.

[67] Nordman, E. R., & Melén, S. The impact of different kinds of knowledge for the internationalization process of Born Globals in the biotech business [J]. Journal of World Business, 2008,

Article in press.

[68] Ouchi, W. G. Markets, Bureaucracies, & Clans [J]. Administrative Science Quarterly, 1980, 25: 129 – 141.

[69] Perks, H. & Easton, G. Strategic Alliances: Partner as customer [J]. Industrial Marketing Management, 2000 (7), 327 – 338.

[70] Powell, W. W., Neither market nor hierarchy: Network forms of organization [J]. Research in Organization Behavior, 1990, 12: 295 – 336.

[71] Roberts, E. B. New venture for corporate growth [J]. Harvard Business Review, 1980, 7 – 8: 134 – 142.

[72] Robichaud, Y., Egbert, M. and Roger, A. Toward the development of a measuring instrument for entrepreneurial motivation [J]. Journal of Developmental Entrepreneurship, 2001, 6 (2): 189 – 201.

[73] Schilling, M. A., & Steensma, H. K. Disentangling the theories of firm boundaries: A path model & empirical test [J]. Organization science, 2002, 13 (4): 387 – 401.

[74] Shane, S., Locke, E. A. and Collins, C. J. Entrepreneurial motivation [J]. Human Resource Management Review, 2003, 13: 257 – 279.

[75] Shane, S., & Venkataraman, S. The promise of entrepreneurship as a field of research [J]. Academy of Management Review. 2000, 25 (1): 217 – 226.

[76] Shane, S., & Venkataraman S. Guest editors' introduction to the special issue on technology entrepreneurship [J]. Research Policy. 2003, 32 (2): 181 – 184.

[77] Sirmon, D. G., Hitt, M. A. and Ireland, R. D. Managing firm resources in dynamic environments to create value: Looking inside the black box [J]. Academy of Management Review, 2007, 32 (1): 273 – 292.

[78] Siu, W. S., and Bao, Q.. Network Strategies of Small Chinese High – Technology Firms: A Qualitative Study [J]. Journal of Product Innovation Management, 2008, 25: 79 – 102.

[79] Slotte – Kock, S. & Coviello, N.. EntrepreneurshipResearch on NetworkProcesses: A Reviewand Ways Forward [J]. Entrepreneurship Theory & Practice, 2010, January: 31 – 57.

[80] Stevenson, H. H., & Jarillo, J. C. A paradigm of entrepreneurship: Entrepreneurial management [J]. Strategic Management Journal, 1990, (11): 17 – 27.

[81] Teece, D. J. Competition, Cooperation and Innovation: Organizational arrangements for regimes of rapid technological progress [J]. Journal of Economic Behavior and Organization, 1992 (18), 1 – 25.

[82] Teece, D. J. Profiting from technological innovation: Implication for integration, collaboration, licensing & public policy [J]. Research Policy, 1986, 15 (6): 285 – 305.

[83] Tsai K. H., Wang J. C., External technology acquisition & firm performance: A longitudinal study [J]. Journal of Business Venturing, 2008, 23: 91 – 112.

[84] Venkataraman, S. The distinctive domain of entrepreneurship research. Advances in Entrepreneurship [J]. Firm Emergence & Growth, March 1997: 2 – 13.

[85] Veugelers, R. Collaboration in R&D: An assessment of theoretical & empirical findings

[J]. De Economists, 1998, 146 (3): 419 – 443.

[86] Vivek, S. D. , Richey, R. G. , Dalela V. A longitudinal examination of partnership governance in offshorin: A moving target [J]. Journal of World Business, 2009, 44: 16 – 30.

[87] Williamson, O. E. Comparative economic organization: The analysis of discrete structural alternatives [J]. Administrative Science Quarterly, 1991, 36: 269 – 296.

[88] Yin, R. K. Case study reseacrh: Design and methods (2nd ED) [M]. Beverly Hills, CA: Sage. 1994.

[89] Zahra, S. A.. Technology strategy & new venture performance: A study of corporate sponsored & independent biotechnology ventures [J]. Journal of Business Venturing, 1996, 11 (4): 289 – 321.

# 第四章

## 创业资源获取和整合方式选择

## 第一节 引　　言

【引导案例】成立于 1998 年的西安高新技术产业开发区的西安恩科网络技术有限公司，是陕西省首批通过"双软"认定的优秀留学生高新技术企业之一。公司专业从事互联网应用软件及应用支撑软件开发、技术服务和系统集成。公司自成立以来一直致力于基于互联网的政务信息化、企业信息化、门户网站与信息流管理系统等应用软件及为以上应用提供的底层支撑软件的开发。1997 年，互联网刚刚兴起，身在国外的恩科公司创始人陈健博士就敏感地认识到互联网将会给中国带来巨大的机遇。1998~1999 年是互联网在国内疯狂扩张的时期，一夜之间上百家门户网站如雨后春笋纷纷冒出。恩科公司刚刚成立就面临着是做网站还是做技术，是淘金还是卖水的问题。基于对所收集信息资源的分析和对互联网的软件及其应用的认识，恩科公司明确了以企业/机构应用为方向，坚持产品路线和技术跟踪，以客户为中心。1997 年，陈健还在南澳大利亚大学计算机和信息科学学院任教，有一次在完成与日本同行之间的学术交流合作后，返澳途中在深圳邂逅了他的一位小学同学，此人已在商场有所成就。两人谈到了在中国建立一个信息行业的公司，可以在商业运作和技术上各取所长。当时陈健正好开始致力于互联网软件技术的研究，在两个星期中，他对国内的信息产业做了一些了解，尤其是互联网发展方面的信息。之后再从国外对国内互联网做进一步的调查和分析，最后下定决心，自己单独作为技术负责人和投资者，成立了西安恩科。①

从前面的分析可以看出，创业资源的获取方式包括内部积累、外部获取和联盟三种方式。创业资源整合方式则可以从创业资源整合的形式分为开拓创造的资源整合方式、丰富细化的资源整合方式和稳定调整的资源整合方式三种类型；从整合的创业资源内容则包括内聚的资源整合方式和耦合的资源整合方式两种类

---

① 资料来源：郑德明著. 资源整合赢天下［M］. 中国工商联合出版社，2014.

型，从资源整合的决策逻辑入手可以分为效果推理型资源整合和因果推理型资源整合两种创业资源整合类型。本章重点探讨这些创业资源获取和整合方式的选择问题。

就创业资源获取与整合方式选择而言，学术界存在多种解释。交易成本经济学以有限理性和机会主义为假设前提，从成本节约的视角推导出影响交易治理方式选择的三个交易属性：不确定性、资产专用性和交易频率，认为在机会主义和独占忧虑下，不确定性、资产专用性和交易频率与选择一体化程度高的交易治理方式正相关（威廉姆森，1985）。大量文献运用交易成本理论分析资源获取方式选择问题，如范登兰德等（Van de Vrande et al.，2009）分析了不确定性对外部技术资源获取方式选择的影响，研究发现，面对高度不确定性的环境，企业更倾向于像联盟这样的低整合的资源获取方式。

期权理论认为交易治理方式决策可以通过延期投资的选择权来创造价值。因为投资是不可收回的，所以等待新的信息来帮助进行投资决策是有价值的。例如，如果一体化生产比通过市场合同方式包含更多沉没成本，由于技术或产品需求的改变，一体化将使公司面临拥有一些没有价值资产的风险。相反，市场合同可能招致更大的短期边际生产成本，但给予公司追求未来替代技术的灵活性。期权理论认为，预期价值与这种灵活性相连，因此，不确定性高的环境下，利用市场机制的灵活性获取创业资源可能是最优选择。

实物期权分析交易治理选择的第二种方式是通过增长期权。增长期权给公司以后扩大或发展相关产品或技术的权利而非义务。这在高技术产业特别有价值，因为高技术产业的独占性体制很弱，代间知识溢出明显。此时，需要将早期一代的产品和技术内部化以确保在后面几代产品中享有利益索取权（Leiblein，2003）。期权理论认为，在不确定环境中，企业选择避免资产专用性投资承诺，因为这种承诺有成本且不可逆转，因而可能减少公司灵活性并威胁到公司生存（Folta，1998）。期权理论与交易成本理论对不确定性的预期相反，认为不确定程度高的情况下，公司为保持灵活性而避免较高的专用性投资，因而避免一体化程度高的交易治理方式。施玲和斯廷斯马（Schilling & Steensma，2002）的研究发现，商业不确定性与公司选择收购而非许可协议的外部技术知识获取方式的可能性负相关。

实物期权方法也描述了公司特征如何影响组织方式选择决策。因为某些资源使公司具有灵活转换资产使用的能力，因而给公司创造了经济价值。公司的产品—市场多样性战略可能会改变其获得生产规模经济和范围经济的能力，进而影响公司选择内部生产还是外包治理方式。比如，多样化公司更可能投资于一定过程的技术，尽管知道产品刚开始的需求不能满足预期，制造设备可以被转向用于其他产品市场（Leiblein，2003）。在财务资源获取上，高技术企业究竟应该选择股权融资还是债务融资，目前学术界仍有争议，一些学者认为高风险企业会选择债务融资方式，而低风险企业会选择股权融资方式（如 Hellmann & Stiglitz, 2000）；另一些学者认为高风险的项目容易获得风险投资而不是银行债务融资（如 Ueda, 2004）。

实物期权理论从风险期权视角解释不确定性对资源组织方式选择的影响（Gulati, 1991），弥补了交易成本分析的部分不足，但其立足点仍然放在外部环境，而没有关注组织内部因素对资源组织方式选择的影响。

社会网络理论认为，在创业活动中，社会网络丰富的创业者更容易组织充裕的创业资源，创业初期的新企业绩效更好。有先前经验的创业者，基于先前的经历，与顾客、供应商和其他利益相关者建立了一定的社会网络。吕明非和彭灿（2007）从网络结构与成员关系两方面分析了社会网络对高科技创业企业资源获取的影响，提出了基于社会网络的高科技创业企业资源获取方式。网络组织理论从资源依赖角度分析资源配置方式选择问题（Larson, 1993），将组织选择的分析从外部分析拉到了内部资源的分析，但也只是用资源依赖代替交易成本经济分析中的资产专用性因素，并没有跳出对人们消极防范心理的行为假设。

资源观从组织内部要素出发，分析资源独特性和资源互补性对资源组织方式选择的影响，但它重点在于分析公司存在的理由及公司竞争优势的来源（Wenerfelt, 1984；Barney, 1991）。以巴尼（Barney, 1991）为核心代表的资源观认为，企业竞争优势的基础是企业拥有有价值、稀有、难以模仿和不可替代的资源。而技术通常是无法模仿的资源，是高技术企业的核心资源。因此，获取长期的竞争地位与核心竞争优势是企业获取技术资源的主要动机（Porter, 1983）。企业通过获取技术资源形成企业的竞争优势，这样可以很好地适应技术革新与环境不确定性。在资源观基础上发展起来的知识观，从知识需求、知识利用和知识创造的角度分析资源组织方式的选择，因而采取了更加积极的行为假设。

但是，现有研究无论是交易成本经济学从成本节约逻辑的分析，还是资源观或能力观从内部能力的角度分析，还是从外部制度逻辑的分析，都只从现象去分析资源组织方式选择问题，缺乏对资源组织背后决策逻辑的深入分析与探究。基于资源组织现象的研究只能对创业者提供经验式的指导意见，而无法深入决策者内心世界提供更深入的指导。由此，基于决策逻辑视角分析创业资源组织方式选择问题，是创业资源管理研究必然要跨越的鸿沟。

效果推理理论认为，人们存在效果推理和因果推理两种相对的决策逻辑（Sarasvathy, 2001）。对创业资源整合而言，因果推理决策逻辑假设创业者可预测未来，通过选择合适的资源获取和整合方式可以达到预设的资源整合目标；而效果推理决策逻辑则假设创业者可控制未来，只能基于现有资源和手段选择可能的资源获取和整合方式。创业者在新创企业早期阶段且不确定性程度非常高时，通常采取效果推理决策逻辑；随着新创企业及其业务市场不确定性程度降低，未来变得越来越可预测时，企业逐渐转向因果推理决策逻辑（Perry et al.，2011）。可见，受创业环境和创业者认知的影响，新创企业的资源获取和整合方式既有手段导向的效果推理逻辑，也有目标导向的因果推理逻辑。然而，现有研究仍然较多遵循因果推理决策逻辑传统，较少考虑效果推理决策逻辑在新创企业资源获取和整合中的作用（Mauer et al.，2010）。本章重点分析新创企业如何及为什么选择某些创业资源获取方式和创业资源整合方式，重点分析效果/因果推理逻辑下的创业资源获取和整合方式选择问题。

## 第二节　创业资源获取方式选择

新创企业到底是应该内部积累资源，还是从外部购买资源或者采取联盟的方式获取资源，是摆在创业者面前的重要决策问题。选择怎样的方式获取创业资源也是创业研究领域的一个重要研究问题。技术资源获取能解决许多技术知识转移问题，特别当整合的两个公司关系逐渐演化时，然而，当思考资源获取时，公司经常需要评估和定价目标资产，如果公司进入战略联盟，则可以避免转移所有权的终端交易，但仍需考虑两个公司的市场边界问题（Vanhaverbeke et al.，2002）。

就影响创业资源获取的因素而言，李等（Lee et al.，2009）通过实证分析，将 21 个影响公司技术获取方式的因素归类为能力、技术、战略、市场和环境五个方面。蔡莉等（2011）则将影响创业资源获取的因素包括初始资源条件、企业特征、创业者特征、创业网络和战略导向等五个方面。下面分别分析这些影响创业资源获取方式选择的因素。

### 一、初始资源条件与创业资源获取方式选择

新创企业的初始资源条件是影响其资源获取的重要因素，初始资源越丰富，创业的初始资源条件越好，新创企业越不需要从外部获取资源。初始资源越丰富，新创企业越容易获得合法性，新创企业在选择从外部获取创业资源时，越容易在资源合作双方取得主导地位，在资源获取上具有更多的筹码，因此，越偏向于整合度高的资源获取方式。从知识观的角度，企业的初始资源条件反映了企业的知识基础，而新创企业知识基础是影响其创业资源获取方式选择的重要因素，因此接下来运用知识观从企业的知识基础角度分析企业初始资源条件对创业资源

获取方式选择的影响。

### 1. 知识基础可分解性与创业资源获取方式选择

按照知识间的耦合程度可将企业的知识基础分为完全可分解、近似可分解和不可分解；完全可分解指企业的知识基础由联结在一起的独特的知识要素群构成，知识要素间无明显的联系；近似可分解性知识基础指一些知识要素彼此联系紧密，一些知识要素联系不紧密，这样可以划分知识群，但同时知识群与知识群之间有些知识联系也非常紧密；不可分解性知识基础则是指知识之间到处充满联系，所有的知识与其他知识彼此联系紧密，以至于无法划分知识群（Yayavaram & Ahuja，2008）。近似可分解性知识结构具有可再整合、韧性和适用性的潜力，因此具有另外两种知识基础结构不具有的优势。正因为这些特征，近似可分解性知识基础可以采取更加灵活的创业资源获取方式。而具有完全可分解性知识基础的企业在创业时，可以随时将部分内容外包给其他企业，或直接从外部购买成熟的产品或服务。而具有不可分解性知识基础的企业则较难从外部购买到创业所需要的必要资源，只能通过内部积累创业资源。

### 2. 知识基础宽度与创业资源获取方式选择

知识基础宽度指公司拥有的知识领域的范围（Wu & Shanley，2009；Zhang et al.，2009）。根据利文索尔和玛驰（Levinthal & March，1993）的观点，组织总是在探索（Exploration）和利用（Exploitation）两大类活动中分配其注意力和资源，探索性活动致力于寻求新知识和新事物；而利用性活动致力于使用和开发已经知道的知识和事物。探索代表公司尽量扩大（Broaden）和加深（Deepen）知识存量（Stock of Knowledge）的学习过程。探索的成功取决于公司吸收新的多样化知识，并将其与现有知识整合的能力。拥有宽知识基础的公司熟悉许多知识领域，因此能够在更宽的路径上进行探索（Kauffman et al.，1999），可以有更多的发现和利用机会的空间（Ahuja & Katila，2001）。对新创企业而言，知识基础越宽，公司有越多机会将内部现有知识与外部新知识结合起来，从而创造更多联系，因而公司吸收能力越强，相关领域的多样化知识使公司吸收伙伴企业的知识，尤其是隐性知识变得更容易，因为可以采取联想学习（Associative Learning），并与以前的概念建立联系（Zhang et al.，2007）。多样化的知识基础结构也可以使公司将合作者的不同知识整合成一个整体，从而建立架构知识（Henderson & Cockburn，1994）。宽知识基础也使得公司具有更强的能力认识到技术的潜在价值，并能识别市场中哪个新技术具有最好的潜在价值（Arora & Fosfuri，2002）。同时，因为可以更好地理解新技术，公司可以增加进入壁垒，从而确保自己拥有该技术的未来实物期权价值（McGrath，1999）。德瑟拉斯和休斯（Desyllas & Hughes，2008）发现，公司知识存量越大，越偏向于采取并购的方式获取技术资源因为并购企业认为自己有能力选择和吸收被并购企业的技术。

### 3. 知识基础深度与创业资源获取方式选择

知识基础深度则指公司在某个技术领域的知识积累，指公司熟悉某一特定技术或应用领域的范围（Wu & Shanley，2009），涉及公司在重要领域增加内外知识存量（Ireland & Webb，2007），是公司在某一领域的知识扩大（D'Este，2005）。哈默尔等（Hamel et al.，1989）认为，为了发展核心能力和赢得竞争优势，组织必须在某一个特定的技术领域发展深的知识基础。因为知识往往具有某些相通性，知识基础深度同样增强了企业的吸收能力，因为对某领域的理解可以增强对相关领域的理解能力，可以建立相关专长，扩大知识存量（Cohen & Levinthal，1990）。因此对某领域知识的理解越深，对相关领域甚至关联度不大。新创企业较深的知识基础，使得其吸收能力越强，因而知识整合的能力和愿望也越强，越可能选择有利于学习和吸收知识的创业资源获取方式。

### 4. 知识基础集中度与创业资源获取方式选择

知识基础集中度反映企业知识基础结构中各类知识的比例关系，若公司集中于某一个或几个技术类中，则公司的知识集中度较高（Zhang et al.，2007）。公司知识集中度高，表明公司的知识集中于一类或少数几类技术。公司的知识越集中于少数技术领域，公司的能力越集中，其知识整合能力越差，因而知识创造能力越差。因此，高市场知识集中度使得创业者偏向于选择一体化化程度高而市场化程度低的创业资源整合方式。张等（Zhang et al.，2007）的研究也表明，公司知识基础集中度越高，公司越多选择一体化的组织方式而越少选择联盟组织方式。

### 5. 知识基础可塑性与创业资源获取方式选择

知识基础可塑性（Malleability）指企业知识基础的变化能力。企业知识基础可塑性越强，企业对外界变化的适用能力越强，越能适应复杂多变的环境。因此，灵活的资源获取方式越受创业者青睐。不可分解性知识基础因为知识间彼此存在错综复杂的联系，因此，难易适应外界知识环境变化的需要，常常采取一体化程度更高的资源获取方式。

知识总是认知者及其认知实践的知识。作为认知者认知实践结果的知识以存量资源的形态被获得、测量、传播和应用；作为认知者认知实践过程的知识则以流量的形态被创造、转化、激活、丰富和发展。在现实中，为企业创造价值、赢得竞争优势的知识总是过程与结果交织在一起、流量与存量相统一的知识。企业组织所要配置的不仅是作为存量的信息类知识，还包括更重要的作为流量的认知过程类知识（张钢，2005）。一般而言，信息类知识的可塑性非常差，因此，难以适应复杂多变的环境。而认知过程类知识可塑性更强，因此，可以适应外界知识环境变化的需要。以信息类知识构建的知识基础，往往只能采取一体化程度更高的资源获取方式，而以过程类知识构建的知识基础，可以采取更加灵活的方式，如与对方合作来获取技术资源。

### 6. 知识可编码性与创业资源获取方式选择

可编码性反映了知识可以被记录或表达的的程度（Zander & Kogut，1995）。公司不仅通过创造、复制和转移他们自身的知识与对手竞争，而且通过其模仿竞争者的产品创新与对手展开竞争。在竞争的市场，加速内部生产能力向新市场转化的能力尤其重要。知识的可编码性程度越高，越容易被对手或合作伙伴理解，知识转移的成本越低，但可编码程度高的知识被竞争对手或合作伙伴模仿的可能性也越高。知识越可编码，企业从外部获取知识越容易。

知识可编码程度越高，其价值越低，知识获取越不需要提供"相互人质"保护（Contractor & Ra，2002）。随着知识默会性的增加和任务复杂性的增加，知识转移的成本增加，企业将选择经济性的组织方式以防止对方的机会主义行为，并选择股权式组织方式来避免机会主义行为的增加（Heiman & Nickerson，2004）。科格特（Kogut，1988）的研究表明，知识可编码程度越低，选择合同联盟方式而非期权联盟方式进行知识转移的可能性越小。科格特和桑德尔（Kogut & Zander，1993）也发现，知识可编码性程度越高，越倾向于从外部获取组织资源。

### 7. 知识可教性与创业资源获取方式选择

可教性反映了可以在学校或工作过程中对工人进行知识培训的程度（Zander & Kogut，1995）。它不同于可编码性，可编码性高的知识可能也不可教，因为可能这些知识的知识含量高，需要具备相关背景知识；而可编码性低的知识也可以被教给新员工，因为这些知识可以通过观察来学习。知识越可教，企业内部知识整合和知识学习越容易，新创企业越倾向于内部进行知识交流来积累知识。而且，越可教的知识越容易内部复制，因此快速创造独有知识的动机使得创业者减少合作；即使合作，也尽量提高对合作的控制权来避免对方机会主义行为和确保自己享有创业资源的未来增长期权。

### 8. 知识复杂性与创业资源获取方式选择

复制性指系统不可逆性、不可预报性以及状态涌现、结构可突变特性的统称。复杂性是混沌性的局部与整体之间的非线形形式，由于局部与整体之间的这个非线性关系，使得我们不能通过局部来认识整体。西莫南（Simonin，1999）将复杂性定义为"连接某特殊知识或资产的独立惯例、个体、技术和资源的数量"。科格特和桑德尔（Kogut & Zander，1992）认为，复杂性越高，企业在国外扩张模式选择中，更多选择股权投资方式而更少选择许可协议方式。将这种思想扩展到更广的资源获取方式选择，则可以推导出知识复杂性越高，资源获取方式选择越接近一体化程度高的一端。从交易成本经济学的解释分析，复杂技术越有价值，机会主义越高，越可能选择一体化程度高的创业资源获取方式。同样，其他条件不变的情况下，越复杂的技术，风险越高，合资这种一体化程度高的资源获取方式使合作双方更好地实现了风险分担。

### 9. 知识可观察性与创业资源获取方式选择

可编码性、可教性和系统嵌入性都是从知识本身视角反映知识属性，知识可观察性则从对方视角分析企业知识特征。温特（Winter，1987）将可观察性定义为知识使用中隐含的知识被暴露的程度。桑德尔（Zander，1991）则将可观察性定义为"通过观察和检查工艺或最终产品的不同方面而理解这些活动的难易程度"。产品/服务可观察性反映产品被公司员工和竞争对手学习的难易程度。知识越可观察，知识转移和扩散越容易（Zander & Kogut，1995）。知识可观察性越高，公司学习对方知识越容易，知识整合越容易，知识整合能力和知识整合愿望越高，因此可能选择能快速整合知识的市场化程度更高的资源获取方式。而且，知识可观察性高使得知识转移不需要面对面沟通就能实现（Von Hippel，1994）。伯金肖等（Birkinshaw et al.，2002）的研究表明，研发部门的知识越可观察，越可能选择一体化程度低的资源获取方式。

### 10. 知识的系统嵌入性与创业资源获取方式选择

系统嵌入性指知识是其所嵌入系统或情景的一种功能的程度（Zander & Kogut，1995），它表明组织中某些知识必须依赖人们的工作情景而不能单独存在。冯希俪尔（Von Hippel，1994）将嵌入性知识描述为"黏滞"知识。系统嵌入性概念表明某些知识比其他知识相对于其社会和物质情景更敏感（Birkinshaw et al.，2002）。知识嵌入系统或组织的程度越深，依靠自身力量完成知识创造越难，越需要通过合作来共享智慧。伯金肖等（2002）的研究也表明，研发部门的知识系统嵌入性越高，越可能选择一体化程度低的组织方式。

以上分析，都是按照效果推理的目标导向和预测原则分析企业知识基础在创业资源获取方式选择中的作用，而效果推理思维逻辑的创业者将初始资源条件和企业知识基础看成现有手段，在创业资源获取方式选择决策时，他们会按照效果推理的手段导向和控制原则，在可承担损失范围和利用权变原则基础上，充分利用战略联盟开展创业资源获取，因此其创业资源获取方式选择往往具有更大的灵活性。一般而言，效果推理思维逻辑越强，越会选择灵活度更高的创业资源获取方式。

## 二、创业环境与创业资源获取方式选择

创业环境是新创企业生存的基础，它不仅提供新创企业创业所需要的各种资源，而且对新创企业创业决策产生影响。有关企业环境的描述，以往研究主要包括环境不确定性和环境动态性。环境不确定性是影响创业关键资源获取方式选择的重要因素。不确定性带来交易风险和合作伙伴之间的机会主义行为，因此，不确定性影响资源获取方式选择。不确定性有许多形式，总体而言，可以将不确定性分为外生不确定性和内生不确定性（Folt，1998）。外生不确定性指不受公司行为影响的不确定性，而内生不确定性则是受公司行为影响的不确定性。

技术创新带来环境动态性，在这种高动态性的环境下，创新的公司采取灵活的技术资源获取方式更有利于企业利用的未来增长期权。因此，在高动态的环境下，公司采取一体化程度低的技术资源获取方式，投入更少的资金或资源承诺以降低环境动态性带来的风险（Sutcliffe & Zaheer，1998）。对于技术转让方而言，待转让技术的不确定性越高，其技术未来风险越高，因此，企业为了避免不确定性带来的交易风险，更愿意采取市场化程度高的方式转让技术。而对于技术转入方而言，灵活的技术资源获取方式则可以在降低前期过多资源投入前提下，保持对技术的未来增长期权。采取多种渠道获取技术资源，还可以避免企业在某一技术上的锁定（Moon，1998），并能灵活应对环境的变化。

内生不确定性往往表现为合作伙伴间关系的不确定性，如由于企业间不同的技术知识基础和缺乏先前合作经验来克服信息不对称问题（Van de Vrande et al.，2009）而导致的不确定性。内生不确定性导致企业在获取技术资源时对合作方机会主义行为的不可预知和不可控性。因为合作关系的不确定，导致企业经常变换合作伙伴，即使同一合作伙伴，也不能建立更深的合作关系，因此，内生不确定性越高，企业越偏向市场化程度高的技术资源获取方式。

环境动态性代表外部环境不稳定的程度，他也定义了产业的变化和创新率，以及竞争者或顾客的不确定和不可预测性、消费者偏好及产品的变化和不可预测程度（Wijbenga & Witteloostuijn，2007）。环境复杂性则代表组织活动的异质性和离散程度（Duncan，1972）。环境冗余性则表示公司可以从外部环境获得资源的水平（Tan，1996）。环境冗余性使创业者可以通过获得资本、资源和能力的增长，使公司更容易围绕公司目标开展工作（McArthur & Nystrom，1991）。

因果推理的预测逻辑重点是利用知识规避不确定性，因此因果推理逻辑下，

面对不确定性，创业者会选择灵活度更低的创业资源获取方式，如购买、并购等。而在效果推理的控制逻辑和手段导向下，创业者认为不确定性是可以控制的，通过学习不确定性，创业者可以重塑环境。因此效果推理逻辑下，创业者会选择低整合、灵活度更高的创业资源获取方式，如联盟等。

## 三、技术能力与创业资源获取方式选择

技术能力（Technological Capability）指公司独特的学习新的外部技术的能力（Moon，1998），或者是公司开发持续的技术资源，并将其运用于新产品开发的能力，它反映了组织开发产品和设计新的生产流程的能力。具有高技术能力的企业（即技术开拓者）可以开发出新的技术和知识，并且可以使这些技术和知识推广成行业标准或主要设计方案，而且可以第一时间向市场推出新产品和服务，以获取"先动优势"（First Mover Advantages）（Kerin et al.，1992）。穆恩（Moon，1998）发现，公司的技术能力对公司选择合资而非收购方式的可能性具有积极的影响。科格特和桑德尔（Kogut & Zander，1992）也认为，公司能力在解释公司内部生产还是从外部获取资源的选择上起主要作用，而交易成本解释只起辅助作用。

企业技术能力主要表现为生产技术能力、技术创新能力和技术转化能力。技术能力是企业核心能力的基础，核心能力中的组织管理能力和市场开拓能力则促进技术能力的形成和提高研发活动的效率（王玲，杨武，雷家骕，2005）。技术能力强可以发挥企业更好的学习效应，这种学习使得创业企业在技术创业中选择可以更多地吸收和学习外部知识的市场化程度更高的资源获取方式。

一般而言，因果推理决策逻辑将技术能力看成达成目标的手段，在预设目标指引下，创业者重点是提高技术能力，创业者按照预设目标选择创业资源获取方式。而在效果推理决策逻辑下，创业者将技术能力看成现有手段，他们基于控制原则，在可承担损失范围，充分利用创业过程中积累的战略联盟和合作伙伴的先前承诺，灵活地选择创业资源获取方式，即使在资源获取过程中，也与合作伙伴保持足够的资源整合灵活性。施玲和斯廷斯马（Schilling & Steensma，2002）通过实证研究分析了技术特征（技术独特性、模仿障碍、商业不确定性、技术动态性）对可观察到的机会主义威胁，可持续优势的潜力和追求许可协议对并购的影响，实证结果表明，技术动态性和模仿障碍因为增加了可预期的机会主义威胁而间接影响资源获取方式选择；而商业不确定性直接影响资源获取方式选择，使得在收购与许可协议两种资源获取方式选择中更偏向后者。德瑟拉斯和休斯（Desyllas & Hughes，2008）通过对 6 106 个国际高技术创业的样本分析发现，公司的研发能力与公司选择从外部获取技术而非内部研发技术的可能性正相关，而

当公司有更多知识存量（Knowledge Stock），更加偏向从外部获取技术的技术资源获取方式。卡施和道林（Kasch & Dowling，2008）通过对美国生物技术公司的实证分析发现，公司选择垂直一体化程度高的技术资源获取方式与公司的研发、生产等直接能力，与顾客、供应商、合作伙伴等交往的间接能力，整合产品的核心能力，以及公司的财务资源等正相关。

## 四、吸收能力与创业资源获取方式选择

吸收能力是公司认识到新的、外部信息的价值，吸收它并将其运用以获得商业价值的能力（Cohen & Levinthal，1990）。知识吸收取决于吸收者将新知识加到现有知识上的能力，而这要求不同知识之间具有可加性，当知识可用共同的语言表达时，其聚合性显著提高；而异质性知识（指那些特殊时间和空间情景化的知识（Hayek，1945）或专门知识）不能在一个地点整合（Grant，1996）。公司吸收能力越强，其渴望水平和期望形成将更加依赖环境中的机会而不是其绩效如利润水平（Cohen & Levinthal，1990）。

新创企业获得的知识既可以是企业员工创造的，也可以是员工从外界吸收而来的。资源整合使得企业的组织结构和权力发生变革，使知识和信息在组织的各种活动中更容易获取、更迅速地转换和更有效地应用，激励组织与环境之间、组织内部之间交流学习和共享知识，从而促进员工的学习能力。作为一种特殊的资源，知识是能力的基础，能力从本质上亦是一种知识的有机组合体系，对相关资源与知识的获取、蓄积、聚合、整合利用、创造与更新的过程有利于提高企业学习能力（余红剑，2009）。

组织学习过程不仅能实现显性知识的转移，更重要的还能实现隐性知识的传递。通过组织学习，企业可以不断调整和改进其基本假设、价值观、思维模式、采取适当的资源整合方式，从而与环境的动态变化相适应，最终获得持续的竞争优势与高水平的绩效（曾萍，2009）。组织学习可以提升组织的核心能力，核心能力的提升能显著改善组织绩效（刘亚军和和金生，2008）。

吸收能力大小是企业在分配资源于创新活动时权衡的一个重要筹码。因果推理决策逻辑将吸收能力看成达成预设目标的手段，创业者按照预设目标基于掌握的知识规避权变原则和预期回报原则选择创业资源获取方式。而在效果推理决策逻辑下，创业者将现有吸收能力看成现有手段，他们基于控制原则，在可承担损失范围，充分利用创业过程中积累的战略联盟和合作伙伴的先前承诺，灵活地选择创业资源获取方式。吸收能力能帮助企业认识到外部知识的价值，并将外部知识吸收进来，与公司现有知识进行整合，并成功的商业化这些整合的知识。吸收能力越强的企业可以认识到更多新的、有价值的信息，企业的视野越宽阔，创业

者可以利用新的机会开发新的技能的可能性越大。吸收进的外部知识还可以改变创业者原来对市场、产业和竞争者的认识，克服创业者的认识刚性，增加开拓新的外部市场机会的可能性（彭学兵，2011）。而因为过渡期公司的吸收能力大多隐藏在创业团队的多样化专长中，创业者可以通过将创业团队扩大到管理团队而增加专长的多样性，从而提高吸收能力，因而高吸收能力可以减少战略失误（Zahra et al.，2009）。夏和罗伯（Xia & Roper，2008）通过实证研究发现，吸收能力越强，公司通过联盟方式开发新产品的概率越大。按照效果推理逻辑的利用权变原则，吸收能力越强，公司越偏向于通过探索获取新的外部资源，并整合加以利用。而按照效果推理逻辑的控制原则，吸收能力越弱，公司越偏向于通过一体化的方式获取创业资源。而按照因果推理逻辑，吸收能力对创业资源获取方式选择的影响，受预期目标和最优回报原则影响，他们重点是根据吸收能力能否在选择的资源获取方式上达到预期目标和最优回报。

## 五、信任机制与创业资源获取方式选择

信任机制是人们认同、接受某种权威的真实性、可靠性与有效性的态度。信任机制的形成是人们长期生产和生活中形成的。在人治化比较高的社会，人们更相信个人关系在社会交往中的重要作用，因而，人际信任是主要的信任形式。而在一个法制法比较高的社会，制度信任成为人们社会交往的基本出发点。作为非人格化权威，制度是调节人与人、人与社会关系的规范性中介，是将人网结于其中的主要力量，在人类社会生活中的具有重要地位，特别是对于像当代中国这样处于转型期的国家，制度信任在经济社会交往中具有更加重要的制序、维权、简约和型塑等功能（杨建党，2011）。

古典管理理论认为，人际信任最好的建立方式是通过权威协调的方式，而网络理论则认为，解决人际信任的最好方式是松散耦合的半自治组织（Weick，1976）。权威机制采取命令—服从的方式将人际关系联系在一起，而网络机制则是通过网络节点间个体的一致利益将网络成员联系在一起。在权威机制的人际关系协调下，成员间信任比较低，新创企业更可能采取高整合的资源获取方式，而在网络机制下，人际间形成的信任程度高于权威机制的情形，这种信任降低了合作伙伴间机会主义威胁的担心，降低了合作伙伴间沟通和协调成本，因此，高信任机制下，新创企业更可能采取市场化程度高的组织方式获取创业资源。

因果和效果推理决策逻辑都将信任机制看成外部条件，但因果推理逻辑认为信任是外生的，不可控，因此在获取资源上，重点是预测合作伙伴的可信度和机会主义行为，他们按照目标导向和预测原则，基于最优回报和规避权变原则选择创业资源获取方式。而在效果推理决策逻辑下，创业者的合作伙伴都是基于利益

相关者的自我选择建立起来的，因此，这些合作伙伴具有高度的可信度，他们之前的先前承诺也使得创业者不用担心合作伙伴的机会主义行为，因此，他们从合作伙伴获取资源会采取低整合、高灵活的资源获取方式，如少数持股联盟等。

## 六、知识产权保护与创业资源获取方式选择

知识产权保护是降低交易风险，清晰交易产权的重要方式。产业组织的研究表明，如果资本市场不完善因而不能保证资金安全，创业资源获取不可能采取新创公司的形式；而当产业具有较低的进入障碍，创业机会的销售不能获得较好的知识产权法律保护时，创业资源获取更可能采取创建新公司的形式（Cohen & Levin，1989）。当产品生产过程的资金密集程度提高时，选择市场导向的资源获取方式进行机会开发可能更合适（Evans & Leighton，1989）。对创业机会的研究表明，当创业机会不确定程度高，且不需要补充资产时，创业资源获取更可能采取创建新公司的形式（Shane & Venkatarman，2000）。单（Shan，1990）研究了创业型生物技术公司选择合作这种组织方式来商业化新技术的影响因素，研究结果表明，合作意向跟公司与竞争者的差异化程度正相关，而市场地位与合作意愿负相关，跟随者比领先者更可能通过合作来商业化新产品。另外，作者还发现竞争压力以不同的方式影响公司，取决于公司商业化新产品的内部能力。

因果和效果推理决策逻辑都将知识产权保护看成创业资源获取的外部环境，但因果推理逻辑认为知识产权保护是外生的，不可控，因此在资源获取上，重点是预测合作伙伴的机会主义行为，他们按照目标导向和预测原则，基于最优回报和规避权变原则选择创业资源获取方式。而在效果推理决策逻辑下，创业者的合作伙伴都是基于利益相关者的自我选择建立起来的，因此，这些合作伙伴具有高度的可信度，他们之前的先前承诺也使得创业者不用担心合作伙伴的机会主义行为，因此，他们不会担心外部的知识产权保护问题，他们从合作合办获取资源会采取低整合、高灵活的资源获取方式，如公司风险投资、少数持股联盟等。

# 第三节　创业资源整合方式选择

从上面的分析可以看出，新创企业既可以基于创业资源整合形式选择稳定调整、丰富细化和开拓进取型创业资源整合形式，也可以基于资源整合内容选择内聚的资源整合方式或耦合的资源整合方式，还可以基于资源整合决策逻辑选择效果推理型创业资源整合或因果推理型创业资源整合。本节分析影响创业资源整合方式选择的因素，重点分析效果推理和因果推理两种逻辑在创业资源整合方式选

择中的作用。

　　交易成本经济学从节约交易成本的角度（威廉姆森，1985），产权理论从对剩余索取权和合作租分配问题的角度（Carcía‐Canal et al.，2008；Kascha and Dowling，2008），以及期权理论结合收益和风险同时考虑的角度对资源组织方式选择进行了解释。期权理论认为收益与增长期权有关，而风险与投资期权有关，公司的价值包括公司资产的目前价值和创造有权决定未来机会的当前价值，决策者是在追求当前利益和未来利益中进行平衡，即在增长期权和投资期权的平衡中进行组织方式选择（Leiblein and Miller，2003；Leiblein，2003）。资源观则假设组织以获得持续竞争优势为目的，而异质性资源是持续竞争优势的基础，因此，管理者选择某种组织方式目的是为了创造异质性资源（Barley，1999；Antoncic & Prodan，2008；Neill et al.，2001）。网络组织理论则认为资源依赖程度的高低决定了网络组织方式的选择。从以往研究可以看出，不同理论基于组织方式选择的依据不同，进而得出影响组织方式选择的不同因素。本研究首先基于环境—认知—行为的三元交互决定理论，构建创业网络（环境）、环境不确定性和创业自我效能感（认知）、创业资源整合方式选择（行为）的四要素创业资源整合方式选择分析模型，然后基于效果推理理论，分析效果推理和因果推理两种思维逻辑在创业资源整合方式选择中的作用。

## 一、不确定性与创业资源整合方式选择

　　不确定性是组织理论中的一个重要概念，它既可以表示组织环境的状态，也可以表示管理者缺乏有关组织环境的关键信息，前者表示从客观视角理解环境不确定性，后者则表示从主观感知视角理解环境不确定性。邓肯（Duncan，1972）把环境不确定性定义为决策需要考虑的环境构成要素的数量和变化程度，并在简单—复杂、静态—动态的二维分析框架中对环境不确定性进行了测量。谭（Tan）等学者用实证研究的方法对组织环境按照动态性、复杂性和威胁性三个维度在中国转型经济的背景下进行了测量，其中复杂性和动态性反映了信息不确定性，威胁性则反映了组织发展的资源依赖性特征。吴等（Wu et al.，2006）把创业不确定性分为市场需求不确定性和创业能力不确定性。

　　米利肯（Milliken，1987）则把不确定性定义为由于缺乏信息或者没有能力区别相关的和不相关的数据以致不能精确地预测组织环境，并将感知的不确定性分为状态不确定性、影响不确定性和反应不确定性三种类型。其中，状态不确定描述不能预测环境要素如何变化的情形，影响不确定描述不能预测环境的变化如何影响企业的情形，而反应不确定描述面临环境变化如何反应缺乏认识或不能预测反应的可能结果的情形。

　　不确定性使得企业不能确定可以整合的资源内容和资源整合的效果，按照因果推理逻辑，为了降低不确定性的冲击，新创企业需要采取积极的资源整合态度，从这个角度讲，不确定性越高，越会采取高内聚、高耦合、创新度更高的资源整合方式；但按照效果推理逻辑，新创企业同时要控制过多投资带来的巨大损失，在可承担损失原则下，不确定性越高，新创企业更加偏向采取启发式或灵活度更高的方式进行创业资源整合。

## 二、创业认知与创业资源整合方式选择

### 1. 创业自我效能感

　　自我效能感（Self - efficacy）是班杜拉（Bandura）社会认知理论中的核心概念，是人们对自身完成某项任务或工作行为能力的信念，它涉及的不仅仅是能力本身，而是自己能否利用所拥有的能力去完成工作行为的自信程度，直接影响人们的思维、动机与行为（Bandura，1977）。创业自我效能感指创业者相信自己能够胜任不同创业角色和任务的信念（Chen et al.，1998）。具有高创业自我效能感的个体能够清楚认识到自己具有识别商业机会、可以进行有效管理和具备适当技术知识的技能，在高不确定性的情形下他们能够清楚地认识到自身所具备的手段或能力，更多地从自身出发，灵活地通过自身具备的手段或能力解决出现的问题。高创业自我效能感者坚定相信自己拥有成功所需的一切，在不确定环境中遇到困难时不会惊慌失措，能够继续以任务为中心（钟卫东和孙大海，2007）。

　　创业自我效能感越高的创业者，即使缺乏先前经验也会表现出足够自信，而创业决策往往受这种自信影响。创业自我效能感会促进启发式思维，并在塑造环境中传播这种信念。创业者面临机会和威胁时往往采取不同的分析视角，聚焦于机会的视角是考虑事情的积极一面，采取的是控制逻辑，而聚集于威胁的视角则关注事情的消极一面，采取的是预测逻辑。面临不确定的环境，高创业自我效能感的个体更加偏向将环境看成机会，他们倾向于采取效果推理的控制逻辑，尽量利用权变和合作伙伴的先前承诺，根据可承担损失原则选择创业资源整合方式。相反，创业自我效能感低的创业者则聚焦于威胁，他们倾向于采取因果推理的预测逻辑，尽量利用先前知识和预期回报，通过竞争分析选择合适的创业资源整合方式。

　　按照因果推理逻辑，个体的创业自我效能感越高，越会倾向于设置高水平目标，对目标的执行和实践有更高的承诺度。为了实现这一目标，企业必须要更多地遵循预测逻辑制定战略来获取更多的资源。按照效果推理逻辑，创业者会利用自己的自我效能感来处理不确定性的冲击，他们基于可承担损失和控制原则，灵

活地选择创业资源整合方式，使资源各就其位，保持资源整合方式与目标的动态匹配。

**2. 创业风险感知**

创业风险指由于创业过程中不确定性因素较多，可能导致创业活动偏离预期目标的风险一般包括创业者和企业无法控制或无法抵消的，如政治、法律、政策、宏观、文化等系统风险，和企业内部经营产生的不确定性因素导致的非系统风险，如技术风险、管理风险、市场风险、财务风险等非系统性风险（陈学中等，2004；付玉秀，2003；Suzuki et al. ，2002）。风险感知是创业者在创业之初进行项目选择时对创业阶段所能遇到的各种风险的一种认知，是对经历了消极事件的概率的主观评价。创业者对风险的感知会影响创业者的创业决策，感知创业风险越大，创业者越会采取措施降低风险。Kahneman 和 Tversky（1979）发现，在负面问题框架下，决策者感知高风险的情况下会选择冒险。Barbosab 等（2007）研究认为，感知风险对于创业者会产生损失感知和收益感知两种情况，损失感知会减少创业行为，而收益感知会增加创业行为。因此，感知创业风险影响创业资源整合方式选择。按照因果推理的预测逻辑，感知创业风险越大，越会偏向内聚和耦合度较高的创业资源整合方式和创新度低的创业资源整合方式。而按照因果推理的控制原则和手段导向逻辑，创业者会在可承担损失范围采取更加灵活的创业资源整合方式，它可能是内聚和耦合的资源整合方式的组合，更可能是开拓创造而非稳定调整的资源整合方式。

**3. 创业环境感知**

环境动态性指行业中技术发展和市场需求发生变化的程度和频率，以及这些变化的不可预测程度。环境动态性带来道德风险、机会主义行为等问题。在动荡环境中，企业采取高整合的资源获取方式胜过采取低整合的资源获取方式。企业为了降低道德风险与机会主义行为的威胁，会采取一些监督机制与手段，这样会带来监督成本。交易成本经济学认为，企业合作方式选择的关键，是在交易风险与监督成本之间取得平衡。当交易风险高于监督成本时，企业会选择高整合的资源组织方式，而当交易风险低于监督成本时，企业会选择高整合的资源组织方式。通过先前合作相互了解与学习，可以使合作企业间的监督成本降低，先前合作经验越多，企业之间的信任度会增加，机会主义行为会减少，监督成本也相应地降低。因此，在环境动态性程度高的情境下，有先前合作经验的企业之间若再次合作，则其选择低整合的资源整合方式的可能性高于环境动态性低的情形。巴拉科瑞斯南和沃纳菲尔特（Balakrishnan & Wernerfelt，1986）发现，技术变化的频度影响资源整合方式的选择，当环境动态性高时，企业更偏向选择低整合的资源整合方式，以便保持组织的灵活性，降低承诺水平。萨克利夫和查希尔（Sut-cliffe & Zaheer，1998）发现，高技术创业企业通常选择低整合的管理模式以降低由环境动荡和技术变革带来的潜在成本，增强战略的灵活性。哈哥多和邓斯特斯（Hagedoom & Duysters，2002）发现，技术变革快的行业要求更灵活的组织方式以便做出快速的战略调整，因而更低整合的联盟而非更高整合的并购资源整合方式更受青睐。穆恩（Moon，1998）也发现，技术不稳定导致对公平合作偏好胜过技术获得。

按照因果推理的预测逻辑和最优回报原则，感知环境不确定性越高，越倾向于低开拓创造的资源整合方式而高稳定调整的创业资源整合方式，越倾向于高内聚、高耦合的创业资源整合方式。而按照效果推理的控制逻辑和可承担损失原则，创业者感知环境不确定性越高，越倾向于低内聚、低耦合的创业资源整合方式，越倾向于高开拓创造、低稳定调整的创业资源整合方式。

## 三、创业网络与创业资源整合方式选择

创业网络对创业资源整合的作用主要体现在两个方面：为新创企业补充创业资源以及通过创业网络成员之间的沟通与交流促进组织学习（蔡莉等，2011）。创业网络中嵌入的丰富创业资源，通过创业网络成员间的互动而转移，能够促进新创企业更多进行创业资源整合。创业网络的另一个重要作用是促进组织学习，创业网络成员之间信息、产品和服务的广泛交流与合作可以为新创企业组织学习带来积极的影响（Tsai & Ghoshal，1998）。

创业者的资源是有限的，而通过正常的市场途径来获取资源又相对较困难，且需花费较高的成本，因此通过关系网络来获取相应的资源是重要的途径。创业网络包括创业者的社会网络和新创企业的组织网络，社会网络分为亲缘关系网络和利益关系网络。亲缘关系网络主要指的是亲朋好友关系，如亲戚关系、同事关系、同学关系、战友关系、工友关系等，其特点是对企业的资源支持感情考虑因素较多，利益考虑因素较少，其关系有长期的感情交流基础，信任度高。利益关系网络指企业家在业务和贸易往来中建立的商业交往关系，包括顾客关系、产品价值链上其他商家之间的关系和业务支撑组织之间的关系等，其特点是对企业的资源支持利益考虑因素大于感情考虑因素，维系利益关系的前提是继续维持这种关系对其有利，一旦利益失去，商业关系可能断裂。亲缘关系网络的关系强度高于利益关系网络，但亲缘关系网络能获取的资源相对有限，而利益关系网络能为新创企业提供相对丰富的创业资源。此外，亲缘关系网络能够导致充分的信息与知识分享，保证信息能够更顺畅地流动；而商业关系网络如与顾客、供应商和销售网络等可以帮助新创企业识别新的信息与机会等（赵文红，孙万清，王垚，

2013)。

创业网络根据关系强度可分为强关系网络和弱关系网络。强关系网络一般以较高的感情浓度为基础，而弱关系网络一般不以感情而主要以理性为基础。强关系网络一般表现为非正式网络，弱关系网络一般表现为正式网络。强关系多发生在长期、密切的联系中，与家庭成员、朋友的情感关系中，可以提供"人情法则"这一个获取关键资源的捷径。创业网络关系越强，创业者越容易获取创业过程中的信息与资源。强关系网络有利于获得密集的信息和隐性知识，提高利用市场机会的速度，减少监督与交易时间。强关系能促进有效且丰富的交流，而弱关系则能提供灵活且最新的信息。新创企业通过利用强弱网络关系，可获得各类资源与信息，相对于仅仅依靠自身内部资源的企业成长更为迅速。关系强度能够促进新创企业内部以及新创企业之间的协作与交流从而促进创业资源的重新配置。关系质量则有利于新创企业之间信息的共享、经验的相互借鉴，从而促使新创企业更有效地实施创业资源整合活动（王文寅、菅宇环，2013）。

关系强度不仅有利于构建创业资源，而且有利于创业资源的利用。创业者通过创业网络利用企业外部的资源，或是与其他企业共同进行合作，可进一步提高新兴企业创业成功的可能性。创业者与其新创企业通过各种网络关系，与各种专业咨询机构或中介机构联系，获取高性价比或稀有知识、信息和资源的机会。网络规模越大，创业者能够进行联系的科研机构、咨询机构、银行、各种中介机构的数量也就越多，可获取的知识、信息和资源的数量也就越多，间接提高了新创企业的市场竞争力，降低了企业的运营成本，进一步提高企业的绩效，促进企业的可持续发展。

创业者良好的网络结构可以使创业者从创业网络中获得更多的创业优势，创业者自身的网络规模越大，创业者就可以与更多不同领域、不同学识能力的人讨论他们的创业想法和商业计划。较大规模关系网络可以促进网络成员之前的交流，促进信息的流动与共享，从而提升企业的资源整合能力，提高企业的绩效。社会网络也是隐性知识传播的重要渠道，它能通过促进信息（包括技能、特定的方法或生产工艺等）的快速传递而协助组织学习，同时还可以大大降低企业的交易成本，帮助获取与企业需求相匹配的资源（买忆媛和徐承志，2012）。

按照效果推理逻辑，创业者将社会网络看成创业的手段，基于手段导向和控制逻辑，创业网络关系规模越大，关系多样性越丰富、关系间的信任度越高，越会依据网络手段选择灵活的创业资源整合方式。而按照因果推理逻辑，创业者基于预测逻辑和预期回报原则，创业网络可以为新创企业实现预期目标提供支撑，为了降低资源整合中的不确定性，创业网络关系规模越大，关系多样性越丰富，创业者越会利用自己的强势地位开展高整合的创业资源整合方式。

## 四、创业动机与创业资源整合方式选择

创业动机是企业家通过经营企业的所有权来寻求的目标，企业家的目标决定了企业家的行为模式，并且间接地决定了企业的成功与否（Robichaud，2001）。已有研究发现，创业者的创业动机影响其创业的行为模式（Robichaud et al.，2001；粘永昌，2009）。机会驱动型创业需要较高的社会资本和人力资本，而生存驱动型的创业则拥有较少的社会资本和人力资本，对创业者的个人禀赋要求较高（胡怀敏和肖建忠，2007）。因此，机会驱动型创业者需要整合更多的外部资源，一般会按照效果推理的预测逻辑和目标导向开展创业资源整合；而生存驱动型创业者则更可能基于现有资源和手段进行创业资源拼凑和资源整合即兴创造，因此会选择更加灵活的创业资源整合方式。

已有研究发现，创业动机不同，创业者的创业资源整合模式不同（粘永昌，2009）。生存型创业者迫于生活和生存的压力，除了创业没有更好的选择，这类创业者多数没有进行精心的准备，很少具备丰富的创业经验和相应的专业知识，一般创业资金不充足，自身技术经验较低，知识水平较低，对于资金、技术、人力等资源的整合程度较低，所能承担的创业风险较小。他们往往基于自身现有资源，利用有限的资源整合能力开始创业，在创业过程中能根据环境变化做适应性调整，并尽量利用权变开展创业资源整合。而成就型动机创业者往往追求一种事业的成功，一般是希望事业上取得成功，在"新创一个企业"的想法以及"开始一个新企业活动"的吸引下，由于创业者自身的个人特质和商业机会本身的吸引而产生的创业行为（Amit and Muller，1995），成就型创业动机的创业者通常具有明确的创业梦想，其基本特征是把创业作为个人更好发展的一种机会选择，是有备而来的。并且一般拥有充足的资金、人脉或经验技术，主要为了获得更高层次的需求而进行的创业，这类创业者创业行为更加具有开拓性，对各种资源的整合程度一般较高（张秀娥等，2010），因此一般按照目标导向和预测逻辑，基于预期回报开展创业资源整合。

## 五、制度环境与创业资源整合方式选择

创业制度环境也是影响创业资源整合方式选择的重要因素。在成熟的制度环境下，创业者按照制度规范和制度约束开展创业，由于制度提供了稳定的市场规则，使得创业者机会主义行为的成本较高。因此在成熟的制度环境下，创业者只需要按照目标导向，基于市场预测和战略规划，按部就班开展创业资源整合就可以达到较好的资源整合效果。而在不成熟的制度环境下，创业机会较多地存在于

不确定性中，市场规则的不健全、制度的不完善使得按部就班地开展创业资源整合难以奏效，创业者只能相机而动，采取更加灵活的创业资源整合方式整合创业资源。因此，在不成熟的制度环境下开展创业，创业者会依据效果推理的手段导向和可承担损失原则，选择灵活度更高的创业资源整合方式。德萨（Desa，2012）研究发现，制度环境影响社会创业企业的资源整合方式选择，处于不支持的规制制度、规范制度和认知制度下的社会创业者更偏向拼凑的资源整合方式。

## 六、效果推理与创业资源整合方式选择

效果推理的理论逻辑是创造性地利用手中有限的资源以获得未来可能的各种行动结果，在一个即兴而作和不断试错的过程中，企业对于资源的配置、整合的经验累积，使用能力不断提升，也使得企业的创业资源整合能力进一步提升。

效果推理逻辑下，创业者在进行创业资源整合时，首先分析新创企业现有的手段，然后考察可能的创业资源整合目标与机会。现有手段包括创业者具备的性格特质、个人经历与能力以及新创企业的初始禀赋（"我是谁"），创业者掌握的相应领域的知识储备以及新创企业现有的人力资源（"我知道什么"），创业者和新创企业拥有的创业网络、社会资本与组织资源（"我认识谁"）（秦剑，2010）。新创企业掌握的网络关系强度越高，越能从现有手段中获得更多的创业资源（张君立等，2008），会对现有手段进行补充与丰富，从而可以实现更多的创业资源整合目标与机会，促使创业者在创业资源整合方式上有更多的选择，创业者亦能够从中选择更为适合新创企业的目标、利用出现的机会，取得较好的创业资源整合效果。新创企业的关系质量越好，创业网络成员之间越愿意分享关键性的经验、信息与高质量的创业资源，促使创业者有更多可整合的创业资源和资源整合手段。同时，创业者经验与知识的增加有利于创业者更为理性的对创业资源进行配置与优化。充分考虑新创企业现有的手段和创业资源，有利于提高创业资源的利用效率（Perry et al.，2012）。对现有手段和创业资源的充分利用，有助于创业者从中发现更多的机会，也能够根据市场变化明确新创企业的创业资源需求。因此，按照效果推理逻辑，新创企业手段导向原则使得新创企业选择灵活度更高的创业资源整合方式。

效果推理逻辑下，创业者基于可承担和愿意承担损失而非预期回报的前提下确定可能达成的创业资源整合目标并进行创业资源整合。当创业者基于可承受损失制定创业资源整合的可能目标时，也就能更为灵活地选择最佳目标，甚至可以选择那些收益高但是风险大的目标，从而实现更好的创业资源整合。创业者基于可承担损失原则选择创业资源整合方式，会选择那些风险在可控范围，在新创企业可以和愿意承担损失的范围，以避免企业承担过大的风险。在不确定环境中，

预期回报很难被准确地预测，而风险则相对容易被估算（Dew et al. , 2009）。创业者在进行创业资源整合时考虑新创企业能够和愿意承受的损失，避免了超支情况的出现，还可以保证新创企业的一切创业资源整合行为即使失败、遭遇的损失也在新创企业可以承受的范围内，降低了因创业资源整合失败而带来巨大损失的可能性，从而增加了新创企业的生存机会。另外，考虑可承担损失保护了新创企业的优势创业资源，在保证新创企业生存与规避风险的基础上，保留新创企业独特的创业资源可以维持新创企业的竞争优势。所以，按照效果推理逻辑，新创企业手段导向原则使得新创企业会灵活地选择风险在可控范围的创业资源整合方式。

效果推理逻辑下，创业者基于战略联盟原则开展创业资源整合。创业者通过战略联盟并利用利益相关者的信任与先前承诺来降低创业资源整合过程中不确定性的冲击。创业过程中利用利益相关者自我选择构建的网络关系，具有较高的信任度，新创企业与创业网络成员之间频繁而密切的关系往来，使得新创企业更容易建立稳固的战略联盟关系，网络成员之间的信任度更高，降低了创业资源整合过程中的不确定性，减少了创业资源整合过程中的机会主义风险。在不确定的创业环境中，创业者无法获得所有信息，只能凭借经验和知识进行有限理性的创业资源整合（Kahneman & Tversky, 1979）。而战略联盟原则使得创业者可以参考战略伙伴的经验和知识，帮助创业者获得更多的信息从而进行更为创新的资源整合，避免盲目开展创业资源整合带来的损失（Dew et al. , 2009）。同时，利益相关者为新创企业提供了必要的信息与创业资源，减少了创业资源整合过程中的不确定性。利益相关者的先前承诺还能够弥补因创业资源整合失败而带来的可能损失，提高了新创企业的生存能力（Nienhuis, 2010）。因此，基于效果推理的战略联盟原则开展创业资源整合，越会选择联盟这种整合度低的创业创业资源整合方式。联盟伙伴间的相互信任，也可以促进联盟之间开展相互学习，促使创业者选择更加开拓创造的创业资源整合方式。

效果推理逻辑下，创业者基于利用权变而非利用知识规避权变原则开展创业资源整合。创业者利用权变因素处理创业资源整合过程中无法预料的不确定性，基于权变原则使得新创企业可以获得更多的创业资源，也使得新创企业在创业学习中获得更多的创业资源整合经验。利用权变原则使得创业者不断学习创业资源整合过程中的偶然事件，并根据变化的环境调整创业资源整合进程，抓住创业资源整合过程中出现的各种机会。创业者基于权变过程中获得的重要经验、信息与创业资源，可以帮助创业者识别更多机会，提升创业资源整合效果。新创企业往往面临创业资源匮乏的境况，当新创企业利用有限的创业资源进行创业资源整合时，利用权变能够帮助新创企业更好地迎合顾客需求并提升新创企业绩效。灵活性较高的新创企业能够随时调整创业资源整合的进程，这不仅有助于新创企业更好地适应难以预测的环境，还有助于新创企业迅速地识别与抓住创业资源整合过程中偶然出现的机会并对其进行开发，从而带来新创企业绩效的提升（Chandler et al.，2011）。因此，基于效果推理的利用权变原则开展创业资源整合，创业者越会选择灵活度更高的创业资源整合方式，如开拓创造的资源整合方式和低耦合、低内聚的创业资源整合方式。

## 本章参考文献

[1] 蔡莉，单标安，朱秀梅，王倩．创业研究回顾与资源视角下的研究框架构建——基于扎根思想的编码与提炼 [J]．管理世界，2011，12：160 – 169.

[2] 胡怀敏，肖建忠．不同创业动机下的女性创业模式研究 [J]．经济问题探索，2007，8：24 – 26.

[3] 吕明非，彭灿．基于社会网络的高科技创业企业资源获取研究．中国高新技术企业，2007，7（2）：24 – 25.

[4] 买忆媛，徐承志．工作经验对社会企业创业资源整合的影响 [J]．管理学报，2012，9（1）：82 – 88.

[5] 彭学兵．基于知识观的科技型企业技术创业组织方式选择研究 [M]．经济科学出版社，2011.

[6] 秦剑．高不确定创业情境下的效果推理理论发展及其实证应用研究 [J]．经济管理，2010，32（12）：170 – 176.

[7] 王海龙，武春友，高技术创业企业的不确定性构成与测度研究，大连理工大学学报（社会科学版），2008，29（4）：14 – 19.

[8] 王玲，杨武，雷家骕．企业技术整合过程中的技术转移分析 [J]．科学学与科学技术管理，2005，4：67 – 69.

[9] 王文寅，菅宇环．社会网络资源整合及技术创新的关系：一个文献综述 [J]．经济问题，2013，（11）：39 – 43.

[10]（美）奥利弗·E·威廉姆森著．段毅才，王伟译．资本主义经济制度 [M]．商务印书馆，1985.

[11] 杨建党．转型期制度信任资源的开发路径，深圳特区报，2011，08，16.

[12] 张君立，蔡莉，朱秀梅．社会网络，资源获取与新创企业绩效关系研究 [J]．工业技术经济，2008，5（27）：87 – 90.

[13] 张钢．企业组织的网络化发展 [M]．浙江大学出版社，2005，07.

[14] 张秀娥，张峥，刘洋．返乡农民工创业动机及激励因素分析 [J]．经济纵横，2010，6：50 – 53.

[15] 粘永昌．大学生创业动机与创业模式探析 [J]．法制与社会，2009，5：246 – 247.

[16] 赵文红，孙万清，王垚．创业者社会网络、市场信息对新企业绩效的影响研究 [J]．科学学研究，2013，31（8）：1216 – 1223.

[17] 钟卫东，孙大海．创业自我效能感、外部环境支持与初创科技企业绩效的关系 [J]．南开管理评论，2007，10：（5）：68 – 74.

[18] Ahuja, G. & Katila, R. Technological acquisitions and the innovative performance of acquiring firms: A longitudinal study [J]. Strategic Management Journal, 2001, 22: 197 – 220.

[19] Amit, R., Muller, E., Cockburn, I. Opportunity costs and entrepreneurial activity [J]. Journal of Business Venturing, 1995, 10: 95 – 106.

[20] Antoncic, B. & Prodan, I. Alliances, corporate technological entrepreneurship and firm performance: Testing a model on manufacturing firms [J]. Technovation, 2007.

[21] Arora, A. & Fosfuri, A wholly owned subsidiary versus technology licensing in the worldwide chemical industry [J]. Journal of International Business Studies, 2000, 31 (4): 555 – 572.

[22] Balakrishnan, S. & Wernerfelt, B. Technical change, competition, and vertical integration [J]. Strategic Management Journal, 1986, 9: 347 – 359.

[23] Bandura, A. Social Foundations of Thought and Action: A Social Cognitive Theory [M]. Prentice Hall, 1986.

[24] Bandura, A.. Self-efficacy: Toward aunifying theory of behavioral change [J]. Psychological Review, 1977, 84 (2): 191 – 215.

[25] Barney, J. Firm resources and sustained competitive advantage [J]. Journal of Mangement. 1991, 17 (1): 99 – 120.

[26] Barney, J. B. & Hesterly, W. Organizational economics: Understanding the relationship between organizations and economic analysis. In Clegg S. R. and Hardy C. (Eds) [C]. Studying organization 1999: 109 – 141 .

[27] Birkinshaw, J., Nobel, R. & Ridderstrale J. Knowledge as a contingency variable: Do the characteristics of knowledge predict organization structure [J]. Organization Science. 2002, 13 (3): 274 – 289.

[28] Carcía – Canal, E., Vaidés – Llaneza A. And Sanchez – Lorda P., Technological flows and choice of joint ventures in technology alliances [J]. Research Policy. 2008, 37: 97 – 114.

[29] Chandler, G. N., DeTienne, D. R., McKelvie, A. & Mumford, T. V.. Causation and effectuation processes: A validation study [J]. Journal of Business Venturing, 2011, 26 (3): 375 – 390.

[30] Chen C C., Greene P G., Crick A.. Does Entrepreneurial Self-efficacy Distinguish Entrepreneurs from Managers? [J] Journal of Business Venturing, 1998, (13): 295 – 316.

[31] Cohen, W. M. & Levinthal, D. A. Absorptive capacity: A new perspective on learning and innovation [J]. Administrative Science Quarterly, 1990, 35 (1): 128 – 152.

[32] Contractor F. J., Ra W. C., How knowledge attributes influence alliance governance choices: A theory development note [J]. Journal of International Management. 2002, 8 (1): 11 – 27.

[33] Desa, G.. Resource mobilization in international social entrepreneurship: Bricolage as a mechanism of institutional transformation [J]. Entrepreneurship Theory & Practice, 2012, July, 727 – 751.

[34] Dew, N., Read, S., Sarasvathy, S. D. & Wiltbank, R.. Effectual versus predictive logics in entrepreneurial decision-making: Differences between experts & novices [J]. Journal of Business Venturing, 2009, 24 (4): 243 – 263.

［35］Desyllas, P. & Hughes, A. Sourcing technological knowledge through corporate acquisition: Evidence from an international sample of high technology firms ［J］. Journal of High Technology Management Research, 2008, 18: 157 – 172.

［36］D'Este, P. How do firms' knowledge bases affect intra-industry heterogeneity? An analysis of the Spanish pharmaceutical industry ［J］. Research Policy, 2005, 34: 33 – 45.

［37］Duncan, R. B.. Characteristics of organizational environments and perceived environmental uncertainty. Administrative Science Quarterly, 1972, 17 （3）: 313 – 327.

［38］Evans, D. & Leighton, L. Some empirical aspects of entrepreneurship ［J］. American Economics Review, 1989, 79: 519 – 535.

［39］Folta, T. Governance and uncertainty: The tradeoff between administrative control and commitment ［J］. Strategic Management Journal, 1998, 19: 1007 – 1028.

［40］Gulati, R. Does familiarity breed trust? The implications of repeated ties for contractual choice in alliances ［J］. Academy of management Journal, 1995, 38 （1）: 85 – 112.

［41］Hagedoom, J. B., Duysters, G. M.. External Sources of Innovative Capabilities: The Preference for Strategic Alliances or Mergers and Acquisitions. Journal of Management Studies, 2002, 39 （2）: 167 – 188.

［42］Hamel G., Doz Y. L., and Parahalad C. K., Collaborate with your competitors and win ［J］. Harvard Business Review, 1989, 67 （1）: 133 – 139.

［43］Hayek, F. A. The use of knowledge in society ［J］. American Economic Review, 1945, 35 （4）: 519 – 531.

［44］Heiman, B. A. and Nickerson, J. A. Empirical evidence regarding the tension between knowledge sharing and knowledge expropriation in collaborations ［J］. Managerial and Decision Economics, 2004, 25: 401 – 420.

［45］Henderson, R. M. & Cockburn, I. Measuring competence? Exploring firm effects in pharmaceutical research ［J］. Strategic Management Journal, 1994, 15: 63 – 84.

［46］Ireland, R. D., & Webb, J. W. Strategic entrepreneurship: Creating competitive advantage through streams of innovation ［J］. Business Horizons, 2007, 50: 49 – 59.

［47］Kahneman, D. & Tversky, A.. Prospect theory: An analysis decision under risk ［J］. Econometrica, 1979, 47 （2）: 263 – 292.

［48］Kasch, S. & Dowling, M. Commercialization strategies of young biotechnology firms: An empirical analysis of the U. S. industry ［J］. Research Policy, 2008, 37: 1765 – 1777.

［49］Kauffman, S., Lobo, J. & Macready, W. G. Optimal search on a technology landscape. Journal of Economic Behavior and Organization, 2000, 43: 141 – 166.

［50］Kerin R A, Varadarajan R, Peterson R A. First-mover advantage: A synthesis, conceptual framework, and research propositions ［J］. Journal of Marketing, 1992, 56: 33 – 52.

［51］Kogut, B.. Joint Ventures and the Option to Expand and Acquire. Management Science, 1991, 37 （1）: 19 – 33.

［52］Kogut, B. & Zander, U. Knowledge of the firm, combinative capabilities and the replication of technology ［J］. Organization. Science, 1992, 3: 383 – 397.

［53］Kogut, B. & Zander, U. Knowledge of the firm and the evolutionary theory of the multinational corporation ［J］. Journal of International Business Studies, 1993, 24（4）: 625 – 645.

［54］Larson, R. The handshake between invisible and visible hands ［J］. International Studies of Management and Organization, 1993, 23: 1 – 13.

［55］Lee, H., Lee, S. & Park, Y. Selection of technology acquisition mode using the analytic network process ［J］. Mathematical and Computer Modelling, 2009, 49: 1274 – 1282.

［56］Leiblein, M. J. The choice of organizational governance form and performance: predictions from transaction cost, resource-based and real option theories ［J］. Journal of Management, 2003, 29（6）: 937 – 961.

［57］Levinthal, D. A. & March, J. G. The myopia of learning ［J］. Strategic Management Journal, 1993, 14（special issue）: 95 – 112.

［58］Mauer, R., Smit, W., Forster, W., & York, J. Curry in a hurry? A longitudinal study on the acceleration of performance through effectuation by nascent entrepreneurs ［J］. Frontiers of Entrepreneurship Research. 2010, 30（6）: Article 13.

［59］McGrath, R. G. Falling forward: Real options reasoning and entrepreneurial failure ［J］. Academy of Management Review, 1999, 24: 13 – 30.

［60］Miller, D., & Friesen, P. H.. Strategy-making and environment: The third link. Strategic Management Journal, 1983, 4（3）: 221 – 235.

［61］Milliken, F. J.. Three types of perceived uncertainty about the environment: state, effect, and response uncertainty ［J］. Academy of Management Review, 1987, 12（1）: 133 – 143.

［62］Moon, C. W. Tehnological capacity as a determinant of governance form in international strategic combinations ［J］. The Journal of High Technology Management Research, 1998, 9（1）: 35 – 53.

［63］Neill, J. D., Pfeifferb, G. M. & Young – Ybarr C. E. Technology R&D alliances and firm value ［J］. Journal of High Technology Management Research, 2001, 12, 227 – 237 .

［64］Nienhuis, M. D.. Effectuation and causation: The effect of entrepreneurial logic on incubated start-up performance ［C］. Master thesis, 2010.

［65］Perry, J. T., Chandler, G. N. & Markova, G.. Entrepreneurial effectuation: A review & suggestions for future research ［J］. Entrepreneurship Theory & Practice, 2012, 36（4）: 837 – 861.

［66］Robichaud, Y., Egbert, M. and Roger, A. Toward the development of a measuring instrument for entrepreneurial motivation ［J］. Journal of Developmental Entrepreneurship, 2001, 6（2）: 189 – 201.

［67］Saulod, B., Kickul, J., Liao – Troth, M. Development and validationof a multidimensional scale of entrepreneurial Riskperception ［J］. Academy of Management Proceedings, 2007, 1: 1 – 6.

［68］Sarasvathy, S. D.. Causation & effectuation: Toward a theoretical shift from economic inevitability to entrepreneurial contingency ［J］. Academy of Management Review, 2001, 26（2）: 243 – 288.

［69］Schilling, M. A., & Steensma, H. K. Disentangling the theories of firm boundaries: a path model and empirical test [J]. Organization Science, 2002, 13 (4): 387 – 401.

[70] Shan, W. An empirical analysis of organizational strategies by entrepreneurial high-technology firms [J]. Strategic Management Journal, 1990, 11: 129 – 139.

[71] Shane, S. & Venkataraman, S. The promise of entrepreneurship as a field of research [J]. Academy of Management Review, 2000, 25 (1): 217 – 226.

[72] Simonin, B. L.. Ambiguity and the process of knowledge transfer in strategic alliance [J]. Strategic Management Journal, 1999, 20: 595 – 623.

[73] Sutcliffe, K. M., Zaheer, A.. Uncertainty in the Transaction Environment: An Empirical Test. Strategic Management Journal, 1998, 19 (1): 1 – 23.

[74] Suzuki, K. I., Kim, S. H. & Bae, Z. T. Entrepreneurship in Japan and Silicon valley [J]. Technovation, 2002, 22 (10): 595 – 606.

[75] Tsai, W. & Ghoshal, S.. Social capital and value creation: The role of intrafirm networks [J]. Academy of Management Journal, 1998, 41 (4): 464 – 476.

[76] Tan, 1996Tan, J.. Innovation and risk-taking in a transitional economy: A comparative study of Chinese managers and entrepreneurs [J]. Journal of Business Venturing, 2001, 16 (4): 359 – 376.

[77] Van de Vrande, V., Vanhaverbeke, W. and Duysters, G. External technology sourcing: The effect of uncertainty on governance mode choice [J]. Journal of Business Venturing, 2009, 24 (1): 62 – 80.

[78] Vanhaverbeke, W., Duysters, G., Noorderhaven, N.. External technology sourcing through alliances or acquisitions: An analysis of the application-specific integrated circuits industry [J]. Organisaganizational Science, 2002, 13 (6): 714 – 733.

[79] Von Hippel, E. Sticky information and the locus of problem solving implications for innovation [J]. Management Science, 1994, 40 (4): 429 – 439.

[80] Wernerfelt, B. A Resource-based View of the Firm [J]. Strategic Management Journal. 1984, 5 (2): 171 – 180.

[81] Winter, S. "Knowledge and Competence as Strategic Assets," in David Teece (Ed.), The Competitive Challenge – Strategies for Industrial Innovation and Renewal [C]. Cambridge, MA: Ballinger, 1987.

[82] Wu, J. F. & Shanley, M. T. Knowledge stock, exploration, and innovation: Research on the United States electromedical device industry [J]. Journal of Business Research, 2009, 62 (4): 474 – 483.

[83] Xia, T. H. and Roper, S. From capability to connectivity: Absorptive capacity and exploratory alliances in biopharmaceutical firms: A US – Europe comparison [J]. Technovation, 2008, 28: 776 – 785.

[84] Yayavaram, S. & Ahuja, G.. Technological search and decomposability in knowledge structures: Impact on invention utility and knowledge-base malleability [J]. Administrative Science Quarterly, 2008, 53 (2): 333 – 362.

[85] Zander, U. Exploiting a Technological Edge – Voluntary and Involuntary Dissemination of

Technology [M]. Stockholm, Sweden: IIB. 1991.

[86] Zander, U. & Kogut, B. Knowledge and the Speed of the Transfer and Imitation of Organizational Capabilities: An Empirical Test [J]. Organization. Science, 1995, 6 (1): 76 – 92.

[87] Zhang, J. , Baden – Fuller, C. & Mangematin, V. Technological knowledge base, R&D organization structure and alliance formation: Evidence from the biopharmaceutical industry [J]. Research Policy, 2007, 36: 515 – 528.

[88] Zhang, Z. , Wan, D. F. , Jia, M. . Prior ties, shared values and cooperation on Public Private Partnerships [J]. Management and Organization Review, 2009, 5 (3): 353 – 374.

# 第五章

# 创业资源获取与整合方式演变

## 第一节 引 言

【引导案例】自从有了手机、笔记本电脑、黑莓、Ipad、Facetime、微信等硬件与软件混合起来产生的无穷应用，中策管理者们似乎处于一种随时处置公司事务的状态，实时的协调越来越多地取代固定套路的安排，组织生存也从以往的近似稳定均衡变为有限度的动荡或混沌状态。而这就是移动互联网对组织的改变——当一种通信手段变得越来越普及和为人熟悉时，实时的协调也将越来越多地取代事先的安排，而群体的反应也将越发难以预计。于是，代替信息传递的是网络，代替见面的是快递员，我们必须更关注适合这个时代的组织方式。①

　　新创企业获取和整合资源的方式并非一成不变，而是会随着企业的发展阶段、环境的变化、企业战略的调整等作出适应性调整。由于面临的内外环境变化，企业处于不同发展阶段可能采取不同的资源配置方式。创业初期，由于处于创业资源和能力的弱势地位，因此可能会加强自我保护，以预防对手或伙伴的机会主义行为；随着创业资源的丰富和创业能力的提升，创业企业将以构建资源组合来形成能力为重点，此时获取资源的方式可能受自身资源和学习能力的影响；随着与合作伙伴间互信的建立，创业企业资源的获取方式将更多建立在信任基础上。而转型经济的大背景既可以促进，也可能阻碍资源配置方式的演进。

　　如果资源获取方式的选择更多从企业需求角度出发，则资源整合方式的选择更多从企业积累的能力角度出发。处于不同发展阶段企业的机会识别和机会开发

---

① 资料来源：阿什肯纳斯著. 无边界组织——移动互联时代企业如何运行［M］. 机械工业出版社，2016.

能力不同，创业认知能力不同，可能采取不同的资源整合方式。资源整合方式不仅受资源配置方式的影响，也可能受转型经济的制度背景影响。因此，本章将在前述抽象出的资源获取和整合方式类型基础上，通过案例研究探讨中国转型经济背景下新创企业创业资源获取和整合方式的演变路径和演进机理。

# 第二节　创业资源获取方式演变

## 一、引言

新创企业在发展过程中面临的环境压力，自身资源管理经验和能力的约束等都会发生变化，随着这些约束条件的变化，新的约束会产生。因此，新创企业需根据企业成长的不同阶段选择不同的创业资源获取方式。如周冬梅（2011）发现，新创企业经历了以亲戚和朋友为基础的初级社会关系到商业交易过程的契约型社会关系变迁，创业网络关系随资源获取的变化而演进。而效果推理的研究也发现，创业者随着新创企业的发展而由效因推理决策逻辑向因果推理决策逻辑演进。基于此，本研究通过芜湖鑫业汽车零部件有限公司的实例，探讨中小汽车零部件企业的技术创业资源获取方式的演进路径和演进机理。

## 二、研究综述

### 1. 组织演化的研究

组织在复杂多变的环境中有着怎样的演化规律是组织演化研究的一个重要内容（姜晨和谢富纪，2008），它采取演化经济学和演化社会学的研究方法，注重对“变化”的研究，强调时间与历史在经济演化中的重要地位。

有关组织演化存在环境选择论和组织适应论两种矛盾的观点，环境选择论认为，组织存在惰性，组织演化是商业环境选择的结果（Hanan & Freeman，1977，1989），环境选择论采取的是达尔文累积性适应（Cumulative Adaption）的观点，认为组织方式不是生来就被设计好的，而是逐渐进化形成的，那些被选择的组织方式更能适应环境（杜玛和斯赖德，2006）。而以权变理论为代表的组织适应论则主张组织具有灵活性，不同的环境对组织有不同的要求，结构与环境达到最佳匹配的组织能更好地适应环境、组织通过改变其组织惯例及运作程序来适应环境（Levitt & March，1988）。西蒙认为，人类的认知根植于并受生物的演化影响，但人类可以设计一个影响环境的人造的世界。在我们发现组织存在之前，我们首先要在思维中建构他们，这是组织演化不同于生物演化的根本所在。由此，组织演化的研究越来越趋向于融合组织适应论和环境选择论两种观点，如姜晨和谢富纪（2008）通过引入复杂性理论中的 NK 模型来研究在适应性景观上组织的适应过程和环境选择机制，进而探求组织的演化规律，寻求有效的组织演化策略。而布鲁德雷和辛格（Bruderer & Singh, 1996）运用遗传算法，通过计算机模拟出组织演化模式，发现组织演化包括三个阶段，并最终出现了一种主导设计模式，环境选择影响环境适应，反过来，环境适应影响环境选择。

研究组织演化的第一个方法是组织生态学（Organizational Ecology）。迈克尔·汉南（Michael T. Hanan）和约翰·弗里德曼（John Freeman）是该领域研究的杰出代表。汉南和弗里德曼将组织演化研究分为三个层次，第一层次涉及组织的种群统计学，其重点是研究组织种群的各种变化，包括组织出生率和死亡率。第二个层次涉及组织的种群生态学，其重点是研究各种群的出生率和死亡率如何相互连接起来。第三个层次关注的是组织的群落生态学，其重点是关注种群之间以及种群内的连接如何影响群落作为一个整体持续的可能性。组织形式总结了使一组组织具有生态学相似性的核心特征，相同形式的组织以一个共同方式依赖物质和社会环境。如果环境变化以同样的方式影响它们，这一组织就会在这一意义上拥有同样的形式（杜玛和斯赖德，2006）。组织生态学假设组织具有相对惯性，它们对环境的变化反应相对缓慢。汉南和弗里德曼用组织可靠性替代组织的效率分析，认为组织总是向着可靠性更高的组织形式演变。这些组织在发展中逐渐形成的惯例在确保组织可靠性方面发挥着重要作用。此外，组织内的规则和程序使组织可以比临时性团体提供对其决策和行为的更好说明，而且这些规则和程序在组织内比其他集合体内更容易形成和保留。因此，组织朝着那些保存了更好规则和程序的组织方式演变，并会产生结构惯性。

随着时间的推移，组织种群会不断演变，其中竞争和合法性是影响组织种群演变的主要力量。一方面，一种组织形式的存在必须与其他组织形式产生竞争，以获得该组织形式形成所必需的稀缺资源，另一方面，新的组织形式必须取得社会合法性地位才能生存下去。

尼尔森和温特（Nelson & Winter, 1982）则提出了另一种组织演化视角，他们强调企业的惯例行为和经济制度的演化，认为组织在一个不变环境下的自我维持能力比它们面对重大变化时的自我维持能力强很多。他们运用惯例概念分析组织的演化规律，认为惯例在很大程度上决定了组织怎样运转。环境选择将会支持能够导致高利润的成功惯例，而成功的惯例则会不断被吸收到相关行业的"惯例库"中。由于组织惯例总是不断被新的惯例打破，从而导致组织方式的变化。

## 2. 资源获取方式的演化研究

资源获取方式演化的研究主要是运用组织演化的研究成果，研究企业资源外部获取方式的演变规律和演化路径。资源获取方式的内部积累，外部购买和联盟获取，来自于科斯等对交易治理方式的分类研究。科斯强调企业与市场两分法，认为企业和市场是资源配置的两种主要制度安排，企业强调权威机制的协调方式，而市场强调价格机制的协调方式，其对应的市场治理（Market Governance）与科层治理（Hierarchical Governance）是两种基本的治理形式。科层治理重点是节约组织成本，特别是代理成本，而市场治理主要是节约交易成本（彭正银，2002；任志安，2008）。

然而，由于内外环境的变化，企业间竞争的方式和特点发生了很大的变化，企业间的互动与合作变得必要而频繁，企业组织的边界日益模糊，出现了既不同于市场也不同于企业科层的中间组织形式，如战略联盟、虚拟企业等，于是，"企业—市场"的两分法越来越不能满足现实分析需要。

威廉姆森（Williamson，1979）从资产专用性、交易频率和不确定性三重维度分析企业与市场的中间组织形态的存在条件，认为资产专用性（交易需要由那些只能用于特定交易的资产来支持）、不确定性/复杂性和交易频率高的交易倾向于在组织内进行交易；当不确定程度、交易频率和资产专用性三个维度变量处于低水平时，市场则是有效的交易治理方式；而处于这两者之间的是双边、多边和杂交的中间组织形态。随后，许多学者在威廉姆森等人的分析基础之上，研究了介于企业和市场之间的各种中间组织形态，认为这种中间性组织形态并不是对企业和市场的替代，而是以兼有企业和市场两者特征而存在。

在这些中间形态的各种网络组织中，个体或群体的关系或纽带形成社会网络，成为网络组织的基础网络，在网络组织中发挥着重要作用。而这种社会网络又以两种"嵌入"（Embedding）的方式，即关系嵌入和结构嵌入，通过双边或多边交易质量与深度来对个体或组织进行非正式控制（Granovetter，1985）。社会网络的影响使得行动者不仅根据个人的利益采取行动，而且还通过关系结构影响个体行动者的行动集和采取行动时的行为倾向而影响个体所采取的行动。因此，网络组织具有明显的社会性的情况下，必将导致一种明显不同于传统的科层与市场的治理形式，相应地，以网络组织这一新型组织形态为治理对象的"网络治理"方式也就产生和形成了。

周冬梅（2011）研究了创业资源获取与创业网络关系的动态演化过程，发现创业资源获取方式和创业网络关系随着组织成长演进，创业网络关系经历初始化，拓展及优化三个阶段，这三个阶段通过关系强度、关系久度、关系质量和关系嵌入性实现创业网络关系的强弱组合，协作博弈和信任优化的资源获取演化模式。

初创阶段，创业者主要利用人际关系网络获取所需的资源。创业者从家庭、朋友和同事获取关于创立企业的有价值信息和建议。梁（Leung，2006）研究了网络对人力资源获取的影响，认为人际关系网络主要包括家庭、亲戚、朋友和其他通过各种社会接触建立联系的人。除了家庭，个体更倾向于与具有相似社会经济背景的、具有相似价值观的人建立联系。所以，初创阶段新企业主要通过人际关系网络招聘人力资源。早期成长阶段，为了满足资源需求，创业者需要建立商业和机构关系以获取企业运营所需的资源，但人际关系网络的作用仍很重要（Nguyen，Claire&Bryant，2003）。在初创阶段，强关系对于资产资源的获取更具优势，由于初创企业的技术和市场的高不确定性，资源所有者通常不愿为缺乏合法性的新企业提供资源或与之合作。强关系会基于情感角度，承担较高的风险为具有高不确定性新企业提供所需资源，因而成为新企业获取资源的主要渠道。当企业进入早期成长阶段，以弱关系为主要特征的机构性网络在资源获取过程中起主要作用（朱秀梅，李明芳，2011）。强关系有助于企业获取外部资源，弱关系有助于维持与外界的联系，随着企业成长各阶段发展目标及对资源需求发生变化，相应的网络关系也会改变（潘振开，2012）。

朱秀梅和李明芳（2011）研究发现，在新创企业初创和早期成长阶段，创业网络关系对创业资源获取具有不同的影响。在新创企业初创阶段，关系强度对知识和资产资源的获取均具有正影响，关系多样性对知识资源获取具有正向影响。在新创企业早期成长阶段，关系规模和关系强度对知识资源获取具有正向影响，关系多样性对知识和资产资源获取均具有正影响。在初创和早期成长阶段，人际关系强度对知识和资产两种资源的获取均具有正向影响。在新创企业初创阶段，商业关系规模和商业关系强度对知识资源和资产资源获取均具有正向影响，而在早期成长阶段，商业关系规模对知识资源获取具有正影响，商业关系强度对资产资源的获取具有负向影响，机构关系强度对资产资源获取具有正影响。在新创企业早期成长阶段，商业关系规模对知识资源获取有积极影响，商业关系强度对资产资源获取具有负影响，机构关系强度对知识资源和资产资源获取均具有正影响。就网络关系特征而言，新创企业初创阶段影响信任对知识资源和资产资源获取均具有正向影响。在早期成长阶段，认知信任对知识资源和资产资源获取均具有正影响。

## 三、资源获取方式分析框架

按照威廉姆森（Williamson，1985）将交易治理方式分为科层、市场和中间的三分法，本章将企业技术资源获取方式划分为技术引进、技术购买和自主研发三种类型。

### 1. 技术引进型创业资源获取方式

指通过各种渠道引进、消化、吸收领先企业开发的技术和管理经验，实现技术积累的创业资源整合方式（王德鲁和张米尔，2006）。从技术能力成长的角度看，发展中国家的企业一般将经历从技术引进、消化吸收到创新的过程。对于技术基础及创新资源处于明显劣势的技术创业企业而言，采取技术引进模式能够降低技术创业的难度和风险。

优势：

● 资源投入量小：技术引进模式没有进行创新性的、开创历史性的研发活动，而只是在已有技术上进行二次开发。因此，其研发资源的投入相对较小。

● 投资风险度低：技术引进企业是在市场的后进入者，因此，无须承担市场需求不确定等风险。同时，它还享受着诸多外溢效益，投资风险因此较低。

劣势：

● 技术破译难度大：技术引进企业必须具有强大的信息收集能力和情报分析能力。只是随着产权保护体制的日益完善，技术领先企业对其新技术进行了严密的保护。因此，技术模仿企业的技术破译难度大。

● 市场竞争激烈：由于技术引进企业是市场的后进入者，因此处于不利的竞争地位。一方面，技术领先者已经积累了一定的有形或无形资产，已经占据了大部分市场；另一方面，大量其他模仿者迅速进入市场。因此，市场竞争异常激烈。

● 技术创新被动：由于技术引进企业在技术上依赖技术领先企业，因而难以在市场竞争中占得先机，难以采取主动的应战策略。

### 2. 技术购买型创业资源获取方式

指通过购买技术和（或）设备获得技术的创业资源获取行为，其优劣势如下。

优势：

● 除资金外资源投入小：除了需要资金购买技术和设备外，公司几乎不需要进行开发，直接使用技术进行生产。

● 投资风险低：由于技术是购买的，无须担心由于开发周期长而导致的技术时间风险，公司在需要此技术时购买技术，而且可以与技术拥有方签订技术协议。来规避市场风险。

劣势：

● 资金投入大：由于公司不参与技术开发环节，因此，技术拥有方可能在技术转让或授权使用时，将成本和自己应获的利润全部转嫁给技术使用方。

● 受专利拥有方影响大：大部分技术拥有者只出售技术使用权，而保留技术所有权，目的在于控制使用方对技术的使用，于是技术拥有方占得主动地位，而技术使用方在许多决策中很容易受专利拥有方影响。

- 技术创新被动：由于购买技术企业没有专利权，因而无法对技术进行进一步改进，即使成功也可能触犯技术保护条例，难以采取主动的应战策略，只能被动等技术拥有方开发。

### 3. 自主研发型创业资源获取方式

依据新产业的技术需求，挖掘和再利用原有产业中积累的知识和形成的技术能力；在此基础上，通过在新进入产业的技术学习，有针对性地开发新技术，并将其与原有技术能力进行整合，实现技术能力再造（王德鲁，张米尔，2006）。蒂斯（Teece）等认为，在变化的经营环境中，竞争的成功来自企业特定资源的不断发展和重新构建；对于转型企业而言，对原有的技术知识进行挖掘和再利用，是通过自主研发实现技术能力再造的基础。其优劣势如下：

优势：

- 获取垄断利润：由于企业的新产品率先进入市场，企业得以在一定时期内垄断市场，赚取超额利润。
- 制定行业标准：自主研发技术的创业企业可以左右行业的发展。通过制定有利于自身的行业标准，自主研发企业可以提高后进入企业的进入壁垒，确保自己在行业中的领先地位。
- 率先建立市场供求网络：作为新市场的开拓者，自主研发企业能率先建立起供应和销售网络，从而在市场竞争中占得先机。
- 享受范围经济：新的技术和产品必然会带来一系列与之相配套的产品创新与服务创新，自主研发者得以享受到范围经济。

劣势：

- 资源投入量大：自主研发企业需要投入大量研发经费、高素质的研发人员、先进的仪器设备等大量资源。
- 投资风险度高：由于自主研发企业开发出的新技术具有创业领先性，市场需求的不确定程度非常高。"快一步是先驱，快三步是先烈。"由于难以拿捏技术领先的程度，因此，难以预测产品的公众接受度，资源投入可能难以收回，投资风险高。

## 四、资源获取方式演变案例研究

### （一）案例介绍

芜湖鑫业汽车零部件有限公司拥有悠久的技术创业历史，自1995年创办瑞安市顺安摩配有限公司以来，公司就很注重技术、资金、人才的积累，并于2000年进行技术引进型技术创业，进军汽车零部件行业，并更名为瑞安市鑫业汽车零部件有限公司；到2002年公司借助资金优势成功进行技术购买型技术创业，拥有了热处理加工线和电镀中心；在2008年公司搬迁至芜湖，进行自主研发型技术创业，设计研发出数控深孔内圆磨床，并投入市场。公司走过三种不同的技术创业资源获取方式。

## （二）芜湖鑫业汽车零部件有限公司创业资源获取方式演进分析

### 1. 初创期创业资源获取方式

2000年，当公司还是瑞安市顺安摩配有限公司的时候，决策层看到，在不久的将来，全球大部分地区，特别是发展中国家，汽车将替代摩托车成为主要交通工具，而摩托车产业的萎缩，无疑会给公司的发展产生根本性的影响。在这种形式下，公司决定进行技术创业，进行汽车零部件生产。最终公司选择技术引进型技术创业资源获取方式，当时主要考虑了以下三个关键因素：

（1）技术关联度。

公司原有的技术是对摩托车零部件的加工，汽车零部件的加工与摩托车零部件的加工存在的差异主要在于：

汽车零部件相对于摩托车零部件，零件大、分量重、外形复杂。由于零件大、分量重，工人搬运不便，不能使用小巧的摩托车零部件的搬运方式；外形复杂导致工序非常多，加工周期延长，某些部位以原有技术、设备难以加工。

精度高，其他加工类型多，同一个零件各个部分要求（硬度、精度、电镀层厚度）不同。汽车零件精度明显高于摩托车零件，部分设备完全无法用于其加工；其他加工类型多导致公司技术明显不足；同一零件各部分的要求不同更给加工雪上加霜。

（2）企业整体实力。

公司从1995年创办以来至2000年，公司通过摩托车零部件的生产积累了一部分资金、技术和设备，而公司也发展成近80人的规模。这些都是公司进军汽车零部件行业的基础。

在那个年代，"能赚钱就是硬道理"，所以很多中小企业都是抓住眼前的利益，就对眼前的产品的生产进行技术支持，只有达到"立竿见影"效果的部门才会存在；而需要长期、持续投入，开发周期很长的研发部门很多中小企业不会考虑，因为开发周期可能长于企业本身的"寿命"，而开发费用是很多中小企业承担不起的。芜湖鑫业汽车零部件有限公司也是如此，开发只是总工的一个职责，而未有具体的部门负责。

（3）外部技术源。

当时向汽车零部件业进军是一种热潮，于是学术研究领域不断有关于汽车零部件生产的相关知识、技术和产品公布出来。许多合资汽车厂如上海大众、一汽丰田、广州本田等，都普遍采取国产化策略，将部分技术含量较低的零部件国产化，以达到降低成本的目的。这给了公司很多信息资源，而市场上也可以买到部分零部件产品，公司可以对其进行拆解、模仿，当时的知识产权保护还相当放松，可能因为外国人不觉得中国人能模仿好，更不会想到"中国制造"会影响到他们的生存。

**2. 成长期创业资源获取方式**

2002～2003 年，公司（此时已经更名为瑞安市鑫业汽车零部件有限公司）决策层考虑到热处理加工和电镀加工行业的高利润、业务稳定、管理简单等优点，决定进入这两个行业。这两个技术创业的实施将给公司带来丰厚的利润，为公司的进一步发展带来雄厚的资金支持，同时也能将需要这两种加工的汽车零部件加工在公司内部完成，有效避免外加工造成的财务、技术、质量不稳定等麻烦。此次技术创业，公司选择技术购买的技术创业资源获取方式，主要考虑了以下三个关键因素：

（1）技术关联度。

本次创业，由于公司原来从事的主要是机械加工，而这两个项目与原有技术几乎毫无关联。只是从原来的加工过程中认识到了热处理加工可以使被加工对象的硬度造成影响，而热处理会导致被加工对象变形；对电镀认识也停留在书本知识和外加时对方给予的信息。对于公司来说，这两样都是全新的，未触及的领域，靠自己"闭门造车"很难成功。

（2）企业整体实力。

在进入汽车零部件行业后不久，公司发展突飞猛进，证明了当初决策的正确。此时公司已经有了一个像模像样的开发部，从事新产品的开发，但对于全新的热处理和电镀领域，开发部也是一头雾水，完全摸不到头脑。

这注定公司只能从外部获取信息，而公司的长期积累和汽车零部件领域的相对合理的利润（当时利润还可以），使公司的资金实力更加雄厚。

（3）外部技术源。

当时市场上已经有现成的设备用于这两种加工方式，设备的价格也是公司可以承受的。而相关技术人员可以从其他公司挖或者从社会上招聘。

**3. 成熟期创业资源获取方式**

2008 年，公司（此时公司已从浙江瑞安迁到安徽芜湖，所以更名为芜湖鑫业汽车零部件有限公司）决策层采纳开发部意见实施数控深孔内圆磨机床成套设备生产线项目。这个项目公司只能选择自主研发型技术创业资源整合方式，主要考虑了以下三个关键影响因素：

（1）技术关联度。

公司当时有的技术主要包括：线切割、电脉冲、锻造、机械切削（车、磨、刨、铣）、热处理电镀等，尤其机械加工，由于长期从事机械加工生产方式，对不同的形状和粗糙度有深入的认识，对产品精度的掌握在同类企业中拥有很高的优势。而本项目的实施（主要是智能磨头的加工）最重要的技术就是机械加工的精度要求，而公司完全有实力达到。

智能磨头加工所需的所有设备，除了电动机部分外，公司一应俱全。也就是说，公司要实施此项目只需增加电动机生产线。而在开发时，公司不需要任何设备成本，仅去市场上买电动机，其他加工可以完全在公司现有设备下完成，这为该项开发的实现提供了很大的便利。

（2）企业整体实力。

公司从 1995 年创办以来，一直坚持以技术和质量求生存的原则。要么不做，要做就做最好。由此也得到了许多整车厂的尊重，他们将技术要求比较高的零部件交给鑫业生产，尽管鑫业的报价时常高出同产品生产厂家的 10%，但鑫业能交出比他们更好的产品，更好的服务。

所以技术本身就是鑫业公司的核心竞争力，从创办到现在，公司做过标准件生产，摩托车零部件生产，汽车零部件生产，电动车机械变速箱开发（在性能和成本上明显优于电动车当时普遍使用的电子变速箱），积累了许多宝贵的经验。

由于温州土地稀少，企业响应国家的号召，到安徽芜湖落户，开始新的奋斗。到后来，政府和社会各界给予鑫业高度重视和全力协助。鑫业凭借技术优势，成功申请到国家高新技术项目贷款，而企业本身也积累了足够的资金用于该项目的实践。

（3）外部技术源。

现有内圆磨机床磨头，一端套接在主轴电机上，另一端为悬臂进入工件圆孔内。这种磨头具有操作简单，磨削精度高等优点。但其存在一些缺陷，悬臂直径与长度比一般不能小于四分之一，否则磨削精度不能保证。所以，当时深度内孔磨削无法实现，国内此技术以及产品还是空白。

公司无法从外部获得关于数控深孔内圆磨床的关键技术，只有用现有的技术水平和有关文献上的技术支持自主研发。公司尝试了各种方式，进行了许多试验，最终研发成功。

## 4. 研究结论

综合上述案例分析可以看出，芜湖鑫业汽车零部件有限公司技术创业资源获取方式经历了技术引进、技术购买和自主研发的演进路径，而这种演进受技术关联度、企业整体实力和外部技术源等关键因素的影响。

（1）技术关联度。

新进入产业与原有产业间的技术关联度直接影响到技术创业企业对原有技术存量的利用，关联度高则表明原有产业与新进入产业在产品开发或生产工艺上具有较大的共性，企业在原有产业中积累的知识和形成的技术能力在新进入产业仍有较大的利用价值，企业通过在新进入产业的技术学习，并将其与原有技术能力相结合，能较快实现技术创业；技术关联度高也有利于企业技术创业的成功，佩尔松（Pehrsson）的研究表明，原有产业与新进入产业间的技术相关性与企业绩效呈正相关关系。因此，当技术关联度高时，企业采取自主研发模式较为合适；而技术关联度低时，企业在新进入产业将面临技术资源的短缺，可采取技术引进模式或购买模式实现技术创业。

（2）企业整体实力。

对技术创业企业而言，其整体实力主要包括企业技术创业所需的资金、技术能力、组织能力等。企业整体实力有助于技术创业企业实现技术能力开发，整体能力是企业通过技术开发获取技术能力的关键。在进入新产业时，企业整体实力对企业技术能力再造投入、内部知识利用以及外部知识获取都起到了关键作用，进而影响了技术创业资源整合方式的选择。例如，自主研发不但需要进行持续、高强度的投入，而且要求企业有较高的技术积累；而购买技术需要大量的资金。这些都是以企业整体实力为基础的，而对于整体实力不强的转型企业而言，其技术能力再造就难以选择自主研发或购买模式，只能考虑技术引进模式。

（3）外部技术源。

当前，企业被嵌入在日益复杂的技术网络中，这大大减少了单个企业完全控制新技术的机会，企业没有必要也不可能掌握关于产品开发和生产的全部领域知识，这要求企业善于利用外部技术资源。技术创业企业在技术创新的过程中，外部知识获取受到外部技术供给的影响，若技术来源多样化时，则企业选择的范围就大，这有利于企业获取外部技术资源；此外，技术来源的多样化也有助于企业保持技术创业的独立性与自主性，企业可以依据自主的产品概念，有选择地利用外部技术源。因此，当外部技术供给多样化时，企业技术创业可以采取技术购买模式或技术引进模式（见表5-1）。

表 5 - 1　　　　　　　　案例企业创业资源获取方式演变路径和演变机理

| 影响因素<br><br>创业资源获取方式 | 技术关联度 | 企业整体实力 | 外部技术源 |
|---|---|---|---|
| 技术引进 | 要求较低 | 对产品的解剖、分析、模仿能力要求较高 | 需要有外部成熟技术（成品）或技术雏形（半成品） |
| 技术购买 | 几乎无要求 | 只需要强有力的资金支持 | 需要有现成的技术或设备 |
| 自主研发 | 要求很高 | 需要长期的资金、技术能力、组织能力的积累，对综合实力的要求很高 | 外部没有成熟的技术，如果已有成熟技术，自主研发将失去意义 |

# 第三节　创业资源整合方式演变

## 一、引言

新创企业在其成长过程中，会经历不同创业资源整合阶段。恰布斯基（Ciabuschi et al.，2012）从创业网络视角，通过案例研究新企业创建中的资源构建问题，发现新企业的形成过程并非单方面创造、开发和利用机会，因此认为不能采取静态的资源结构视角，而必须采取纵向过程视角研究机会开发和资源整合。因为尽管现有资源组合重要，但资源整合的努力在创业过程中会导致新资源创造和开发的涌现。新企业创业过程中，机会是在创业过程中通过交互和共同行动被集体创造、开发和利用的，而非传统创业研究强调的单方面创造、开发和利用。

贝伦茨等（Berends et al.，2014）研究了小制造公司的产品创新过程。以前研究发现小公司并不采取大公司最佳实践思路开发新产品，本章运用效果推理逻辑分析小公司的新产品开发过程。用 352 个样本实证分析发现，小型制造公司逐渐由效果推理逻辑转向因果推理逻辑，进一步的质性研究发现同时使用两种逻辑，效果推理逻辑用于资源驱动，而在后面阶段用因果推理逻辑来设定目标，并按计划行动和投资资源以达到目标。小公司创造性地利用现有资源，用可利用资源圈定创新范围，使用那些任何时候和任何地方可利用的资源，优先考虑现有商业而非产品创新项目，采取松散型项目计划，稳打稳扎地逐步逼近可见目标，不断迭代目标和想法的产生、选择和修改，依赖顾客自己的知识和市场探索而非早期市场研究。

本节通过案例研究，探讨家族企业成长中创业资源整合方式的演变路径和演化机理。为更好地分析家族企业创业资源整合方式的演变路径，本研究采用边燕杰（2000）对社会资本与企业联系的分类方式，将创业资源整合方式划分为纵向联系、横向联系、社会联系三种类型，企业的纵向联系指企业与上级领导机关、当地政府部门以及下属企业、部门的联系。这种纵向联系的取向主要是向上的，目的是从政府等"上边"获得和摄取稀缺资源。企业的横向联系指企业与其他企业的联系，这种联系的性质是多样的，如可以是业务关系、协作关系、借贷关系、控股关系等。企业的社会联系是指企业经营者非经济的社会交往和联系，是企业与外界沟通信息的桥梁和与其他企业建立信任的通道，是摄取稀缺资源和争取经营项目的非正式机制。而创业资源整合内容则包括财务资源、人力资源、文化资源和网络关系资源等四种创业资源类型。根据创业资源内容和整合形式的组合，构建企业的创业资源整合方式分析框架，并据此分析家族企业创业资源整合方式的演变。

## 二、创业资源整合方式演变路径

### 1. 新创企业初创期创业资源分析

（1）关系资源。

创业初期，社会关系资源扮演着非常重要的角色。首先，相对于国有企业和外资企业，初创期的家族企业处于新创弱性（Liabilities of Newness）之中，政策歧视和体制缺陷使得初创企业很难从银行获得贷款，此时新创企业自身所拥有的社会关系是否能为其提供创业资金就显得至关重要。其次，创业者及家族成员往往通过自身的社会关系搜寻生产资料和产品的供求信息、企业融资信息、生产技术信息等。最后，创业者也会通过社会交往发现和捕捉到有利于企业发展的各种信息。虽然经营者的大部分社会关系是弱关系，不能产生强烈的信任，但在企业交易没有其他可凭借的情况下，也会以这些弱关系为依据，提高交易成功率，并有效节约双方的交易成本。

（2）财务资源。

初创阶段，新创企业的融资渠道主要是通过个人资金或亲属的借款等方式。由于企业规模较小，承受失败风险的能力也较弱，融资渠道也相对单一，大多数创企业会选择较稳健的融资策略，即依靠亲属的内源式融资。研究发现，家族企业内部融资和创业者的个人资金占了家族企业创业时的资金来源中相当大的一部分，此外，企业会根据自身偿还能力，适当向亲戚朋友或金融机构借入部分短期资金。

（3）人力资源。

处于初创阶段的新创企业核心成员往往由创始人的家属或亲属构成，企业以创始人为核心，从创始人自身的社会网络和人际关系中去挑选合适的创业团队成员。企业的基本使命是求生存，完成企业的原始资本积累，此时，企业的人力资源管理往往实行传统的人事管理，主要依靠创业团队。

（4）文化资源。

"家文化"是中国传统文化的核心，"家文化"注重亲情，体现了家长的权威。在新创企业创业之初，家族核心成员凭借敢闯敢干的精神，决策迅速果断，为企业发展争取了更多的资源和机遇。创业初期，家文化往往代表着企业文化，因此，家族企业会整合家族文化中积极的因素去发展企业。由于中国属于低信任度文化国家，使得家族成员彼此之间信赖高过对其他成员的信任，相信自己的家长或同族等关系密切的人，而对家族外的人有一种先天的隔阂。

**2. 新创企业成长期创业资源分析**

（1）财务资源。

渡过了初创期为生存而战的阶段，处于成长期的企业为了追求快速发展，往往会选择适当的扩张型策略，因此必须在研发、生产运作、内部管理、销售等方面投入大量资金，而且是中长期资金。此时，依靠借款和个人资金积累已不能满足企业发展的需要，企业需要借助外部渠道进行融资，如银行信贷资金、风险投资基金、外商投资资金等中长期资金解决企业发展中的资金瓶颈问题。

（2）人力资源。

成长期的新创企业度过了初创期的生存困境，完成了初期的产品和市场开发，有了一定的客户基础，但企业继续发展对人才的质量、数量等要求有较大提高，单靠创业阶段以血缘、亲缘地缘标准获取的人力资源已无法满足企业发展的需要，企业开始从外部招募人才资源。同时，企业开始借鉴和采用现代人力资源管理技术和相关企业的先进经验代替创业初期的情感管理。

（3）文化资源。

随着新创企业进入成长期，企业的核心成员也慢慢形成了独断专行、缺乏民主的风格。创业团队内部也会出现意见分歧，初创业的成功使得一部分家族成员创业精神减弱，希望见好就收，经济利益的冲突很容易破坏建立在血缘、亲缘或地缘上的信任和默契，使企业遭受损失；而另外成员则希望做大企业，此时，如何整合家族成员固有文化，使企业进入良性发展非常重要。制度建设在成长阶段的家族企业显得非常重要，通过较完善的制度可以起到约束员工行为，促进企业发展的目的。

（4）关系资源。

创业成长阶段，随着企业销售业绩的不断提升，产品品牌和企业知名度日益提高，企业获得了当地政府的优惠政策和银行的信用保障，同时企业逐步摆脱依靠家族成员个人关系网经营企业的局面。尽管家族成员的社会关系网络仍然能够帮助企业获取更多信息，制造更多商机，吸引更多资金融入，但从长远来看，整合和镶入更多的社会网络对于稳定企业发展更加重要。

**3. 新创企业稳定发展期创业资源分析**

（1）人力资源。

这一阶段新创企业的整体实力有了质的飞跃，人力资源的管理也迈入新的台阶，由于企业的发展需求，新创企业需要整合专业的管理人才及职业经理人，逐步实现企业人员的外部化，使企业走上规范化发展轨道，克服企业管理层的行为短期化、管理随意化以及对家族成员约束不力等问题。并逐步建立领导团队，构建完善的薪酬，实现人才管理专业化。

（2）文化资源。

随着新创企业规模不断扩大、经营业务的不断扩展，单靠企业主自身的能力不足以支撑企业快速发展的需要，企业住在众多决策面前显得力不从心。为了进一步发展，新创企业放弃以前家长式的个人权威领导方式，改变了企业内部由于个人权威领导带来的个人独断、沟通不畅、制度缺失的状况，充分发挥管理团队内各个成员的能力和智慧，提高决策的科学性和可行性。管理团队成员根据目标共同制定工作程序、分配任务，而企业主则扮演指导员和外界联络员的角色。同时企业摒弃了封闭家族主义思想，增强开放意识。同时企业所有权与经营权形成一定程度分离，使企业逐步向现代企业制度迈进。

（3）财务资源。

处于快速扩张期的新创企业具有一定的市场占有率和知名度，销售规模达到一定的水平，企业利润也比较稳定，初步完成了资本的原始积累。企业出现了产销两旺、组织管理良好、制度健全的新局面，新的业务在企业中萌生，开始为企业新生命周期的启动提供机会。而同时，由于技术进步，市场上可能会出现性能更好的替代产品，竞争者会增加，此时，企业将管理重点放在企业设备的更新，制造工艺的提高上。此时，企业的各种费用和成本会进一步增加。为了完成企业的新产业的发展和旧产业的更新，企业对社会财务资本需求会有较大增长上，此时，企业财务资源的整合将向更大范围扩展，银行贷款会成为企业发展中资金的主要来源。

（4）关系资源。

新创企业想要在这一时期有所发展，需要重视和利用好自身与政府、科研机构、媒体、行业内外企业、银行等组织的关系，并且能够有效地整合已有的社会关系，使其能为企业发展提供正效应。

## 三、创业资源整合方式演变案例研究

### 1. 案例介绍

苍南县兴纬纺织有限公司是一家以专业生产再生棉纱的家族制中小企业。公司创建于 2003 年，位于浙江省温州市苍南县，总资产 3 000 余万元，总占地面积 30 000 平方米，建筑面积 21 000 平方米，现有职工 212 人，其中大专以上学历 21 人，技术人员 35 人，年产值达 5 000 余万元，集产品开发、试制、生产和销售为一体。

公司现在的三位股东是兄弟关系，三人的持股比例为 7∶2∶1，大股东任公司的法人代表和董事长，自企业创立以来，三人持股比例没有变化。大股东在企业拥有着极高的权威和权利。

在公司创办前，三人已和家族内其他成员（另外两位兄弟）一起合资创办了一家再生棉纺企业，该企业是苍南县最早涉足再生棉纺的企业之一，且规模在当时行业内属于前几位，因三人和其他两位股东就企业发展问题产生矛盾而最终导致三人从原来企业中分离出来，因此，三人在该行业领域内具有相关的经验。

苍南县现有再生棉纺企业 200 余家，但规模普遍不大，许多企业仍处于一种家庭作坊式生产状态，兴纬纺织有限公司是苍南县百强企业，也是再生棉纺行业的龙头企业，规模在县内排前几位。

自公司创办以来，依靠股东以前积累的客户资源，以及不断开发新的客户，公司每年销售增长率均在 10% 左右，2007 年公司实现销售收入 5 500 万元，在苍南县再生棉纺企业中排名前三。

### 2. 案例分析

本研究将苍南县兴纬纺织有限公司的企业发展阶段分为初创期、起步期、快速扩张期三个阶段（见表 5 - 2）。

表5-2　　　　　　　　　**苍南县兴纬纺织有限公司发展阶段及划分依据**

| 发展阶段 | 划分依据 |
|---|---|
| 初创期 | 企业成立，产品投入生产，但是实力较弱，依赖性强，产品方向不稳定，发展速度不稳定，波动大，破产率高，管理工作不规范，企业缺乏自己的形象 |
| 成长期 | 实力增强，形成了自己的主导产品，企业由单厂企业向多厂企业发展。发展速度快，波动小，企业的专业化水平高，企业之间的协作加强，管理逐步走上了正轨 |
| 稳定发展期 | 发展速度减慢，甚至出现停止发展现象，产品逐步向多样化方向发展。企业向集团化方向发展，树立了良好的企业形象，内部管理逐步由集权模式向分权模式发展，创新精神减退，思想趋于保守 |

（1）初创阶段创业资源整合方式分析。

在公司创办之初，企业自身的规模还不能与行业内龙头企业抗衡，且作为新成立的公司，企业自身与政府，银行的关系还不密切，企业的社会网络资源还比较薄弱，企业不能依靠其自身的社会资本获取企业成长的稀缺资源。创业期的家族企业因为资源短缺和追求快速成长，缺乏在技术、管理以及核心资源上的积累，因此较为普遍地采取短平快的成长路经，即通过简单的生产要素组合和较低的技术管理，在劳动密集和价格竞争下追逐快速获取利润（弗兰克·霍伊等，2010）。企业整合资源的途径包括：

①纵向联系。

由于公司刚刚创立，且由于规模以及自身的影响力所限，公司与政府之间的联系并不密切，公司当时的用地是属于原先企业所有，按照当地政府的土地征用原则，公司很难在工业园区获得大块土地使用权，因此只有借助公司股东个人与政府主管部门的私人关系，最终获得了土地的使用权。

②横向联系。

公司创立之初，由于自身没有较好的业绩和信誉支撑，无法向银行获得大额贷款，这一阶段公司的绝大部分资金来自于原有公司以及三位股东的亲属（见表5-3）。

表5-3　　　　　　　　**初创期兴纬纺织公司创业资金来源**　　　　　　　单位：%

| 银行，信用社贷款 | 自有资金 | 亲友借入 |
|---|---|---|
| 21 | 55 | 24 |

从表5-3可以看出，公司创立之初大部分资金来自于股东自有以及亲友借入，因此，公司股东在这一阶段的重要程度不言而喻。

③社会联系。

初创期创业团队的社会联系具有相当重要的作用。无论是在公司用地还是在银行贷款方面，这一阶段起关键作用的都是公司经营者的人脉资源。并且股东具有多年的行业经营管理经验，且对于该行业的特性、技术要领等都有很深的了解，所以公司一直以再生棉纺产业为自己的发展方向，未进入其他领域。基于企业规模以及信任等原因的考虑，公司日常的管理均交由股东的亲戚朋友打理，公司董事长对公司日常事务有着决定性决策权利，这一点节约了公司大量的管理成本。在产品销售方面，由于行业内企业都没有建立起自身的销售团队，企业的销售基本上都是靠公司股东所掌握的客户资源。

通过分析，可以发现处于初创期的兴纬纺织有限公司由于产品方向尚不稳定，企业的生存能力较弱，抵抗风险能力较差，企业的营销能力比较差，易受产业中原有企业的威胁，销售渠道基本上是依靠股东掌握的客户资源。同时，因为企业各项制度尚不成熟和完善，管理水平低，创业者在决策上往往直觉多于分析，较多依靠创业者个人经验做决策，相对少地考虑他人意见。而企业创办的用地以及银行贷款都在很大程度上依赖创业者的人脉关系。因此，在推动企业初创期创业过程中，社会资本中的社会关系网络资本起到了最主要的作用。而创业资金来源则主要依靠创业家族的私人资本，社会财务资本相对较少。

（2）成长期创业资源整合方式分析。

2005年，公司开始进入起步期，得益于企业经营者在初创期的精心经营，企业的业绩有了大幅度的提升，企业与政府、其他关联企业、服务组织的关系也逐渐加深，这些联系在企业发展中的作用逐渐显露出来，与企业经营者的"人脉"关系共同促进企业发展。

①纵向联系。

某种意义上，可以把企业为当地政府所做的贡献大小作为企业与政府的关系密切程度的评价标准，因为这可以说是一种等价交换，相互协作的机制。兴纬纺织从2005年开始跻身苍南县百强企业，对当地的经济发展做出了一定的贡献，并且作为宜山镇的龙头企业，自然会受到政府的重视，在一些政策上面较其他一些小企业会给予优惠，在某些时候当企业发展遇到一些客观因素的阻碍时，政府也会给予帮助。

②横向联系。

首先，随着公司销售业绩不断提升，随之带来的是公司的纳税增多，利润增加，偿债能力的不断提高，公司与银行之间的关系便变得密切起来。到了这一时期，公司可以利用自身的资产，稳定增长的销售业绩作为担保，从银行获得大量资金用于企业发展。在这一时期，公司通过资产抵押担保分别向农业银行和深圳发展银行贷款1 000万元。其次，伴随着公司规模的扩大，其在行业内的地位也相应提高，通过行业协会等组织获取了一些稀缺的资源，如通过行业协会了解市场最新的动态、技术的革新等。此外，公司也通过与一些管理咨询机构以及会计师事务所等机构的合作，不断调整自身的管理体制，引进了一批技术人才和管理人才，通过授予其一定的权利达到了更好管理企业的目的。最后，公司通过参加一些展销会或通过直接与企业建立购销关系，逐渐打破了以前单一靠股东自身关系网开展营销的局面，并通过制定企业商标等方式，树立自己的企业形象，换被动营销为主动营销，及时根据市场需求，改变自身产品的特性与规格，迎合市场的需求。

③社会联系。

随着公司纵向与横向联系的不断扩展，公司股东在"人脉"网络关系上有了很大的发展。在这一时期，公司董事长当选为苍南县人大代表，某村村委书记，结识了一批领导干部，"人脉"关系有了很大的扩展，也为企业的发展提供了软环境上的支持。

综合以上分析可以看出，处于起步期的新创企业，随着产品推向市场、产品品牌和企业名声日益提高、销售额不断增长、市场份额不断扩大，企业的生产能力得到正常的发挥、生产成本逐步降低、企业开始盈利。企业的稳定发展使企业获得了当地政府的优惠政策并取得了银行贷款的信用保障，为公司获取了发展所需要的大量资金。而随着企业的各项规章制度不断完善，组织结构也趋于稳定，依靠引进外部管理人才，摆脱了"家长制"管理模式，内部管理日趋细化，管理水平逐渐提高。通过引进一批技术人员，使创业团队成员的素质得到全面提升。然而，企业也开始面临巨大的挑战。随着公司股权资源的多元化和优化，企业创始人逐渐从管理层淡出。企业开始出现贡献利益分享、组织结构变革及文化冲突等方面的矛盾。如果处理不当，可能使企业陷入重大危机。因此需要对创业人力资本、社会文化资本、资金资本等进行有机整合。此外，虽然企业已经摆脱依靠经营者的关系网进行营销的局面，但是企业社会关系网络资本仍然能够帮助企业获取更多信息，创造更多商机，吸引更多资金融入，稳定企业发展。

（3）稳定发展期创业资源整合方式分析。

通过前两阶段的发展，公司开始进入稳定发展期。公司在组织结构以及管理体制方面有了质的改观，形成了完整的组织结构，包括销售部、人力资源部、财务部、维修保障部、后勤部等多个部门，且各部门均聘请了一些家族外的专业人才担任部门主管，致力于组建优秀管理团队。三兄弟中的大股东也重新定位自己的位置，不再是一个决策者，而是一个领导者，并且引进同行企业先进的薪酬制度。此外，公司与政府、银行等组织机构的关系也有很大改善，在行业内的影响力也不断扩大。

①纵向联系。

2007年，公司在政府的鼓励和支持下，获得了用电和税收等方面的优惠措施，投资 300 余万元购置了开花设备，进行再生棉原材料的生产，成为该县再生棉纺企业最早一家进行纵向一体化的企业，节省了大量的原材料购置成本，原材料质量也得到进一步提高，产品质量也稳步提高，在行业内确立了领先优势。更多的纵向联系使得企业在各方面整合创业资源变得更加容易。

②横向联系。

这一阶段，通过对产品质量的严格把关，以及良好的客户关系处理能力，公司也承接到一些较大规模的订单，销售业绩不断提升，在行业内的形象不断提升和确立。此时，公司连续被农业银行授予信用三级企业，因而使得公司在贷款、短期借款等方面受到的待遇较其他企业优厚。在这一时期，公司还与一些产业服务机构建立了合作关系，并因此获得了许多优惠，例如在 2007 年公司与浙江一家节能企业签订试点协议，公司成为当地企业唯一的两家试点单位获得了该公司价值 40 万元的节能实验产品。另外，公司通过不断对设备的更新改造，提高了再生棉纱的产量和质量，率先与绍兴一家企业签订协议，成为该企业的试点单位，在购买该设备上得到了一定的优惠。这极大地提高了公司的产品质量信誉，许多客户因此在购买棉纱时，均以企业有无安装该设备作为棉纱价格的评判标准。公司因此也提高了产品的销售价格，在行业内有了较大的竞争优势。另外，公司与其他几家较大规模企业通过相互协作，不断地改进企业的生产流程及新产品的研究，在行业内得到大规模的传播应用，影响着市场上对于棉纱生产质量等方面的评判标准。

③社会联系。

在这一阶段，公司股东以前期快速扩展的"人脉"关系为基础，对这些有用的社会联系不断进行巩固和加深，公司依靠其在行业内的影响力已经可以为其发展获得更多稀缺资源，公司逐渐形成了比较稳固的社会关系网络，这个网络在企业发展中具有举足轻重的作用。

综合以上分析，处于稳定发展期的家族企业具有较高的市场占有率和知名度，销售规模达到一定水平，企业有了比较稳定的利润来源，在市场上形成了较强的市场势力。此时，企业为维持市场领先优势，需要投入各种费用用于广告开支、人才培训和人才、设备更新改造和企业公关等。而此时，良好的信誉和较强的实力使得公司可以获得稳定的银行贷款来源。此外，随着公司组织结构和管理体制的完善，公司管理水平和管理现代化程度逐渐提高，而随着家族外专业人才的大量引进，企业人员素质得到大幅度提高。

### 3. 研究结论

新创企业的资源整合方式并非一成不变，而是随着社会的发展，企业内外环境的变化，企业战略的调整等作出适应性调整并不断演变的。通过案例研究发现，资源整合方式呈现复杂的演变形式，企业会根据自身实力、创业阶段和创业追求选择不同的创业资源整合方式。初创阶段，家族企业主要依靠家族自有资金创建企业、主要依靠家族成员开始创业、依靠家族文化维系企业发展和团队管理、并主要依靠家族网络获取创业资源，在企业联系上，主要采取的是弱联系的资源整合方式；而在成长期，家族企业开始引入风投资金、并开始获得银行贷款，开始引进专业人才替代家族成员为主的人才结构，在文化建设上逐渐淡化家族文化对企业的影响，开始关注现代企业制度文化，逐渐拓展社会关系网络，并有了更强的企业联系。进入稳定期的家族企业有了更稳定的营业收入，企业开始进入依靠自有资金和银行贷款良性发展阶段，企业的人力资源队伍中，更大量的使用外部专业人力资源，并开始引进职业经理人代替家族成员的管理（见表5－4）。

**表5－4　　　　　家族企业创业资源整合方式演变路径**

| 企业社会资本<br><br>发展阶段　　　整合方式 | 创业资源整合内容 | | | | 创业资源整合形式 | | |
|---|---|---|---|---|---|---|---|
| | 财务资源 | 人力资源 | 文化资源 | 网络关系资源 | 纵向联系 | 横向联系 | 社会联系 |
| 初创期<br>⇩ | 家族资金<br>⇩ | 家族成员<br>⇩ | 家族文化<br>⇩ | 家族网络<br>⇩ | 弱<br>⇩ | 弱<br>⇩ | 弱<br>⇩ |
| 成长期<br>⇩ | 风投和<br>银行贷款<br>⇩ | 引进外部<br>专业人才<br>⇩ | 逐渐淡化<br>家族文化<br>⇩ | 家族网络＋<br>社会网络<br>⇩ | 较强<br>⇩ | 较强<br>⇩ | 较强<br>⇩ |
| 稳定发展期 | 银行贷款和<br>自有资金 | 引进职业<br>经理人和<br>更多外部<br>专业人才 | 现代企业<br>文化 | 社会网络 | 强 | 强 | 强 |

## 本章参考文献

[1] 方润生.企业冗余资源与技术创新之间的关系研究 [D].西安：交通大学博士学位论文，2003.

[2] 何伟.高技术创业企业及其技术创新的特征分析 [N].武汉置业技术学院报，2005.

[3] 何伟.风险投资与高技术创业企业技术创新 [D].武汉：武汉大学政治经济系，2005.

[4] 李新春，宋宁，蒋年云.高科技创业的地区差异 [J].中国社会科学，2004 (3)：17－30.

[5] 姜晨，谢富纪.组织演化的复杂性研究 [J].管理评论，2008，20 (10)：51－56.

[6] 马爱霞, 李锦. 欧美生物技术创业公司的发展模式及给我国的启示 [J]. 国际商务研究, 2004, 3: 61-64.

[7] 彭学兵, 张钢. 地区技术创业活跃程度评价——对我国 30 个省市自治区的实证研究 [J]. 科学学研究, 2007, 6: 1129-1136.

[8] 任晓红, 杜俊容. 中国汽车产业的技术创新模式选择和实现路径分析 [J]. 现代管理科学, 2006, 6: 71-72.

[9] 王德鲁, 张米尔. 转型企业技术能力再造的路径分析与战略选择 [J]. 研究与发展管理 2006, 18 (4): 22-26.

[10] 吴国林, 刘金玉, 杜斌. 二次创业计划 [M]. 北京: 北京邮电大学出版社, 2002: 21-22.

[11] 薛红志, 张玉利. 突破性创新与公司创业机制研究 [J]. 科学学与科学技术管理, 2006.

[12] 严志勇, 陈晓剑, 吴开业. 高技术小企业技术创业资源整合方式及其识别方式 [J]. 科研管理, 2003, 4: 71-75.

[13] 袁玲. 中国中小汽车零部件企业的发展战略研究 [N]. 呼喊广播电视大学学报, 2005.

[14] 张钢, 彭学兵. 创业政策对技术创业影响的实证研究 [J]. 科研管理, 2008, 3: 60-68.

[15] 张乃成. 世界汽车零部件供应商发展趋势及借鉴 [N]. 河北大学学报, 1997 (增刊).

[16] 张鸿萍. 创业型企业技术创新的战略导向 - CEO 社会关系网络与高层管理团队学习视角 [D]. 西南交通大学经管系, 2006.

[17] 张鹏. 我国高科技产业创业政策体系研究 [J]. 科学管理研究, 2003, 8: 35-39.

[18] 朱仁宏. 创业研究前沿理论探讨——定义、概念框架与研究边界 [J]. 管理科学, 2004, 17 (4): 71-77.

[19] 朱秀梅, 李明芳. 创业网络特征对资源获取的动态影响——基于中国转型经济的证据 [J]. 管理世界, 2011, 6: 105-115.

[20] Antoncic, B. &Prodan, I. Alliances, corporate technological entrepreneurship and firm performance: Testing a model on manufacturing firms [J]. Technovation, 2008, 28 (5): 257-265.

[21] Berends, H., Jelinek, M., Reymen, I. and Stulti? ns, R. Product innovation processes in small firms: Combining entrepreneurial effectuation and managerial causation [J]. Journal of Product Innovation Management, 2014, 31 (3): 616-635.

[22] Bruderer, E. & Singh, J. V. Organizational evolution earning and selection: A genetic algorithm-based modal [J]. Academy of Management Journal, 1996, 39 (5): 1322-1349.

[23] Ciabuschi, F., Perna, A. & Snehota, I.. Assembling resources when forming a new business [J]. Journal of Business Research, 2012, 65 (2): 220-229.

[24] Granovetter, M. Economic action and social structure: The problem of embeddedness [J]. American Journal of sociology, 1985, 91 (3): 481-510.

［25］ Grudzewski. W. M. , Hejduk. I. K. 技术创业的机遇和挑战 ［N］. 国家行政学院学报，2006 - 6.

［26］ Leung, A. , Zhang, J. , Wong, P, K. & Foo, M. D. The use of networks in human resource acquisition for entrepreneurial firms：M uhiple "fit" considerations ［J］. Journal of Busi ness Venturing, 2006, 21 (5)：664 - 686.

［27］ Nelson, R. R. & Winter, S. G. An evolutionary theory of economic change ［M］. Cambridge, MA：Belknap Press, 1982.

［28］ Tseng, F. M. , Chiu, Y. J. & Chen, J. S. Measuring business performance in the high-tech manufacturing industry：Acase study of Taiwan's large-sized TFT - LCD panel companies ［J］. Omega, 2009, 37 (7)：686 - 697.

# 第六章

# 创业资源整合效果的综合评价

## 第一节 引 言

**【引导案例】** 杭州泛城科技有限公司创始人陈伟星在做快的打车软件时，一开始做地面推广时，司机用户比乘客相对顺利，地推团队每天早上六点到机场铺摊位，送手机架、车用充电器来鼓励出租师傅下载软件，但是乘客推广方面，无论铺摊位、派传单、发短信等都不见效，直到微博上开始出现口碑传播，装机乘客才多了起来。电视宣传尤其有效，上海电视台一播出"快的"采访，当天就有数千名注册用户涌入。就在《创业家》记者采访的前一天，连台湾地区最大的电视新闻频道 TVBS 都到"快的"总部拍摄采访，随后播出了长达 10 分钟的新闻专题。可见市场资源整合对于泛城科技的成功起到了非常重要的作用。①

创业资源整合效果的衡量可以从过程和结果两个角度展开，从过程角度衡量创业资源整合效果可以从创业资源整合能力和创业资源整合水平等角度衡量，而从结果角度衡量则主要看创业资源整合对新创企绩效的影响。

单一资源不足以解释企业成功与否，资源之间的相互关系及其构成更好地解释企业竞争优势的来源（Heirman & Clarysse，2004）。企业获取的资源只有进行合理配置、整合与利用才能维持可持续竞争优势（Sirmon & Hitt，2003）。新创企业的资源整合对新创企业而言具有非常重要的作用。通过资源整合，不仅解决了新创企业的资源瓶颈约束，而且能发挥资源束的积聚效应，使资源实现 1 + 1 > 2 的整合效应。林嵩等（2005）研究认为，新创企业进行有效的资源整合有利于企业制定清晰的战略，能够帮助创业者重新认识企业的竞争优势。本章接下来从资源整合水平和资源整合能力两个方面分析创业资源整合效果的评价，并结

---

① 资料来源：黄海峰主编. 我们来了80后创业者［M］. 浙江人民出版社，2012.

合实证分析创业资源及创业资源整合对新创企业绩效的影响。

影响创业成功的因素非常多，李等（Lee et al.，2001）将影响技术创业成功的因素归类为内部能力和外部网络，内部能力包括创业导向、技术能力和开发期投入的财务资源等，外部网络包括与供应商的合作网络，与伙伴的合作网络，以及与风险资本公司的联系等。通过实证研究发现，内部能力的三个指标都与绩效正相关，而外部网络中只有与风险资本公司的联系与创业绩效正相关。资源是新企业创建、成长和扩张的基础，但是不同的创业资源其作用大小有差异。施雷德和马克西蒙（Shrader & Marksimon，1997）认为，不同的资源可以导致不同的战略选择，并且这种资源能够影响战略的有效性。因此资源和战略选择之间有相互关系，而战略与新创企业的绩效又有明显的联系，所以，资源影响新创企业的绩效。布拉什和查甘提（Brush & Chaganti，1998）通过调查新泽西195家服务和零售企业发现，在小的服务和零售商业领域，资源特别是人力资源和组织资源对绩效的影响比战略对绩效的影响更大；人力资源和组织资源的结合相比较提高企业的成长绩效而言更能够改善公司现金流状况，而行业和市场资源与企业的成长绩效正相关；因此企业为了获得好的成长绩效应该争取进入成长性的行业或市场，而如果为了获得好的现金流状况更应该争取获得好的资源组合。埃德尔曼等（Edelman. et al.，2005）将研究范围从小的服务和零售商业领域扩大到传统的中小企业，研究结论表明，单纯的人力资源和组织资源的结合对于提高公司创业绩效没有很大的影响，而当这两种资源与创业战略结合时能对公司绩效产生明显的正向作用。综合以上分析可以发现，不同的资源对企业绩效具有不同的作用。

# 第二节　资源整合水平

如何更好地刻画资源整合效果，也是学术界探讨的重要问题。以往研究由于只注重资源整合形式的刻画，没有打开资源整合的黑箱，因此只能从外在表现形式上对资源整合水平进行刻画。我们引入物理学中"耦合度"的概念，通过计算整合后资源的耦合度和耦合协调度，测量企业的创业资源整合水平。本部分拟分显性创业资源整合度、隐性创业资源整合度和显—隐性创业资源度三个方面展开分析。

## 一、显性创业资源整合度

显性创业资源指新创企业生以及成长过程中所需要的，能看得见、摸得着的各种生产要素和支撑条件，其中技术、资金和人才是新创企业创生必备的三种初始资源（Chandler & Hanks，1998；崔启国等，2007）。因此，研究着重考察技术、资金和人才三种资源的整合问题。

借用物理学中"耦合度"（耦合度是用来描述系统或要素彼此间相互作用、相互影响的程度（郝生宾和于渤，2008））概念测量显性创业资源的整合。将企业的技术、资金和人才三种资源看成三个系统，把企业的技术资源系统、资金资源系统和人才资源系统之间通过各自的耦合元素产生相互彼此影响的程度定义为显性创业资源的耦合度。技术资源包括有关产品的技术和有关工艺的技术，技术资源系统包括专利数、年新产品开发数、生产工艺先进性、工艺技术改造能力等指标。资金资源包括存量资金和流量资金，资金资源系统包括资产规模、资产负债比、融资多元性等。人力资源指一定时期内组织中的人所拥有的能够被企业所用，且对价值创造起贡献作用的教育、能力、技能、经验、体力等的总称，指企业成员向企业提供的技能、知识以及推理和决策能力，通常把这些能力称为人力资本（Becker，1964）。人才资源是人力资源中素质层次较高的那部分人，指企业中所有体现在员工身上的才能，包括企业员工的专业技能、创造力、解决问题的能力、管理者的管理能力等。人才资源系统包括员工规模、研发人员比例、市场人员比例、员工受教育程度、员工创业经验等。

## 二、隐性创业资源整合度

隐性资源指那些能够为企业创造收益，但不具有独立实物形态，需依附于有形资源而存在的特殊资源，包括技巧、知识、关系、文化、声誉以及能力等。莫萨科夫斯基（Mosakowski，1998）将隐性创业资源定义为个体表现出积极行为，并使用远见和直觉，同时对新机会保持警觉性的倾向。隐性创业资源不仅包括创业者和创业团队的远见和直觉、创业警觉性等，而且包括人类动机、人的能力、组织设计等。这些资源尽管不能直接看见，但在整合有形创业资源过程中发挥着重要作用。因此，创业过程中隐性创业资源对于研究创业资源整合具有非常重要的意义。本研究主要研究创业者和创业团队的创业动机、创业警觉性、创业知识、资源整合能力等五种隐性创业资源的整合。创业动机是创业行为背后的驱动力，是激励创业者去寻找机会、把握机会、实现创业成功的心理动机因素，是包括成就需要、自我效能感、控制源、创业目标等在内，推动新生创业者通过冒险的创业活动而涌现出来，并不断成长的一种力量（Shane et al.，2003）。创业动机是创业者或创业团队创业过程的一种内在资源。生存型创业者表现为对当前现状不满，并受到一些非创业者特征因素的推动而从事创业的行为；成就驱动型创业者则在"新创一个企业"的想法以及"开始一个新企业活动"的吸引下产生创业行为（Amit et al.，1995）。实证研究中可将创业动机区分为生存型和成就型两类动机，采取问卷方式测量创业者及创业团队的创业动机。创业警觉性（Entrepreneurial Alertness）是西方学者对企业家心理特质研究的一个重要切入点，被奥地利学派视为区别企业家和管理者的标志，创业警觉性是企业家识别机会的一项极为重要的认知图式（Schema）。它是一种对商业信息的投入和敏感，表现为"精明估价"式的市场知觉、"一针见血"式的识别要素、"灵感顿悟"式的快速判断（Kirzner，1997；苗青，2007，2008）。本研究采取苗青开发的创业警觉性量表，将创业警觉性分为探求挖掘、重构框架和敏锐预见三个维度。创业知识表现为创业者创业过程中具备的有关机会识别、机会开发和机会利用方面的知识。创业能力则表现为创业者创业过程中具有的机会识别、机会开发和机会利用的能力。可通过问卷法获取创业者和创业团队的创业知识和创业能力数据。可以借鉴雅亚瓦拉姆和阿乌哈（Yayavaram & Ahuja，2008）按企业知识基础可分解性程度分为完全可分解、近似可分解到不可分解的连续谱的思想，分析企业隐性创业资源整合程度。

## 三、显性—隐性创业资源整合度

在上述显性创业资源和隐性创业资源分类和测量研究基础上，本研究运用规范分析和实证分析两种方法，分析显性创业资源和隐性创业资源的协同整合，并构建创业资源协同整合的综合分类框架。根据显性创业资源和隐性创业资源耦合协调度高低及显性创业资源与隐性创业资源的协同耦合协调度高低，将创业资源整合方式分类为高低显性创业资源整合、高低隐性创业资源整合和高低显—隐性创业资源协同整合等类型。

借用物质学中"耦合度"（耦合度是用来描述系统或要素彼此间相互作用、相互影响的程度（郝生宾和于渤，2008））概念测量显性创业资源的整合水平。将企业的技术、资金和人才三种资源看成三个系统，把企业的技术资源系统、资金资源系统和人才资源系统之间通过各自的耦合元素产生相互彼此影响的程度定义为显性创业资源的耦合度。技术资源包括有关产品的技术和有关工艺的技术，技术资源系统包括专利数、年新产品开发数、生产工艺先进性、工艺技术改造能力等指标。资金资源包括存量资金和流量资金，资金资源系统包括资产规模、资产负债比、融资多元性等。人力资源指一定时期内组织中的人所拥有的能够被企业所用，且对价值创造起贡献作用的教育、能力、技能、经验、体力等的总称，指企业成员向企业提供的技能、知识以及推理和决策能力，通常把这些能力称为人力资本。（Becker，1964）。人才资源是人力资源中素质层次较高的那部分人，指企业中所有体现在员工身上的才能，包括企业员工的专业技能、创造力、解决问题的能力、管理者的管理能力等。人才资源系统包括员工规模、研发人员比例、市场人员比例、员工受教育程度、员工创业经验等。

设变量 $U_i(i=1,2,\cdots,m)$ 为技术—资金—人才资源系统的序参量，$U_{ij}$ 为第 $i$ 个序参量的第 $j$ 个指标，其值为 $X_i(i=1,2,\cdots,n)$。$A_{ij}$，$B_{ij}$ 是技术—资金—人才资源系统稳定状态时序参量的上、下限值。因而技术资源系统、资金资源系统和人才资源系统对总系统有序的功效系数 $U_{ij}$ 可表示为：

$$U_{ij} = \begin{cases} (X_{ij} - A_{ij})/(A_{ij} - B_{ij}) & \text{具有正功效} \\ (A_{ij} - X_{ij})/(A_{ij} - B_{ij}) & \text{具有负功效} \end{cases} \qquad (6-1)$$

其中 $U_{ij}$ 为变量 $X_{ij}$ 对创业企业系统的功效贡献大小。按照（6—1）式构造的功效系数具有如下特点：$U_{ij}$ 反映了各指标达到目标值的满意程度，$U_{ij}$ 趋近于 0 为最不满意，$U_{ij}$ 趋近 1 为最满意，所以 $0 < U_{ij} < 1$。由于技术资源、资金资源和人才资源是处于创业企业系统中三个不同而又相互作用的子系统，对子系统内各个序参量的有序程度的总贡献可通过集成方法论来实现，一般情况下采取几何平均法和线性加权和法，这里采取线性加权和法：

$$U_i = \sum_{j=1}^{m} K_{ij} U_{ij} \qquad \sum_{j=1}^{m} k_{ij} = 1, k_{ij} \geq 1 \qquad (6-2)$$

其中 $U_i$ 为子系统对总系统有序度的贡献，$K_{ij}$ 为各个指标的权重，具体通过层次分析法予以确定。

计算耦合度，借鉴物质学中的容量耦合概念及容量耦合系数模型，推广得到多个系统相互作用的耦合度模型，即：

$$Cn = \sqrt[n]{(U_1 \times U_2 \times \cdots \times U_m)/\prod(U_i + U_j)}\,(m=1,2,3;i,j=1,2,3,i \neq j)$$

$$(6-3)$$

其中 $Cn$ 为耦合度，取值位于 [0，1] 之间，且随数值的增大而使技术 - 资金 - 人才资源系统彼此之间达到良性共振耦合，系统趋向新的有序结构，反之则意味着三者之间处于无关状态，系统将走向无序状态，$U_i$ 代表技术、资金、人才 3 个子系统对总系统有序度的贡献。

计算耦合协调度。虽然 $C$ 可以表示为技术—资金—人才的协调程度，但有时难以反映三者实际整合状态。比如技术资源、资金资源、人才资源三者大小相等，但都处于低水平阶段，也可能出现较高的协调度，故通过构建技术—资金—人才耦合协调模型来表征三者之间的耦合协调性。

$$D = (C \times T)^{\frac{1}{2}}$$
$$T = a \times U_1 + b \times U_2 + c \times U_3$$

其中 $D$ 为耦合协调度，$C$ 为耦合度，$T$ 为技术、资金、人才资源的综合评价指数，反映两者（三者）的整体效益或水平。$U_i(i=1,2,3)$ 为技术、资金、人才资源的时间函数。$a$、$b$、$c$ 为待定参数。

可以通过问卷法获取显性创业资源和隐性创业资源数据，运用耦合度和耦合协调度的计算方法，测量创业企业的创业资源整合水平。同时，运用规范分析法分析各种创业资源整合类型的特征，并通过问卷法获取新创企业的资源数据，运用协同学中耦合度和耦合协调度概念计算各企业的创业资源整合度，以此分析新创业的创业资源整合水平。同时分析各新创企业创业资源整合水平与创业年限、企业规模、行业类型等的相关性。以此判断不同创业资源整合水平的适用条件。

## 第三节　资源整合能力

新创企业的资源整合效果如何，也可以从其资源整合能力进行评价。关于资源整合能力的研究大致包括资源观、能力观和过程观三个视角。沃纳菲尔特（Wernerfelt，1984）和巴尼（Barney，1991）等资源观代表强调资源独特特性的重要性，认为资源是企业的一切。沃纳菲尔特（1984）认为企业强项或弱项的所有一切都是资源，包括了物质资源、人力资源和组织资源。巴尼（1991）认为企业资源包括了所有的资产、能力、组织程序、信息和知识等。他们不对资源和能力加以区分，甚至把能力看做是企业的一种资源。直到 20 世纪 90 年代中后期，才有学者开始关注企业如何开始发展企业的特定能力和更新能力。他们开始把能力作为企业研究的重点。

能力学派认为，企业通过组织内部各种资源最终形成公司的能力体系，通过组织间的学习完善组织的能力是一种重要的价值活动。基于能力观的学者往往注重企业动态能力在企业内部过程可能发挥的有效作用。蒂斯（Teece，1992）指出，企业的竞争优势不仅来源于独特的资源，而且也来源于配置这些资源的能力。动态能力的产生不仅需要企业本身已经拥有一个较强的资源和能力基础，而且还要求企业能够有效地配置现有资源，并且能够拥有不断地创造新资源和新知识的能力。阿密特和休梅克（Amit & Schoemaker，1993）拓宽了企业能力的定义，他们把能力定义为组织流程中为实现要求的目标而配置资源的能力。他们是基于信息和知识的，并且通过组织资源之间复杂的相互作用而随时间发展的企业特有有形和无形的流程。资源在企业内部或外部都可以成功获取。而企业的某种能力则仅仅存在于组织和它的流程中，是属于具体企业特有的属性。亨德森和寇科布姆（Henderson & Cockbum，1994）将企业独有的能力划分为两类：一类是"部件能力"（Component Competence），主要解决企业日常的基本问题；另一类是"架构能力"（Architectural Competence）或"使用局部能力的能力"，主要是对原有局部能力进行再整合以开发新能力。

## 一、基于过程的资源整合能力

西尔蒙和希特（Sirmon & Hitt, 2003）基于资源观提出了"资源管理"的概念，认为资源管理是一个结构化资源、绑聚资源以及利用资源的综合过程。西尔蒙等（Sirmon et al., 2007）对资源管理作了进一步的分析，认为绑聚资源和利用资源的过程实际上代表着一种企业配置与整合资源来实现理想状态的能力，稳定调整（Stabilizing）、丰富细化（Enriching）和开拓创造（Pioneering）是绑聚资源的三个过程，调动（Mobilizing）、协调（Coordinating）和配置（Deploying）是利用资源的三个过程。国内一些学者在这些研究基础上从资源整合过程来分析资源整合能力，如饶扬德（2006）把企业资源整合能力定义为企业通过选择、汲取、置换与配置、激活与融合不同种类型资源的能力，他们主要从宏观战略层次和微观战术层次，来分析企业从外部识别与获取资源和内部配置与激活资源的能力。崔启国（2007）认为，资源整合能力是新创企业内部组合和配置资源的一种动态能力，可以分为资源构建能力和资源利用能力两个维度。马鸿佳（2008）认为，资源整合能力是在创业过程中企业对资源的识别、获取、配置和利用的能力。他主要从创业者个人和创业团队两个层面来分析新创企业的资源整合能力，即从外部环境识别与获取资源和内部对其进行配置和利用的能力。谷宏（2010）和张涛（2010）分别从资源整合的过程出发分析资源整合能力，认为资源整合能力就是企业选择、汲取、配置与利用资源的能力。这些研究，为从过程观分析资源整合能力提供了思路与借鉴。

## 二、基于内容的资源整合能力

基于过程的资源整合能力分析没有回答新创企业在面对具体的资源进行整合的时候应该怎么做，更为重要的是整合不同类型的资源和相同类型的资源效果是不一样的，因此有必要基于内容角度分析创业资源整合能力。彭学兵等（2016）借鉴物理学中的耦合和软件工程学中的内聚概念，将创业资源整合能力分为资源内聚能力和资源耦合能力。资源内聚能力反映企业在同类资源上的整合能力，资源耦合能力反映企业整合不同类型资源的能力。

整合指企业整合和协调资产与资源以形成新的资源基础的能力（Bowman & Ambrosini, 2003）。资源整合是企业战略的调整手段，用于整合优化企业的资源配置。在整合前资源都是独立的，这样不同种类的资源就不能发挥其合力，也无法提高企业的竞争力。毕菊英（2013）认为企业要使不同种类的资源发挥其价值并产生合力，需对资源进行整合。企业资源整合需识别出有价值的资源并进行资源集聚，通过重新构建资源，有效的分配和利用资源，提升资源整合能力，让被整合的资源发挥生产效益，为公司带来利润。桑切斯（Sanchez, 1995）认为，企业的资源整合能力应包含从外部吸收各类信息和知识的能力，即吸收能力，这种能力与企业的柔性相联系，企业在不同发展阶段需根据环境变化对外部信息进行进一步的识别与获取。

国内有的学者从创业主体研究，也有学者从资源整合的过程来研究资源整合能力。由于研究角度不同，对资源整合能力的概念及维度划分也不同。一些学者从宏观和微观层次来分析资源整合能力，例如，崔新有（2004）提出企业资源整合涉及两个层次，一个是战略制定层次，另一个是战略实施层次。这两个层次分别对应战略预见能力和组织协调能力。战略预见能力是在未来尚未到来之前就看到未来，是关于给顾客提供的好处、公司的核心竞争力和顾客界面的一套看法（王艳杰，2002）。战略预见能力的核心是企业家的素质和能力。在崔新有（2004）的研究基础上，饶扬德（2006）从宏观与微观两个层次分析资源整合能力，他认为资源整合能力包括两个层次，一个是宏观层次，具体分为重建"游戏规则"能力和战略预见能力；另一个是微观层次，具体指对创业资源的置换与配置、激活与融合能力。其中重建"游戏规则"能力表现为企业利用企业内外资源、新旧资源、个体与组织资源以及横向纵向资源等所具有的打破原有僵化的"竞争规则"的能力。如果一个企业能够制定所在行业的游戏规则，那么它肯定处于绝对领导地位，获得创建超额利润的机会。战略预见能力表现在创业者对环境不确定性及变化趋势，管理问题、威胁、优劣势的洞察力、预见力和应变力。企业利用战略预见力发现潜在威胁，规避风险，掌握主动权。置换及配置能力表现在有效置换及配置资源数量与质量，增强组织结构合理性等方面。企业利用置换及配置能力丰富资源总量，构建资源组合，调整资源结构。激活与融合能力是企业使资源的效益与效能得到充分发挥的能力。企业的激活与融合能力决定企业能否获得与资源实力相匹配的或者更强的竞争优势。谷宏（2011）在崔新有（2004）和饶扬德（2006）研究的基础上就资源整合能力对创业过程的不同阶段影响机制进行了研究，并构建了资源整合能力影响创业过程的分析框架。

有学者从竞争优势的角度论证了资源整合能力的重要性。例如：彭罗斯（Penrose, 1959）认为，企业要想获得竞争优势，只利用现有的资源和能力是不够的，还要进行新资源和能力的开发。饶扬德（2005）认为竞争优势不仅取决于企业内部资源，还取决于企业外部资源，以及整合企业资源的能力。崔新有（2004）将核心竞争力的形成分为三个层次。基础层是企业资源，中间层是资源整合能力，最高层是具体运行能力。总之企业对现有资源的充分利用与开发能力是企业获得竞争优势的关键所在。

也有学者认为能力是企业专有的一种内部能量。例如，格兰特（Grant,

1991）认为能力是完成任务一组资源所具有的能量。这种能量是不能被竞争对手窃取的，要想获得必须经过实践。能力具有显著的惯性及企业专有性。阿密特和休梅克（Amit & Schoemaker, 1993）指出企业的某种能力仅存在于组织和其业务流程中，是企业特有的。能力这种特性有助于企业获得竞争优势，增加市场份额与地位，提高企业绩效。

不仅如此，基于能力观的学者也关注企业动态能力可能发挥的有效作用。20世纪90年代，出现了多种能力理论的观点，主要包含：企业是能力构成的集合体；竞争要将能力作为基础，基于能力的战略管理思想；企业的核心能力是企业获得持续竞争优势的根本；企业核心能力体现为多种不同的技能与知识的相互结合，核心能力的建立要经历长期的累积；核心僵化会阻碍企业的创新等等。各个理论分别从过程、位势与路径等不同方面对能力进行了深入的研究，为动态能力理论的发展奠定了基础。蒂斯等（Teece et al., 1997）指出动态能力是企业整合、建立、重构内外部能力，以与快速变化的环境相匹配的能力。这里的动态是指为了与不断发生变化的市场环境相适应，企业必须要具备持续自我更新的能力。所以，动态能力是企业得以保持或者是变更其竞争优势基础的能力（Teece et al., 1994）。

## 三、不同资源整合模式下创业资源对新创企业绩效的影响实证

在一项以102家新创企业为研究对象，以创业成长绩效为因变量，以人力资源因子、关系资源因子、技术资源因子、信息资源因子、资源整合因子、技术能力因子、营销能力因子、吸收能力因子等为自变量，对七种创业资源整合方式的数据进行回归分析的研究中，我们发现不同资源整合模式下，创业资源对新创企业成长绩效的影响存在差异（见表6－1）。

表6－1　　　　　　　　　不同创业资源整合方式下的回归分析结果

| 变量 | 因变量：增长绩效 | | | | | | |
|---|---|---|---|---|---|---|---|
| | 创业资源整合方式1 | 创业资源整合方式2 | 创业资源整合方式3 | 创业资源整合方式4 | 创业资源整合方式5 | 创业资源整合方式6 | 创业资源整合方式7 |
| 技术能力 | 0.341 *** | 0.010 | 0.269 ** | 0.358 *** | 0.458 *** | 0.396 *** | 0.259 ** |
| 营销能力 | 0.292 * | 0.226 ** | 0.021 | − 0.156 * | 0.231 ** | 0.173 | 0.325 *** |
| 吸收能力 | − 0.246 * | 0.022 | 0.029 | − 0.300 *** | 0.340 *** | − 0.255 ** | 0.350 *** |
| 人力资源 | 0.256 * | 0.171 | 0.088 | − 0.425 *** | 0.300 ** | 0.083 | 0.120 |
| 关系资源 | 0.117 | − 0.158 | 0.084 | 0.209 | − 0.208 ** | 0.098 | − 0.168 |
| 技术资源 | 0.275 ** | 0.347 *** | 0.356 *** | 0.089 | 0.478 *** | 0.147 | 0.170 |
| 信息资源 | 0.186 | − 0.286 ** | − 0.041 | 0.302 ** | 0.376 *** | − 0.086 | 0.271 ** |
| 资源整合 | 0.057 | − 0.338 *** | 0.308 ** | 0.369 *** | − 0.246 ** | − 0.083 | − 0.394 *** |

注：*** p < 0.01；** p < 0.05；* p < 0.1。

从表6-1的分析结果可以看出：

（1）技术能力、营销能力、吸收能力、人力资源和技术资源对创业资源整合方式1（关系资源＞信息资源＞人力资源＞技术资源）的创业成长绩效影响比较显著。

（2）营销能力、技术资源、信息资源和资源整合对创业资源整合方式2（关系资源＞信息资源＞技术资源＞人力资源）的创业成长绩效影响比较显著。

（3）技术能力、技术资源和资源整合对创业资源整合方式3（人力资源＞信息资源＞技术资源＞关系资源）的创业成长绩效影响比较显著。

（4）技术能力、营销能力、吸收能力、人力资源、信息资源和资源整合对创业资源整合方式4（技术资源＞信息资源＞人力资源＞关系资源）的创业成长绩效影响比较显著。

（5）技术能力、营销能力、吸收能力、人力资源、关系资源、技术资源、信息资源和资源整合都对创业资源整合方式5（技术资源＞信息资源＞关系资源＞人力资源）的创业成长绩效影响比较显著。

（6）技术能力和吸收能力对创业资源整合方式6（人力资源＞关系资源＞技术资源＞信息资源）的创业成长绩效影响比较显著。

（7）技术能力、营销能力、吸收能力、信息资源和资源整合都对创业资源整合方式7（关系资源＞技术资源＞人力资源＞信息资源）的创业成长绩效影响比较显著。

通过实证研究发现，不同的能力、不同的资源及资源整合对采取不同创业资源整合方式的新创企业成长绩效的影响不同。

整体而言，技术能力对各种技术创业的新创企业创业成长绩效都具有重要的影响，说明技术能力的确对新创企业的成长至关重要。

营销能力对关系主导型和技术主导型新创企业的影响比对其他类型新创企业的影响作用更为明显。吸收能力对技术主导型新创企业的影响比对其他类型新创企业的影响作用更为明显。资源整合对不同类型的新创企业成长都能产生显著影响，关键要与不同的资源要素组合模式匹配。某种资源要素越丰富，该资源对新创企业成长绩效的作用越不明显。

## 第四节  创业资源整合对新创企业绩效的影响

衡量创业资源整合方式设计合理的另一个重要依据是看资源整合方式的设计与选择是否有利于提高创业绩效。为了衡量创业资源整合方式选择与新创企业绩效的关系，本章首先分析创业资源对新创企业绩效的影响，然后分析创业资源整合对新创企业的影响，通过对中国转型经济背景下科技型初创企业和成熟企业技术创业资源配置方式和资源整合方式与创业成长绩效的关系的统计分析，建立技术创业资源整合方式选择与创业绩效之间相互影响的关系模式，构建创业资源整合效果的综合评价模型。

　　资源依赖理论认为，新创企业需要从掌握资源的大企业获取创业资源，因而必须与大企业建立合作关系，但有时候建立这种关系是有风险的，因此应该避免过分依赖单一大企业，以免被其权利控制（Pfeffer & Salancik，1978）。社会嵌入理论则认为，新创企业不应该减少对外部资源提供者的依赖，而是应该创造彼此之间的相互依赖和共同目标，古拉蒂和西奇（Gulati & Sytch，2007）就发现，大型制造企业的绩效与其和供应商的相互依赖关系呈正比，而与其对供应商的强势地位成反比。因此，他们认为社会嵌入理论更好地解释某些大企业与小企业的关系，因为该理论不是关注一次交易的风险，而是关注多次交易带来的潜在利益。维拉纽瓦等（Villanueva et al.，2012）分析了新创企业如何从掌握资源的大企业获取资源，发现资源流从大企业流向小企业是因为合作企业之间存在完全的相互依赖关系，而非存在强弱依赖关系。

　　资源是企业创建和成长的基础，资源获取的能力与企业绩效之间存在正向相关关系。然而，有学者认为在某些环境中，资源的积累可能给企业竞争优势的产生和维持带来负面影响（Mosakowski，2002）。赵文红和李秀梅（2014）将创业资源获取划分为运营资源获取与知识资源获取，分别研究其与创业绩效的关系，并引入资源管理这一调节变量，探讨资源管理对资源获取两个维度与创业绩效关系的不同调节作用。实证研究表明，不同类型的资源获取对创业绩效的影响不同，运营资源获取与创业绩效呈倒"U"形关系，知识资源获取与创业绩效呈"U"形关系。资源管理在不同类型资源获取与创业绩效之间发挥不同的调节作用，资源管理强化了运营资源获取与创业绩效之间的倒"U"形关系，弱化了知识资源获取与创业绩效之间的"U"形关系。

## 一、从形式角度的创业资源整合对新创企业绩效的影响实证

　　企业资源整合的每一步都对企业绩效有影响。资源识别是确定企业所需资源的过程，它是资源整合成功的前提。只有不断识别稀缺的、不可替代、不可模仿的资源，才能增强企业竞争力，提升企业绩效。通过不断识别有用资源，建立资源识别体系，由此提高企业绩效。资源获取则是创业者通过自身或其他途径获得资源并运用为企业服务的过程。在此过程中它会促使企业结构优化，增多可利用资源，提高企业总体水平，最终提高企业绩效。资源配置是企业各种能力和组织结构形成的关键，它的好坏关系着企业的资源利用效率，直接影响企业绩效。由

此可见，企业资源整合的每一步都影响着企业绩效。企业的竞争优势不仅仅得益于独特的资源，更是因为对资源的整合。企业在资源整合的过程中创造价值，为企业赢得财富。西尔蒙等（Sirmon et al.，2007）的研究表明，当新创企业所处环境的不确定性较高，资源供给不充足时，采用开拓创造的资源整合方式能够为企业形成能力，并为顾客创造价值。中小企业难以拥有充足的资源得以发展，因此渴望获取资源，然而自身的实力弱、没有经营业绩、成长的不确定性等多方面因素又使得中小企业者难以获得资源，因此，中小企业只有采用创造性的资源整合方式才可能成功（张玉利，2008）。

重新整合组织资源或者重新构建组织资源是企业重要的成长活动，对企业资源进行整合产生的价值往往大于企业各个资源创造价值的总和（Penrose，1959）。整合组织资源以改善企业的生产过程能够形成企业所需要的能力，有利于企业取得竞争优势，进而提高企业绩效。新创企业的资源不一定都能够创造价值，而信息在企业内部转化、传播对资源价值创造起着重要作用，该过程可以使资源形成互补的资源组合，从而创造价值，提高企业的绩效。在激烈的市场竞争和动荡的市场环境下，新创企业为了生存和发展不得不积极主动地适应环境，学习新的知识，整合已有的资源以创造更好的企业绩效。资源是资源观中最基础的概念，它是指企业控制的所有能资产、能力、组织过程、企业特质、信息、知识等，是由企业为了提升自身的效率和效益而用来创造并实施战略的基础（Barney，1991）。彭罗斯（1959）认为，企业中具有互补性、稀缺性、难以交易性、不可模仿性和耐久性的资源是形成竞争优势的关键资源。但企业获取的资源只有进行合理配置、整合与利用才能维持可持续竞争优势（Sirmon & Hitt，2003）。中小企业所拥有的企业资源必须加以有效整合，才能形成企业的核心竞争优势，在市场上获得长期的生命力（林嵩等，2005），并产生较高的绩效。资源整合方式包括从规模较小的资源整合（例如，执行简单任务）到更高层次的"修补"或经营中的大范围整合（Eisenhardt & Brown，1999），西尔蒙等（Sirmen et al.，2007）将企业的资源整合方式按创新程度分为稳定调整、丰富细化和开拓创造的三种资源整合方式。三种资源整合方式的目的也不同，前两种以期维持或扩展当前能力，而开拓创造资源整合方式目的是创造新能力。另外，三类整合方式的对象也有区别，第一类只是针对企业原有资源进行整合，第二类开始引入新资源，第三类则可以对全新资源进行整合。三种资源整合方式对资源整合的程度依次递进。资源整合不是对资源的简单改进，而是一种创新。新创企业须通过自身的资源整合能力来提升绩效。

## 1. 稳定调整的资源整合方式与新创企业绩效

稳定调整资源整合方式是在现有的企业资源基础上进行循序渐进改进资源整

合方式的过程（Sirmon et al.，2007）。当企业外部环境动态性不是很强的时候，对企业资源整合方式进行微小的改动，保证企业能力的与时俱进，对企业价值创造有积极影响。对于那些处于领先地位的企业，为维持这一优势而采取稳定调整方式，可以降低因自身不断改进而带来的成本，进而提高新创企业绩效。中小企业采用稳定调整方式对其重要的单个资源进行整合，最优可能使企业获得生存。如果能够很好地运用稳定调整的资源整合方式配制、协同企业拥有的资源，则可以提高企业资源的产出效果。稳定调整的资源整合方式类似于西格尔考（Siggelkow，2002）所说的惰性过程（Coasting），即如果一个组织的一种核心元素在一定的时间里没有被增强，我们就说该组织关于这种核心元素是惰性的（Sirmon et al.，2007）。稳定化的目的是在现有能力基础上进行较小的改进。通过对现有资源组合进行微调，保持现有人员、技术、管理流程等基础性资源不发生显著变化。

**2. 丰富细化的资源整合方式与新创企业绩效**

丰富细化的资源整合方式的目的是扩展和延伸当前能力（Sirmon et al.，2007）。虽然丰富细化的程度不同，但其扩展目的相同，不仅需要保持技能的先进性，而且要超越其先进性。通过学习新技能或者通过给当前资源束增加一种补充资源，可以实现丰富细化的资源整合方式。其中增加的资源可能已经存在于原来的资源组合中，或是最近开发的，也可以是通过丰富一种特定能力而获取的。这些增加的资源是在原有资源基础上精工细作出来的，它们与已有资源有了一定的整合，因此，在拓展这些资源能力时，企业可以获得更好的绩效。丰富细化的资源整合方式，其目标是扩展和延伸当前能力。尽管丰富细化的程度不同，但是其扩展目的相同，不仅保持技能的先进性，而且超越其先进性。通过学习新技能（当前技能的延伸）或者通过给当前资源束增加一种补充资源，可以实现丰富细化的资源整合方式。增加的资源可能已经存在于原来的资源组合中，或者是最近开发的，或者是通过丰富一种特定能力而获取的（Sirmon et al.，2007）。

**3. 开拓创造的资源整合方式与新创企业绩效**

新创企业相比成熟企业存在着资源匮乏、内部组织结构不完善等问题，如何将获得的资源与企业内资源匹配，重新组合而形成新的能力对新创企业的生存和发展意义重大。有效的资源整合过程可使得组成新创企业的资源和能力不断增加，不断丰富，与企业的内外部环境形成协同作用，促进企业不断成长。开拓创造过程是企业产生能力的过程（Sirmon et al.，2007）。由于新的能力创造过程是新创企业整合、利用资源，创造与所捕捉机会相适应的能力的过程（刘晓敏和刘其智，2006），对于新创企业而言，生存下来并抓住机会发展自身显得尤为重要。

开拓创造资源整合过程为新创企业带来这种新能力，从而使其有效地识别和捕捉机会，为新创企业绩效的增长创造了条件。开拓创造的资源整合，就是把企业所拥有的各种资源在时间和空间上加以合理配置、重新组合，以实现资源效用的最大化。这种资源效用的最大化，并非是简单的资源配置，而是通过创造性的整合规划形成企业独特的资源整合方式，发挥企业资源的潜在价值。开拓创造的资源整合方式不是建立在现有知识基础上（Ahuja & Lampert，2001），而是需要探索性学习的独特过程（March，1991）。该资源整合方式可能涉及整合完全新的资源，这些资源是近来从战略要素市场上获取的，并吸纳到资源组合中。通过将新的资源组合到一起，用有创意的新方法对资源进行组合，或者创造性地将新的资源与现有资源加以组合可以实现开拓创造的资源整合方式。

饶扬德（2006）认为竞争优势的真正来源是企业对资源的整合方式运用而形成的资源整合能力，这种能力使得企业高层管理人员能够基于对未来发展趋势的正确预测判断而有效地识别与选择、汲取与配置、激活与融合企业内外部资源、新旧资源、个体与组织资源、横向与纵向资源。通过持续不断的资源整合，企业能提升其竞争优势，提高企业绩效。

蔡莉等（2010）基于吉林省192家新创企业的研究提出，企业通过合理实施稳定调整和开拓创造两种不同形式的资源整合方式，有助于加强组织对因实施市场导向战略而获取的相应资源、市场机会的有效利用，间接促进了企业绩效的提升。林嵩等（2005）则认为，新创企业进行有效的资源整合，有利于企业制定清晰的战略，能够帮助创业者重新认识企业的竞争优势。

### 4. 组织学习的中介作用

组织学习是企业获取新知识，并将新知识用于企业决策或其他企业管理行为的过程（Grant，1996），是新企业创造新知识，加强组织创新程度，提高企业绩效的重要途径，是组织内部成员完成探究知识、并产生有关产品或流程的知识行为（韩子天、谢洪明、王成、罗惠玲，2008）。王雁飞和朱瑜（2009）则从学习承诺、共同愿景和开放心智三个方面来衡量组织学习能力。陈国权（2005，2006）认为组织学习能力是组织成员作为一个整体不断地获取知识、改善自身的行为和优化组织的体系，使组织在不断地变化的内外环境中保持可持续生存与健康和谐发展的能力。蔡莉等（2009）则认为，组织学习能力是将会导致企业的资源状态有所改善、资源数量或者种类有所增加，进而改善企业绩效的认知和行为。

我们运用220份新创企业问卷数据分析西尔蒙等（Sirmon et al.，2007）提出的三种创业资源整合方式对新创企业绩效的影响。数据的描述性统计分析和实证结果见表6-2和表6-3。可以看出新创企业开拓创造资源整合方式、丰富细化的资源整合方式和开拓创造的资源整合方式都对新创企业绩效产生正向影响。

表 6 – 2 各主要变量的描述性统计及相关系数

| 变量 | 员工人数 | 企业年龄 | 学习能力 | 稳定调整 | 丰富细化 | 开拓创造 | 企业绩效 |
|---|---|---|---|---|---|---|---|
| 企业年龄 | 0.433 * | | | | | | |
| 学习能力 | − 0.093 | − 0.160 | | | | | |
| 稳定调整 | − 0.196 | − 0.190 | 0.331 ** | | | | |
| 丰富细化 | − 0.264 | − 0.307 ** | 0.338 ** | 0.622 *** | | | |
| 开拓创造 | 0.116 | 0.024 | 0.255 * | − 0.144 | 0.042 | | |
| 企业绩效 | − 0.077 | − 0.120 | 0.224 * | 0.328 ** | 0.353 ** | 0.253 * | |
| 均值 | 1.96 | 2.06 | 3.81 | 3.45 | 3.86 | 4.01 | 3.45 |
| 标准差 | 1.06 | 0.83 | 0.47 | 0.72 | 0.62 | 0.65 | 0.60 |

注：* 在 0.1 水平（双侧）上显著相关； ** 在 0.05 水平（双侧）上显著相关； *** 在 0.01 水平（双侧）上显著相关。

表 6 – 3 回归分析结果（因变量为企业绩效）

| 变量 | 因变量：企业绩效 | | 因变量：组织学习能力 | 因变量：企业绩效 |
|---|---|---|---|---|
| | 第一步 | 第二步 | 第三步 | 第四步 |
| 员工人数 | − 0.030 | − 0.031 | − 0.021 | − 0.041 |
| 企业年龄 | − 0.107 | − 0.100 | − 0.085 | − 0.012 |
| 稳定调整 | | 0.328 ** | 0.331 ** | 0.209 ** |
| 丰富细化 | | 0.353 ** | 0.338 ** | 0.178 ** |
| 开拓创造 | | 0.253 * | 0.255 * | 0.171 ** |
| 学习能力 | | | | 0.283 * |
| $R^2$ | 0.073 | 0.078 | 0.104 | 0.073 |
| $\Delta R^2$ | 0.073 | 0.006 | 0.026 | 0.073 |
| DW | | | 2.012 | |
| F – change | 10.727 ** | 3.314 ** | 7.942 ** | 10.727 ** |

注：* 表示在 $p < 0.1$ 的水平上显著； ** 表示在 $p < 0.05$ 的水平上显著。

实证研究结果表明，新创企业的三种资源整合形式对企业绩效都具有显著正向影响，说明资源整合在新创企业绩效中具有非常重要的作用。而企业学习能力在新创企业资源整合和企业绩效的正向关系中具有正向中介作用。说明资源整合提高了组织学习能力，进而提高了企业绩效。企业通过资源整合不仅实现了分散资源积聚效应的发挥，而且提高了组织学习能力，而组织学习能力的提高一方面帮助企业不断提供出色的顾客价值、难以复制的能力、不断改善企业的基本假设、价值观、思维模式、目标以及管理模式，从而与环境的动态变化适应，最终获得较高水平的绩效；另一方面，企业通过合理实施资源整合方式，有助于加强组织对因组织学习能力提高而获取的相应资源的有效利用，间接促进企业绩效的提升。

新创企业在创建和成长的过程中困难重重，面临缺乏合法性和资源相对匮乏等多方面的先天劣势，特别是中国尚处于转型经济期，国内的市场体系尚不健全，供求关系不能完全通过市场机制来调节。在这一情境下，新企业要想求得生存和发展就需要有明确的目标，并不断根据自身情况加以调整。那些不断获取和整合新知识、信息和资源的企业不仅能提高企业绩效，而且提高了组织学习能力，并进而提高了组织绩效。这一研究结果与蔡莉和尹苗苗（2009）的研究互为补充。蔡莉和尹苗苗（2009）以新创企业为研究对象，认为资源整合在组织学习能力与新创企业绩效关系中具有中介作用。而本研究认为，不仅组织学习能力能提高资源整合的效果，资源整合也能提高企业学习能力。这对资源整合和组织学习的研究都是一个重要的理论贡献。

## 二、从内容角度的创业资源整合对新创企业绩效的影响实证

### （一）创业资源内聚与创业资源耦合对新创企业绩效的影响

资源观（RBV）认为，有价值、稀缺、难以模仿和难以替代的独特资源才是企业竞争优势的来源。但企业仅仅拥有独特的资源并不能保证能获得竞争优势和价值创造。企业获取的资源需要进行合理的配置、整合与利用才可以维持企业持续的竞争优势（Sirmon & Hitt，2003）。通过资源整合，企业可以摒弃无价值的资源，形成新的核心资源体系。但现有文献多按照西尔蒙等（Sirmon et al.，2007）的研究将创业资源整合方式划分为稳定调整、丰富细化和开拓创造三种形式，缺乏对相同资源整合和不同资源整合差异的分析。本书借用物理学中的"耦合（Coupling）"和软件工程学中的"内聚（Cohesion）"两个概念，将创业资源整合分为创业资源内聚和创业资源耦合两个维度，并分析其对新创企业绩效的影响。

资源内聚指对某一种具体资源进行识别与选择、汲取与配置、激活和有机融合，目的是达到同类资源高度关联，彼此促进的目的。企业创立初期由于没有完善的组织架构和相对稳定的订单资源，使得新创企业往往面临资源约束和生存困境（肖坚石，2008）。此时若能对现有有限资源进行有效整合，争取每一种资源都能实现价值最大化，便能突破资源瓶颈，提高生存绩效。内聚资源首先要求准确识别资源，然后在获取必要资源基础上，完成创业资源的积累。某类资源内聚的目的是增加企业在某类资源上的领先优势，使得竞争对手难以模仿，其最终目的是形成核心资源。因为企业的核心资源是企业竞争优势的源泉，它不仅能为企

业创造经济收益，还能限制、阻止经济收益的消散和外移（康荣平和柯银斌，1999；程勇，2009）。由于以往多数研究认为人力资源是新创企业最重要的资源（如 Gartner，1996；Coff & Kryscynski，2011），因此，接下来以人力资源为例探讨资源内聚对新创企业绩效的作用。

　　人力资源内聚的目的是完成公司人力资源的积累，最终打造高质量的人力资源团队。人力资源内聚需要基于员工的经验和受教育水平两个方面。人力资源的经验包括一般经验和企业的具体经验，其中一般经验指员工在劳动力市场中获得的专业经验，而企业的具体经验是指员工在企业内部获得的经验（王瀚轮，蔡莉，2011）。人力资源内聚需要创业者协调整合人员的一般经验和具体经验，使得两方面经验各得其所，各安其用。教育水平是反映人力资源知识和培训的重要指标。受教育水平高不仅能提高员工的奉献精神，还能促进新知识的产生。因此创业者在整合人力资源时，充分考虑员工的受教育水平与岗位的匹配，基于员工的经验和受教育水平权衡人员配置，将使得企业员工发挥出最好的工作绩效，员工工作绩效必然带来企业绩效的提高。同类资源内聚不仅能弥补该类资源不足带来的资源匮乏影响企业正常运营的不足，重要的是能激发同类资源的潜在价值，形成资源的合力，最终实现在某类资源上的优势突破，而这种突破必然带来企业绩效的提高。

　　资源耦合指为了发挥不同类型资源的组合优势，对不同资源进行识别与选择、汲取与配置、激活和有机融合，达到不同类型资源相互作用、彼此影响的目的。资源耦合的目的是使不同种类的资源产生协同效应。希尔发特（Helfat，2000）认为协调就是弥补资源间各自的缺憾，使资源间产生一种独特的联系，创造竞争对手无法模仿的价值。郝生宾和于渤（2008）则认为耦合的基本前提是耦合各方必须存在某种关联。企业的各种资源作为企业整个资源系统的子系统，彼此之间相互带动、相互作用，能够产生协同放大的效应。大量研究也证明企业经营活动中存在的依存关系对企业绩效有积极的影响（如 Novak & Stern，2009）。易雪玲（2011）基于协同理论设计了三种科技期刊整合资源的模式，即内部资源整合模式、多角化经营模式、战略联盟模式。其中内部资源整合模式的观点与本文资源耦合的观点一致。企业的资源在开发或配置过程中表现出了互补性，即每一种资源的战略价值可能会伴随着另一种资源的增加而扩大，资源耦合的价值在于挖掘资源间的互补性，构建优势资源组合，从而带动企业绩效的提高。综上，总体而言，创业资源内聚和创业资源耦合都有利于新创企业绩效的提高。

### （二）资源整合能力的调节作用

　　整合指企业整合和协调资产与资源以形成新的资源基础的能力（Bowman & Ambrosini，2003）。资源整合能力指新创企业在创建与成长发展过程中对组织内外可获得的一切资源进行选择、吸收、配置与利用的能力（王建中，2011），一般包括两个维度：资源构建能力和资源利用能力。资源构建能力指企业能够对其内外部环境的资源进行识别、获取、优化的能力，而资源利用能力指对已匹配好的资源有效运用到创业实践活动中的能力。资源整合能力可以将潜在资源转化为企业活动和行为（Mahoney & Pandian，1992），拥有资源整合能力的新创企业可以整合各种资源并构建其能力体系，并通过企业间学习完善企业能力（易朝辉，2000）。创业者整合和利用公司有价值的和稀缺资源的资源整合能力可以促进企业资源整合行为发挥更大的效应。

动态能力观认为，被整合的资源具有一定的时效性，会随着企业的发展和环境的变化而失效（Eisenhardtand Martin，2000）。因此，企业的资源整合能力必须是一种能够对外部环境变化迅速做出反应的动态能力。蒂斯等（Teece et al.，1997）指出动态能力是企业整合、建立、重构内外部资源，以匹配快速变化的环境的能力。如果新创企业拥有较强的动态资源整合能力，就可以为新创企业开展资源整合提供自信和路径依赖，强的资源整合能力也为企业开展资源整合提供了更多可选择的空间，因此高资源整合能力的企业开展创业资源整合（包括资源内聚和资源耦合），能比那些低资源整合能力的企业开展资源整合的效果更好。

由于能力具有惯性及企业专有性，它是完成任务时企业所具有的能量，这种能量是不易能被竞争对手窃取的，企业的某种能力仅仅存在于组织和其业务流程中（Amit&Schoemake，1993），要想获得必须经过学习和实践。而新创企业由于资源稀缺、组织结构不完善等原因，导致新创该企业在创业初期很难形成较强的资源整合能力，因此只能根据自身资源整合能力强弱来选择合适的资源整合方式。因此，资源整合能力会调节创业资源整合与新创企业绩效之间的正向关系。

## （三）实证结果

采用问卷调查的方式搜集有效问卷数据 351 份进行实证。各主要变量的描述性统计与相关分析如表 6 - 4 所示。可以看出，各主要变量之间的相关系数不高，说明多重共线性问题不严重。

表 6 - 4　　　　　　　　　　数据的描述性统计与相关分析

| 分类 | 均值 | 标准差 | 1 | 2 | 3 | 4 | 5 | 6 | 7 | 8 |
|------|------|--------|---|---|---|---|---|---|---|---|
| 1. 企业年龄 | 3.11 | 1.055 | 1 | | | | | | | |
| 2. 员工人数 | 2.50 | 0.997 | 0.51 ** | 1 | | | | | | |
| 3. 所属行业 | 3.22 | 1.411 | 0.02 | 0.09 | 1 | | | | | |
| 4. 公司年销售额 | 2.75 | 0.923 | 0.45 ** | 0.50 ** | -0.15 ** | 1 | | | | |
| 5. 资源内聚 | 3.878 | 0.649 | 0.11 * | 0.07 | 0.09 | 0.09 | 1 | | | |

续表

| 分类 | 均值 | 标准差 | 1 | 2 | 3 | 4 | 5 | 6 | 7 | 8 |
|------|------|--------|---|---|---|---|---|---|---|---|
| 6. 资源耦合 | 3.958 | 0.583 | 0.12 * | 0.01 | 0.03 | 0.09 | 0.58 ** | 1 | | |
| 7. 新创企业绩效 | 3.735 | 0.665 | 0.17 ** | 0.06 | − 0.04 | 0.15 ** | 0.47 ** | 0.53 ** | 1 | |
| 8. 资源构建能力 | 3.866 | 0.631 | 0.07 | 0.093 | 0.02 | 0.03 | 0.38 ** | 0.47 ** | 0.51 ** | 1 |
| 9. 资源利用能力 | 3.859 | 0.617 | 0.18 ** | 0.11 * | 0.01 | 0.05 | 0.45 ** | 0.57 ** | 0.51 ** | 0.63 ** |

注：** $p < 0.05$，* $p < 0.01$。

依次将控制变量、自变量引入回归方程，得到如表 6 - 5 所示的结果。可以看出，资源内聚和资源耦合都对新创企业绩效有显著的预测效应，即创业资源内聚程度越高，新创企业绩效越好；创业资源耦合程度越高，新创企业绩效越好。

表 6 - 5　　　　　　　　资源整合方式对新创企业绩效的回归模型参数

| 分类 | 模型 1 | 模型 2 |
|------|--------|--------|
| 控制变量 | | |
| 创业年限 | 0.109 | 0.079 |
| 员工人数 | − 0.082 | − 0.043 |
| 行业 1 | 0.043 | 0.055 |
| 行业 2 | 0.027 | 0.010 |
| 行业 3 | 0.005 | 0.005 |
| 行业 4 | − 0.059 | − 0.046 |
| 年销售额 | 0.078 | 0.068 |
| 自变量 | | |
| 资源内聚 | | 0.236 ** |
| 资源耦合 | | 0.379 ** |
| $R^2$ | 0.247 | 0.341 |
| F 值 | 13.960 ** | 19.507 ** |
| $\Delta R^2$ | 0.247 | 0.094 |
| $\Delta F$ | 13.960 | 48.368 |

注：** $p < 0.05$，* $p < 0.01$，因变量：新创企业绩效。

采用逐步回归分析法来检验资源整合能力的调节效应。依次将控制变量、自变量、调节变量、自变量与调节变量的乘积引入回归方程，得到如表 6 - 6 所示的结果。可以看出，资源构建能力与资源利用能力对解释新创企业绩效作出了贡献。资源构建能力负向调节资源内聚与新创企业绩效之间的正向关系（β = − 0.119，$p < 0.01$）。资源利用能力负向调节资源内聚与新创企业绩效之间的正向关系（β = − 0.978，$p < 0.01$）。资源利用能力负向调节资源耦合与新创企业绩效之间的正向关系（β = − 0.921，$p < 0.01$）。但资源构建能力负向调节资源耦合与新创企业绩效之间的正向关系的假设没有通过实证检验。

表6-6

调节效应检验

| 分类 | 模型1 | 模型2 | 模型3 | 模型4 | 模型5 | 模型6 | 模型7 | 模型8 | 模型9 | 模型10 | 模型11 | 模型12 |
|---|---|---|---|---|---|---|---|---|---|---|---|---|
| 控制变量 | | | | | | | | | | | | |
| 创业年限 | 0.109 | 0.100 | 0.097 | 0.083 | 0.084 | 0.084 | 0.109 | 0.058 | 0.061 | 0.083 | 0.051 | 0.055 |
| 员工人数 | -0.082 | -0.122 | -0.113 | -0.037 | -0.086 | -0.086 | -0.082 | -0.101 | -0.102 | -0.037 | -0.068 | -0.073 |
| 行业1 | 0.043 | 0.028 | 0.028 | 0.037 | 0.024 | 0.024 | 0.043 | 0.034 | 0.034 | 0.037 | 0.029 | 0.020 |
| 行业2 | 0.027 | 0.009 | 0.025 | -0.017 | -0.021 | -0.021 | 0.027 | -0.004 | 0.002 | -0.017 | -0.031 | -0.023 |
| 行业3 | 0.005 | 0.021 | 0.017 | -0.026 | -0.005 | -0.005 | 0.005 | 0.000 | -0.003 | -0.026 | -0.024 | -0.028 |
| 行业4 | -0.059 | -0.076 | -0.083 | -0.064 | -0.079 | -0.079 | -0.059 | -0.070 | -0.082 | -0.064 | -0.073 | -0.071 |
| 年销售额 | 0.078 | 0.104 | 0.076 | 0.078 | 0.102 | 0.102 | 0.078 | 0.113 | 0.093 | 0.078 | 0.108 | 0.104 |
| 自变量 | | | | | | | | | | | | |
| 资源内聚 | 0.451** | 0.302** | 0.315** | | | | 0.451** | 0.287** | 0.866** | | | |
| 资源耦合 | | | | 0.512** | 0.348** | 0.337** | | | | 0.512** | 0.340** | 0.825** |
| 调节变量 | | | | | | | | | | | | |
| 资源构建能力 | | 0.400** | 0.490** | | 0.349** | 0.336** | | | | | | |
| 资源利用能力 | | | | | | | | 0.369** | 0.928** | | 0.303** | 0.847** |
| 交互项 | | | | | | | | | | | | |
| 资源内聚*资源构建能力 | | | -0.119** | | | | | | | | | |
| 资源耦合*资源构建能力 | | | | | | 0.021 | | | | | | |
| 资源内聚*资源利用能力 | | | | | | | | | -0.978** | | | |
| 资源耦合*资源利用能力 | | | | | | | | | | | | -0.921** |
| $R^2$ | 0.247 | 0.382 | 0.395 | 0.304 | 0.397 | 0.397 | 0.247 | 0.352 | 0.365 | 0.304 | 0.364 | 0.377 |
| F值 | 13.960** | 23.368** | 22.163** | 18.692** | 24.971** | 22.408** | 13.960** | 20.498** | 19.479 | 18.692 | 21.682 | 20.545 |
| $\Delta R^2$ | 0.247 | 0.135 | 0.013 | 0.304 | 0.093 | 0.000 | 0.247 | 0.105 | 0.013 | 0.304 | 0.060 | 0.013 |
| $\Delta F$ | 13.960 | 74.545 | 7.375 | 18.692 | 52.629 | 0.004 | 13.960 | 55.086 | 7.037 | 18.692 | 32.038 | 6.923 |

注：**$p < 0.05$，*$p < 0.01$。

通过理论和实证研究发现，创业资源内聚与创业资源耦合均对新创企业绩效产生积极的影响，即资源内聚程度越高，新创企业绩效越好；资源耦合程度越高，新创企业绩效越好。资源构建能力与资源利用能力部分调节资源整合与新创企业绩效之间的正向关系，即资源构建能力负向调节资源内聚与新创企业绩效的正向关系，资源利用能力负向调节资源内聚与新创企业绩效的正向关系，资源利用能力负向调节资源耦合与新创企业绩效的正向关系，但资源构建能力调节资源耦合与新创企业绩效的正向关系没有得到实证检验。

新创企业不同于成熟企业的特征可以解释为何资源整合能力负向调节资源整合方式与新创企业绩效的正向关系。和成熟企业相比，新创企业内部没有健全的组织结构，因此，新创企业往往以创业者为主导和核心。新创企业的行为往往是创业者个人意愿的扩展，创业者的行为决定了企业的成功与失败。而个人能力毕竟是有限的，因此新创企业资源构建能力和资源利用能力会比较薄弱。罗志恒通过比较成熟企业与高科技初创企业资源整合能力对企业绩效之间的影响分析，发现与成熟的企业相比，初创企业的资源整合效率相对较低。新创企业具有资源稀缺、组织结构不完善、难以获得市场的认可等特征，难以形成很强的资源整合能力。新创企业为了走出这种困境，会谨慎的选择资源整合方式。

新创企业首先要对自身的资源整合能力水平有正确的评估，这样才能选择合适的资源整合方式整合资源，否则效果将适得其反。如果新创企业资源构建能力要强于资源利用能力，那么无论是采用资源内聚或是资源耦合，都会带来绩效的提高。如果新创企业资源利用能力强于资源构建能力，则企业采取资源内聚的资源整合方式会带来更好的绩效。

## 本章参考文献

[1] 蔡莉，尹苗苗. 新创企业学习能力，资源整合方式对企业绩效的影响研究 [J]. 管理世界，2009，10：1 - 10.

[2] 蔡莉，单标安，周立媛. 新创企业市场导向对绩效的影响——资源整合的中介作用 [J]. 中国工业经济，2010，(11)：77 - 86.

[3] 蔡莉，尹苗苗. 新创企业资源构建与动态能力相互影响研究 [J]. 吉林大学社会科学学报，2008，6 (48)：139 - 144.

[4] 程勇. 多元化还是归核化，一个基于企业核心资源视角的研究 [J]. 科学学与科学技术管理，2009 (5)：124 - 142.

[5] 程承坪. 论企业家人力资本与企业绩效关系 [J]. 中国软科学，2001 (7)：67 - 71.

[6] 崔启国. 基于网络视角的创业环境对新创企业绩效的影响研究 [D]. 博士学位论文，吉林大学，2007.

[7] 崔新有. 企业的资源整合能力和企业的运行能力 [J]. 天津商学院学报，2004，6：

22 - 24.

[8] 党兴华. 技术异质性及技术强度对突变创新的影响研究——基于资源整合能力的调节作用 [J]. 科学学研究, 2013, 1 (31): 132 - 140.

[9] 韩子天, 谢洪明, 王成, 罗惠玲. 学习、知识能量、核心能力如何提升绩效——华南地区企业的实证研究 [J]. 科学学与科学技术管理, 2008, 29 (5): 122 - 127.

[10] 郝生宾, 于渤. 企业技术能力与技术管理能力的耦合度模型及其应用研究 [J]. 预测, 2008, 6 (27): 12 - 15.

[11] 郝生宾, 于渤. 企业技术能力与技术管理能力的耦合度模型及其应用研究 [J]. 预测, 2008, 6 (27): 12 - 15.

[12] 谷宏. 资源整合能力、创业导向对创业绩效的影响研究 [D]. 硕士学位论文, 云南财经大学, 2011.

[13] 康荣平. 柯银斌. 多元化经营的类型 [J]. 企业改革与管理, 1999 (5): 24 - 25.

[14] 李秉祥, 杨曦东. 创业导向与产品创新绩效: 资源整合方式调节作用的实证研究 [J]. 西安理工大学学报, 2012 (3): 367 - 371.

[15] 林嵩, 张帏, 林强. 高科技创业企业资源整合模式研究 [J]. 科学学与科学技术管理 2005, 3: 143 - 147.

[16] 刘晓敏, 刘其智, 整合的资源能力观——资源的战略管理 [J]. 科学学与科学技术管理, 2006, 27 (6): 85 - 90.

[17] 罗志恒. 创业能力与企业绩效间的转化路径实证研究 [D]. 博士学位论文, 吉林大学, 2009.

[18] 马鸿佳. 创业环境、资源整合能力与过程对新创企业绩效的影响研究 [D]. 博士学位论文, 吉林大学, 2008.

[19] 秦志华, 刘艳萍. 商业创意与创业者资源整合能力拓展 [J]. 管理世界, 2009 (S1): 75 - 83.

[20] 饶扬德. 企业资源整合过程与能力分析 [J]. 工业技术经济, 2006, 25 (9): 72 - 74.

[21] 彭学兵, 陈璐露, 刘玥伶. 创业资源整合、组织协调与新创企业绩效的关系 [J]. 科研管理, 2016, 37 (1): 110 - 118.

[22] 王建中. 资源整合能力与创业绩效: 一个概念性框架的构建 [J]. 公共政策, 2011 (46): 71 - 73.

[23] 王雁飞, 朱瑜. 组织创新、组织学习与绩效——一个调节效应模型的实证分析 [J]. 管理学报, 2009, 6 (9): 1257 - 1265.

[24] 王艳杰, 如何提高中国企业核心能力 [J]. 企业经济, 2002 (1): 57 - 58.

[25] 王瀚轮, 蔡莉. 风险投资与人力资源获取对新创企业绩效的影响 [J]. 经济纵横, 2011: 104 - 107.

[26] 王建中. 资源整合能力与创业绩效: 一个概念性框架的构建 [J]. 公共政策, 2011 (46): 71 - 73.

[27] 赵文红, 李秀梅. 资源获取、资源管理对创业绩效的影响研究 [J]. 管理学报, 2014, 11 (10): 1477 - 1483.

[28] 易朝辉. 资源整合能力、创业导向与创业绩效的关系研究 [J]. 科学学研究, 2010

(5)：757 - 761.

[29] 易雪玲. 科技期刊基于协同理论的资源整合方式研究 [J]. 中南林业科技大学学报，2011, 6 (5)：144 - 146.

[30] 张君立，蔡莉，朱秀梅. 社会网络，资源获取与新创企业绩效关系研究 [J]. 工业技术经济，2008, 5 (27)：87 - 90.

[31] 张玉利. 创业者如何整合资源? [J]. 中外管理，2011, 06：102 - 103.

[32] 张玉利. 创造性地整合资源 [J]. 市场周刊，2008 (7)：3 - 4.

[33] 朱杏珍. 人力资本与企业绩效 [J]. 广西社会科学，2003 (1)：75 - 77. 陈国权，郑红平. 组织学习影响因素、学习能力与绩效关系的实证研究 [J]. 管理科学学报，2005, 8 (1)：48 - 61.

[34] Ahuja, G. & Katila, R. Technological acquisitions and the innovative performance of acquiring firms: a longitudinal study [J]. Strategic Management Journal, 2001, 22：197 - 220.

[35] Alvarez, S. A., & Busenitz, L. The Entrepreneur-ship of Resource-based Theory [J]. Journal of Management, 2001 (27)：755 - 775.

[36] Amit, R., Muller, E., Cockburn, I. Opportunity costs and entrepreneurial activity [J]. Journal of Business Venturing, 1995, 10：95 - 106.

[37] Amit, R. & Schoemaker, P. J. H. Strategic assets and organizational rent [J]. Strategic Management Journal, 1993. 14 (1)：33 - 46.

[38] Barney, J. Firm resources and sustained competitive advantage [J]. Journal of Mangement. 1991, 17 (1)：99 - 120.

[39] Bentler, P. M., & Chou, C. P. Practical Issues in Structural Modeling [J]. Sociological Methods and Research, 1987 (16)：78 - 117.

[40] Bowman, C. & Ambrosini, U. . Identifying valuable resources [J]. Enropean Managament Journal, 2007, 25 (1)：320 - 329.

[41] Bowman, C. & Ambrosini, V. How the Resource-based and the Dynamic Capability Views of the Firm Inform Competitive and Corporate Level Strategy [J]. British Journal of Management, 2003 (5)：60 - 85.

[42] Brush, C., Greene, P. G., Hart, M. M. . From initial idea to unique advantage: The entrepreneurial challenge of constructing a resource base [J]. Academy of Management Executive, 2001, 15 (1)：64 - 78.

[43] Brown, B., & Butle, J. E. Competitors as Allies: A Study of Entrepreneurial Networks in the US Wine Industry [J]. Journal of Small Business Management, 1995, 33 (3)：57 - 66.

[44] Chandler, G., & Hanks, S. Market Attractiveness, Resource Based Capabilities, Venture Strategies and Venture Performance [J]. Journal of Business Venturing, 1994, 9 (4)：331 - 349.

[45] Churchill, G, A., & Paradigm, J. A. For Developing Better Measures of Marketing Construt [J]. Journal of Marketing Research, 1979 (16)：64 - 73.

[46] Coff, R. W., & Kryscynski, D. Drilling for Micro-foundations of Human Capital-based Competitive Advantages [J]. Journal of Management, 2011 (37)：1429 - 1443.

［47］ Eisenhardt, K. M. &Brown, S. L. Patching. Restitching business portfolios in dynamic markets ［J］. Harvard Business Review, 1999, 77 (3): 72 – 82, 208.

［48］ Eisenhardt, K. M. and Martin, M. . Dynamic Capabilities: What Are They? ［J］. Strategic Management Journal, 2000, 21 (10): 1105 – 1121.

［49］ Gartner, W. B. A Conceptual Framework for Describing the Phenomenon of New Venture Creation ［J］. Academy of Management Review, 1985, 10 (4): 696 – 706.

［50］ Ge, B. S. , & Dong, B. B. Resource Integration Process and Venture Performance: Based on the Contingency Model of Resource Integration Capability ［J］. International Conference On Management Science and Engineering At Long Beach, USA, 2008 (10): 281 – 288.

［51］ Gulati, R. & Ytch, M. Dependence asymmetry and joint dependence in interorganizational relationships: Effects of embeddedness on a manufacturer's performance in procurement relationships ［J］. Administrative Science Quarterly, 2007, 52 (1): 32 – 69.

［52］ Grant, R. M. The Resource Based Theory of Competitive Advantage: Implications for Strategy Formulation ［J］. California Management Review, Spring, 1991 (33): 114 – 135.

［53］ Helfat, C. E. , & Raubitschek, R. S. Product Sequencing: Co-evolution of Knowledge, Capabilities and Products, Strategic Management Journal, 2000, 21 (10/11): 961 – 981.

［54］ Henderson, R. M. & Cockburn, I. Measuring competence? Exploring firm effects in pharmaceutical research ［J］. Strategic Management Journal, 1994, 15: 63 – 84.

［55］ Heirman, A. and Clarysse, B. How and why do research-based start-ups differ at founding? A resource-based configurational perspective ［J］. The Journal of Technology Transfer, 2004, 29 (3 – 4): 247 – 268.

［56］ Jayathilake, B. Organizational ambidexterity: Managing exploitation-exploration tensions in small firms ［C］. International Reseach Symposium of Rajarata University, 2014, 34 (6): 619 – 626.

［57］ Lecher, C. , & Dowling, M. Firm Networks: External Relationships as Sources for the Growth andCompetitivenessof Entrepreneurial Firms ［J］. Entrepreneurship & Regional Development, 2003 (15): 1 – 26.

［58］ Lee, C. , Lee, K. & Pennings, J. M. . Inernal capabilities, external networks, and performance: A study on technology based ventures ［J］. Strategic Management Journal, 2001, 22: 614 – 640.

［59］ Lichtenstein, B. M. & Brush, C. G. How Do Resource Bundles Develop and Change in New Ventures? A Dynamic Model and Longitudinal Exploration ［J］. Entrepreneurship Theory and Practice, 2001 (3): 37.

［60］ Mahoney, J. T. & Pandian, J. R. The Resource-based View Within the Conversation of Strategic Management ［J］. Strategic Management Journal, 1992, 13 (5): 363 – 380.

［61］ March, 1991March, J. G. Exploration and exploitation in organizational learning ［J］. Organization Science, 1991, 2 (special issue): 71 – 87.

［62］ Murphy, G. B. , & Callaway, S. K. Doing Well and Happy About It? Explaining Variance in Entrepreneurs Stated Satisfaction with Performance ［J］. New England Journal of Entrepreneurship,

2004 (7): 15 - 26.

[63] Novak, S. , & Stern, S. Complementarity Among Vertical Integration Decisions: Evidence From Automobile Product Development [J]. Management Science, 2009 (55): 311 - 332.

[64] Parmigiani, A. , & Mitchell, W. Complementarity, Capabilities, and the Boundaries of the Firm: the Impact of Within-firm and Interfirm Expertise on Concurrent Sourcing of Complementary Components [J]. Strategic Management Journal, 2009, 30 (10): 1065 - 1091.

[65] Penrose, E. T. The growth of the firm [J]. New York: Oxford University Press, 1959.

[66] Pfeffer, J. & Salancik, G. R. The External Control of Organizations: A Resource Dependence Perspective [J]. Economic Journal, 1978, 4 (2) .

[67] SanchezR. Strategic flexibility in product competition [J]. Strategic Management Journal, 1995, 16 (S1): 135 - 159.

[68] Shane, S. A. , & Venkataraman, S. The Promise of Entrepreneurship as a Field of Research [J]. Academy of Management Review, 2000 (25): 217 - 226.

[69] Sirmon, D. G. & Hitt, M. A. Managing Resources: Linking Unique Resources, Management, and Wealth Creation inFamily Firms [J]. Entrepreneurship Theory and Practice, 2003, 27: 339 - 358.

[70] Sirmon, D. G. , Hitt, M. A. and Ireland, R. D. Managing firm resources in dynamic environments to create value: Looking inside the black box [J]. Academy of Management Review, 2007, 32 (1): 273 - 292.

[71] Siggelkow, N. Evolution Toward Fit [J]. Administrative Science Quarterly, 2002, 47 (1): 125 - 159.

[72] Teece, D. J. , Pisano, G. & Shuen Teece, A. . Dynamic Capabilities and Strategic Management [J]. Strategic Management Journal, 1997, 18 (7): 509 - 533.

[73] Teece, D. J. , Rumelt, R. Dosi, G. , Winter, S. . Understanding corporate coherence ☆: Theory and evidence [J]. Journal of Economic Behavior & Organization, 1994, 23 (1): 1 - 30.

[74] Villanueva, J. , Ven, A. , Sapienza, H. J. Resource mobilization in entrepreneurial firms [J]. Journal of Business Venturing, 2012, 27 (1): 19 - 30.

[75] Wernerfelt, B. A Resource-based View of the Firm [J]. Strategic Management Journal, 1984, 5 (2): 171 - 180.

[76] Yang, H. B. , Zheng, Y. F. & Zhhao, X. . Exploration or exploitation? Small firm's alliance strategies with large firms [J]. Strategic Management Journal, 2014, 35 (1): 146 - 157.

[77] Yayavaram, S. & Ahuja, G. . Technological search and decomposability in knowledge structures: Impact on invention utility and knowledge-base malleability [J]. Administrative Science Quarterly, 2008, 53 (2): 333 - 362.

[78] Zara, A. Environment Corporate Entrepreneurship, and Financial Performance: Approach [J]. Journal of Business Venturing, 1993 (3): 19 - 340.

[79] Zott, F. C. Dynamic Capabilities and the Emergence of Industry Differential Firm Performance: Insights from a Simulation [J]. Study strategic Management Journal. 2003 (24): 97 - 125.

实证篇

# 第七章

## 先前合作经验对技术资源获取方式选择的影响：环境动态性和技术能力的调节效应①

### 第一节 引 言

在高度竞争与动态的环境中，不断获取和整合外部技术资源是技术型企业建立持续竞争优势的重要手段（Dougherty，1995；Jones et al.，2001；Tsai & Wang，2008）。选择合适的技术资源获取方式不仅是企业技术战略的重要内容，也是组织领域的重要研究问题。研究表明，先前合作经验对组织治理方式选择具有重要影响（Van de Vrande et al.，2009），然而不同学者得出了不同的结论。有些学者认为，以前的合作增强了企业的相互信任，降低了监督的需要，因而促使企业选择联盟而非并购的更低整合的资源组织方式（Gulati，1995；Villalonga & McGahan，2005；Van de Vrande et al.，2009）。另一些学者则认为，当市场存在机会主义行为时，为解决信息不对称问题，企业会选择短暂的联盟以便了解与获取合作企业的信息。当信息不对称问题得到解决时，企业会迅速由联盟转向并购（Vanhaverbeke et al.，2002）。联盟是企业实施并购的前奏，先前合作经验只不过是企业为了降低并购成本而采取的侵略性联盟行为（Garette & Dussauge，2000）。还有一些研究则发现两者的关系并不明确，如范登兰德等（van de Vrande et al.，2009）发现，先前合作经验与技术资源获取方式一体化程度之间既有正向关系，也有负向关系。张等（Zhang et al.，2009）也发现，先前合作经验对正式合同和非正式合同都存在显著正向影响。

出现上述不一致的结论说明单单研究先前合作经验和组织方式选择两者的关系已经不利于研究的深化，必须考虑两者关系发生的条件。本研究试图研究环境

---

① 本章内容发表于《南开管理评论》，2013，16（5）：133－141。

动态性与技术能力两个情境因素对先前合作经验与技术资源获取方式选择关系的影响。交易成本理论认为,环境动态性因为导致信息不对称问题和机会主义行为,从而带来交易中监督成本的上升(Williamson,1985)。而先前合作经验则能克服信息不对称问题,降低机会主义威胁,从而减少企业合作的监督成本。因此,环境动态性对先前合作经验与组织方式选择的关系具有重要影响。企业能力观认为,公司能力在解释公司内部生产还是从外部获取资源的选择上具有重要作用(Kogut & Zander,1992)。技术能力的大小影响企业在合作中的学习能力和吸收能力,并影响其在合作中的地位,这种优势必然影响其在合作中的行为。这对有先前合作经验的企业传递了一个合作方实力的信号。因此,企业的技术能力对先前合作经验与技术资源获取方式选择的关系具有重要影响。

基于以上分析,本研究探讨在环境动态性与技术能力的情境调节下,先前合作经验对技术外部获取方式选择的影响。研究不仅深化了先前合作经验方面的研究,而且丰富了先前合作经验与技术外部获取方式选择关系的研究情境。

# 第二节　文献综述与研究假设

## 一、先前合作经验与技术外部获取方式选择的关系

获取技术资源是企业技术战略的重要内容。为了开发新技术和应对变化的市场或技术环境,企业可以采取丰富多样的技术资源获取方式,一般分为技术内部积累和技术外部获取两种方式。内部积累即自主研发技术的方式,这种方式对那些技术实力较强、资金充足的企业比较有效。当一家企业技术能力不足,或考虑到自主研发耗时长、成本与风险高,尤其其他企业或研究机构已经拥有了该技术时,购买技术或技术联盟便成为企业快速获取必要技术的重要手段(Schilling,2002)。在高度竞争与动态的环境中,企业技术资源的外部获取方式呈现出更加多样化的趋势,包括技术采购协议、非股权技术联盟、公司风险投资、少量持股联盟、合资和并购等(Lambe & Spekman,1997;Vanhaverbeke et al.,2002;Allen & Hevert,2007;Dushnitsk & Lenox,2006;Van de Vrand et al.,2009)。

先前合作经验指企业间已经发生的各种合作经历或体验(Cook et al.,1983)。可以从合作内容和合作形式两个方面进行分类,合作内容分类如阿格沃尔等(Agarwal et al.,2012)将企业先前合作经验分为先前沟通经验和先前资源分配经验两个维度,并据此将企业间的先前合作经验描述为从完全无经验到全方位联盟经验的连续谱。合作形式的分类如范哈维贝克(Vanhaverbeke,2002)将

先前合作经验分为合作企业间的直接联系、间接联系及关系网络的距离等。本研究试图从先前合作频率和先前合作深度两个维度分析先前合作经验对技术外部获取方式的影响。

先前合作频率指单位时间内企业之间合作的次数。社会网络理论认为，社会资本通过社会网络活动发挥作用，创业者从社会交往活动中获取有用的信息与资源。企业间的先前合作行为可以降低合作伙伴间的信息不对称问题（Reuer & koza，2000；Vanhaverbeke et al.，2002；Williamson，1985；Van de Vrande et al.，2009）。企业通过先前合作获取合作伙伴有价值的信息，包括合作伙伴的资源、技术能力及企业的可靠性（Balakrishnan & Wernerfelt，1986）。这些有价值的信息可以促进合作企业间的信任（Gulati，1995），从而降低再次合作的道德风险，减少机会主义行为。高宇等（2011）研究发现，企业高层管理者的商业联系有效提高了合作方技术获取对于内部研发能力的正向效果。合作次数越多，对合作企业及合作行为了解的信息越多，信息不对称问题得到更好的解决，对再次选择合作时相互的机会主义担心越低。维拉隆加和麦加恩（Villalonga & McGahan，2005）研究发现，先前联盟合作经验对再次选择联盟合作方式的影响胜过对选择并购合作方式的影响。古拉蒂和辛格（Gulati & Singh，2008）发现，先前的信任增加了公司再次合作的信心和期望，减少了需要通过正式合作带来的控制成本，因而有信任的企业间采取更少正式、更少成本的合作方式胜过采取更正式的合作方式。相反，没有先前合作经验或合作次数少的企业之间，由于信息不对称问题存在，企业双方的信息不透明，合作企业担心对方的机会主义行为，若企业所需的技术资源必须从该企业获取，则企业会选择并购这样整合度更高的资源获取方式，以减少交易的监督成本。桑托罗和麦吉尔（Santoro & McGill，2005）发现，没有先前合作经验的企业之间若合作，会选择高度整合的资源获取形式如并购。

先前合作深度指企业先前合作规模的大小和彼此渗透或相互影响的程度。坎特纳和米德尔（Cantner & Meder，2007）研究发现，企业的再次研发合作受其合作意愿的影响，而合作意愿来自于其对合作潜力的期望，合作企业间过高的技术重叠降低了企业再次合作的意愿，而企业间技术的平衡则可以增强企业再次合作的意愿，先前合作经验增加了与同一企业再次合作的可能性。先前的深度合作是实现企业间技术平衡的有效手段，因此，有先前合作经验的企业间再次合作的可能性越大。同时，先前的深度合作也增强了企业对合作的期望，因此，这种合作也能增强企业对与其他企业合作的信心。先前合作越深，合作企业间相互的沟通和资源分配越频繁，彼此信任程度越深，彼此的机会主义威胁越少。在有了深度的技术合作后，合作企业间的信任程度增强，因而可以降低因合作规模大、交易金额高、合作边际成本高、技术难度大带来的监督成本降低（王英，1996），同时，可以降低因组织差异大带来的机会主义威胁（Luo，2008）。范登兰德等

（2009）发现，伙伴之间的技术距离导致选择更少科层的技术资源获取方式。但先前的深度合作可以减弱技术距离带来的不确定性和机会主义威胁，从而促使企业再次合作时选择更加灵活的技术外部获取方式。桑普森（Sampson，2005）发现，先前的研发联盟合作经验增加了企业管理联盟模糊性的能力，因而在以后的合作中会选择整合程度更低的技术外部获取方式，

基于以上分析，提出如下假设：

假设 H7－1a：先前合作频率越高，企业越偏向于低整合的技术资源获取方式，反之，企业越偏向于高整合的技术资源获取方式。

假设 H7－1b：先前合作越深，企业越偏向于低整合的技术资源获取方式，反之，企业越偏向于高整合的技术资源获取方式。

## 二、环境动态性的调节作用

环境动态性指行业中技术发展和市场需求发生变化的程度和频率，以及这些变化的不可预测程度（Millers，1983；Sharfman & Dean，1991），学者们分别从技术动态性（Freeman，1982）、市场动态性（Bower & Christensen，1995）、外部动态性和内部动态性（Folta，1998）等角度分析环境动态性对技术创新和组织方式选择的影响。

环境动态性带来道德风险、机会主义行为等问题。在动荡的环境下，企业采取高整合的资源获取方式胜过采取低整合的资源获取方式（Santoro & McGill，2005）。企业为了降低道德风险与机会主义行为的威胁，会采取一些监督机制与手段，这样会带来监督成本。交易成本经济学认为，企业合作方式选择的关键，是在交易风险与监督成本之间取得平衡。当交易风险高于监督成本时，企业会选择高整合的组织方式，而当交易风险低于监督成本时，企业会选择高整合的组织方式（Williamson，1985）。通过先前合作相互了解与学习，可以合作企业间的监督成本降低，先前合作经验越多，企业之间的信任度会增加，机会主义行为会减少，监督成本也相应地降低（Gulati，1995）。因此，在环境动态性程度高的环境下，有先前合作经验的企业之间若再次合作，则其选择低整合的资源获取方式的可能性高于环境动态性低的情形。

此外，期权理论认为，组织方式选择决策可以通过延期投资的选择权来创造价值。因为投资是不可收回的，所以等待新的信息来帮助进行投资决策是有价值的（Kogut，1991；Leiblein & Miller，2003；彭学兵，2011）。在环境动态性高的情况下，先前合作经验起到了提供延期信息的作用，先前合作次数为合作企业间提供了合作一贯性信息保证，而先前合作深度为合作企业间提供了投资专用性信息保证，这些信息可以降低企业的监督成本，因而有先前合作经验的企业比没有

先前合作经验的企业更倾向采取低整合的技术资源获取方式。此外，高动态性环境下采取低整合的技术资源获取方式也可以为公司以后扩大或发展相关产品或技术提供增长期权。在高动态环境下，企业选择避免资产专用性投资承诺，因为这种承诺有成本且不可逆转，因而可能减少公司灵活性并威胁到公司生存（Folta，1998）。席林和斯廷斯马（Schilling & Steensma，2002）发现，商业不确定性与公司选择高整合的收购而非低整合的许可协议的外部技术资源获取方式的可能性负相关。

布拉克里南和沃纳菲尔特（Balakrishnan & Wernerfelt，1986）发现，技术变化的频度影响资源整合方式的选择，当环境动态性高时，企业更偏向选择低整合的资源获取方式，以便保持组织的灵活性，降低承诺水平。萨克利夫和查希尔（Sutcliffe & Zaheer，1998）发现，高技术创业企业通常选择低整合的管理模式以便降低由环境动荡和技术变革带来的潜在成本，增强战略的灵活性。哈格多恩和邓斯特斯（Hagedoorn & Duysters，2002）则发现，技术变革快的行业要求更灵活的组织方式以便做出快速的战略调整，因而更低整合的联盟而非更高整合的并购资源获取方式更受青睐。穆恩（Moon，1998）发现技术不稳定导致对公平合作偏好胜过技术获得。

基于以上分析，提出如下假设：

假设 H7－2a：在环境动态性程度高的情况下，先前合作频率越高，企业越倾向于低整合的技术资源获取方式；反之，企业越倾向于高整合的技术资源获取方式。

假设 H7－2b：在环境动态性程度高的情况下，先前合作深度越深，企业越倾向于低整合的技术资源获取方式；反之，企业越倾向于高整合的技术资源获取方式。

## 三、技术能力的调节作用

技术能力指公司独特的学习新的外部技术的能力（Moon，1998），其本质是组织所拥有的知识和信息，是为支持技术活动与技术创新的实现，附着在内部人员、设备、信息和组织中的内生化知识存量的总和（魏江，1998；魏江等，2008）。技术能力可以提高先前合作经验带来的资源整合能力。社会网络理论认为，有先前经验的企业与顾客、供应商和其他利益相关者建立了一定的社会网络关系，社会网络资源丰富和在网络中处于中心地位的企业更容易整合到充裕的技术资源（吕明非和彭灿，2007）。相对于技术能力弱的企业，技术能力强的企业具有更丰富的社会网络资源，且在社会网络中处于更加中心的地位，因此，有先前合作经验的企业如果技术能力强，比那些有先前合作经验而技术能力弱的企业更容易获取到技术资源。因此，其采取低整合的技术资源获取方式更利于企业保持资源获取的灵活性。企业能力观认为，公司能力在解释公司内部生产还是从外部获取资源的选择上具有重要作用（Kogut & Zander，1992），穆恩（1998）发现，公司的技术能力对公司选择合资而非收购方式的可能性具有积极的影响。此外，技术能力也可以提高先前合作经验带来的信任程度，降低后续合作的交易风险。企业间技术联盟合作是一个技术与知识学习转移的过程，如果联盟中企业在技术能力上存在差距太大，就会使企业间知识转移困难，企业间合作研究困难，无法实现技术互补（Pisano，1990；Huang et al.，2008；刘立群和柯昌清，2010）。此外，技术能力占优的企业往往会对技术能力弱的企业实行技术封锁，使其得不到先进的技术知识和技术诀窍，甚至会出现即使技术能力弱的企业获得了最先进的技术，也会因技术能力的制约而不能实现消化吸收，从而降低联盟的积极性（Roberts & Liu，2001；高宇等，2011）。但通过先前合作可以缩短合作企业之间的技术距离，降低技术能力占优企业对技术能力弱企业的技术封锁动机。因此，有先前合作经验的企业在技术能力强的情况下，采取更灵活的技术资源获取方式更有利于降低技术能力较弱企业的技术独占担忧，提高技术合作效率。范登兰德等（2009）的研究也发现，当合作企业间技术能力差距较大时，企业采取公司风险投资这种较低整合的技术资源获取方式高于采取并购等高整合的技术资源获取方式。

最后，技术能力强也可以增加企业在有了先前合作经验后，对未来技术保持更优的选择期权和增长期权。因为较强的技术能力增加了企业的吸收能力（Cohen & Levinthal，1990），使企业在未来合作中处于更加有利的技术知识学习地位，如果采取并购等更高整合的技术资源获取方式，不仅限制了企业未来技术的选择权，也限制了对更多技术获取的增长期权。而联盟等相对更低整合的技术资源获取方式有利于隐性知识流的传递和协调（Powell，1990；Sarkar et al，2001）。联盟（特别是技术联盟）的目的在于通过组织间学习来扩展其独特的能力组合，因此，企业更愿意采取低整合股权型联盟以降低机会主义威胁（Hagedoorn，1993）。德西拉斯和休斯（Desyllas & Hughes，2008）研究发现，公司的研发能力与公司选择从外部获取技术而非内部研发技术的可能性正相关，而当公司有更强的技术能力时，更加偏向从外部获取技术。因此，为了获得更多技术资源，技术能力越强的企业若有先前合作经验，比那些技术能力弱的企业更倾向采取低整合的技术资源获取方式。

基于以上分析，提出如下假设：

假设 H7 - 3a：技术能力强的企业，先前合作频率越高，越倾向于选择低整合的技术资源选择方式；技术能力弱的企业，先前合作频率越高，越倾向于选择低整合的技术资源获取方式。

假设 H7 - 3b：技术能力强的企业，先前合作越深，越倾向于选择低整合的技术资源获取方式；技术能力弱的企业，先前合作深度越高，越倾向于选择高整合的技术资源获取方式。

# 第三节　研究方法与样本

## 一、样本

为了获取本研究样本，本研究从巨潮网获取我国高技术产业大型上市公司的年报数据、交易公告及重大事项公告。以大型上市公司为数据获取对象是为了数据的获取与交易的连续性。通常一些小型的高新技术公司可能成长年龄不够长，合作交易数据不够多，不便于数据的获取。根据中国高技术行业统计年鉴对中国高技术行业的划分，选取了信息技术业和医药生物制品业两大行业作为本书的研究行业，因为这两个行业的技术活动比较频繁（Vanhaverbeke et al.，2002；Sahaym et al.，2007）。再从这些行业里剔除了 ST 股，根据这些企业的上市时间，选取上市年龄在 10 年以上的企业，即 2002 年前上市的企业，共获得企业数 57 家，其中信息技术企业 32 家，医药生物制品企业 25 家。观察这 57 家企业 2001 ~ 2012 年开展的技术资源获取活动，共获得 552 次技术资源获取活动数据。样本基本情况见表 7 - 1 和表 7 - 2。将 57 家样本企业的资产规模、上市年龄与上市的信息技术和医药生物制品两大行业其他企业的资产规模、上市年龄进行方差分析。发现两组数据无显著差异，说明未回答偏差不明显。

表 7 - 1　　　　　　　　　样本企业所属行业信息

| 行业 | 样本企业数 | 比例（%） |
|---|---|---|
| 医药制造业 | 22 | 38.6 |
| 生物制造业 | 3 | 5.26 |
| 计算机及相关设备制造 | 5 | 8.77 |
| 计算机应用服务业 | 12 | 21.06 |
| 通信服务业 | 3 | 5.26 |
| 通信及相关设备制造业 | 12 | 21.06 |
| 合计 | 57 | 100 |

表 7 - 2　　　　　　　　　　技术资源获取方式频次统计

| 技术资源获取方式 | 频次 | 比例（%） |
|---|---|---|
| 非股权联盟 | 172 | 31.2 |
| 公司风险投资 | 16 | 2.9 |
| 少数持股联盟 | 100 | 18.1 |
| 合资 | 128 | 23.2 |
| 并购 | 136 | 24.6 |
| 累计 | 552 | 100 |

## 二、变量测量

### 1. 因变量

本研究的因变量是技术资源获取方式选择，根据范登兰德等（2009）对外部技术资源获取方式的分类，本研究技术资源获取方式包括非股权技术联盟（non-equity technology alliances）、公司风险投资（CVC）、少数持股（MH）、合资（JV）、并购（M&A）五种类型。这五种技术资源获取方式的整合程度依次从低到高。其中，非股权技术联盟指两个或多个独立的组织通过契约联合在一起共同投入以达到互惠的目的，而原来的组织仍然存在的一种组织方式（Vanhaverbeke et al.，2002）。非股权技术联盟对合作伙伴几乎没有控制权，而且不可逆承诺程度低，因此是最灵活的合作形式，接近市场交易。CVC 指成熟企业对初创企业的风险投资，投资人拥有新创企业的少数股权（Dushnitsky & Lenox，2006）。少数持股指一家企业拥有另一家企业低于 50% 的股权（Van de Vrande et al.，2009）。公司风险投资和少数股权联盟都是投资公司占有另一个公司少量股份的形式，但公司风险投资往往是大企业的专门投资公司针对初创企业的投资行为（彭学兵和胡剑锋，2011）。合资是由两家公司共同投入资本成立，分别拥有部分股权，并共同分享利润、支出、风险及对该公司的控制权。由于所占股权的增加且建立了一个新的组织实体，合资代表更高程度的整合。并购是兼并和收购的合称，兼并指两家或更多的独立公司合并组成一家公司，通常由一家占优势的公司吸收一家或多家公司。收购是指一家公司通过购买目标公司的部分或全部股份以控制该公司的法律行为。并购在经济学上的含义通常可以解释为一家企业以一定的成本和代价（如现金、股权等）来取得另外一家或几家独立企业的经营控制权和全部或部分资产所有权的行为（Folta，1998；Van de Vrande et al.，2009）。因为目标公司完全被投资公司所控制，因此并购代表合作企业之间最高程度的垂直整合。本研究依据这五种形式的整合程度高低，分别将它们赋值为：1 代表非股权技术联盟；2 代表公司风险投资；3 代表少数持股联盟；4 代表合资；5 代表并购。

### 2. 自变量

本研究的自变量为先前合作经验。有些学者如安德森和加蒂尼翁（Anderson & Gatignon，1986），古拉蒂（Gulati，1995）等用二手数据对先前合作经验进行测量，张玉利等（2008），田莉和薛红志（2009）等则通过问卷调查方式对先前合作经验进行测量。本研究将先前合作经验划分为先前合作频率和先前合作深度两个维度，用二手数据对先前合作经验进行测量。其中先前合作频率用先前合作次数表示，按企业分组，根据样本中企业技术资源获取合作的开始时间依次排序，第一次合作的先前合作次数计为 0，第二次计为 1，依此类推。先前合作深度则用合作的资金规模表示，即合作资金占总资产的比例。

### 3. 调节变量

本研究的调节变量包括环境动态性和技术能力。环境动态性借鉴米莱斯基和埃斯利（Hmieleski & Ensley，2007）的做法，用市场动态性、从业人员动态性、企业数的动态性和技术的动态性的综合指标测量环境动态性，具体计算公式如下：

$$环境动态性 = Z(MI + NEI + NESTI) + Z(TI) + 6$$

其中，$MI$ 指市场动态性，$NEI$ 指从业人员动态性，$NESTI$ 指企业数的动态性，$TI$ 指技术的动态性。因为统计分析发现，市场动态性、从业人员动态性、企业数的动态性相关性很高，所以将三者相加以抵消多重共线性。为确保度量标准的同一性，对各种动态性作标准化处理，同时，加入常数 6 以确保动态值是正数。

$MI$、$NEI$、$NESTI$、$TI$ 分别根据回归方程的标准误差值除以均值计算得出。即公式：

$$instability = \frac{\sqrt{\dfrac{(y_i - \overline{Y})^2}{X}}}{\overline{Y}}$$

其中，$y_i$ 指样本值，这里指每年行业的利润、企业单位数、从业人员数、研发投入；$\overline{Y}$ 是样本均值；$X$ 是样本大小，本研究是以 6 年的数据测算，所以 $X$ 是 6。

各回归方程函数公式如下：

$$ir_t = b_0 + b_1(t) + a_t$$
$$e_t = b_0 + b_1(t) + a_t$$

$$est_t = b_0 + b_1(t) + a_t$$
$$rd_t = b_0 + b_1(t) + a_t$$

其中，$t$ 表示时间（年）；$ir$ 表示行业利润；$e$ 表示行业从业人员数；$est$ 表示企业单位数；$rd$ 表示研发投入；$a$ 是每个方程的残差项。

本研究从中国高技术产业统计年鉴中，获取了 1995~2012 年的行业数据，用行业企业单位数、从业人员数、利润、研发投入强度来测量环境动态性。研发投入强度的指标测算主要包括技术人员的投入和新产品开发经费的投入，其中，技术人员的投入用科技人员占总从业人员比例计算。

本研究采用知识能力观对技术能力的定义，选取技术人员比例和企业获得专利数作为测量技术能力的指标，并用企业专利数比技术人员的比例作为技术能力的测量指标。

**4. 控制变量**

研究发现，企业的年龄与资产规模影响合作方式的选择（如 Shan，1990；Almeida et al.，2003）。因此，选取企业年龄和企业规模作为本研究控制变量。其中，企业年龄用企业的上市年龄表示，企业规模则用企业总资产表示。

# 第四节　研究结果

## 一、样本的描述性统计分析

本研究主要变量的描述性统计与相关分析如表 7 - 3 所示。从表 7 - 3 可以看出，各主要变量的线关系不高，初步说明多重共线性问题不明显。此外，先前合作频率与先前合作深度均与技术资源获取方式具有显著负向相关性，因此假设 H7 - 1a，H7 - 1b 得到初步验证。

表 7 - 3　　　　　　　　样本的描述性统计与相关分析（N = 552）

| 分类 | 均值 | 标准差 | 1 | 2 | 3 | 4 | 5 | 6 |
|---|---|---|---|---|---|---|---|---|
| 1 技术资源获取方式 | 3.07 | 1.590 | | | | | | |
| 2 先前合作频率 | 16.24 | 13.851 | - 0.176 ** | | | | | |
| 3 先前合作深度 | 0.091 | 0.380 | - 0.112 ** | 0.260 ** | | | | |
| 4 技术能力 | 0.281 | 0.210 | 0.062 | - 0.087 * | 0.032 | | | |

续表

| 分类 | 均值 | 标准差 | 1 | 2 | 3 | 4 | 5 | 6 |
|---|---|---|---|---|---|---|---|---|
| 5 环境动态性 | 5.506 | 1.214 | 0.085 * | 0.109 * | 0.014 | -0.021 | | |
| 6 企业上市年龄 | 9.20 | 5.335 | -0.248 * | 0.651 ** | 0.091 * | -0.577 ** | -0.047 | |
| 7 企业资产规模 | 198.076 | 257.322 | -0.147 ** | 0.833 ** | 0.310 ** | 0.025 | 0.113 ** | 0.391 ** |

注：** 表示显著性水平 p < 0.01（双尾检验）；* 表示显著性水平 p < 0.05（双尾检验）。

## 二、回归分析结果

本研究按照夏尔马等（Sharma et al.，1981）提出的调节变量检验步骤及判断调节作用的标准进行数据处理和数据分析，数据分析结果如表7-4。

表7-4 回归分析结果（因变量为技术资源获取方式选择）

| 变量 | 模型1 | | | 模型2 | | |
|---|---|---|---|---|---|---|
| | 第一步 | 第二步 | 第三步 | 第一步 | 第二步 | 第三步 |
| 企业上市年龄 | -0.27 ** | -0.26 ** | -0.29 ** | -0.27 | -0.42 ** | -0.06 |
| 企业资产规模 | -0.11 | -0.11 | -0.13 | -0.11 | -0.13 | -0.26 ** |
| 先前合作频率 | -0.11 ** | -0.09 * | -0.14 ** | -0.11 ** | -0.21 ** | -0.05 |
| 先前合作深度 | -0.08 * | -0.08 * | -0.22 ** | -0.08 * | -0.08 * | -0.06 |
| 环境动态性 | | 0.08 * | 0.13 ** | | | |
| 技术能力 | | | | | -0.15 ** | 0.32 ** |
| 环境动态性×先前合作频率 | | | -0.05 | | | |
| 环境动态性×先前合作深度 | | | 0.45 ** | | | |
| 技术能力×先前合作频率 | | | | | | 0.48 ** |
| 技术能力×先前合作深度 | | | | | | -0.14 |
| $R^2$ | 0.07 | 0.08 | 0.10 | 0.07 | 0.09 | 0.11 |
| $\Delta R^2$ | 0.07 | 0.01 | 0.03 | 0.07 | 0.01 | 0.03 |
| DW | | | 2.01 | | | 2.06 |
| F - change | 10.73 ** | 3.31 ** | 7.94 ** | 10.73 ** | 7.33 ** | 7.67 ** |

注：* 表示在 p < 0.1 的水平上显著；** 表示在 p < 0.05 的水平上显著。

从表7-4中模型1的第一步回归结果可以看出，先前合作频率对技术资源获取方式具有显著负向影响（β = -0.113，p < 0.05），而对先前合作深度具有

弱显著的负向影响（β = -0.083，p < 0.1），假设 H7 - 1a 获得数据完全支持，而假设 H7 - 1b 获得数据部分支持。

在模型 1 和模型 2 的第二步和第三步回归中，$\Delta R^2$ 都有增加，说明增加的调节效应对因变量的确具有解释力。可以看出，环境动态性对先前合作深度与技术资源获取方式的正向关系具有显著正向调节作用（β = 0.453，p < 0.05），因此，假设 H7 - 2b 成立，而假设 H7 - 2a 没有获得数据支持。而技术能力对先前合作频率与技术资源获取方式选择的负向关系具有显著正向调节作用（β = 0.483，p < 0.05），因此，假设 H7 - 3a 成立，而 H7 - 3b 没有获得数据支持。

为进一步检验环境动态性和技术能力对先前合作与技术资源获取方式选择之间关系的调节效应，采用均值分离技术，按照环境动态性的均值将整个样本分为高环境动态性组（N = 277）和低环境动态性组（N = 275）两个子样本，按技术能力的均值将样本分成高技术能力组（N = 284）与低技术能力组（N = 268）两个子样本，然后对这些子样本进行多元线性回归。结果如表 7 - 5 和图 7 - 1 所示。可以看出，环境动态性对先前合作深度具有正向调节作用，而技术能力对先前合作频率具有正向调节作用。

表 7 - 5　　　　　　　技术能力与环境动态性的调节效应回归模型结果

| 变量 | 模型 4<br>环境动态性高<br>（N = 248） | 模型 5<br>环境动态性低<br>（N = 304） | 模型 6<br>技术能力高<br>（N = 284） | 模型 7<br>技术能力低<br>（N = 268） |
|---|---|---|---|---|
| 常量 | 0.097 | -0.131** | 1.054** | -0.332** |
| 企业上市年龄 | -0.355** | -0.139* | 0.430** | 0.028 |
| 企业资产规模 | -0.204* | -0.053 | -0.575** | -0.172 |
| 先前合作频率 | 0.010 | -0.085 | -0.479** | -0.415* |
| 先前合作深度 | 0.244** | -0.198* | -0.068 | -0.285 |
| $R^2$ | 0.067 | 0.090 | 0.077 | 0.109 |
| $\Delta R^2$ | 0.015 | 0.023 | 0.02 | 0.018 |
| DW | 2.037 | 1.988 | 1.817 | 2.206 |
| F | 4.380 | 7.417 | 6.880 | 8.020 |
| F - change | 1.948** | 3.703** | 3.036** | 2.652* |

注：*表示在 p < 0.1 的水平上显著；**表示在 p < 0.05 的水平上显著。

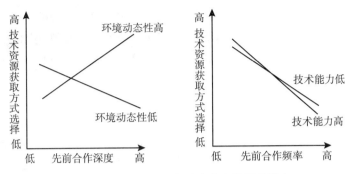

图 7 – 1 环境动态性与技术能力的调节效应

# 第五节 结论与讨论

本章研究了先前合作经验对技术资源获取方式选择的影响作用，以及环境动态性和技术能力的调节效应。通过实证研究发现：（1）先前合作频率和先前合作深度对技术资源获取方式具有负向影响作用，即先前合作频率越高，先前合作深度越深，企业越偏向低整合的技术资源获取方式。（2）环境动态性对先前合作深度与技术资源获取方式的负向关系具有正向调节作用，而技术能力对先前合作频率与技术资源获取方式的负向关系具有正向调节作用，即在环境动态性程度高的情况下，先前合作深度越深，企业越倾向于低整合的技术资源获取方式；反之，企业越倾向于高整合的技术资源获取方式。而技术能力强的企业，先前合作频率越高，越倾向于选择低整合的技术资源选择方式；技术能力弱的企业，先前合作频率越高，越倾向于选择低整合的技术资源获取方式。

本研究丰富了现有先前经验对技术资源获取方式选择的影响研究。现有对先前经验对企业活动的影响研究多将先前经验看成单一维度进行研究，如 Shane（2000）研究了先前知识对机会开发的影响，张等（2009）研究了先前合作经验对以后合作绩效的影响，范登兰德等（2009）研究了先前合作经验对技术资源获取方式选择的影响，等等。但现有研究没有区分不同的先前合作经验对企业行为的影响。本研究将先前合作经验划分为先前合作频率和先前合作深度，因为先前合作频率反应的是企业先前合作的频繁程度，而先前合作深度反应的是企业先前合作的投入程度，两者对企业的行为的影响机理不同。先前合作频度高反映一个企业先前对合作的积极性高，但并不代表企业在合作中的投入程度，企业可能采取的是一种试探性行为，通过试探寻找合适的合作项目。而先前合作深度高则反映企业先前在合作中投入了较多的资源。较多地投资于合作一方面反映企业寻找到了合适的合作项目；另一方面也反映企业对合作绩效的信任程度。因此，先前合作频率是通过影响合作企业的表面经验，即感觉意义（Felt Meaning）（Petitmengin，2007）影响企业再次合作行为的，而先前合作深度则是通过影响合作企业的实际经验，即实际影响（Vitality Affect）（Petitmengin，2007）进而影响企业再次合作行为。

本研究结论与大多数关于先前合作经验对选择低整合的技术资源获取方式有正向影响的结论一致（如 Gulati，1995；Villalonga & McGahan，2005；Van de Vrande et al.，2009，2012），但与范哈维贝克等（2002）和范登兰德等（2006）基于完全市场经常环境的研究结论相反，说明在中国文化背景下，利用先前合作进行侵略性联盟还是比较少见，中国人重人情、面子、关系的特点决定了中国企业不太会按照完全市场经济条件下人们逐利忘义的行为趋向（Xin & Pearce，1996；Park & Luo，2001；黄信，2009）。当然，研究也证实中国的上市企业还处于发展的早期阶段，因为按照范登兰德等（2006）的研究结论，在新创企业早期，当技术与市场动态性很高的情况下，企业选择灵活的低承诺的组织方式。

本书发现，环境动态性与技术能力对先前合作经验与低整合技术资源获取方式的正向关系具有正向调节作用。但两者调节作用关系不同，环境动态性只对先前合作深度与低整合技术资源获取方式的负向关系具有正向调节作用，而技术能力只对先前合作频率与低整合的技术资源获取方式的负向关系具有正向调节作用。这一研究结论说明在中国这样的高不确定的市场环境下，先前合作经验起到了较好的信用保证作用，这也证实了罗（Luo，2006）的研究结论，即在中国这样的新兴市场里，由于政策环境和市场环境的多变，以及法律对合同的保护与实施乏力，使得企业必须依靠先前合作经验降低合作风险担忧。另外，自身技术能力也可以增强企业对合作方的信任。技术能力强的企业，即使有先前合作经验，也没有对再次合作企业进行侵略性联盟的倾向，而是相信诚信合作的可贵。这再次验证了张等（2009）关于先前合作增强了再次合作企业之间信任程度的结论。但与张等（2009）研究发现不同，环境动态性并没有降低先前合作经验对企业间信任程度的提高。这说明一方面，中国的企业更加相信合作和双赢的重要性；另一方面，中国的企业在合作时对经验的信任程度高于对制度保障的信任程度。

与以往关于环境动态型导致低整合的技术资源获取方式的研究结论一致，本研究也发现高环境动态性下，企业更偏向低整合的技术资源获取方式，但与以往直接研究环境动态性对技术资源获取方式选择方式影响的研究不同，本研究认为这种影响在有了先前合作经验后更加明显。

# 本章参考文献

［1］高宇，高山行，沈灏．合作方技术获取对企业绩效的作用机制研究．科研管理，2011，32（9）：108－116．

［2］王英．合作的规模与边界．科学经济社会，1996，2（3）：20－22．

［3］彭学兵．基于知识观的科技型企业技术创业组织方式选择研究．北京，经济科学出版社，2011．

［4］魏江．基于知识观的企业技术能力研究．自然辩证法研究，1998，14（11）：54－57．

［5］魏江，王铜安，刘锦．企业技术能力的要素与评价的实证研究．研究与发展管理，2008，20（3）：39－45．

［6］吕明非，彭灿．基于社会网络的高科技创业企业资源获取研究．中国高新技术企业，2007，7（2）：24－25．

［7］刘立群，柯昌清．技术战略联盟中企业技术能力提高过程研究．技术经济，2010，29（9）：26－30．

［8］彭学兵，胡剑锋．初创企业与成熟企业技术创业的组织方式比较研究．科研管理，2011，32（7）：52－59．

［9］张玉利，杨俊，任兵．社会资本、先前经验与创业机会——一个交互效应模型及其启示．管理世界，2008，24（7）：91－102．

［10］田莉，薛红志．创业团队先前经验、承诺与新技术企业初期绩效——一个交互效应模型及其启示．研究与发展管理，2009，21（4）：41－45．

［11］黄信．转型背景下制度不确定性与人的发展．经济纵横，2009，10：5－11．

［12］Dougherty，D.. Managing Your Core Incompetence for Corporate Venturing. Entrepreneurship：Theory & Practice，1995，19（3）：113－135.

［13］Tsai，K. H.，Wang，J. C.. External Technology Acquisition and Firm Performance：A Longitudinal Study. Journal of Business Venturing，2008，23（1）：91－112.

［14］Jones，G. K.，Lanctot，A.，Teeegen，H. J.. Determinants and Performance Impacts of External Technology Acquisition. Journal of Business Venturing，2001，16（3）：255－283.

［15］Van de Vrande，V.，Vanhaverbeke，W.，Duysters，G.. External Technology Sourcing：The Effect of Uncertainty on Governance Mode Choice. Journal of Business Venturing，2009，24（1）：13，62－80.

［16］Gulati，R.. Does Familiarity Breed Trust? The Implications of Repeated ties for Contractual Choice in Alliances. Academy of management Journal，1995，38（1）：85－112.

［17］Villalonga，B.，McGahan，A. M.. The Choice Among Acquisitions，Alliances and Divestitures. Strategic Management Journal，2005，26（13）：1183－1208.

［18］Vanhaverbeke，W.，Duysters，G.，Noorderhaven，N.. External Technology Sourcing through Alliances or Acquisitions：An Analysis of the Application-specific Integrated Circuits Industry. Organisaganizational Science，2002，13（6）：714－733.

［19］Garette, B. , Dussauge, P. . Alliances Versus Acquisitions: Choosing the Right Option. European Management Journal, 2000, 18 (1): 63 - 69.

［20］Zhang, Z. , Wan, D. F. , Jia, M. . Prior Ties, Shared Values and Cooperation on Public Private Partnerships. Management and Organization Review, 2009, 5 (3): 353 - 374.

［21］Williamson, O. E. . The Economic Institutions of Capitalism: Firms, Markets, Relational Contracting. The Free Press, New York, 1985.

［22］Kogut, B. , Zander, U. . Knowledge of the Firm, Combinative Capabilities, and the Replication of Technology. Organization Science, 1992, 3 (3): 342 - 355.

［23］Schilling, M. A. . Technology Success and Failure in Winner - Take-all Markets: The Impact of Learning Orientation, Timing, and Network Externalities. Academy of Management Journal, 2002, 45 (2): 387 - 398.

［24］Allen, S. A. , Hevert, K. T. . Venture Capital Investing by Information Technology Companies: Did it Pay? Journal of Business Venturing, 2007, 22 (2): 262 - 282.

［25］Dushnitsky, G. , Lenox, M. J. . When do Incumbents Learn from Entrepreneurial Ventures? Corporate Venture Capital and Investing Firm Innovation Rates. Research Policy, 2005, 34 (5): 615 - 639.

［26］Cook, K. S. , Emerson, R. M. . Power, Equity and Commitment in Exchange Networks. American Sociological Review, 1978, 43 (October): 721 - 739.

［27］Agarwal, R. , Anand, J. , Bercovitz, J. , Croson, R. . Spillovers across Organizational Architectures: The Role of Prior Resource Allocation and Communication in Post-acquisition Coordination Outcomes. Strategic Management Journal, 2012, 33 (6): 710 - 733.

［28］Reuer, J. J. , Koza, M. P. . Asymmetric Information and Joint Venture Performance: Theory and Evidence for Domestic and International Joint Ventures. Strategic Management Journal, 2000, 21 (1): 81 - 88.

［29］Balakrishnan, S. , Wernerfelt, B. . Technical Change, Competition and Vertical Integration. Strategic Management Journal, 1986, 7 (4): 347 - 359.

［30］Gulati, R. , Singh, H. . Interorganizational Trust, Governance Choice, and Exchange Performance. Organization Science, 2008, 19 (5): 688 - 708.

［31］Santoro, D. M. , McGill, J. P. . The Effect of Uncertainty and Asset Co-specialization on Governance in Biotechnology Alliances. Strategic Management Journal, 2005, 26 (13): 1261 - 1269.

［32］Cantner, U. , Meder, A. . Technological Proximity and the Choice of Cooperation Partner. Journal of Economic Interaction and Coordination, 2007, 2 (1): 45 - 65.

［33］Luo, Y. . Procedural Fairness and Interfirm Cooperation in Strategic Alliances. Strategic Management Journal, 2008, 29 (1): 27 - 46.

［34］Sampson, R. C. . Organizational Choice in R&D Alliances: Knowledge Based and Transaction Cost Perspective. Managerial and Decision Economics, 2004, 25 (6 - 7): 421 - 436.

［35］Sharfman, M. P. , Dean, J. W. . Conceptualizing and Measuring Organizational Environment: A Multidimensional Approach. Journal of Management, 1991, 17 (4): 681 - 700.

［36］Miller, D. J.. Strategy Making and Environment: The Third Link. Strategic Management Journal, 1983, 4 (3): 221 – 236.

［37］Kogut, B.. Joint Ventures and the Option to Expand and Acquire. Management Science, 1991, 37 (1): 19 – 33.

［38］Leiblein, M. J., Miller, D. J.. An Empirical Examination of Transaction and Firm-level Influences on the Vertical Boundaries of the Firm. Strategic Management Journal, 2003, 24 (9): 839 – 860.

［39］Folta, T. B., Leiblein, M. J.. Technology Acquisition and the Choice of Governance by Established Firms: Insights from Option Theory in a Multinomial Logit Model. Academy of Management Proceedings, 1994, August: 27 – 31.

［40］Sutcliffe, K. M., Zaheer, A.. Uncertainty in the Transaction Environment: An Empirical Test. Strategic Management Journal, 1998, 19 (1): 1 – 23.

［41］Hagedoorn, J. B., Duysters, G. M.. External Sources of Innovative Capabilities: The Preference for Strategic Alliances or Mergers and Acquisitions. Journal of Management Studies, 2002, 39 (2): 167 – 188.

［42］Moon, C. W.. Technological Capacity as a Determinant of Governance form in International Strategic Combinations. Journal of High technology Management Research, 1998, 9 (1): 35 – 53.

［43］Pisano, G. P.. The R&D Boundaries of the Firm: An Empirical Analysis. Administrative Science Quarterly, 1990, 35 (1): 153 – 176.

［44］Huang, C. M., Chang, H. C., Henderson, S.. Knowledge Transfer Barriers between Research and Development and Marketing Groups within Taiwanese Small-and Medium-sized Enterprise High-technology New Product Development Teams. Human Factors and Economics in Manufacturing, 2008, 18 (6): 621 – 657.

［45］Roberts, E. B., Liu, W. K.. Ally or Acquire? How Technology Leaders Decide. MIT Sloan Management Review, 2001, 43 (1): 26 – 34.

［46］Cohen, W. M., Levinthal, D. A.. Absorptive Capacity: A New Perspective on Learning and Innovation. Administrative Science Quarterly, 1990, 35 (1): 128 – 152.

［47］Powell, W. W.. Neither Market Nor Hierarchy: Network Forms of Organization. Research in Organization Behavior, 1990, 12: 295 – 336.

［48］Sarkar, M. B., Echambadi, R. A. J., Harrison, J. S.. Alliance Entrepreneurship and Firm Market Performance. Strategic Management Journal, 2001, 22 (6 – 7): 701 – 712.

［49］Desyllas, P., Hughes, A.. Sourcing Technological Knowledge through Corporate Acquisition: Evidence from an International Sample of High Technology Firms. The Journal of High Technology Management Research, 2008, 18 (2): 157 – 172.

［50］Sahaym, A., Steensma, H. K., Schilling, M. A.. The Influence of Information Technology on the Use of Loosely Coupled Organizational Forms: An Industry-level Analysis. Organization Science, 2007, 18 (5): 865 – 880.

［51］Hmieleski, K. M., Ensley, M. D.. A Contextual Examination of New Venture Performance: Entrepreneur Leadership Behavior, Top Management Team Heterogeneity, and Environmental

Dynamism. Journal of Organizational Behavior, 2007, 28 (7): 865 – 889.

[52] Almeida, P. , Song, J. , Grant, R. M.. Are Firms Superior to Alliances and Markets? An Empirical Test of Cross-border Knowledge Building. Organization Science, 2002, 13 (2): 147 – 162.

[53] Sharma, S. , Durand, R. M. , Gur – Arie, O.. Identification and Analysis of Moderator Variables. Journal of Marketing Research, 1981, 18 (3): 291 – 300.

[54] Shane, S.. Prior knowledge and the Discovery of Entrepreneurial Opportunities. Organization Science, 2000, 11 (4): 448 – 469.

[55] Petitmengin, C.. Toward the Source of Though: The Gestural and Transmodal Dimension of Lived Experience. Journal of Consciousness Studies, 2007, 14 (3): 54 – 82.

[56] Xin, K. K. , Pearce, J. L.. Guanxi: Connections as Substitutes for Formal Institutional Support. Academy of Management Journal, 1996, 39 (6): 1641 – 1658.

[57] Park, S. H. , Luo, Y.. Guanxi and Organizational Dynamics: Organizational Networking in Chinese Firms. Strategic Management Journal, 2001, 22 (5): 455 – 477.

# 第八章

# 环境不确定性对创业资源整合的影响
# 实证：利用权变的中介效应和
# 创业自我效能感的调节效应[①]

## 第一节 引 言

创业资源整合是创业研究中的一个重要内容。创业是创业者识别机会、整合资源和成开发和利用机会的一系列过程（Stevenson，1990；Shane & Venkataraman，2000），而资源整合是创业资源转化为能力，发生"质变"的关键过程，因此，探索创业的成功因素必然涉及资源整合这一重要过程。然而，现有资源整合的研究多集中在对资源整合效果的研究，如西尔蒙（Sirmon et al.，2007，2008）指出，资源管理综合了一系列子过程，这些子过程之间的协同作用最终形成了竞争优势并创造价值。现有研究较少把资源整合看作决策行为，研究这种决策行为的影响因素。利希滕斯坦和布拉什（Lichtenstein & Brush，2001）认为资源管理过程受到企业所处环境的影响。西尔蒙等（Sirmon et al.，2007）进一步指出，环境不确定性会影响企业的资源整合过程。本研究在西尔蒙等（Sirmon et al.，2007）对资源整合的理论研究基础上，探索环境不确定性对创业资源整合的影响机理，并研究效果推理在环境不确定性与创业资源整合之间的中介作用。由于决策行为受决策逻辑的影响，在创业环境下，受高不确定性和未来不可预测性的影响，创业资源整合的决策行为不同于一般成熟企业的资源整合决策行为，其内在逻辑是创业资源整合受效果推理决策逻辑的支配，而成熟企业的资源整合则是在因果推理的决策逻辑下进行的。此外，效果推理理论告诉我们，环境不确定性对效果推理决策逻辑具有显著的影响（Sarasvathy，2001；Sarasvathy & Dew，

---

① 本章英文版内容发表于《Frontiers of Business Research in China》，2015，9（4）：559 – 575。

2008），因此可以大胆猜测，环境不确定性会通过影响效果推理进而影响创业资源整合。对中介效应的探讨还回答了米切尔等（Mitchell et al.，2007）提出的问题：哪些情形会使得决策者采用效果推理逻辑。

本章还研究创业自我效能感在环境不确定性与效果推理之间调节作用。已有研究表明，组织层面和个体层面的某些因素会影响效果推理的产生（Costa et al.，2011；Besselink，2012）。但现有研究缺乏考虑个体因素和情景因素交互作用于效果推理的情况。鉴于此，本研究选取创业自我效能感作为个体因素，环境不确定性作为情景因素，研究创业自我效能感在环境不确定性对效果推理灵活性维度影响中的调节作用。另外，由于创业自我效能感与特定领域、特定任务、甚至特定问题相联系（顾远东、彭纪生，2010），本研究将创业自我效能感与效果推理所处的创业领域相联系，进一步探讨创业自我效能感在环境不确定性与效果推理灵活性维度关系中的调节作用。

本研究的理论模型如图 8 - 1 所示。

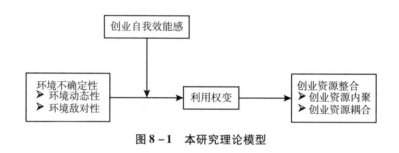

图 8 - 1　本研究理论模型

# 第二节　文献综述与研究假设

## 一、环境不确定性与创业资源整合

资源整合指企业聚合资源以形成或改变能力的过程（Sirmon et al.，2007）。资源整合所形成的能力有些能转化为竞争优势，有些则不能（Sirmon et al.，2008）。为了获取企业所需的能力，管理者需要决策如何整合企业的资源。

不确定性作为组织环境的一个重要特征，对组织的决策、战略选择等具有最重要的影响（王益谊，席酉民，2005）。资源整合作为企业关于资源的决策，显然受到环境不确定性的影响。本研究在已有文献（Sirmon et al.，2007）基础上，通过实证研究环境不确定性对创业资源整合的影响。

当环境不确定性是研究的主要变量时，需要复杂多维的维度划分（Kreiser

et al.，2002）。西尔蒙等（Sirmon et al.，2007）在其探索性的研究中采用了动态性和丰富性的维度划分方式。而因为丰富性与动态性变化方向上的不一致，可用敌对性而非丰富性来描述环境（Tan & Litschert，1994），所以研究中多采用动态性与敌对性作为环境不确定性的两个主要维度（Keats & Hitt，1988；Bantel，1998；张映红等，2008）。本书也采用动态性和敌对性的维度划分方式。

西尔蒙等（Sirmon et al.，2007）将资源整合方式划分为稳定调整、丰富细化和开拓创造三种类型。这种划分方式依据的是资源整合的结果，即是否产生了新的能力，以及新能力的创新程度。这种以结果为依据的划分方式不能体现整合过程中资源是如何聚合的。为了打开资源是如何整合的这一"黑箱"，本研究，将资源整合划分为资源内聚和资源耦合两个维度。其中，创业资源内聚指对相同类型资源的整合；创业资源耦合指对不同类型资源的整合。

在高动态性的环境中，企业竞争优势赖以存在的基础不断变化，只能获取短暂的竞争优势（Thomas & Aveni，2004）。新创企业必须不断通过资源整合产生新的能力以响应环境的变化和保持自身的竞争优势（Sirmon et al.，2007）。一方面企业可以通过创业资源耦合来突破原有资源边界，实现更大范围的资源融合从而获得企业所需的新能力；另一方面，企业也可以通过资源内聚对相同资源进行更为深入的整合，从而为企业带来竞争对手所不具备的能力。此外高动态性的环境使得企业难以预测竞争者的行为与策略（Luo，1999）。在无法预知竞争者行动的情况下，新创企业需要更多使用资源内聚和资源耦合方式挖掘企业内外资源潜力，发挥资源的互补和协同效应，从而产生竞争对手所不具备的能力。基于以上分析，提出以下假设：

假设 H8-1a：环境动态性对创业资源内聚具有正向影响。

假设 H8-1b：环境动态性对创业资源耦合具有正向影响。

环境敌对性指产业不确定，创业竞争激烈、商业气氛残酷的情形（McGee & Rubach，2011）。高敌对性的环境中竞争者常采取具有针对性的行动（Sirmon et al.，2012）。为了应对竞争者采取的针对性的行为，企业需要通过创业资源内聚和创业资源耦合在整合深度以及整合范围上做出突破，以获取竞争者难以迅速模仿的能力。高敌对性环境对面临资源稀缺、缺乏管理经验的新创企业尤其不利（Covin & Slevin，1989），为了克服资源约束和管理瓶颈，新创企业需要通过对有限资源的新组合和重新配置改进创业能力（董保宝和葛宝山，2012）。而新创企业通过资源内聚和资源耦合，能将相同和不同类型的资源整合为新的组合与能力。最后，资源束缚的情形下，企业会出现难以迅速满足客户需求的情况（Sirmon et al.，2007）。企业通过创业资源内聚和创业资源耦合在客户需求出现前开发新的能力，就能及时满足客户的需求。基于以上分析，提出以下假设：

假设 H8-2a：环境敌对性对创业资源内聚具有正向影响。

假设 H8 - 2b：环境敌对性对创业资源耦合具有正向影响。

## 二、利用权变的中介作用

萨拉瓦蒂（Sarasvathy，2001）提出的效果推理理论认为，效果维持者基于已知方法和既有条件可以带来的机会和能创造的效果推进创业过程。在高不确定性环境下，过程与结果间的因果关系往往无法准确预测，以目标为导向的因果推理模式会失效，需要采用手段导向的效果推理逻辑做出决策（Sarasvathy，2008；Wiltbank et al.，2006；Dew，2009；Chandler et al.，2011；Brettel et al. 2011）。所以，在高不确定环境下，决策者会更多采用效果推理逻辑进行决策。

萨拉瓦蒂（Sarasvathy，2001）认为，在高不确定性环境下，创业者需要制定具有灵活性的决策以适应不断变化的环境。

利用权变对新创企业资源整合的影响表现在两个方面。首先在高不确定性环境中的，创业者在利用权变逻辑的指导下为了更快响应环境的变化和竞争对手竞争性的行为，往往会制定具有灵活性、可以迅速调整的战略（朱秀梅等，2008）。战略的施行需要资源整合形成的能力的支持。而富有灵活性的战略在高不确定环境中时常发生变化，每次战略的变化都需要新的能力的支持。这就意味着新创企业需要不断地进行资源整合以获取新的能力。资源整合包括对同类型资源的深度整合，发掘同种资源之间整合的所有潜力；以及对不同类型资源之间广度上的整合，实现不同资源的配置和组合以寻求新的能力。

其次，创业者将环境的不确定性视为机会的来源（Brettel et al.，2012）。为及时响应环境中出现的新机会，创业者会及时放弃效果不佳的资源整合，转而进行新的整合（Chandler et al.，2011），以更好地利用新出现的机会。因此，在灵活性逻辑下，企业有可能放弃原有效果不佳的资源整合而进行新的资源整合，重新整合无疑会导致企业资源整合行为的增多。因此，灵活性会导致更多的资源整合行为，包括内聚方式的资源整合和耦合方式的资源整合。

由此，灵活性在环境不确定性与创业资源整合之间起中介作用。提出以下假设：

假设 H8 - 3a：灵活性在环境动态性与创业资源内聚之间起中介作用。

假设 H8 - 3b：灵活性在环境动态性与创业资源耦合之间起中介作用。

假设 H8 - 3c：灵活性在环境敌对性与创业资源内聚之间起中介作用。

假设 H8 - 3d：灵活性在环境敌对性与创业资源耦合之间起中介作用。

## 三、创业自我效能感的调节作用

科斯塔和布雷特尔（Costa & Brettel，2011）的研究表明，影响效果推理形成的因素既有情境方面的因素，如环境不确定性、管理层的支持等，也有个体特质方面的因素，如个体毅力、工作积极性等。本研究结合三元交互作用论，即人的个体因素、外在环境与行为三者相互作用（Bandura，1986），将个体认知机制与社会情境结合，进一步假设效果推理受到"个体—情景"交互作用的影响。

本研究选择创业自我效能感作为个体因素。自我效能感（Self-efficacy）是班杜拉（Bandura）社会认知理论中的核心概念，是人们对自身完成某项任务或工作行为能力的信念，它涉及的不仅仅是能力本身，而是自己能否利用所拥有的能力去完成工作行为的自信程度。自我效能感直接影响人们的思维、动机与行为（Bandura，1986）。班杜拉等（Bandura et al.，1997）认为，为了提高创业自我效能感的预测效果，需针对特定任务领域进行研究。因为效果推理与是创业领域内的研究，所以本文将自我效能感具体为创业自我效能感。

创业自我效能感指创业者相信自己能够胜任不同创业角色和任务的信念（Chen et al.，1998）。具有高创业自我效能感的个体能够清楚认识到自己具有识别商业机会、进行有效管理和具备适当技术知识的技能（Chandler & Jensen，1994），在高不确定性的情形下他们能够清楚地认识到自身所具备的手段或能力，更多地采用利用权变的决策方式，灵活地通过自身具备的手段或能力解决出现的问题。高创业自我效能感者还坚定相信自己拥有成功所需的一切，在不确定环境中遇到困难时不会惊慌失措，能够继续以任务为中心（钟卫东等，2007）。相较于低创业自我效能感者，他们会通过灵活性的决策方式迅速制定灵活可变的战略以响应环境的变化。Baum等（2001）认为，个体的创业自我效能感越高越会倾向于设置高水平目标，对目标的执行和实践有更高的承诺。在动荡的环境下，激烈的竞争使得资源极难获取，高创业自我效能感的个体会设置赢得竞争优势和获取更高资源的高目标。而为了实现该目标，企业必须更多利用权变来应对竞争对手的资源获取行为。根据以上论述，我们认为高创业自我效能感会加强环境不确定性对利用权变逻辑的影响。

假设H8-4a：创业自我效能感在环境动态性与利用权变之间具有调节作用。创业自我效能感高的情形下，环境动态性对利用权变的正向影响，高于创业自我效能感低的情形。

假设H8-4b：创业自我效能感在环境敌对性利用权变之间具有调节作用。创业自我效能感高的情形下，环境敌对性对利用权变的正向影响，高于创业自我效能感低的情形。

在以上论述中，我们假定了：（1）利用权变逻辑在环境不确定性与创业资源整合间起着中介作用；（2）创业自我效能感会强化环境不确定性对利用权变逻辑的影响（调节第一阶段的影响），但并不会影响利用权变逻辑与创业资源整合方式正向的关系（不调节第二阶段影响）。根据以上假定，我们进一步推论，创业自我效能感越高，环境不确定性通过利用权变逻辑的作用影响创业资源整合的正向效应就越强。根据以上论述，我们提出以下假设：

假设 H8 - 5a：创业自我效能感越高，利用权变逻辑在环境动态性与创业资源内聚之间所起的中介效应就越强。

假设 H8 - 5b：创业自我效能感越高，利用权变逻辑在环境动态性与创业资源耦合之间所起的中介效应就越强。

假设 H8 - 5c：创业自我效能感越高，利用权变逻辑在环境敌对性与创业资源内聚之间所起的中介效应就越强。

假设 H8 - 5d：创业自我效能感越高，利用权变逻辑在环境敌对性与创业资源耦合之间所起的中介效应就越强。

# 第三节　样本与研究方法

## 一、样本

本研究样本来自浙江省的新创企业，样本获取时间为 2014 年 5 ~ 8 月，共计发放问卷 600 份，获得有效问卷 311 份，问卷回收率为 51.8%。回收的 311 份问卷中，24 份问卷企业存在漏填、多选或者创业年限超过 10 年的情况，删除无效问卷后最终获得有效问卷 287 份。所获样本的平均创业在 3 ~ 5 年间，平均员工人数在 51 ~ 250 人之间，平均年销售额在 1 001 万 ~ 1 500 万元之间，样本基本特征如表 8 - 1。

表 8 - 1　　　　　　　　　　　　　样本基本特征

| 创业年限 | 员工人数 | 年销售额（元人民币） |
|---|---|---|
| 1 年以内（10.5%） | 20 人以下（18.8%） | 10 万以下（3.1%） |
| 1 ~ 3 年（21.3%） | 20 ~ 50 人（33.1%） | 10 万 ~ 300 万（24.4%） |
| 3 ~ 5 年（33.4%） | 51 ~ 250 人（31.0%） | 301 万 ~ 1 000 万（37.3%） |
| 5 ~ 10 年（34.8%） | 251 ~ 500 人（9.8%） | 1 001 万 ~ 1 500 万（15.7%） |
| | 500 人以上（7.3%） | 1 500 万以上（19.5%） |

## 二、变量测量

为确保测量工具的效度及信度，本研究尽量采用现有文献已使用过的量表（除企业资源整合外），再根据本研究的目的加以适当修改作为搜集实证资料的工具。

### 1. 因变量：创业资源整合

目前，还没有从资源内聚和资源耦合两个维度分析创业资源整合的量表。为此，本研究结合理论分析和专家打分法开发出适合中国情境的资源整合量表：首先，参考以往研究对于资源整合的界定和衡量，进行修改后共得到 24 个题项（其中资源内聚和资源耦合各 12 个题项）。然后，组成由 5 名成员（教师 1 人、学生 2 人、创业者 2 人）组成的专家小组对上述 24 个题项进行专家打分。通过评价专家打分一致性程度决定入选测量题项。通过专家打分法，得到 17 个一致性高于 60% 的测量题项。再将 17 个测量题项进行 80 个样本的小样本测试，进行探索性因子分析后，删除了资源内聚的 2 个题项和资源耦合的 3 个因子载荷值小于 0.5 的题项。为了资源内聚和资源耦合题项数对称，将内聚的 7 个题项按照因子载荷大小进行了适当合并，最终得到由 10 个题项组成的资源整合测量量表。

在正式调查中，运用以上 10 个题项的量表来测量创业资源整合。要求创业者基于李克特五点评分方法进行自评（1 = 完全不同意；2 = 不同意；3 = 中立；4 = 同意；5 = 完全同意）。为了检验量表的信度和效度，按照（1）因子特征值大于 1；（2）各个题项的因子负荷（Factor loading）值大于 0.5；（3）不存在交叉负荷（Cross-loading）的情况和（4）因子对方差的总解释度大于 60% 四个原则对样本数据进行了探索性因素分析（Exploratory Factor Analysis，EFA）。结果（如表 8 - 2 所示）表明：（1）特征根大于 1 的因子有两个；（2）10 个题项在两个因子上的载荷全部大于 0.5；（3）两个因子解释的方差达到 63.9%；（4）两个因子的信度分别为 0.84 和 0.85。以上结果表明，包含创业资源内聚和创业资源耦合两个维度的创业资源整合具有良好的信度和效度。

表 8 - 2　　　　　创业资源整合的探索性因子和验证性因子分析结果

| 测量题项 | 因子载荷 | | α 系数 |
|---|---|---|---|
| | 资源内聚 | 资源耦合 | |
| N1. 企业不定期举行各类人才的培训，以提高其专业技能 | 0.744 | 0.375 | |
| N2. 企业各类人才都有自己的独特的技术领域 | 0.825 | 0.103 | |
| N3. 企业通过对同类资源的合理配置和有机融合获得竞争优势 | 0.609 | 0.409 | 0.85 |
| N4. 企业的技术能力综合了公司不同来源、不同层次的技术 | 0.694 | 0.430 | |
| N5. 企业的核心技术融合了许多不同领域的技术知识 | 0.756 | 0.288 | |
| O1. 企业各部门之间工作配合默契 | 0.148 | 0.832 | |
| O2. 企业各类创业资源相互联系、协同作用 | 0.396 | 0.721 | |
| O3 企业的工作流程安排考虑了各类创业资源的有机融合 | 0.222 | 0.749 | |
| O4. 企业的管理人员和技术人员相互合作，优势互补来管理好企业生产经营 | 0.434 | 0.576 | 0.84 |
| O5. 各类资源的合理配置和有机融合在创业过程中发挥了重要作用 | 0.389 | 0.688 | |

### 2. 自变量: 环境不确定性

环境不确定性采用李大元 (2008) 根据 (Miller & Friesen, 1983) 的量表修改后所形成的量表, 包含两个维度, 即环境动态性和环境敌对性, 环境动态性包含 4 个题项, 这 4 个题项的 α 系数为 0.83; 环境敌对性包含 5 个题项, 这 5 个题项的 α 系数为 0.81。表明该测量具有较好的信度。

### 3. 中介变量: 利用权变

本研究利用权变的测量综合了钱德勒等 (Chandler et al., 2007) 开发的效果推理量表, 题项的翻译参考了秦剑 (2011) 的研究, 并在其基础上经过团队成员直译、翻译形成。利用权变包含 4 个测量题项, 其 α 系数为 0.797。

### 4. 调节变量: 创业自我效能感

采用卢卡斯和库珀 (Lucas & Cooper, 2005) 开发的量表。该量表在本研究中的 α 系数为 0.929, 表明该测量具有良好的信度。

### 5. 控制变量

以往的研究表明, 企业的背景变量 (如年限、规模、年销售额等) 会影响新创企业的资源整合。因此, 本研究将企业的成立年限、规模、年销售额作为控制变量处理。

## 第四节　研究结果

### 一、主要变量的验证性因素分析

研究主要变量创业资源整合的验证性因子分析结果如表 8 - 3 所示。可以看出, 创业资源整合的两因素模型 ($\chi^2(37) = 97$, p < 0.01; RMSEA = 0.08, CFI = 0.955, TLI = 0.940; GFI = 0.937) 具有较好的效度。

表 8 - 3　　　　　　　　　创业资源整合验证性因素分析结果

| 模型 | $\chi^2$ | $Df$ | RMSEA | TLI | CFI | GFI |
|---|---|---|---|---|---|---|
| 零模型[a] | 215.801 | 15 | 0.440 | 0.000 | 0.000 | 0.421 |
| 二因素模型 | 97 | 34 | 0.08 | 0.940 | 0.955 | 0.937 |
| 单因素模型[b] | 621.8 | 35 | 0.242 | 0.458 | 0.578 | 0.628 |

## 二、变量的描述性统计分析与相关分析

本研究涉及变量的均值、方差与相关分析如表8－4所示。

表8－4　　　　　　　　研究变量的描述性统计分析与相关分析

| 分类 | 1 | 2 | 3 | 4 | 5 | 6 | 7 | 8 | 9 |
|---|---|---|---|---|---|---|---|---|---|
| 均值 | 3.24 | 2.54 | 3.24 | 3.77 | 3.80 | 3.92 | 4.12 | 3.86 | 3.97 |
| 标准差 | 0.989 | 1.124 | 1.119 | 0.769 | 0.706 | 0.828 | 0.681 | 0.666 | 0.687 |
| 1 企业年龄 | 1 | 0.435 ** | 0.395 ** | 0.060 | 0.110 | 0.049 | 0.089 | 0.062 | 0.040 |
| 2 员工人数 | | 1 | 0.216 ** | 0.199 ** | 0.173 ** | 0.180 ** | 0.144 * | 0.180 ** | 0.121 * |
| 3 年销售额 | | | 1 | 0.216 ** | 0.173 ** | 0.048 | 0.210 ** | 0.133 * | 0.144 * |
| 4 创业资源内聚 | | | | 1 | 0.716 ** | 0.542 ** | 0.598 ** | 0.666 ** | 0.679 ** |
| 5 创业资源耦合 | | | | | 1 | 0.521 ** | 0.549 ** | 0.673 ** | 0.705 ** |
| 6 环境动态性 | | | | | | 1 | 0.741 ** | 0.501 ** | 0.640 ** |
| 7 环境敌对性 | | | | | | | 1 | 0.562 ** | 0.650 ** |
| 8 灵活性 | | | | | | | | 1 | 0.676 ** |
| 9 创业自我效能感 | | | | | | | | | 1 |

注：** 在0.01水平（双侧）上显著相关；* 在0.05水平（双侧）上显著相关。

## 三、回归分析

采取层次回归法对本研究变量进行回归分析（见表8－5），以检验本研究提出的研究假设。

### 1. 主效应

环境动态性和敌对性对内聚方式的创业资源整合有正向影响（M8，$\beta_1 = 0.22$，$p < 0.01$；$\beta_2 = 0.47$，$p < 0.01$）。环境动态性和敌对性对创业资源耦合有正向影响（M18，$\beta_1 = 0.23$，$p < 0.01$；M12，$\beta_2 = 0.35$，$p < 0.01$）。因此假设 H8－1 和假设 H8－2 都得到了数据的支持。

### 2. 中介效应

环境动态性和敌对性对创业资源内聚有正向影响（M8，$\beta_1 = 0.22$；$\beta_2 = 0.47$，$p < 0.01$）。同时，利用权变对两种创业资源整合方式也有显著正向影响（M9，$\beta = 0.75$；M9，$\beta = 0.70$，$p < 0.01$）。在加入中介变量利用权变后，环境

表 8-5 回归分析

因变量分组：利用权变（M1–M6）、创业资源内聚（M7–M16）、创业资源耦合（M17–M26）

| 变量 | M1 | M2 | M3 | M4 | M5 | M6 | M7 | M8 | M9 | M10 | M11 | M12 | M13 | M14 | M15 | M16 | M17 | M18 | M19 | M20 | M21 | M22 | M23 | M24 | M25 | M26 |
|---|---|---|---|---|---|---|---|---|---|---|---|---|---|---|---|---|---|---|---|---|---|---|---|---|---|---|
| **控制变量** | | | | | | | | | | | | | | | | | | | | | | | | | | |
| 企业年龄 | -0.12 | -0.08 | -0.30** | -0.05 | -0.00 | -0.01 | -0.05 | -0.04 | -0.03 | -0.03 | -0.03 | -0.03 | -0.03 | -0.03 | -0.03 | -0.03 | 0.02 | 0.02 | 0.03 | 0.03 | 0.04 | 0.03 | 0.04 | 0.04 | 0.03 | 0.05 |
| 员工人数 | 0.20* | 0.05 | 0.10 | 0.11 | 0.06 | 0.05 | 0.08 | -0.02 | 0.01 | -0.03 | -0.03 | 0.02 | 0.00 | 0.00 | 0.04 | 0.01 | 0.06 | -0.03 | -0.01 | -0.04 | 0.02 | 0.02 | -0.00 | -0.00 | 0.09 | 0.02 |
| 年销售额 | 0.07 | 0.92 | -0.12 | -0.01 | -0.01 | -0.00 | 0.11* | 0.14** | 0.09* | 0.17** | 0.08* | 0.08* | 0.09* | 0.08* | 0.10** | 0.10** | 0.06 | 0.09** | 0.05 | 0.07 | 0.02 | 0.02 | 0.03 | 0.03 | 0.09 | 0.03 |
| **自变量** | | | | | | | | | | | | | | | | | | | | | | | | | | |
| 环境动态性 | | 0.19* | -0.01 | 0.02 | 0.08** | | | 0.22** | | 0.14* | 0.17** | | 0.14** | | 0.183** | | | 0.23** | | 0.15** | 0.10* | | | | 0.11* | |
| 环境敌对性 | | 0.41** | 0.20** | 0.14 | | 0.19** | | 0.47** | | 0.26** | | 0.30** | | 0.23** | | 0.29** | | 0.35** | | 0.14** | | 0.15** | | 0.08 | | 0.15** |
| 中介变量 | | | | | | | | | 0.75** | 0.52** | | | 0.41** | 0.38** | | | | | 0.70** | 0.54** | | | 0.37** | 0.36** | | |
| 利用权变 | | | | | | | | | | | 0.61** | 0.55** | 0.36** | 0.35** | 0.56** | 0.52** | | | | | 0.64** | 0.62** | 0.42** | 0.43** | 0.62** | 0.61** |
| **调节变量** | | | | | | | | | | | | | | | | | | | | | | | | | | |
| 创业自我效能感 | | | 0.54** | 0.53** | 0.59** | 0.53** | | | | | | | | | 0.024 | | | | | | | | | | 0.00 | |
| **交互项** | | | | | | | | | | | | | | | | | | | | | | | | | | |
| 环境动态性*创业自我效能感 | | | | 0.18* | | | | | | | | | | | | | | | | | | | | | | |
| 环境敌对性*创业自我效能感 | | | | -0.17** | | | | | | | | | | | | | | | | | | | | | | |
| 利用权变*创业自我效能感 | | | | | | | | | | | | | | | | 0.06* | | | | | | | | | | 0.02 |
| $R^2$ | 0.04 | 0.34 | 0.49 | 0.50 | 0.47 | 0.49 | 0.06 | 0.41 | 0.46 | 0.54 | 0.50 | 0.52 | 0.57 | 0.58 | 0.50 | 0.53 | 0.04 | 0.35 | 0.46 | 0.52 | 0.52 | 0.52 | 0.58 | 0.58 | 0.52 | 0.52 |
| F值 | 4.34 | 29.35 | 44.71 | 35.17 | 50.50 | 53.71 | 5.60 | 38.83 | 60.53 | 55.53 | 55.89 | 60.58 | 60.68 | 63.03 | 46.58 | 51.63 | 3.67 | 29.83 | 60.54 | 49.78 | 59.63 | 60.65 | 63.92 | 63.84 | 49.52 | 50.53 |
| $\Delta R^2$ | 0.04 | 0.30 | 0.15 | 0.014 | 0.46 | 0.48 | 0.06 | 0.35 | 0.41 | 0.14 | 0.44 | 0.46 | 0.51 | 0.52 | 0.44 | 0.47 | 0.04 | 0.31 | 0.43 | 0.17 | 0.48 | 0.48 | 0.54 | 0.54 | 0.48 | 0.48 |
| $\Delta F$ | 4.34 | 63.98 | 80.15 | 3.84 | 117.27 | 125.02 | 5.60 | 83.77 | 212.77 | 82.63 | 124.02 | 135.10 | 109.34 | 113.77 | 82.72 | 92.25 | 3.67 | 66.53 | 222.51 | 98.00 | 138.22 | 140.67 | 119.55 | 119.41 | 91.82 | 93.78 |

注：$n=287$；** $p<0.01$，* $p<0.05$。

动态性对创业资源内聚的影响系数减小（M10，$\beta = 0.140$；M20，$\beta = 0.150$；$p < 0.01$），而中介变量对创业资源内聚仍具有正向影响。由此得出：环境动态性和敌对性对创业资源内聚的影响部分通过利用权变实现。即该中介效应是部分中介效应。

同样的，环境动态性和灵活性对创业资源耦合的影响也是部分通过利用权变实现。数据支持了假设 H8 – 3。

### 3. 调节效应

从模型 8 中我们可以看到，环境动态性和创业自我效能感的交互项以及环境灵活性和创业自我效能按的交互项会对效果推理的灵活性维度产生影响（M4，$\beta_1 = 0.18$，$p < 0.05$；$\beta_2 = -0.17$，$p < 0.01$），表明创业自我效能感在环境动态性对效果推理的灵活性维度间起到了正向调节作用，而创业自我效能感在环境的敌对性与灵活性维度之间起到了负向的调节作用。假设 H8 – 4a 得到支持。

### 4. 有调节的中介效应

本研究采用温忠麟（2006）提出的检验有调节的中介效应是否显著的方法，进行四步骤的有调节的中介检验。结果表明创业自我效能感越高，灵活性逻辑在环境敌对性与创业资源内聚之间所起的中介效应就越强（M6，M12，M4，M16）。假设 H8 – 5c 得到支持。

## 第五节　结论与讨论

资源整合的研究作为资源学派的新兴研究受到了国内外学者的密切关注，但现有研究多集中于简单分析资源整合对企业绩效的影响，很少有研究系统而完整地分析了资源整合的前置影响因素。本研究通过理论和实证，研究环境不确定性对新企业创业资源整合的直接作用，以及效果推理的利用权变维度的中介效应和创业自我效能感的调节效应，获得了一些有价值的发现。

环境不确定性的动态性和灵活性两个维度均对内聚、耦合两种方式的创业资源整合有显著正向影响。这意味着在动态、多变和未来不可预知的环境中，新创企业会更多地采用内聚和耦合方式的资源整合。这一结论验证了莫罗等（Morrow et al.，2007）关于环境动态性对资源整合的观点，他们认为在快速变化的环境中，企业难以长期保持自身的竞争优势，转而利用不断的资源整合创造新能力以产生短期的竞争优势。在竞争对手针对性地采取竞争措施的情况下，即高敌对性环境中，企业保持相对于竞争对手的优势是成功的关键（Sirmon et al.，2008）。

西尔蒙等（Sirmon et al.，2008）同时指出这时资源是稀缺、难以获得的，所以企业必须通过深度的资源整合，利用最少的资源创造出最大的能力。对资源的深度整合无疑会增加新创企业的资源整合行为。本研究也验证了这一观点。

效果推理的利用权变原则在环境动态性和灵活性与内聚、耦合方式的创业资源整合的正向关系中具有部分正向中介作用。这说明环境动态性和灵活性一方面直接对内聚、耦合方式的资源整合产生正向影响；另一方面同时通过利用权变的中介影响两种方式的资源整合。效果推理学界认为环境不确定性会对效果推理产生正向的影响（Sarasvathy，2007；Chandler et al.，2011）。本研究则将环境不确定性进一步的细化为环境动态性和环境敌对性，通过中介效应的研究，说明两者对效果推理的利用权变维度的影响，从而对效果推理进行了更为细致的研究。从整个中介效应来看，研究符合外界环境影响决策，采用某种决策逻辑产生决策行为这一模型。利用权变的中介效应研究有利于更好地认识环境敌对性和环境敌对性的作用路径。

最后，本研究还探讨了创业自我效能感在环境不确定性与利用权变中起到的调节作用。结果表明，创业自我效能感在环境动态性与利用权变中起到了正向调节作用。而创业自我效能感在环境动态性与利用权变中起到了负向调节作用。创业自我效能感对环境不确定性的两个维度产生了不同方向的调节作用，可能的原因是新创企业的管理者将具有动态性的环境视为机会的来源（Chandler，2011），高创业自我效能感的管理者高度自信能够利用环境中出现的机会（Stajkovic et al.，1998）。而高动态性意味着机会出现的频繁，相应的，高自我效能感的管理者会尝试把握出现的每一个机会。这就使得他们需要遵循利用权变的决策逻辑制定富有灵活性的决策以抓住每一个出现的机会。所以，创业自我效能感在环境动态性与利用权变中起到了正向调节作用。而在高敌对性的环境中，管理者面对对手采取竞争性的行为和资源稀缺的状况。高创业自我效能感的管理者相信自己能够调动在高敌对性的情形中获得竞争优势所必需的动机以及认知和行动资源（Stajkovic et al.，1998）。在这种心理作用下，高创业自我效能感会忽视对自身所拥有资源的审视，集中目标于击败竞争对手和获取稀缺的资源上，继而产生以目标为导向的决策逻辑。这种决策逻辑与效果推理相对应，被称为因果推理。采取了因果推理逻辑的管理者会遵循较为刚性的决策逻辑，选择既定的方法就不会轻易改变（Sarasvathy，2001）。根据以上分析可知，创业自我效能感在环境动态性与利用权变中起到了负向调节作用。

## 本章参考文献

[1] 蔡莉，尹苗苗. 新创企业学习能力、资源整合方式对企业绩效的影响研究 [J]. 管

理世界，2009，25（10）：1-10.

[2] 蔡莉，柳青. 新创企业资源整合过程模型 [J]. 科学学与科学技术管理，2007，28（2）：95-102.

[3] 蔡莉，杨阳，单标安，任萍. 基于网络视角的新企业资源整合过程模型 [J]. 吉林大学社会科学学报，2011，51（3）：124-129.

[4] 董保宝，葛宝山. 新创企业资源整合过程与动态能力关系研究 [J]. 科研管理，2012，33（2）：107-114.

[5] 段锦云，田晓明，薛宪方. 效果推理：不确定性情境下的创业决策 [J]. 管理评论，2010，22（2）：53-58.

[6] 顾远东，彭纪生. 组织创新气氛对员工创新行为的影响：创新自我效能感的中介作用 [J]. 南开管理评论，2010，13（1）：30-41.

[7] 李大元. 不确定环境下的企业持续优势 [D]. 浙江：浙江大学，2008.

[8] 李大元. 企业环境不确定性研究及其新进展 [J]. 管理评论，2010，22（11）：81-87.

[9] 陆昌勤，方俐洛，凌文辁. 管理者的管理自我效能感 [J]. 心理学动态，2001，9（2）：179-185.

[10] 秦剑. 高不确定创业情境下的效果推理理论发展及其实证应用研究 [J]. 经济管理，2010，32（12）：170-176.

[11] 秦剑. 基于效果推理理论的创业实证研究及量表开发前沿探析与未来展望 [J]. 外国经济与管理，2011，33（6）：1-8.

[12] 王晓文，张玉利，李凯. 创业资源整合的战略选择和实现手段——基于租金创造机制视角 [J]. 经济管理，2009，31（1）：61-66.

[13] 王益谊，席酉民，毕鹏程. 组织环境的不确定性研究综述 [J]. 管理工程学报 2005，19（7）：46-50.

[14] 肖坚石. 新创企业创业导向对资源整合过程的影响研究 [D]. 吉林：吉林大学，2008.

[15] 钟卫东，孙大海. 创业自我效能感、外部环境支持与初创科技企业绩效的关系 [J]. 南开管理评论，2007，10：（5）：68-74.

[16] 张映红. 动态环境对公司创业战略与绩效关系的调节效应研究 [J]. 中国工业经济，2008，25（1）：105-113.

[17] 张玉利，赵都敏. 手段导向理性的创业行为与绩效关系 [J]. 系统管理学报，2009，18（6）：631-637.

[18] Costa, A. F. & Brettel, M. Employee effectuation-what makes corporate employees act like entrepreneurs? [J]. Frontiers of Entrepreneurship Research, 2011, 31 (17): 554-566.

[19] Chandler, G. N., DeTienne, D., McKelvie, A. & Mumford, A.. Causation and effectuation processes: A validation study [J]. Journal of Business Venturing, 2011, 26 (3): 375-390.

[20] Chen C C., Greene P G. & Crick A.. Does Entrepreneurial self-efficacy distinguish entrepreneurs from managers? [J] Journal of Business Venturing, 1998, (13): 295-316.

[21] Sirmon, D. G., Hitt, M. A. & Ireland, R. D.. Managing firm resources in dynamic envi-

ronments to create value: Looking inside the black box [J]. Academy of Management Review, 2007, 32 (1): 273 – 292.

[22] DeTienne, D. R. & Chandler, G. N.. The impact of motivation and causation and effectuation approaches on exit strategies [J]. Frontiers of Entrepreneurshi Research, 2010, 30 (1): 1 – 13.

[23] Dew, N. & Sarasvathy, S. D.. Innovations, stakeholders & entrepreneurship [J]. Journal of Business Ethics, 2007, 74 (3): 267 – 283.

[24] Duncan, R. B.. Characteristics of organizational environments and perceived environmental uncertainty [J]. Administrative Science Quarterly, 1972, 17 (3): 313 – 327.

[25] Miller D. &Friesen, P. H.. Strategy-making and environment: The third link [J]. Strategic Management Journal, 1983, 4 (3): 221 – 235.

[26] Fisher, G.. Effectuation, causation, and bricolage: A behavioral comparison of emerging theories in entrepreneurship research [J]. Entrepreneurship theory and Practice, 2011, 36 (5): 1042 – 2587.

[27] Perry, J. T., Chandler, G. N. & Markova, G.. Entrepreneurial effectuation: A review and suggestions for future research [J]. Entrepreneurship theory and Practice, 2011, 36 (4): 837 – 861.

[28] Lucas, W. A. & Cooper, S. Y.. Measuring Entrepreneurial Self-efficacy [C]. Paper Presented to the SMU EDGE Conference, Singapore, 2005, July.

[29] McGee, J. E. & Peterson, M. Entrepreneurial self-efficacy: Refining the measure [J]. Entrepreneurship Theory and Practice, 2009, 33 (4): 965 – 988.

[30] Read, S., Dew, N., Sarasvathy, S. D., Song, M. & Wiltbank, R.. Marketing under uncertainty: The logic of an effectual approach [J]. Journal of Marketing, 2009, 73 (3): 1 – 18.

[31] Read, S., Song, M., Smit, W.. A meta-analytic review of effectuation and venture performance [J]. Journal of Business Venturing, 2009, 24 (6): 573 – 587.

[32] Sarasvathy, S. D.. Causation and effectuation: Towards a theoretical shift from economic inevitability to entrepreneurial contingency [J]. Academy of Management Review, 2001, 26 (2): 243 – 288.

[33] Sarasvathy, S. D.. Effectuation: Elements of entrepreneurial expertise [M]. New horizons in entrepreneurshipresearch. Cheltenham, U. K.: Edward Elgar Publishing, 2008.

[34] Sarasvathy, S. D. & Dew, N.. New market creation as transformation [J]. Journal of Evolutionary Economics, 2005, 15 (5): 533 – 565.

[35] Sirmon D. G., & Hitt M. A. Managing resources: Linking unique resources, management and wealth creation in family firms [J]. Entrepreneurship Theory and Practice, 2003, 27 (4): 339 – 358.

[36] Sirmon, D. G., Hitt, M. A., & Ireland, R. D.. Managing firm resources in dynamic environments to create value: Looking inside the black box [J]. Academy of Management Review, 2008, 32 (1): 273 – 292.

[37] Sirmon, D. G., Gove, S., & Hitt, M. A.. Resource management in dyadic competitive rivalry: The effects of resource bundling and deployment [J]. Academy of Management Journal,

2008，51（5）：919 – 935.

[38] Sirmon, D. G. , Hitt, M. A. Ireland, R. D. , &Gilbert, B. A. . Resource orchestration to create competitive advantage：Breadth, depth and life cycle effects [J]. Journal of Management, 2011, 37（5）：1390 – 1412.

[39] Teece, D. , Pisano, G. , Shuen, A. . Dynamic capabilities and strategic management [J]. Strategic Management Journal. 1997, 18（7）：509 – 533.

[40] Wiltbank, R. , Dew, N. , Read, S. & Sarasvathy, S. D. . What to do next? The case for non-predictive strategy .[J]. Strategic Management Journal, 2006, 27（10）：981 – 998.

[41] Wiltbank, R. , Read, S. , Dew, N. & Sarasvathy, S. D. . Prediction and control under uncertainty：Outcomes in angel investing [J]. Journal of Business Venturing, 2009, 24（2）：116 – 133.

# 第九章

## 创业资源整合、组织协调与新创企业绩效关系[①]

### 第一节　引　言

通过资源整合形成异质性产品或服务不仅是新创企业完成机会开发的基础，也是其获取竞争优势，提高企业绩效的重要手段（Ciabuschi et al.，2012）。在现有资源整合与企业绩效关系的研究中，多数研究得出了资源整合有利于提高企业绩效的结论（Sirmon et al.，2008；蔡莉和尹苗苗，2009；易朝辉，2010）。但也有研究发现，资源整合与企业绩效之间的关系并不显著（徐二明和张晗，2008）。甚至有研究认为资源整合可能导致企业的负绩效（Amit & Shoemaker，1993；Yayavaram & Ahuja，2008）。导致这种不一致研究结论的原因，一方面与对资源整合的不同解释和测量有关；另一方面则是因为资源整合作用的发挥受情境因素的影响。

在资源整合的解释上，资源观只关注资源的异质性特性对企业可持续竞争优势的影响，而动态能力理论则认为企业可持续竞争优势的基础是适应、整合和重构内外部组织技术、资源和职能的动态能力而非资源本身的特性（Teece et al.，2007）。然而，资源观和动态能力理论都没有回答资源如何整合的问题。资源整合理论试图从整合的资源内容和资源整合方式来回答资源如何整合的问题（Black & Boal，1991；Sirmon et al.，2007）。但现有研究仍将资源整合看成一个黑箱，没有区分相同资源整合与不同资源整合的差异。

在资源整合发挥作用的过程中，组织协调具有重要作用。经过整合的资源具有一定的时效性，它们只能在一定时期内为企业带来良好的绩效，随着企业的发

---

① 本章内容发表于《科研管理》，2016，37（1）：110 – 118.

展和外部环境的变迁，这些资源将会被逐渐耗尽或者失效（Eisenhardt & Martin，2000；马鸿佳，董保宝和葛宝山，2011）。要保证创业资源内部和不同资源之间协调配合，避免资源不足或冗余，就必须有一种建立在组织协调基础上的信息传递机制和信息反馈机制，确保创业过程中整个组织的集中资源需求和分散资源需求。基于以上分析，本章研究创业资源整合对新创企业绩效的影响，及组织协调的调节作用。

# 第二节　文献综述与研究假设

## 一、创业资源整合对新创企业绩效的影响

创业资源指新创企业在向社会提供产品或服务的过程中，所拥有或者所支配的能够实现公司战略目标的各种要素以及要素组合，一般包括财务资源、物理资源、人力资源、技术资源、声誉资源和组织资源等（Barney，1991；Kogut & Zander，1992）。资源整合是企业获取所需资源后将其进行绑聚以形成和改变能力的过程，一般包括配置和应用两个方面（Eisenhardt & Martin，2000；Kogut & Zander，1992）。由于存在对相同类型资源的整合和对不同类型资源整合的差异，本研究借用物理学中的"耦合"和软件工程学中的"内聚"两个概念，将创业资源整合分为创业资源内聚和创业资源耦合两个维度。软件工程学中用"内聚"（Cohesion）反映一个模块内部各成分之间相互关联的程度，用耦合反映一个软件结构内不同模块之间相互关联的程度，而物理学中的耦合指两个（或者两个以上）系统或运动形式通过各种相互作用而彼此影响的现象。在创业过程中，新创企业为了获得某类资源上的领先优势而对该类资源进行识别与选择、汲取与配置、激活和有机融合，达到同类资源高度关联，彼此促进的目的；而为了发挥不同类型资源的组合优势，在资源配置过程中，会对不同类型资源进行识别与选择、汲取与配置、激活和有机融合，达到不同类型资源相互作用、彼此影响的目的。这一现象正好与物理学中的"耦合"和软件工程学中的"内聚"两个概念相似。因此，可以将相同类型资源的整合称为资源内聚，将不同类型的资源整合称为资源耦合。

创业资源内聚反应的是新创企业对相同类型资源的整合，企业进行资源内聚可以使企业获得某一类资源上的领先优势。技术整合过程实际上是组织开发和协调一个有黏着力的知识基础的过程（魏江和王铜安，2007）。企业在新产品和新工艺开发过程中，通过技术整合对来自企业内外部的各类技术资源进行甄选、转

移和重构，可以提升自身在新产品和新工艺上的技术创新能力。技术整合还可以导致企业更大的内部运作灵活性，使得企业能够在更大程度上、更加有效地满足市场需要（Amir - Aslani & Negannsi, 2006）。大量研究发现，技术整合有利于提高产品创新绩效（Kraaijenbrink, 2012; Iansiti & West, 1997）。而巴纳特和奇尔基（Bannet & Tschirky, 2004）的研究发现，以获取技术为目标的收购行为容易失败的主要原因是在收购之后没有对收购目标进行有效和恰当的技术整合。

　　企业通过人力资源内聚可以挖掘人力资源潜能，通过测试、评估、培训和激励等一系列手段，对现有的人力资源进行结构性的优化、重组，从而促进整合后的人力资源成为一个功能性整体（颜士梅和王重鸣，2007）。人力资源内聚有利于企业培养某一领域的专门人才，提升企业的智力资本。在新产品创新过程中，人力资源整合可以解决企业通用知识和系统知识的匹配问题，同时有利于协调新产品开发与企业内部生产系统、企业管理系统、企业外部价值网络之间的互动关系（Iansiti, 1998）。人的组织不同于生物组织的地方在于人们可以突破空间分散局限同时工作，人力资源整合有利于企业获得累积性知识，特别是关于如何协调不同的生产技能和有机结合多种技术的学识，提高企业的创新研发能力（Zollo & Winter, 2002）。新创企业在其他创业资源如资金、场地、设备、品牌和声誉等上的整合，都可以增强企业在这些资源上的领先优势，进而提高新创企业绩效。

　　基于以上分析，提出如下假设：

　　H9 - 1：创业资源内聚与新创企业绩效存在正相关关系。

　　物理学中的耦合指两个（或者两个以上）系统或运动形式通过各种相互作用而彼此影响的现象（陈雄辉和谭春华，2013）。创业资源耦合的目的是发挥不同资源或资源束的协同效应。资源耦合降低了资源利用过程中的冲突，消除了资源冗余。资源耦合还有利于企业培养全面性的人才。创业资源耦合让每个人掌握两种或者更多种的资源配置能力，可以提高创业者对资源的整合经验，降低企业成本（刘家海，2010）。创业者通过对耦合的资源进行共享，使得部门之间的合作诚意更高，进而促使各部门拿出核心部分来沟通与交流，这样不仅可以提高资源耦合的质量，而且可以形成良性循环。以人才资源与技术资源的耦合为例，假设 A 企业具有 R1 和 R2 两类人才资源、T1 和 T2 两类技术资源，若将企业的人才资源与技术资源进行整合，假设 R1 掌握 T1 技术，表示为 R1(T1)，R2 掌握 T2 技术，表示为 R2(T2)，而技术与人力资源的耦合表示 R1 和 R2 都掌握了 T1 和 T2 技术，表示为 R1(T1T2) 和 R2(T1T2)，显然，R1(T1T2) + R2(T1T2) > R1(T1) + R2(T2)，即资源耦合提高了企业绩效。已有研究表明，资源耦合能带来企业绩效的提高（曹勇等，2011）。

　　基于以上分析，提出如下假设：

　　H9 - 2：创业资源耦合与新创企业绩效存在正相关关系。

## 二、组织协调的调节作用

对组织活动的有效协调是保证组织高效运作，减少资源整合过程中的不确定性和机会主义行为，提高组织绩效的关键（Joseph & Miller，1985；Dhanaraj & Parkhe，2006）。组织协调是对任务和资源进行划分并在组织成员间进行分配，以及对组织中任务之间、资源之间及任务与资源之间的依赖关系进行有效处理的过程（Malone & Crowston，1994）。亚当·斯密提出了市场协调这只"看不见的手"在经济中的作用，钱德勒则论述了现代企业中权威协调这只"看得见的手"在推动美国企业发展中的作用。而在网络组织中，除了市场协调和权威协调这两种组织协调机制外，还存在信任协调机制（Larson，1992）。考虑到企业内权威协调和信任协调是两种最主要的组织协调机制，本研究主要分析权威协调和信任协调两种组织协调机制。

组织比市场有效的最主要原因，是组织可以发挥权威的命令作用。权威协调通过威权的震慑作用，让企业员工在资源整合过程中被动配合，达到资源整合的效果。权威可以降低沟通和协调成本，提高资源整合效率。新创企业在内聚资源时，由于新创缺陷导致资源缺乏，高权威则可以行使部门内领导者的命令作用，让部门内员工充分挖掘自身人脉资源为本部门资源整合提供帮助，从而达到资源内聚的效果。此外，权威协调是基于明示的知识和集中的信息，部属的行为决策往往由一个中心行为者做出，因为一方面，权威是基于中心代理人具有处理部属行为的信息和指挥和控制部属行为的能力，另一方面，权威是基于中心代理人能度量部属行为及其产出（程新章，2006）。权威协调是行为人对规则和职位权利的尊重而作出的行动反应。在高权威协调下，政令的统一使得企业在完成资源整合的效果较好。而在低权威协调下，创业者对全局失去掌控使得各部门存在资源整合的机会主义行为，每个人都会认为命令没有到自己身上从而不会以认真的态度来对待新创企业的资源整合。低权威协调也给部门内员工一种领导不自信或任务不明确的印象，从而失去对资源整合的信心。

权威协调在跨部门的资源整合中效果更加明显。由于部门之间存在利益冲突，都会从本部门利益最大化角度抢占公司资源，并尽量将有价值的资源留在部门内部。这会导致公司内苦乐不均的现象，不利于公司进行资源整合。权威协调则可以发挥威权的震慑作用，让各部门在资源整合过程中被动配合，达到资源整合的效果。在进行跨部门资源耦合时，采取高权威协调的方式可以跨越各部门的界限和藩篱，快速实现部门之间不同资源的耦合，提高资源耦合效果。在低权威协调机制下，各部门出于自身利益的考虑而存在机会主义行为，要么不将本部门的核心资源贡献出来进行资源耦合，要么在跨部门资源耦合过程中采取敷衍了事的态度，从而降低了资源耦合的效果。强化家族权威可以在一定程度上减小关键性资源流失的威胁（贺小刚，2007）。基于以上分析，提出如下假设：

H9－3：采取高权威协调企业的资源内聚与新创企业绩效的正向关系，高于采取低权威协调企业的情形。

H9－4：采取高权威协调企业资源耦合与新创企业绩效的正向关系，高于采取低权威协调企业的情形。

信任协调通过企业与员工之间对彼此采取合意行动可能性的信念和预期（Deutsch，1958），达到让员工自觉配合公司资源整合的目的。与成熟企业相比，新创企业更愿意采取信任这种灵活度更高的资源整合协调机制（彭学兵和胡剑锋，2011）。信任的产生是由于管理者不可能监控下属的每一个工作细节，或者合作双方由于不存在正式权威而不可能监督对方的每一个行为。在企业组织中，基于信任关系的合作机制是一种低成本、效果好的协调机制。部门内部的信任协调增加合作利得的预期，减少合作损失的担忧，并可以创设一种和谐的工作环境，让员工自愿贡献自己拥有的各种资源，从而提高资源内聚效果。信任可以促进部门内长期合作形成的目标一致性。企业内部的领导与员工之间、领导之间和员工之间由于多次合作而增强了彼此的熟悉程度，从而增强了彼此可计算的信任；而熟悉也可以增强彼此对对方的了解，从而增强知识基础的信任；熟悉程度的增加也增强了彼此身份的确认，从而增强基于身份的信任（McKnight，1998），这些信任的增加减少了合作各方的机会主义倾向，也减少了监督下属或合作各方行为的需要。而企业之间的信任则可以降低签约成本、背叛风险、机会主义行为和搜寻成本（Das & Teng，1998），促使合作各方在一种互惠的、特惠的和共同支持的行动网络中完成资源配置，提高资源耦合效果。采取高信任协调的企业在资源整合过程中，对资源提供者和资源整合过程的监督更少，使得资源提供方在一种被尊重的感觉中贡献核心资源。

新创企业由于缺乏资源整合的相关经验，在资源整合过程中必然产生许多意见分歧，低信任会导致整合效率低下和内部矛盾激化，这不仅会造成资源浪费，还会挫伤员工的积极性。高信任协调可以在最短时间内提供合作双方的有效信息，并将这些有效信息进行传递和整合，减少整合过程中可能带来的冲突。而采取低信任协调方式的企业，则会带来彼此之间更多的猜疑，加大了双方之间协调的工作量。李宁和朱廷柏（2005）发现高信任的联盟企业之间，可以促使由创新收益带来更加公正的分配，进而提高合作的效率。基于以上分析，提出如下假设：

H9－5：采取高信任协调的企业，其资源内聚与新创企业绩效的正向关系，高于采取低信任协调的企业。

H9 - 6：采取高信任协调的企业，其资源耦合与新创企业绩效的正向关系，高于采取低信任协调的企业。

# 第三节　样本与研究方法

## 一、样本

本研究样本来自杭州市的新创企业，样本获取时间为 2013 年 4 ~ 6 月，共计发放问卷 500 份，回收问卷 330 份，问卷回收率为 66% 。回收的 330 份问卷中，47 份问卷因为企业成立年限超过 10 年而排除在新创企业范畴，另有 30 份问卷因为问卷填写人非管理人员，因此作为无效问卷处理，最终获得有效问卷 223 份。样本基本特征如表 9 - 1 所示。

表 9 - 1　　　　　　　　　　　　　样本基本特征

| 创业年限 | 员工人数 | 年销售额（人民币） | 行业类型 |
| --- | --- | --- | --- |
| 1 年以内（14.3%） | 20 人以下（17.9%） | 10 万元以下（5.4%） | 高科技（19.7%） |
| 1 ~ 3 年（28.3%） | 20 ~ 50 人（17.5%） | 10 万 ~ 300 万元（19.3%） | 传统制造（24.2%） |
| 3 ~ 5 年（12.6%） | 51 ~ 250 人（28.7%） | 301 万 ~ 1 500 万元（18.4%） | 建筑/房产（14.8%） |
| 5 ~ 10 年（44.8%） | 251 ~ 500 人（11.7%） | 1 500 万元以上（57%） | 商贸/服务（32.7%） |
|  | 500 人以上（24.2%） |  | 其他（8.6%） |

## 二、变量测量

### 1. 创业资源整合

目前，还没有从资源内聚和资源耦合两个维度分析创业资源整合的量表。为此，本研究结合理论分析和专家打分法开发出适合中国情境的资源整合量表：首先，参考以往研究对资源整合的界定和测量，进行修改后共得到 16 个题项（资源内聚和资源耦合各 8 个）。然后，将上述 16 个题项拿给由 2 名创业者和 3 名学者组成的团队进行专家打分。通过评价专家打分的一致性程度决定测量题项是否可行。通过专家打分法，删除了 4 个一致性低于 60% 的题项，得到 12 个测量题项。最后，将获得的 12 个测量题项拿给 3 名创业者就初始问卷题项所描述的内容与现实情况的符合程度进行评价，并对问卷的科学性和适合性进行评定。综合这些反馈，又删除了 2 个题项，最终得到由 10 个题项组成的测量量表。

在正式调查中，运用以上 10 个题项的量表来测量创业资源整合。要求创业者基于李克特五点评分方法进行自评（1 = 完全不同意；2 = 不同意；3 = 中立；4 = 同意；5 = 完全同意）。探索性因素分析的结果（如表 9 - 2 所示）表明：（1）特征根大于 1 的因子有两个；（2）10 个题项在两个因子上的载荷全部大于 0.5；（3）两个因子解释的方差达到 61.67%；（4）两个因子的信度分别为 0.85 和 0.82。以上结果表明，包含创业资源内聚和创业资源耦合两个维度的创业资源整合具有良好的信度和效度。

表 9 - 2　　　　　　　　创业资源整合的探索性因素分析结果

| 测量题项 | 因子载荷 | | α 系数 |
| --- | --- | --- | --- |
| | 资源内聚 | 资源耦合 | |
| N1 对相同类型资源的整合促进了公司人才的专业化水平 | 0.782 | 0.252 | |
| N2 利用相同类型的资源整合促进了本部门任务的完成 | 0.833 | 0.120 | |
| N3 对相同类型的资源经过整合后可以共享感到很满意 | 0.674 | 0.407 | 0.85 |
| N4 对相同类型资源的整合提升了企业的整体效率和效能 | 0.688 | 0.365 | |
| N5 对创业者个体创业资源的整合提升了企业的人力资源水平 | 0.767 | 0.061 | |
| O1 对不同类型资源的整合促进了公司复合型人才的发展 | 0.102 | 0.779 | |
| O2 对不同类型资源的整合促进了公司跨部门任务的完成 | 0.149 | 0.810 | |
| O3 企业有将无形资源与有形资源整合起来发挥作用的经验 | 0.225 | 0.781 | 0.82 |
| O4 企业各部门之间工作配合密切 | 0.213 | 0.643 | |
| O5 对不同类型资源的整合促进了跨部门工作交流与沟通 | 0.419 | 0.611 | |

**2. 组织协调**

本研究将组织协调划分为权威协调和信任协调两个维度，其中权威协调的测量是在弗兰奇和雷文（French & Raven，1959）等对权威的定义基础上自行开发的题项，而信任协调则主要是根据多伊奇（Deutsch，1958）等的定义。各测量题项经过研究团队多次讨论与修正，最终得到权威协调 7 个题项和信任协调 5 个题项。

### 3. 新创企业绩效

新创企业绩效的测量综合了萨拉（Zahra，1996）、布拉什和范德韦夫（Brush & Vanderwerf，1992）的研究，含利润和增长两个方面，包括年销售额、净利润、投资收益率、市场份额、员工增长、销售增长、新业务增长等7个测量题项。

# 第四节　研究结果

## 一、主要变量的验证性因素分析

研究主要变量创业资源整合和组织协调的验证性因子分析结果如表9-3和表9-4所示。可以看出，两个变量的二因素模型的吻合效果都要好于其他模型，因此，认为这两个变量分为两个模型比较合适。

表9-3　　　　　　　　　创业资源整合验证性因素分析结果

| 模型 | $X^2$ | $df$ | RMSEA | TLI | CFI | GFI |
|---|---|---|---|---|---|---|
| 零模型[a] | 102.963 | 9 | 0.217 | 0.733 | 0.840 | 0.886 |
| 二因素模型 | 13.076 | 8 | 0.053 | 0.984 | 0.991 | 0.980 |
| 单因素模型 | 128.315 | 9 | 0.244 | 0.661 | 0.797 | 0.809 |

注：a 在零模型中，所有测量项目之间没有关系。

表9-4　　　　　　　　　组织协调验证性因素分析结果

| 模型 | $X^2$ | $df$ | RMSEA | TLI | CFI | GFI |
|---|---|---|---|---|---|---|
| 零模型[a] | 10.185 | 9 | 0.024 | 0.995 | 0.997 | 0.985 |
| 二因素模型 | 8.912 | 8 | 0.023 | 0.995 | 0.997 | 0.987 |
| 单因素模型 | 262.712 | 9 | 0.356 | -0.161 | 0.304 | 0.712 |

注：a 在零模型中，所有测量项目之间没有关系。

## 二、变量之间的区分效度与验证性因素分析

为了检验关键变量"创业资源内聚"、"创业资源耦合"、"权威协调"、"信任协调"与"新创企业绩效"之间的区分效度以及各个测量量表的相应测量参

数，本研究采用 Amos 17.0 对关键变量进行验证性因素分析（Confirmatory Factor Analyses，CFA）分析，在四因子模型、三因子模型以及单因子模型之间进行对比。结果显示，五因子模型吻合得比较好（$\chi^2(80) = 138.918$，$p < 0.01$；RMSEA = 0.058，CFI = 0.961，TLI = 0.949，GFI = 0.925），而且这一模型要显著地优于其他四因子模型、三因子模型和单因子模型的拟合优度（见表 9 - 5），表明测量具有较好的区分效度。

表 9 - 5　　　　　　　　　　验证性因素分析结果

| 模型 | $\chi^2$ | $df$ | RMSEA | TLI | CFI | GFI |
|---|---|---|---|---|---|---|
| 零模型[a] | 351.049 | 90 | 0.114 | 0.798 | 0.826 | 0.819 |
| 五因子模型 | 138.918 | 80 | 0.058 | 0.949 | 0.961 | 0.925 |
| 四因子模型[b] | 256.728 | 84 | 0.096 | 0.856 | 0.885 | 0.851 |
| 四因子模型[c] | 247.547 | 84 | 0.094 | 0.864 | 0.891 | 0.866 |
| 三因子模型[d] | 364.425 | 87 | 0.120 | 0.777 | 0.816 | 0.801 |
| 单因子模型[e] | 798.938 | 90 | 0.188 | 0.450 | 0.529 | 0.655 |

注：n = 223；** $p < 0.01$，* $p < 0.05$。
a 在零模型中，所有测量项目之间没有关系；
b 将资源内聚和资源耦合合并为一个潜在因子；
c 将权威协调机制和信任协调机制合并为一个潜在因子；
d 分别将资源内聚和资源耦合、权威协调机制和信任协调机制合并为一个潜在因子；
e 将所有项目归属于同一个潜在因子。

### 三、变量的描述性统计分析

研究变量的均值、方差及相关性如表 9 - 6 所示。可以看出，各主要变量的相关系数不大，可初步判断变量之间的多重共线性问题不明显。数据结果表明，新创企业绩效与资源内聚和资源耦合都具有显著正相关关系，假设 H9 - 1 和假设 H9 - 2 得到初步验证。

### 四、回归分析

回归分析结果如表 9 - 7 所示。

从表 9 - 7 的研究结果可以看出，创业资源内聚和创业资源耦合都与新创企业绩效有显著正相关关系，权威协调对创业资源整合（包括创业资源内聚和创业资源耦合）与新创企业绩效的正相关关系具有完全正向调节效应，而信任协调对创业资源整合（包括创业资源内聚和创业资源耦合）与新创企业绩效的正向关系具有准正向调节效应用。

表 9 – 6

## 各主要变量的均值、方差及相关性

| 分类 | 均值 | 方差 | 1 | 2 | 3 | 4 | 5 | 6 | 7 | 8 | 9 | 10 | 11 |
|---|---|---|---|---|---|---|---|---|---|---|---|---|---|
| 1. 创业年限 | 2.88 | 1.138 | 1 | | | | | | | | | | |
| 2. 员工人数 | 3.07 | 1.408 | 0.441** | 1 | | | | | | | | | |
| 3. 年销售额 | 3.27 | 0.954 | 0.424** | 0.577** | 1 | | | | | | | | |
| 4. 高科技行业 | 0.20 | 0.399 | -0.126 | -0.104 | -0.117 | 1 | | | | | | | |
| 5. 传统制造业 | 0.24 | 0.429 | 0.208** | 0.211** | 0.236** | -0.280** | 1 | | | | | | |
| 6. 建筑/房地产业 | 0.15 | 0.356 | 0.067 | -0.137* | 0.015 | -0.207** | -0.236** | 1 | | | | | |
| 7. 商贸/服务业 | 0.33 | 0.470 | -0.186** | -0.129 | -0.207** | -0.346** | -0.394** | -0.291** | 1 | | | | |
| 8. 资源内聚 | 3.599 | 0.598 | 0.014 | 0.063 | 0.035 | -0.075 | -0.150* | 0.064 | 0.142* | 1 | | | |
| 9. 资源耦合 | 3.814 | 0.549 | 0.114 | 0.217** | 0.000 | 0.000 | -0.194** | 0.059 | -0.014 | 0.553** | 1 | | |
| 10. 权威协调 | 3.505 | 0.456 | 0.031 | 0.028 | 0.080 | 0.020 | 0.046 | -0.004 | -0.059 | -0.049 | 0.011 | 1 | |
| 11. 信任协调 | 3.896 | 0.561 | -0.087 | -0.005 | -0.091 | 0.052 | -0.119 | -0.063 | 0.062 | 0.323** | 0.376** | -0.070 | 1 |
| 12. 新创企业绩效 | 3.552 | 0.587 | 0.181** | 0.179** | 0.177* | 0.005 | -0.045 | 0.137* | -0.077 | 0.446** | 0.450** | 0.063 | 0.370** |

注：** 在 0.01 水平（双侧）上显著相关； * 在 0.05 水平（双侧）上显著相关。

表 9 - 7　　回归分析结果

| 分类 | M1 | M2 | M3 | M4 | M5 | M6 | M7 | M8 | M9 | M10 | M11 | M12 |
|---|---|---|---|---|---|---|---|---|---|---|---|---|
| | | | | | | 因变量：新创企业绩效 | | | | | | |
| **控制变量** | | | | | | | | | | | | |
| 创业年限 | 0.103 | 0.088 | 0.104 | 0.104 | 0.101 | 0.121 | 0.134* | 0.067 | 0.067 | 0.059 | 0.092 | 0.105 |
| 员工人数 | 0.129 | 0.010 | 0.088 | 0.090 | 0.074 | 0.075 | 0.078 | -.013 | -.011 | -.007 | 0.001 | 0.027 |
| 高科技行业 | 0.072 | 0.170 | 0.089 | 0.088 | 0.090 | 0.109 | 0.138 | 0.185 | 0.184 | 0.189 | 0.181 | 0.221* |
| 传统制造业 | -.044 | 0.119 | 0.010 | 0.009 | 0.010 | 0.056 | 0.064 | 0.167 | 0.165 | 0.181 | 0.172 | 0.199* |
| 建筑/房地产业 | 0.159 | 0.193* | 0.127 | 0.127 | 0.169 | 0.175 | 0.196* | 0.228* | 0.228* | 0.259* | 0.251** | 0.299** |
| 商贸/服务业 | 0.029 | 0.106 | -.023 | -.021 | -.020 | 0.019 | 0.053 | 0.171 | 0.172 | 0.185 | 0.167 | 0.222* |
| 年销售额 | 0.081 | 0.145* | 0.068 | 0.062 | 0.102 | 0.097 | 0.092 | 0.170* | 0.166* | 0.175* | 0.174* | 0.162* |
| **自变量** | | | | | | | | | | | | |
| 资源内聚 | | 0.275** | 0.439** | 0.442** | 0.441** | 0.345** | 0.318** | 0.466** | 0.465** | 0.468** | 0.356** | 0.313** |
| 资源耦合 | | 0.298** | | | | | | | | | | |
| 交互项 | | 0.113* | | | | | | | | | | |
| **调节变量** | | | | | | | | | | | | |
| 权威协调 | | | | 0.071 | 0.060 | | | | 0.043 | 0.030 | | |
| 信任协调 | | | | | | 0.289** | 0.288** | | | | 0.277** | 0.286** |
| **交互项** | | | | | | | | | | | | |
| 资源内聚 * 权威协调 | | | | | 0.227** | | | | | | | |

续表

| 分类 | 因变量：新创企业绩效 | | | | | | | | | | | |
| --- | M1 | M2 | M3 | M4 | M5 | M6 | M7 | M8 | M9 | M10 | M11 | M12 |
| 资源内聚 * 信任协调 | | | | | | | 0.132** | | | | | |
| 资源耦合 * 权威协调 | | | | | | | | | | 0.173** | | |
| 资源耦合 * 信任协调 | | | | | | | | | | | | 0.176**; |
| R² | 0.078 | 0.324 | 0.262 | 0.267 | 0.315 | 0.334 | 0.350 | 0.261 | 0.263 | 0.292 | 0.325 | 0.353 |
| F | 2.60* | 10.17** | 9.48** | 8.60** | 9.76** | 11.86** | 11.41** | 9.45** | 8.44** | 8.75** | 11.38** | 11.55** |
| ΔR² | 0.078 | 0.246 | 0.183 | 0.005 | 0.049 | 0.072 | 0.016 | 0.183 | 0.002 | 0.029 | 0.064 | 0.028 |
| ΔF | 2.60* | 25.73** | 53.17** | 1.36 | 15.04** | 23.10** | 5.25* | 52.95** | 0.52 | 8.76** | 20.06** | 9.20** |

注：n=223；**p<0.01，*p<0.05。

　　根据科恩等（Cohen et al.，2003）推荐的程序，分别以高于均值一个标准差和低于均值一个标准差为基准描绘不同组织协调下，创业资源整合对新创企业绩效的影响差异。结果如图 9 - 1 和图 9 - 2 所示。

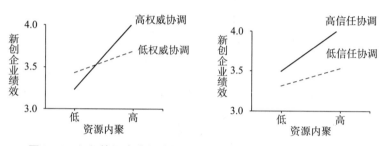

**图 9 - 1**　　组织协调在资源内聚与新创企业绩效关系中的调节作用

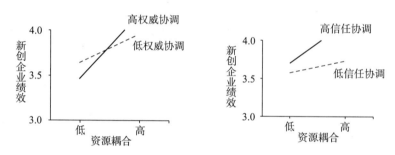

**图 9 - 2**　　组织协调在资源耦合与新创企业绩效关系中的调节作用

# 第五节　结论与讨论

　　通过理论和实证研究发现，第一，创业资源整合可以分为创业资源内聚和创业资源耦合两个维度；第二，创业资源内聚与创业资源耦合都对新创企业绩效具有显著的正向影响。这些研究结论表明，资源整合越好，识别与选择的资源越丰富，汲取与配置的资源越有效，激活和有机融合资源越成功，新创企业绩效越好。这些结论可从以下这些案例得到验证：浙江新和成股份有限公司是一家由 1988 年负债 10 万元发展到现在盈利 10 亿元的高科技、高成长、高效益的国家重点民营高新技术企业。其成功的最关键因素是创始人胡柏藩不断内聚公司内外的技术资源，使公司始终保持技术上的领先优势。[1] 南宁邦尔克生物公司从一个靠贷款起家的小企业，成长为年销售收入 2 000 多万元，人均产值 70 万元的高科技

---

[1]　科技创业 [J]. 2005，2：32 - 33.

企业，原因之一是公司对不同资源的成功耦合，而森发琼浆口服液开发失败的主要原因则是公司对不同资源耦合的失败。[①]

　　尽管资源整合越好，企业绩效越好的研究结论与多数已有研究结论（如Finney et al.，2005；马鸿佳等，2011）一致，但与以往学者不同，本研究突破了从资源整合过程来研究其对新创企业绩效影响的局限，而从内聚资源和耦合资源两个维度解释资源整合与绩效的关系，从另一个层面打开了资源整合的黑箱，是对西尔蒙等（Simon et al.，2007）从整合形式刻画资源整合研究的一个有益补充，有助于未来研究进一步探索不同的资源整合方式对新创企业绩效的不同影响机理。同时，本研究还将以往同类资源整合的研究和不同类资源整合的研究统一到一个分析框架中，为两方面的研究搭建了一个对话的桥梁。

　　研究发现，权威协调正向调节创业资源整合（包括创业资源内聚和创业资源耦合）与新创企业绩效的正相关关系，表明在高权威协调下资源整合对新创企业绩效的积极作用好于低权威协调的情形。这一结论与贺小刚等（2007）关于提高家族权威有利于公司资源整合，但不利于公司成长的研究结论不一致，这是因为与他们研究成熟企业不同，本书研究对象是新创企业。对于新创企业而言，由于初期目标主要表现为生存动机和进入动机，"新创缺陷"又使得企业无暇顾及组织建设等组织管理问题，因此，创业者采取高权威的组织协调方式对企业内部资源整合的决策统一，迅速整合外部资源，利用资源整合迅速捕捉市场机会、抢占市场先机等起到积极作用。这一研究结论也验证了彭学兵和胡剑锋（2011）对初创企业与成熟企业技术创业组织方式的比较研究结论，他们的调查发现，在所有技术创业组织方式中，初创企业的一体化组织方式所占的比重，高于成熟企业一体化组之方式所占的比重。这一研究结论的启示是，对新创企业而言，权力的集中在创业资源整合方面可以迅速产生效果，而如果将太多的权力赋予各个部门，各个部门的领导者之间处于平级的关系，可能在资源的配合协作方面并不能迅速达成一致意见而导致资源整合效果减弱。

　　研究还发现，信任协调准正向调节创业资源整合（包括创业资源内聚和创业资源耦合）与新创企业绩效的正向关系，说明企业内部部门之间以及企业之间的信任协调都可以起到提高资源整合效果的目的，而且高信任协调的效果要好于低信任协调的效果。这与西尔蒙和希特（Simon & Hitt，2009）和朱延柏和李宁（2005）的研究结论基本一致。对于新创业整合资源而言，信任协调的重要作用表现在，创业者可以将更多资源整合策略上的事情交给团队成员管理，从而激发员工工作积极性，而创业者自己则可以将更多心思分到资源整合和机会开发的战略性事务上来，从而提高创业团队的工作绩效。信任协调使知识和信息在组织的

① 唐杰.孵化器在创业资源整合工作中的实践和体会［J］.中国高新技术企业，2008，16：1−2，4.

各种活动中更容易获取、更迅速地转换和更有效地应用，激励组织与环境之间、组织内部之间交流学习和共享知识，促进组织资源整合，提高组织绩效（蔡莉和尹苗苗，2009）。由于不同类型的资源具有差异性，使得不同个体产生不同的资源价值性认知，这些不同的资源价值性认知使得个体在资源共享过程中表现出不同的态度，如果没有信任协调做基础，资源提供者不愿贡献自身掌握的有价值资源，从而降低了资源整合的效果。而高信任则使得资源整合过程中各资源主体沟通起来更加顺畅，资源整合过程中的摩擦更小，从而提高资源整合的效果。

对于新创企业而言，无论采取权威协调，还是采取信任协调，发挥到极致的效果更好。可以看出，在资源整合过程中，高权威协调比低权威协调效果好，高信任协调比低信任协调效果好，这说明企业在选择组织协调机制时，权威协调机制和信任协调机制都可以发挥比较好的效果。史玉柱的巨人网络和马云的阿里集团都是比较成功的企业，其成功的很大一部分原因是公司在资源整合上的成功。然而，两家企业采取了两种截然不同的整合协调机制，巨人网络的史玉柱更偏向于采取权力高度集中的权威协调方式，而阿里集团的马云则更偏向于采取信任协调方式。因此，创业者在选择某种组织协调方式时，应该更好地掌握该种组织协调方式的运用技巧，然后不折不扣的执行该组织协调方式，而不是悬在空中。悬在空中的组织协调机制在资源整合的效果上不如极端的组织协调机制。

## 本章参考文献

[1] 蔡莉，尹苗苗. 新创企业学习能力、资源整合方式对企业绩效的影响研究 [J]. 管理世界，2009，10：1 – 10.

[2] 易朝辉. 资源整合能力、创业导向与新创企业绩效的关系研究 [J]. 科学学研究，2010，28（5）：757 – 762.

[3] 徐二明，张晗. 企业知识吸收能力与绩效的关系研究 [J]. 管理学报，2008，5（6）：841 – 848.

[4] 马鸿佳，董保宝，葛宝山. 资源整合过程、能力与企业绩效关系研究 [J]. 吉林大学社会科学学报，2011，51（4）：71 – 78.

[5] 魏江，王铜安. 技术整合的概念演进与实现过程研究 [J]. 科学学研究，2007，25（2）：196 – 204.

[6] 颜士梅，王重鸣. 并购式内创业中人力资源整合水平的选择：一个实证研究 [J]. 管理世界，2007，9：107 – 118.

[7] 陈雄辉，谭春华. 基于区域科技创新联盟的创新资源耦合模式研究 [J]. 科技管理研究，2013，13：16 – 19，28.

[8] 刘家海. 企业家资源耦合：低碳经济发展的有效途径——以武汉市青山区工业企业为例 [J]. 科技进步与对策，2010，27（22）：107 – 111.

[9] 曹勇，赵莉，苏凤娇. 企业专利管理与技术创新绩效耦合测度模型及评价指标研究

[J]. 科研管理，2011，32（10）：55－63.

[10] 程新章. 企业间的相互依存性及其协调机制——基于复杂网络的研究 [J]. 科技管理研究，2006，12：249－252，219.

[11] 贺小刚，李新春，连燕玲. 家族权威与企业绩效：基于广东省中山市家族企业的经验研究 [J]. 南开管理评论，2007，10（5）：75－81.

[12] 彭学兵，胡剑锋. 初创企业与成熟企业技术创业的组织方式比较研究 [J]. 科研管理，2011，32（7）：53－59.

[13] 李宁，朱廷柏. 信任协调：企业集群生存与发展的基础 [J]. 企业管理，2005，7（6）：149－151.

[14] 朱廷柏，李宁. 企业联盟的信任协调机制研究 [J]. 开发研究，2005，3（22）：121－123.

[15] Ciabuschi, F. , Perna, A. & Snehota, I. . Assembling resources when forming a new business [J]. Journal of Business Research, 2012, 65（2）：220－229.

[16] Sirmon, D. G. , Gove, S. & Hitt, M. A. . Resource Management in dyadic competitive rivalry：The effects of resource bundling and deployment [J]. Academy of Management Journal, 2008, 51（5）：919－935.

[17] Amit, R. , & Shoemaker, P. . Strategic assets and organizational rents [J]. Strategic Management Journal, 1993, 14（1）：33－46.

[18] Yayavaram, S. & Ahuja, G. . Technological search and decomposability in knowledge structures：Impact on invention utility and knowledge-base malleability [J]. Administrative Science Quarterly, 2008, 53（2）：333－362.

[19] Teece, D. J. , Pisano, G. , & Shuen, A. . Dynamic capabilities and strategic management [J]. Strategic Management Journal, 1997, 18（7）：509－533.

[20] Black, J. A. & Boal, K. B. Strategic resources：Traits, configurations and paths to sustainable competitive advantage [J]. Strategic Management Journal, 1994, 15（Supplement S2）：131－148.

[21] Sirmon, D. G. , Hitt, M. A. , & Ireland, R. D. . Managing firm resources in dynamic environments to create value：Looking inside the black box [J]. The Academy of Management Review, 2007, 32（1）：273－292.

[22] Eisenhardt, K, M. & Martin, J, A. . Dynamic capabilities：What are they? [J]. Strategic Management Journal, 2000, 21（10/11）：1105－1121.

[23] Barney, J. . Firm resources and sustained competitive advantage [J]. Journal of Management, 1991, 17（1）：99－120.

[24] Kogut, B. & Zander, U. . Knowledge of the firm, combinative capabilities and the replication of technology [J]. Organization. Science, 1992, 3（3）：383－397.

[25] Amir－Aslani, A. & Negannsi, S. . Is technology integration the solution to biotechnology's low research and development productivity? [J]. Technovation, 2006, 26（5－6）：573－582.

[26] Kraaijenbrink, J. . Integrating knowledge and knowledge processes：A critical incident study of product development projects [J]. Journal of Product Innovation Management, 2012, 29

（6）：1082 – 1096.

［27］ Iansiti, M. , West, J. Technology integration: Tuning great research into great product [J]. Harvard Business Review, 1997, 75 (3): 69 – 79.

［28］ Bannet, V. & Tschirky, H. . Integration planning for intensive acquisition [J]. R&D Management, 2004, 24 (5): 481 – 494.

［29］ Iansiti, M. . Technology integration: Making critical choice in dynamic world [M]. Harvard Business School Press, 1998: 10 – 23, 161 – 170.

［30］ Zollo, M. , and Winter, S. G. . Deliberate learning and the evolution of dynamic capabilities [J]. Organization Science, 2002, 13 (3): 339 – 351.

［31］ Joseph, C. L. C. & Miller, E. L. . Coordination and output attainment in work units performing non-routine tasks: A crossnational study [J]. Organization Studies, 1985, 6 (1): 23 – 39.

［32］ Dhanaraj, C. , & Parkhe, A. . Orchestrating innovation networks [J]. Academy of Management Review, 2006, 31 (3): 659 – 662.

［33］ Malone, T. W. , & Crowston, K, . The interdisciplinary study of coordination [J]. ACM Computer Surveys, 1994, 4 (1): 87 – 119.

［34］ Larson, A. . Network dyads in entrepreneurial settings: A study of the governance of exchange relationships [J]. Administrative Science Quarterly, 1992, 37 (1): 76 – 104.

［35］ Deutsch, M. . Trust and suspicion [J]. Journal of Conflict Resolution, 1958, 2: 265 – 279.

［36］ McKnight, D. H. , Cummings, L. L. & Chervany, N. L. . Initial trust formation in new organizational relationships, Academy of Management Review, 1998, 23 (3): 473 – 490.

［37］ Das, T. K. & Teng, B. S. . Between trust and control: Developing confidence in partner cooperation in alliances [J]. Academy of Management Review, 1998, 23 (3): 491 – 512.

［38］ French, J. R. P. & Raven, J. B. . The bases of social power [J]. Studies in Social Power, 1959, 67 (4): 150 – 167.

［39］ Zahra, S. A. Technology strategy and new venture performance: A study of corporate-sponsored and independent biotechnology ventures [J]. Journal of Business venturing, 1996, 11 (4): 289 – 321.

［40］ Brush, C. G. & Vanderwerf, P. A. A comparison of methods and sources for obtaining estimates of new venture performance [J]. Journal of Business Venturing, 1992, 7 (2): 157 – 170.

［41］ Cohen, A. B. . Religion, likelihood of action, and the morality of mentality [J]. International Journal for the Psychology of Religion, 2003, 13: 273 – 285.

［42］ Finney, R. , CamPbell, N. D. , &Powell, C. M. . Strategies and resources : Pathways to success [J]. Business Research, 2005, 58 (12): 1721 – 1729.

［43］ Sirmon, D. G. & Hitt, M. A. . Contingencies within dynamic managerial capabilities: Interdependent effects of resource investment and deployment on firm performance [J]. Strategic Management Journal, 2009, 30 (10): 1375 – 1394.

# 创业资源整合与新创企业绩效关系研究：
# 效果推理的调节效应

## 第一节　引　言

　　资源整合对于新创企业克服资源约束，提高企业绩效具有重要作用。新创企业建立初期，难以获得创业所需关键资源，而将资源进行有效整合，发挥资源最大价值是新创企业克服资源约束的重要手段。然而现有关于资源整合与绩效关系的研究得出不一致的结论。一方面，有研究认为，通过整合使得新创企业资源之间能够相互作用形成专用型绑聚以及相互协同形成新的能力，为企业产生持续的竞争优势（Sirmon et al.，2011），从而促进新创企业绩效的提高（Sirmon & Hitt，2003；董保宝等，2011）。另一方面，还有研究发现资源整合会导致企业的负绩效（Amit & Shoemaker，1993；Yayavaram & Ahuja，2008），例如西尔蒙和希特（Sirmon & Hitt，2009）研究发现如果创业企业比竞争对手投入的物质资源和人力资源少，则资源整合不利于提升企业绩效。导致这种研究结论不一致的原因，一方面与对资源整合的不同解释有关（彭学兵等，2016），更重要的原因是两者关系受到情景因素的影响。

　　资源整合是企业获取所需资源后将其进行绑聚以形成能力的过程，一般包括配置和应用两个方面（Eisenhardt & Martin，2000）。虽然资源整合理论从整合资源的过程和资源整合方式回答了如何整合资源的问题（Sirmon et al.，2007），但是现有研究多集中在资源整合的影响路径或影响机理分析，没有区分相同类型资源整合和不同类型资源整合的差异，没有深入资源整合内部来打开其对新创企业绩效影响的黑箱。本文从整合的资源内容入手探讨创业资源整合的内涵及其对新创企业绩效的影响。根据组织内创业资源的性质将资源划分为同类资源和不同类资源，从创业资源内聚和创业资源耦合两个维度（彭学兵等，2016）来探讨创业资源整合对新创企业绩效的影响。

此外，创业资源整合是一个动态发展的过程，在不同情景因素下创业资源整合对绩效的作用机理是完全不同的（Sirmon et al.，2008；2011）。新创企业即使拥有相同的资源，但由于不同的决策逻辑，会影响到创业资源的配置及其组合的构建，从而会影响整合效果，所以决策逻辑会影响到资源整合对绩效作用的发挥。研究指出，在高不确定环境下，效果推理逻辑对企业活动产生正面促进作用（Chandler et al.，2011）。作为企业的一种活动过程，创业资源整合对新创企业绩效的作用过程必然会受到效果推理决策逻辑的影响。因而，本书选择效果推理为调节变量，为创业资源整合与新创企业绩效关系的研究提供了一种情景分析思路。

## 第二节　文献综述与研究假设

### 一、创业资源整合与新创企业绩效的关系

创业资源指新创企业在向社会提供产品或服务的过程中，所拥有或者所支配的能够实现公司战略目标的各种要素以及要素组合（Barney，1991；马鸿佳等，2011）。资源整合是企业获取所需资源后将其进行绑聚形成和改变能力的过程，包括配置和应用两方面。基于资源的性质视角，借鉴彭学兵等将创业资源整合划分为创业资源内聚和创业资源耦合两个维度。创业资源内聚是指对相同类型的资源进行整合，将资源筛选、归类和融合而达到细分子类资源和统分大类资源的效果；创业资源耦合是指对不同类型的资源进行整合，通过协同或是互补的效应进行相互作用而形成资源组合（彭学兵等，2016）。

新创企业进行资源内聚可以使企业获得某一类资源上的优势。通过创业资源内聚使得企业能够获得优质资源并且减少资源浪费，让企业内部的资源发挥最大的作用，企业就会以更低的成本开发并生产出新的产品，提高新产品的绩效，促进企业的发展。有研究发现企业通过对人力资源的内聚可以挖掘其潜能，有利于企业培养某一领域的专门人才，促进其成为一个功能整体（颜士梅和王重鸣，2007）。

通过人力资源整合有利于企业获得有机结合不同的生产技能的知识，有利于协调企业内外部网络互动关系，进而提高新创企业绩效。基于以上分析，提出如下假设：

H10-1：创业资源内聚与新创企业绩效正相关。

通过创业资源耦合可以使不同类型的资源相互配合形成组合以发挥资源组合的互补或协同效应。一方面，新创企业采取耦合的方式，扩大了资源的使用范围，有利于对资源的充分挖掘使用。企业可将信息资源和知识资源进行组合，在拥有顾客及竞争对手的市场信息基础上，知识资源既可以使得企业能够准确预知环境变化的本质及商业化潜力，从而采取适宜的战略和战术行动，又可以帮助企业有效识别和开发机会（王旭和朱秀梅，2013）。另一方面，资源耦合通过共享和重组能够提高资源使用效率，降低企业成本，有利于提高企业绩效。例如企业营销和研发两个部门之间需要将资源、知识、信息等进行共享和集成，使得双方能够以最低的成本和最快的速度获取信息。营销资源所调查到消费者需求的改变或者竞争对手的最新动向，能够及时地帮助新创企业迅速地调整产品属性，可以帮助技术部门开发出新的产品而弥补原有的缺陷。这两个部门的资源耦合可以促使企业创造性推出高性能的产品或者服务，帮助企业改善了顾客关系，促进了新创企业绩效的提高。基于以上分析，提出如下假设：

H10-2：创业资源耦合与新创企业绩效正相关。

## 二、效果推理的调节效应

效果推理是指把一些既有的手段作为给定条件，聚焦于通过这些可用手段实现所能创造出来潜在创业结果的一种思维方式（Sarasvathy，2001）。本书引用钱德勒等（Chandler et al.，2011）的研究成果，将效果推理划分为可承担损失、战略联盟和柔性三个维度，用于分析其在创业资源整合和新创企业绩效之间的调节作用。

可承担损失是指提前告知企业愿意损失多少的程度，在可承受的范围内采取行动，不超出自己承受能力地冒险（Sarasvathy，2001）。其描述的是企业进行决策是在客观的最小风险程度下做出的，使企业能够客观的坚持企业原有的预算以及时间进度表来提高企业流程效率。在高创新情境下，企业产品的潜在获利的可靠信息是稀有的并且模糊的，而市场接受度和销售情况的信息是很难评估的。可承担损失即可接受的下行数据是很容易预估的，企业根据这些数据形成的项目预算和时间进度表能够帮助新创企业避免损失过大。新创企业在内聚资源时候，由于新创缺陷导致资源缺乏，更多考虑可承担损失的企业可以充分发挥资源的有用性，提高资源的使用效率和减少浪费。这样可以促进创业资源内聚的效果，有利于提高新创企业绩效。相反，不考虑可承担损失的新创企业，由于过度冒险，将会导致资源配置杂乱无序。这严重影响了资源内聚，不利于企业利用资源和组织内部的运作与管理，其直接后果就是绩效的逐渐下降（董保宝，2014）。在进行跨部门资源耦合时，采取可承担损失决策逻辑的企业，会谨慎考虑面临的风险，通过不同资源之间的共享和重用减少了资源的投入量来降低自己的成本（Teece，2007），提高资源耦合效果。而很少考虑可承担损失的企业由于过度承担风险，那么用于识别机会和维持日常运营的资源可能会严重不足（Pieterse et al.，2011），降低了资源耦合的效果，不利于新创企业绩效的提升。基于以上分析，提出如下假设：

H10 - 3：更多采取可承担损失逻辑决策的企业，其创业资源内聚与新创企业绩效的正向关系，高于更少采取可承担损失逻辑决策的企业。

H10 - 4：更多采取可承担损失逻辑决策的企业，其创业资源耦合与新创企业绩效的正向关系，高于更少采取可承担损失逻辑决策的企业。

战略联盟是指与合作伙伴沟通创新和做决策，以此来扩大自身的手段（Sarasvathy，2001）。例如，企业股东能够为企业提供必要的信息和资源来处理环境模糊性与不确定性对公司的影响，因而能够积极地促进企业绩效。在战略联盟情境下，企业在内聚资源时，可以从联盟者处获得有关管理经验、组织惯例、工作流程等相同类型的资源（蔡莉，尹苗苗，2009），加强了资源内聚效果。同时，还会在组织内部营造出一个开放性地、接纳新信息的组织氛围，这样在进行资源耦合时，有利于企业扩充资源获取的途径。例如新企业和下游分销商建立联系，有利于企业了解顾客需求偏好及其变化，从而抢先获得市场需求信息（Wind & Thomas，2010），及时采取应对策略；新企业与竞争对手建立"竞合"关系，不仅可以获得稀缺内幕消息（Philips et al.，2013），还可以促进双方合作以提升竞争优势（尹苗苗等，2015）。在战略联盟情境下，新创企业获得了较多不同类型的资源，促进了资源耦合效果，发挥资源最大价值，从而有利于企业绩效的提高。而较少采取战略联盟逻辑决策的新创企业，受到资源缺乏的限制，整合过程可能带来冲突，资源整合速度和效果可能不会特别显著。基于上文分析，提出如下假设：

H10 - 5：更多采取战略联盟逻辑决策的企业，其创业资源内聚与新创企业绩效的正向关系，高于更少采取战略联盟逻辑决策的企业。

H10－6：更多采取战略联盟逻辑决策的企业，其创业资源耦合与新创企业绩效的正向关系，高于更少采取战略联盟逻辑决策的企业。

柔性维度指新创企业保持组织灵活性，以保证其具有应对风险和偶然事件的能力。柔性可以使得新创企业能够随时调整组织结构与资源需求（朱秀梅等，2008），不仅有助于企业及时地应对外部环境的变化，还能够帮助企业更迅速地识别与抓住偶然出现的机会（Chandler et al.，2011）。桑切斯（Sanchez，1997）认为柔性即怎样定义、识别、部署现有资源，柔性体现企业把资源应用到各种替代性的战略用途过程中，通过重新确定资源配置方向、重新构造并设定资源用途等方式实现（叶江峰等，2015）。首先，较强柔性情境下，新创企业在资源内聚时可以迅速识别环境变化，寻找并发现新的同类资源或已有资源的新用途（Grewal & Tansuhaj，2001），实现企业资源用途的多样化，从而促进了内聚资源的效果，有利于提升企业绩效。其次，柔性增强了企业学习、探索新知识的能力促进了企业对异质性资源的理解与吸收（叶江峰等，2015）。新创企业在对不同资源进行耦合时，柔性可以促进企业对内外部不同类型资源的整合和利用，并且有利于识别和抓住机遇（Katsuhiko & Hitt，2004）。柔性可以促进企业在动荡环境中适应环境变化、利用环境变化而把握先机。采取高柔性的企业不仅能够快速的整合并配置现有资源，而且通过发现新资源或资源新用途、降低整合所需时间，有效把握商业机遇，进而成为行业领先者。而采取低柔性的企业，一方面并不能及时了解外部环境的变化，还是按照之前的思维方式、组织流程去进行资源整合，会造成资源的浪费或者匹配程度不高，致使资源配置和利用率不高；另一方面，企业没有能力去应对风险，缺少对组织目标和环境较准确的理解，导致内部矛盾增多，在这种情况下，创业资源整合对企业绩效提高的作用效果非常有限。基于以上分析，提出如下假设：

H10－7：更多采取柔性逻辑决策的企业，其创业资源内聚与新创企业绩效的正向关系，高于更少采取柔性逻辑决策的企业。

H10－8：更多采取柔性逻辑决策的企业，其创业资源耦合与新创企业绩效的正向关系，高于更少采取柔性逻辑决策的企业。

# 第三节　样本与研究方法

## 一、样本

本章样本来自浙江、江苏、广东、上海和安徽等五个地区的新创企业。问卷收集时间为 2014 年 6 ~ 9 月，共计发出问卷 600 份，回收问卷 420 份，回收率为 70%。从回收的 420 份问卷当中，剔除无效问卷和非管理人员问卷 192 份，最终获得有效问卷 228 份，有效问卷回收率为 38%。样本特征如表 10 - 1 所示。

表 10 - 1　　　　　　　　　　　　　样本特征

| 创业年限 | 员工人数 | 年销售额（人民币） | 行业类型 |
|---|---|---|---|
| 1 年以内（10.2%）<br>1 ~ 3 年（23.3%）<br>3 ~ 5 年（32.1%）<br>5 ~ 8 年（34.4%） | 20 人以下（15.8%）<br>20 ~ 50 人（33.1%）<br>51 ~ 250 人（31.0%）<br>251 ~ 500 人（12.6%）<br>500 人以上（7.5%） | 10 万元以下（9.1%）<br>10 ~ 300 万元（30.6%）<br>301 ~ 1 000 万元（36.4%）<br>1 001 ~ 1 500 万元（15.7%）<br>1 500 万元以上（8.2%） | 高科技（32.5%）<br>传统制造（18.6%）<br>建筑/房产（15.7%）<br>商贸/服务（21.5%）<br>其他（11.7%） |

## 二、变量测量

（1）创业资源整合：采用彭学兵等（2016）对创业资源内聚和创业资源耦合两个维度的测量量表。在正式调查中，运用以上 10 个题项的量表来测量创业资源整合。要求创业者基于 Likert - 5 点评分方法进行自评（1 = 完全不同意；2 = 不同意；3 = 中立；4 = 同意；5 = 完全同意）。探索性因子分析的结果表明：①10 个题项在两个因子上的载荷全部大于 0.5；②两个因子的信度分别为 0.801 和 0.847；③分析结果最终的累积解释变异量达到 54.16%。以上结果表明，包含创业资源内聚和创业资源耦合两个维度的创业资源整合具有良好的信度和效度。

（2）效果推理。钱德勒等（Chandler et al.，2011）通过实证检验的方法得出效果推理的四个维度。但经过多次取样研究法，在中国情景下实验维度很难得出一个因子，具体深层次原因需要进一步探索。因而本书选取钱德勒等（2011）问卷当中可承担损失、战略联盟和柔性三个维度的问项来测量效果推理。结果表明，可承担损失的信度为 0.801，柔性的信度为 0.797，战略联盟的信度为 0.625。

（3）新创企业绩效。测量综合了扎赫拉（Zahra，1996）、布拉什和范德韦夫（Brush & Vanderwerf，1992）的研究，含利润和增长两方面，包括年销售额、净利润、投资收益率、市场份额、员工增长、销售增长、新业务增长等 7 个测量题项。新创企业绩效的信度为 0.897。

# 第四节 研究结果

## 一、变量的描述性统计分析结果

研究变量的均值、方差及相关性见表 10 – 2。从以上各变量的描述性统计可以看出，各变量基本服从正态分布，符合进一步分析要求。可以看出各主要变量的相关系数不大，但是资源整合的两个维度资源内聚和资源耦合之间的 Pearson 简单相关系数为 0.6~0.7 之间，数值有点偏高主要是由于两者属于资源整合的不同维度，两者之间有一定的相关性。数据结果表明，新创企业绩效与资源内聚和资源耦合都具有显著正相关关系，假设 H1 和 H2 得到初步验证。

表 10 – 2 数据描述性统计与相关分析

| 分类 | 均值 | 标准差 | 1 | 2 | 3 | 4 | 5 | 6 | 7 | 8 |
|------|------|--------|---|---|---|---|---|---|---|---|
| 1 企业年龄 | 3.04 | 1.107 | 1 | | | | | | | |
| 2 员工人数 | 2.54 | 1.112 | 0.506 ** | 1 | | | | | | |
| 3 年销售额 | 3.24 | 1.119 | 0.489 ** | 0.625 ** | 1 | | | | | |
| 4 创业资源内聚 | 3.77 | 0.942 | 0.060 | 0.199 ** | 0.216 ** | 1 | | | | |
| 5 创业资源耦合 | 3.392 | 0.826 | 0.083 | 0.173 ** | 0.172 ** | 0.617 ** | 1 | | | |
| 6 可承担损失 | 3.392 | 0.905 | 0.016 | 0.089 | 0.117 ** | 0.495 ** | 0.438 ** | 1 | | |
| 7 柔性 | 0.382 | 0.881 | 0.012 | 0.181 ** | 0.135 ** | 0.467 ** | 0.373 ** | 0.342 ** | 1 | |
| 8 战略联盟 | 3.84 | 0.862 | − 0.014 | 0.086 | 0.121 * | 0.282 ** | 0.338 ** | 0.253 ** | 0.303 ** | 1 |
| 9 新创企业绩效 | 372 | 0.884 | − 0.051 | 0.110 | 0.131 ** | 0.488 ** | 0.519 ** | 0.459 ** | 0.488 ** | 0.419 ** |

注：$*$，$p < 0.05$；$**$，$p < 0.01$

## 二、回归分析结果

回归分析结果如表 10 – 3 所示。可以看出，创业资源内聚和创业资源耦合都与新创企业绩效显著正相关，可承担损失对创业资源整合（包括创业资源内聚和创业资源耦合）与新创企业绩效的正向关系具有正向调节作用，战略联盟对创业资源整合（包括创业资源内聚和创业资源耦合）与新创企业绩效的正向关系具有正向调节作用，柔性对创业资源整合（包括创业资源内聚和创业资源耦合）与新创企业绩效的正向关系具有正向调节作用。

表 10-3　回归分析结果

因变量：新创企业绩效

| 分类 | M1 | M2 | M3 | M4 | M5 | M6 | M7 | M8 | M9 | M10 | M11 | M12 | M13 | M14 | M15 |
|---|---|---|---|---|---|---|---|---|---|---|---|---|---|---|---|
| **控制变量** | | | | | | | | | | | | | | | |
| 企业年龄 | 0.179 | -0.082 | -0.071 | -0.086 | -0.076 | 0.219** | 0.114 | -0.138 | -0.069 | -0.068 | -0.056 | -0.076 | 0.085** | 0.081 | -0.125 |
| 员工人数 | 0.095 | 0.060 | 0.059 | 0.059 | 0.085 | -0.101 | -0.065 | 0.074 | 0.052 | 0.023 | 0.039 | 0.035 | -0.101 | -0.065 | 0.064 |
| 年销售额 | 0.150 | 0.086 | 0.071 | 0.104 | 0.054 | 0.106 | -0.005 | 0.195* | 0.244 | 0.371 | 0.166 | 0.154 | 0.156 | -0.105 | 0.124* |
| **自变量** | | | | | | | | | | | | | | | |
| 创业资源内聚 | | 0.246** | 0.298** | 0.244** | 0.277* | 0.289** | 0.226** | 0.335** | | | | | | | |
| 创业资源耦合 | | | | | | | | | 0.355** | 0.321** | 0.304** | 0.297** | 0.289** | 0.226** | 0.335** |
| **调节变量** | | | | | | | | | | | | | | | |
| 可承担损失 | | | 0.108** | 0.152* | | | | | | 0.117** | 0.122* | | | | |
| 战略联盟 | | | | | 0.161** | 0.156** | | | | | | 0.145** | 0.166** | | |
| 柔性 | | | | | | | 0.124** | 0.157** | | | | | | 0.136** | 0.159** |
| **交互项** | | | | | | | | | | | | | | | |
| 资源内聚*可承担损失 | | | | 0.102* | | | | | | | | | | | |
| 资源内聚*战略联盟 | | | | | | 0.278* | | | | | | | | | |
| 资源内聚*柔性 | | | | | | | | 0.136* | | | | | | | |
| 资源耦合*可承担损失 | | | | | | | | | | | 0.132* | | | | |
| 资源耦合*战略联盟 | | | | | | | | | | | | | 0.248* | | |
| 资源耦合*柔性 | | | | | | | | | | | | | | | 0.126* |
| $R^2$ | 0.045 | 0.243 | 0.272 | 0.298 | 0.313 | 0.379 | 0.311 | 0.325 | 0.149 | 0.281 | 0.314 | 0.323 | 0.409 | 0.291 | 0.335 |
| F | 33.4** | 41.2** | 32.5** | 22.6** | 25.5** | 21.3** | 22.5** | 24.1** | 39.6** | 35.2** | 27.9** | 30.5** | 41.3** | 32.5** | 34.1** |
| $\Delta R^2$ | 0.032 | 0.136 | 0.190 | 0.089 | 0.179 | 0.247 | 0.145 | 0.038 | 0.165 | 0.179 | 0.078 | 0.154 | 0.157 | 0.167 | 0.138 |

注：** $p < 0.01$，* $p < 0.05$

# 第五节 结论与讨论

通过理论和实证研究发现：创业资源整合可以分为创业资源内聚和创业资源耦合，并且两者都对新创企业绩效具有显著的正向影响。研究表明资源整合越好，识别与选择的资源越丰富，汲取和配置的资源越有效，新创企业绩效越好。本研究结论与以往多数已有研究结论一致（彭学兵等，2016；马鸿佳等，2011），即资源整合与新创企业绩效具有正向关系。现有关资源整合对企业绩效的影响多是从整合过程角度来进行研究，例如董保宝等（2011）研究了资源整合过程对竞争优势的影响，西尔蒙等（Sirmon et al.，2007；2011）将资源整合过程划分为资源识取和资源配用来获得竞争优势，并没有进一步根据资源的内容对创业资源整合内涵进行研究。与上述不同，本文从创业资源内聚和创业资源耦合两个维度解释资源整合与绩效的关系，从另一个层面打开了资源整合的黑箱，是对西尔蒙和希特（Sirmon & Hitt，2007）及西尔蒙等（Sirmon et al.，2008）从整合效果形式研究资源整合的一个有益补充，丰富了创业资源整合对新创企业绩效的影响研究。

研究发现，效果推理对创业资源整合与新创企业绩效间具有正向调节作用。表明创业者更多地采用效果推理进行决策时，使得创业者能将手头有限的资源进行最大化的利用，可以促进资源整合的效果，进而提高新创企业绩效。现有关于效果推理的研究，国外学者加伦等（Garonne et al.，2010）采用分层研究方法发现效果推理能够促进新企业成长绩效，国内学者张玉利等（2010）试图用效果推理理论解释创业行为的特殊性，发现效果推理行为对新企业绩效具有促进作用。本文引入效果推理作为调节变量，为创业资源整合对新创企业绩效的影响研究提供了新视角。在高不确定环境下，效果推理作为新创企业管理者的一种有效决策逻辑，在解释企业进行资源整合具有重要作用。这也验证了莫尔（Mauer，2010）的研究结论，即效果推理对新企业创建和资源整合产生促进作用。因为每个企业对于资源整合有着不同的认知，同时决策者的逻辑思维也是不相同的，这就导致拥有同样资源的企业会做出不同的创业资源整合决策（Chandler et al.，2011），资源整合的效果不同，自然会导致企业绩效的不一样。此外，本文通过实证研究验证了钱德勒等（Chandler et al.，2011）认为效果推理是由多维度构成的结论，有助于对其研究的不断深化。

本研究发现，可承担损失维度正向调节创业资源整合（包括创业资源内聚和创业资源耦合）与新创企业绩效的正相关关系，表明采取可承担损失逻辑的下资源整合对新创企业绩效的积极作用好于不采取可承担损失逻辑的情形。这与萨拉斯瓦蒂（Sarasvathy，2001）和张玉利和田新（2010）的研究结论一致，预先确定能承受多大的损失，在给定的手段下尽可能尝试不同的战略，以便创造更多的选择机会，通过不断校正进行风险控制。新创企业在可承担损失逻辑下，会根据自身的资源情况理性评估冒险行为价值，选择与企业自身实际相符合的冒险行为，合理配置和组合资源，有利于促进创业资源整合效果。这也进一步完善了史斯德哈特和莫里斯（Schindehutte & Morris，2009）所倡导的"新企业必须平衡风险"的观点。由董保宝（2014）研究发现风险承担与绩效的倒"U"形关系可知，新创企业通过适度的风险承担会快速开发或重组资源以适应环境变化，所以采用可承担损失逻辑的新创企业，能够有效地提高资源整合效果。

研究发现，战略联盟维度正向调节创业资源整合（包括创业资源内聚和创业资源耦合）与新创企业绩效的正相关关系，说明在战略联盟逻辑下，新创企业资源整合效果显著。费舍尔和鲁伯（Fisher & Reuber，2011）研究发现，利用推特（Twitter）与用户进行社会互动的过程，他们会重新审视或评估自己原先商业想法和创业行动。新创企业通过与用户的互动，一方面促使他们重新评估现有资源和解决方案，另一方面可以有效地监控运营状况和获取客户反馈（王重鸣，吴挺，2016）。在战略联盟逻辑下，新创企业可以从联盟者处获得相关资源和知识，能够优化资源整合效果，提高组织绩效。

研究发现，柔性正向调节创业资源整合（包括创业资源内聚和创业资源耦合）与新创企业绩效的正相关关系。这也验证了桑切斯（Sanchez，1997）的观点，当环境发生变化的时候，市场中涌现新机会，柔性可以帮助企业寻找并发现新的资源，整合已有的资源，实现对资源的有效利用，提高企业开发新产品的速度。新创企业常常需要对资源进行新的配置和组合来应对环境不确定性，柔性恰恰体现了企业发现已有资源的新用途或新的资源，所以柔性能够帮助新创企业提高资源整合效果，提高企业绩效。

研究还发现，效果推理的战略联盟维度对创业资源整合与新创企业绩效的调节效应是要远远高于可承担损失和柔性维度的调节效应。新创企业由于成立时间不长，没有足够的资源和信息，这就会导致其在获取和配置资源等方面存在很大的缺陷。那些拥有战略联盟的新创企业，可以从联盟者那里直接获取相关管理经验、组织惯例、工作流程等是实用性强、代价小的方式，让新创企业节省了很多成本，往往能在逆境中求得生存。同时，向战略联盟学习会在组织内部营造出一个开放性的、接纳新信息的氛围，有利于企业直接与顾客及供应商进行广泛沟通获取市场信息，从而不断改善自我以赢得利益相关者的认可（Wind & Thomas，2010）。而可承担损失和柔性都是侧重对企业组织自身的影响，这二者对于成熟的企业影响是比较大的，因为成熟企业已经拥有了大量的资源，并且还有足够的经验而此时最需要的是加强组织内部的管理与提高。对于新创企业而言，初期目标主要表现为生存动机和进入动机，"新创缺陷"使得企业无暇顾及组织建设等问题（彭学兵等，2016）。这就很好地解释了本章实证检验结果当中战略联盟调节效应的系数高于其他两个维度的原因。

# 本章参考文献

［1］蔡莉，尹苗苗. 新创企业学习能力、资源整合方式对企业绩效的影响研究［J］. 管理世界，2009（10）：1-10.

［2］董保宝. 风险需要平衡吗：新企业风险承担与绩效倒U形关系及创业能力的中介作用［J］. 管理世界，2014（1）：120-131.

［3］董保宝，葛宝山，王侃. 资源整合过程、动态能力与竞争优势：机理与作用路径［J］. 管理世界，2011，3，3：92-101.

［4］马鸿佳，董保宝，葛宝山. 资源整合过程、能力与企业绩效关系研究［J］. 吉林大学社会科学学报，2011，51（4）：71-78.

［5］彭学兵，陈璐露，刘玥玲. 创业资源整合、组织协调与新创企业绩效的关系［J］. 科研管理，2016，37（1）：110-118.

［6］王旭，朱秀梅. 创业动机、机会开发与资源整合关系实证研究［J］. 科研管理，2013，15：54-60.

［7］王重鸣，吴挺. 互联网情境下的创业研究［J］. 浙江大学学报，2016，46（1）：131-141.

［8］颜士梅，王重鸣. 并购式内创业中人力资源整合水平的选择：一个实证研究［J］. 管理世界，2007，9：107-118.

［9］叶江峰，任浩，郝斌. 企业内外部知识异质度对创新绩效的影响：战略柔性的调节作用［J］. 科学学研究，2015，33（4）：574-584.

［10］尹苗苗，李秉泽，杨隽萍. 中国创业网络关系对新企业成长的影响研究［J］. 管理科学，2015，28（6）：27-38.

［11］张玉利，田新. 创业者风险承担行为透析——基于多案例深度访谈的探索性研究［J］. 管理学报，2010，7（1）：82-90.

［12］朱秀梅，蔡莉，陈巍. 新创企业与成熟企业的资源管理过程比较研究［J］. 技术经济，2008，27（4）：22-28.

［13］Amit, R. & Shoemaker, P.. Strategic assets and organizational rents［J］. Strategic Management Journal, 1993, 14（1）：33-46.

［14］Barney, J.. Firm resources and sustained competitive advantage［J］. Journal of Management, 1991, 17（1）：99-120.

［15］Brush, C. G. & Vanderwerf, P. A.. A comparison of methods and sources for obtaining estimates of new venture performance［J］. Journal of Business Venturing, 1992, 7（2）：157-170.

［16］Chandler, G. N., & DeTienene, D. R., & McKelvie, A.. Causation and effectuation processes：A validation measurement［J］. Journal of Business Venturing, 2011, 26（3）：

375 – 390.

[17] Eisenhardt, K. M. & Martin, J. A.. Dynamic capabilities: What are they? [J]. Strategic Management Journal, 2000, 21 (10 /11): 1105 – 1121.

[18] Fischer, E. & Reuber, A. R.. Social interaction via new social media: How can interactions on Twitter affect effectual thinking and behavior [J]. Journal of Business Venturing, 2011, 26 (1): 1 – 18.

[19] Garonne, C. , Davidsson, P. , &Steffens, P.. Do strategy choices matter for nascent firms? A study on effectuation and causation impacts on new ventures outcomes [C]. Preceedings of the 7th AGSE International Entrepreneurship Research Exchange, University of the Sunshine Coast, Australia, 2010.

[20] Grewal, R. & Tansuhaj, P.. Building organizational capabilities for managing economic crisis: The role of market orientation and strategic flexibility [J]. Journal of Marketing, 2001, 65 (2): 67 – 80.

[21] Katsuhiko, S. & Hitt, M. A.. Strategic fexibility: Organizational preparedness to reverse ineffective strategic decisions [J]. Acadamy of Management Executive, 2004, 18 (4): 44 – 59.

[22] Mauer, R. , Smit, W. , Forster, W. &York, J.. Curry in a hurry? A longitudinal study on the acceleration of performance through effectuation by nascent entrepreneurs [C]. Proceeding of 30th Babson College Entrepreneurship Research Conference, IMD&EPFL, Switzerland, 2010.

[23] Pieterse, D. , Knippenberg, W. & Ginkel, E.. Diversity in goal orientation, team reflexivity, and team performance [J]. Organizational Behavior and Human Decision Processes, 2011, 114 (2): 153 – 164.

[24] Philips, N. , Tracey, P. & Karra, N.. Building entrepreneurial tie portfolios through strategic homophily : The role of narrative identity work in venture creation and early growth [J]. Journal of Business Venturing, 2013, 28 (1): 134 – 150.

[25] Sanchez, R.. Preparing for an uncertain future: Managing organizations for strategic flexibility [J]. International Studies of Management &Organization, 1997, 27 (2): 71 – 95.

[26] Sarasvathy, S. D.. Causation and effectuation: Toward a theoretical shift from economic inevitability to entrepreneurial contingency [J]. Academy of Management Review, 2001, 26 (2): 243 – 263.

[27] Schindehutte, M. & Morris, H.. Advancing strategic entrepreneurship research: the role of complexity science in shifting the paradigm [J]. Entrepreneurship Theory and Practice, 2009, 33 (1): 241 – 276.

[28] Sirmon, D. G. , Gove, S. & Hitt, M. A.. Resource management in dyadic competitive rivalry: The effects of resource bundling and deployment [J]. Academy of Management Journal, 2008, 51 (5): 919 – 935.

[29] Sirmon, D. G. & Hitt, M. A.. Managing resources: Linking unique resource, management, and wealth creation in family firms [J]. Entreprenership Theory and Practice, 2003, 27 (4): 339 – 258.

[30] Sirmon, D. G. & Hitt, M. A.. Contingencies within dynamic managerial capabilities: In-

terdependent effects of resource investment and deployment on firm performance [J]. Strategic Management Journal, 2009, 30: 1375 – 1394.

[31] Sirmon, D. G., Hitt, M. A. & Ireland, R. D.. Managing firm resources in dynamic environments to create value: Looking inside the black box [J]. The Academy of Management Review, 2007, 32 (1): 273 – 292.

[32] Sirmon, D. G., Hitt, M. A., Ireland, R. D. & Gilbert, B. A.. Resource orchestration to create competitive advantage: Breadth, depth, and life cycle effects [J]. Journal of Management, 2011, 37 (5): 1390 – 1412.

[33] Teece, D.. Explicating dynamic capabilities: The nature and micro foundations of sustainable enterprise performance [J]. Strategic Management Journal, 2007, 13 (28): 13 – 19.

[34] Wind, Y., Thomas, R. J.. Organizational buying behavior in an interdependent world [J]. Journal of Global Academy of Marketing Science, 2010, 20 (2): 110 – 122.

[35] Yayavaram, S. & Ahuja, G.. Technological search and decomposability in knowledge structures: Impact on invention utility and knowledge-base malleability [J]. Administrative Science Quarterly, 2008, 53 (2): 333 – 362.

[36] Zahra, S. A.. Technology strategy and new venture performance: A study of corporate-sponsored and independent biotechnology ventures [J]. Journal of Business Venturing, 1996, 11 (4): 289 – 321.

# 第十一章

## 动态环境下效果推理、创业资源整合与新创企业绩效的关系研究

## 第一节 引 言

自萨拉斯瓦蒂（Sarasvathy，2001）提出效果推理构思以来，效果推理如何影响新创企业绩效成为创业领域的重要研究内容。然而，目前相关实证研究还明显不足，且现有研究结论不一，如瑞德等（Read et al.，2009）通过元分析发现，效果推理的设计原则、手段导向、先前承诺和利用权变四个维度与新创企业绩效显著正相关，而可承担损失与新创企业绩效之间关系不显著；布雷特尔（Brettel et al.，2012）则发现，手段导向对创新产出和创新效率无显著影响，而可承担损失与创新效率正相关，战略联盟和控制导向与创新产出正相关。这说明有关效果推理与新创企业绩效关系的研究还需进一步深化。

效果推理是与因果推理相对应的研究构思。因果推理依赖预测，将效果设为给定，聚焦于选择达到该效果的手段；而效果推理依赖控制，将手段设为给定，聚焦于选择手段能达到的效果。在构思维度划分上，萨拉斯瓦蒂（Sarasvathy，2001）将效果推理划分为可承担损失、战略联盟、利用权变和控制导向四个维度，布雷特尔等（Brettle et al.，2012）则将效果推理划分为手段导向、可承担损失、战略联盟和控制导向四个维度。钱德勒等（Chandler et al.，2011）则认为，效果推理是一个由实验、可承担损失、利用权变和先前承诺四个原则构成的多维构成型构思。这种对效果推理构思的不同维度划分和测量，是导致效果推理与绩效关系研究结论不一致的一个原因。

此外，作为一种决策逻辑，效果推理通过影响决策行为来影响创业绩效。资源整合作为创业过程的重要决策行为，必然受效果推理决策逻辑的影响。效果推理以可利用手段为起点，利用掌握的资源，通过评估自身能做什么，与熟悉的人

建立伙伴关系并获得其先前承诺，利用权变和现有手段，在可承担损失范围，灵活地实验各种可能的目标（Sarasvathy & Dew，2005）。由此可见，效果推理对新创企业绩效的影响，受新创企业掌握的资源及对资源管理的影响。而已有研究发现，资源整合是导致新创企业绩效差异的重要原因（Lichtenstein & Brush，2001），因此，从效果推理到资源整合和新创企业绩效形成了一条影响链。此外，效果推理是一种高动态环境下的决策逻辑，其决策行为和决策效果受环境动态性的影响。由此，本书研究效果推理对新创企业成长绩效的影响，以及创业资源整合的中介作用和环境动态性的调节作用，以解释效果推理对新创企业绩效更加复杂的作用关系。

本书第一次基于中国创业数据开展效果推理与新创企业绩效关系的实证研究，弥补了中国情境下相关实证研究缺乏的不足。而实证分析创业资源整合在效果推理与新创企业绩效之间的中介作用，揭示了效果推理到新创企业绩效之间的一条影响路径。此外，研究环境动态性在效果推理与创业资源整合及新创企业绩效关系中的调节作用，丰富了效果推理决策逻辑对决策行为和决策效果的影响情境，从而丰富了效果推理理论。

# 第二节　文献综述与研究假设

## 一、效果推理

效果推理是萨拉斯瓦蒂（Sarasvathy，2001）提出的构思。作为一种对创业理解范式的转换，效果推理理论认为，创业者对市场信息或创造新市场的信息的看法、处理和使用，对未来是可预测还是可控制的看法，是其选择不同创业决策方式的基础（Perry et al.，2012）。遵循效果推理决策逻辑的创业者在做出创业决策时，首先分析我是谁？我知道什么？我认识谁？然后考察可能的创业目标和创业机会。他们在创业过程中并非进行竞争分析，而是计算可承担损失，聚焦于通过所掌握的有限资源来实践更多的创业战略，并依赖先前的承诺和战略联盟来降低不确定性带来的风险；同时，利用灵活性来处理未预料到的不确定性，并控制一个不可预测的未来而不是预测一个不确定的未来（Sarasvathy，2001；Sarasvathy & Dew，2005）。近年来，我国学者开始关注效果推理相关主题。一些研究发现中国创业者在许多情况下的确采取了效果推理的决策逻辑（张玉利和田新，2009；张玉利等，2010）；另一些研究则分析了效果推理理论在创业人力资源管理、中小企业国际化决策等创业中的应用（金健，2012；方琳和冯雷鸣，2014）。

这些研究，为将效果推理运用于分析中国情境下的创业资源整合现象提供了实践支撑和理论借鉴。本书基于钱德勒等（chandler et al.，2011）对效果推理构思与测量的研究开展中国情境下的研究。之所以选择钱德勒等（chandler et al.，2011）开发的构思及测量，一方面因为他们基于萨拉斯瓦蒂（Sarasvathy，2001）提出的理论进行的构思实证检验具有较好的测量效度，且这种将效果推理看成构成型构思而非反应型构思的做法更合适；另一方面，本书研究对象为新创企业，与钱德勒等（Chandler et al.，2011）的研究对象一致，因此可以用其构思进行中国情境下的研究。

## 二、效果推理与新创企业绩效的关系

多数研究表明，专家型创业者比非专家型创业者更多地采取效果推理决策逻辑。而专家型创业者因为具备知识、能力和经验等方面的专长因而创业绩效好于非专家型创业者（Read & Sarasvathy，2005）。因此整体而言，新创企业采取效果推理决策逻辑有利于提高新创企业绩效。

效果推理的实验导向指创业者依赖短期实验来识别不可预测未来情境中的商业机会，使创业者可以更多地尝试在不同领域、采取不同方法、尝试不同商业模式去抓住稍纵即逝的商业机会。由于市场高度不确定导致对未来无法精确预测，创业者希望运用控制的手段达到令人满意的结果。维尔特班克等（Wiltbank et al.,2009）发现，控制导向的天使投资人根据当前手段和能力评价风险项目，并根据最小投资回报而非依据预测事前最大投资回报来进行投资决策。实验作为一种能较好控制投资风险的策略，在创业过程中使创业者无论在面临可能的盈利预期时选择具有确定性的预期，还是在面临可能的损失预期时选择冒险博弈（Kahneman & Tversky，1979），都能将损失控制在最小范围。尽管转型经济体中的新创企业不能获得和成熟经济体的新创企业一样多的资源，但在转型经济体中商业机会远多于成熟经济体，因此，中国新创企业采取实验原则有利于提高绩效。

效果推理的可承担损失原则指创业者估计他们能够及愿意承担的损失（Dew et al.，2009）。可承担损失降低了企业蒙受因投资失败带来损失的可能性。通过计算可承担损失而非最优回报，效果推理决策导向的创业者往往最小化潜在损失，并可以比计划导向的创业者更快地获得正现金流。因为可承担损失是专家型创业者偏好的决策原则，是其长期实践经验的结果，因此能带来更高的新创企业绩效（Sarasvathy et al.，2008）。维尔特班克等（Wirtbank et al.，2009）的实证研究发现，尽管预测导向的天使投资人投资更多，但基于可承担损失的非预测导向天使投资人在不减少投资成功率的前提下投资失败率显著降低。基于以上分析，可承担损失原则有利于提高新创企业绩效。

高动态的创业环境下，保持灵活性和利用权变是新创企业可以持续生存和发展的必要条件。创业者通过因陋就简、即兴而作和对有限资源的创造性利用，通过对偶然事件的权变把握为创业成功开拓出各种可能性（Brettel et al.，2012）。灵活性既保证了新创企业在市场出现机会时保持足够的敏感性（Perry et al.，2012），也使得新创企业在创业过程中一旦发现投资失误可以及时转换投资方向。效果推理理论认为，创业者不需要总是被动接受给定的外生机会，某些特定创业机会也可以被创业者的主观能动行为创造出来（Christophe & Per，2010）。因而，灵活性和利用权变有利于提高新创企业绩效。

效果推理的先前承诺原则意味着新创企业充分利用合作伙伴的先前承诺降低创业过程的风险。由于有限理性，个体往往无法获得决策所必需的全部信息，新创业者只能凭借以往的经验，即启发式和偏见作出有限理性决策（张玉利和赵都敏，2009）。而先前承诺是创业者以往合作中获得的经验，创业者利用这种以往经验带来的启发式，可以在复杂的环境中快速作出创业决策，并能时刻掌握市场主动。通过合作伙伴、顾客及供应商的先前承诺不仅降低了创业过程中因市场和技术风险带来的损失（Sarasvathy et al.，2008），而且可以确保企业获得承诺期内的正常经营活动不受环境变化的冲击。因此，先前承诺有利于提高新创企业绩效。综合以上分析，提出如下假设：

H11 - 1：效果推理对新创企业绩效具有正向影响。

H11 - 1a：实验对新创企业绩效具有正向影响。

H11 - 1b：可承担损失对新创企业绩效具有正向影响。

H11 - 1c：利用权变对新创企业绩效具有正向影响。

H11 - 1d：先前承诺对新创企业绩效具有正向影响。

## 三、资源整合的中介作用

资源整合是企业获取所需资源后将其进行绑聚以形成和改变能力的过程（Kogut & Zander，1992；Sirmon & Hitt，2007），资源整合过程实际上代表着企业通过配置与调整资源，把组织的互补资源黏合在一起来实现理想状态（蔡莉和尹苗苗，2009）。本研究借鉴彭学兵等（2016）的研究，将创业资源整合分为创业资源内聚和创业资源耦合两个维度。创业资源内聚指创业过程中，新创企业为了获得某类资源上的领先优势而对该类资源进行识别与选择、汲取与配置、激活和有机融合的行为；而创业资源耦合则指新创企业为了发挥不同类型资源的组合优势，在资源配置过程中对不同类型资源进行识别与选择、汲取与配置、激活和有机融合的行为。（彭学兵等，2016）。

作为一种决策逻辑，效果推理原则影响创业行为，而资源整合是创业过程的重要一环，因此效果推理影响资源整合。效果推理的实验原则使创业者在进行资源整合时不按照预定的计划模式，也没有事先设计好的理想整合目标，而是基于掌握的资源和可利用手段，采取试错的方式实验各种可能的资源组合。可承担损失原则使得创业者不会将过多的资源投入到某一类资源组合中，而是在可承担损失范围考虑各种资源组合。灵活性或利用权变原则使得创业者在获取和绑聚资源的过程中保持足够的灵活性以应对创业环境的变化。先前承诺原则意味着创业者会利用资源提供者或资源合作者的先前承诺来提前锁定既得利益，避免动态环境带来资源整合失败的损失。由此可见，效果推理逻辑会强化新创企业的资源整合行为。莫尔等（Mauer et al., 2010）的实证研究也发现，效果推理的可利用手段维度和先前承诺维度对资源整合具有直接促进作用，而可承担损失维度和权变维度则具有间接促进作用。综合以上分析，效果推理的实验、可承担损失、利用权变和先前承诺四个维度都对创业资源整合具有积极促进作用。

而创业资源整合对新创企业绩效也具有积极的促进作用。资源整合通过有形资源和无形资源之间的复杂互动形成能力，这种创造出的特定能力有利于企业战胜竞争者（蔡莉和尹苗苗，2009）。创业资源内聚提高了企业的专长能力，创业资源耦合提高了企业的综合能力，资源整合过程是发生"质变"的过程，其结果是产生能力而不是更大的资源束，因此资源整合对企业的生存、发展及取得竞争优势都具有积极的促进作用（Sirmon & Hitt，2007），因此创业资源整合有利于提高新创企业绩效。

由于效果推理影响新创企业绩效和创业资源整合，而创业资源整合也影响新创企业绩效，因此，创业资源整合在效果推理与新创企业绩效的关系中具有中介作用。由此提出如下假设：

H11 - 2：创业资源内聚和创业资源耦合在效果推理与新创企业绩效的关系中具有中介作用。

H11 - 2a：创业资源内聚和创业资源耦合在实验与新创企业绩效的关系中具有中介作用。

H11 - 2b：创业资源内聚和创业资源耦合在可承担损失与新创企业绩效的关系中具有中介作用。

H11 - 2c：创业资源内聚和创业资源耦合在利用权变与新创企业绩效的关系中具有中介作用。

H11 - 2d：创业资源内聚和创业资源耦合在先前承诺与新创企业绩效的关系中具有中介作用。

## 四、环境动态性的调节作用

环境动态性指行业中技术发展和市场需求发生变化的程度和频率，以及这些变化的不可预测程度（Sharfman & Jr，1991）。环境动态性是创业和效果推理的一个重要情境。效果推理者在可承担损失范围利用权变实验各种创业机会，并保持对市场机会和创业过程的高度灵活性，同时利用合作伙伴的先前承诺来降低动态性环境带来的风险。研究发现，在一般动态环境下效果推理作用的发挥，都好于高动态环境下的情形（Sarasvathy & Dew，2005）。由此，提出如下假设：

H11 - 3：环境动态性对效果推理与新创企业绩效的关系具有负向调节作用。高动态的环境下，效果推理对新创企业绩效的负向影响高于环境动态性低的情形。

H11 - 3a：环境动态性对实验与新创企业绩效的关系具有负向调节作用。高动态的环境下，实验对新创企业绩效的正向影响低于环境动态性低的情形。

H11 - 3b：环境动态性对可承担损失与新创企业绩效的关系具有负向调节作用。高动态的环境下，可承担损失对新创企业绩效的正向影响低于环境动态性低的情形。

H11 - 3c：环境动态性对利用权变与新创企业绩效的关系具有负向调节作用。高动态的环境下，利用权变对新创企业绩效的正向影响低于环境动态性低的情形。

H11 - 3d：环境动态性对先前承诺与新创企业绩效的关系具有负向调节作用。高动态的环境下，先前承诺对新创企业绩效的正向影响低于环境动态性低的情形。

组织经济学的研究表明，环境动态性对创业行为具有重要影响（Van de Vrande，2009；McKelvie et al.，2011）。随着环境动态性程度的提高，技术发展和市场需求的变化使得对未来的预测变得越来越困难，按照效果推理逻辑，创业者只能基于掌握的资源和现有手段进行灵活性更高的创业拼凑或资源整合即兴创造。在高动态的技术和市场环境下，为保持资源整合的灵活性，创业者不会采取高内聚和高耦合的方式进行资源整合，而是在可承担损失范围、利用权变和合作伙伴的先前承诺，灵活的实验各种可整合的资源和各种资源整合模式。因此提出如下假设：

H11 - 4：环境动态性对效果推理与创业资源内聚（耦合）的关系具有负向调节作用。高动态的环境下，效果推理对创业资源内聚（耦合）的正向影响低于环境动态性低的情形。

H11 - 4a：环境动态性对实验与创业资源内聚（耦合）的关系具有负调节作用。高动态的环境下，实验对创业资源内聚（耦合）的正向影响低于环境动态性低的情形。

H11－4b：环境动态性对可承担损失与创业资源内聚（耦合）的关系具有负向调节作用。高动态的环境下，可承担损失对创业资源内聚（耦合）的正向影响低于环境动态性低的情形。

H11－4c：环境动态性对利用权变与创业资源内聚（耦合）的关系具有负向调节作用。高动态的环境下，利用权变对创业资源内聚（耦合）的正向影响低于环境动态性低的情形。

H11－4d：环境动态性对先前承诺与创业资源内聚（耦合）的关系具有负向调节作用。高动态的环境下，先前承诺对创业资源内聚（耦合）的正向影响低于环境动态性低的情形。

在以上论述中，我们假定了：（1）创业资源整合在效果推理与新创企业绩效间具有中介作用；（2）环境动态性会强化效果推理对创业资源整合的正向影响。根据穆勒（2005）等建议的有中介的调节效应定义，可以进一步推论，环境动态性越高，效果推理通过资源整合中介作用影响新创企业绩效的正向效应越强。根据以上论述，提出以下假设：

H11－5：环境动态性越高，创业资源内聚（耦合）在效果推理与新创企业绩效之间所起的中介效应越强。

H11－5a：环境动态性越高，创业资源内聚（耦合）在实验与新创企业绩效之间所起的中介效应越强。

H11－5b：环境动态性越高，创业资源内聚（耦合）在可承担损失与新创企业绩效之间所起的中介效应越强。

H11－5c：环境动态性越高，创业资源内聚（耦合）在利用权变与新创企业绩效之间所起的中介效应越强。

H11－5d：环境动态性越高，创业资源内聚（耦合）在先前承诺与新创企业绩效之间所起的中介效应越强。

本研究概念模型见图 11－1。

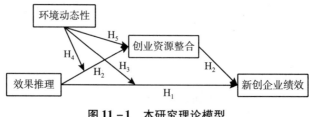

**图 11－1　本研究理论模型**

# 第三节　样本与研究方法

## 一、样本

本研究样本来自杭州市的新创企业，共计发放问卷 800 份，获得有效问卷 420 份，问卷回收率为 52.5%。回收的 420 份问卷中，因填答不完整、成立年限超过 10 年、填写人为非管理人员等作无效问卷处理的问卷 113 份，因此最终获得有效问卷 307 份。我们将不同时期获得的问卷，以及有效问卷与无效问卷的样本特征作了方差检验，结果显示样本特征无显著差异，因此认为本研究的非回答偏差不明显。所获样本的平均创业年限在 1~3 年之间，平均员工人数在 51~250 人之间，平均年销售额在 301 万~1 000 万元之间，样本基本特征见表 11-1。

表 11-1　　　　　　　　　　　样本基本特征

| 创业年限 | 员工人数 | 年销售额（人民币） | 行业类型 |
|---|---|---|---|
| 1 年以内（30.6%） | 20 人以下（37.8%） | 10 万元以下（15.6%） | 高科技（21.2%） |
| 1~3 年（21.8%） | 20~50 人（22.1%） | 10 万~300 万元（39.1%） | 传统制造（28.7%） |
| 3~5 年（28.3%） | 51~250 人（21.8%） | 301 万~1 000 万元（17.6%） | 建筑/房产（8.5%） |
| 5~10 年（19.2%） | 251~500 人（9.8%） | 1 001 万~1 500 万元（7.5%） | 商贸/服务（33.9%） |
|  | 500 人以上（8.5%） | 1 500 万元以上（20.2%） | 其他（7.8%） |

## 二、变量测量

为确保测量工具的效度及信度，本研究尽量采用现有文献使用过的量表（除创业资源整合外），再根据本研究目的加以适当修改作为搜集实证资料的工具。

### 1. 创业资源整合

本研究创业资源整合包含创业资源内聚和创业资源耦合两个维度，其测量采用彭学兵等（2016）开发的量表，量表共 10 个题项，其中创业资源内聚和创业资源耦合各 5 个题项。结果显示，创业资源内聚和创业资源耦合的信度系数分别为 0.82 和 0.83，具有良好的信度。

两个因子的信度分别为 0.82 和 0.83（见表 11-2）。以上结果表明，包含创业资源内聚和创业资源耦合两个维度的创业资源整合具有良好的信度和效度。

### 2. 效果推理

本研究效果推理的测量采用钱德勒等（Chandler et al.，2011）开发的量表，其中利用权变维度包含 4 个题项，实验、可承担损失和先前承诺维度分别包含 3 个题项。测量题项的翻译参考了秦剑（2011）的研究，并在其基础上经过团队成员反复比对形成。结果显示，效果推理的实验、可承担损失、利用权变和先前承诺四个维度的 α 系数分别为 0.68、0.78、0.79 和 0.68，具有较好的信度。

### 3. 环境动态性

环境动态性采用米勒和弗里森（Miller & Friesen，1982）设计的量表，包含 5 个题项，这 5 个题项的 α 系数为 0.87。

### 4. 新创企业绩效

本书新创企业绩效主要采用成长性绩效指标，主要综合了萨拉（Zahra，1996）及布拉什和范德韦夫（Brush & Vanderwerf，1992）对新创企业绩效的测量，并根据我国新创企业的特点修改而成，最终，共得到 8 个新创企业绩效的测量题项。8 个题项的 α 系数为 0.91。

### 5. 控制变量

以往的研究表明，企业背景变量（如年龄、行业、规模等）会影响企业绩效（Almeida et al.，2002）。因此，本研究将企业成立时间、员工人数、年销售额和行业类型作为控制变量处理。

# 第四节　研究结果

## 一、主要变量的验证性因素分析

主要研究变量创业资源整合和效果推理的验证性因子分析结果见表 11 - 2 和表 11 - 3。可以看出，创业资源整合的两因素模型和效果推理的四因素模型的拟合优度好于其他模型，表明两维度的创业资源整合和四维度的效果推理测量具有较好的效度。

表 11 - 2　　　　　　　　　创业资源整合的验证性因素分析结果

| 模型 | $\chi^2$ | $df$ | RMSEA | TLI | CFI | GFI |
|---|---|---|---|---|---|---|
| 零模型[a] | 215.801 | 15 | 0.440 | 0.000 | 0.000 | 0.421 |
| 二因素模型 | 8.589 | 8 | 0.033 | 0.995 | 0.997 | 0.963 |
| 单因素模型[b] | 45.700 | 9 | 0.243 | 0.695 | 0.817 | 0.787 |

注：a 在零模型中，所有测量项目之间没有关系；
　　b 将所有项目归属于同一个潜在因子。

表 11 - 3　　　　　　　　　　　　效果推理的验证性因素分析结果

| 模型 | $\chi^2$ | $df$ | RMSEA | TLI | CFI | GFI |
|---|---|---|---|---|---|---|
| 零模型[a] | 163.397 | 66 | 0.295 | 0.000 | 0.000 | 0.327 |
| 四因素模型 | 93.421 | 48 | 0.075 | 0.942 | 0.957 | 0.910 |
| 单因素模型[b] | 149.038 | 54 | 0.109 | 0.847 | 0.875 | 0.886 |

注：a 在零模型中，所有测量项目之间没有关系；

　　　b 将所有项目归属于同一个潜在因子。

## 二、变量之间的区分效度与验证性因子分析

为了检验主要变量之间的区分效度以及各测量量表的相应测量参数，采用 Amos17.0 对主要变量进行验证性因素（CFA）分析，在四至八因子模型以及单因子模型之间进行对比。结果显示，八因子模型吻合得比较好（$\chi^2(307) = 517.681$，$p < 0.01$；RMSEA = 0.078，CFI = 0.91，TLI = 0.90），而且这一模型要显著地优于其他模型的拟合优度（见表 11 - 4），表明测量具有较好的区分效度。

表 11 - 4　　　　　　　　　　　　　验证性因素分析结果

| 模型 | $\chi^2$ | $df$ | RMSEA | TLI | CFI |
|---|---|---|---|---|---|
| 零模型[a] | 4 451.748 | 378 | 0.209 | 0.00 | 0.00 |
| 八因子模型 | 517.681 | 322 | 0.078 | 0.90 | 0.91 |
| 七因子模型[b] | 1 287.848 | 329 | 0.103 | 0.730 | 0.765 |
| 六因子模型[c] | 1 819.510 | 335 | 0.133 | 0.589 | 0.636 |
| 五因子模型[d] | 1 562.878 | 340 | 0.121 | 0.666 | 0.700 |
| 四因子模型[e] | 1 617.518 | 344 | 0.122 | 0.656 | 0.687 |
| 单因子模型[f] | 2 571.848 | 350 | 0.160 | 0.411 | 0.455 |

注：a 在零模型中，所有测量项目之间没有关系；

　　　b 将创业资源内聚和创业资源耦合合并为一个潜在因子；

　　　c 分别将创业资源内聚与创业资源耦合、环境动态性与新创企业绩效合并为一个潜在因子；

　　　d 将实验、可承担损失、利用权变和先前承诺合并为一个潜在因子；

　　　e 分别将创业资源内聚和创业资源耦合，实验、可承担损失、利用权变和先前承诺分别合并为一个潜在因子；

　　　f 将所有项目归属于同一个潜在因子。

## 三、变量的描述性统计分析与相关分析

主要变量的均值、方差与相关分析见表 11 - 5。可以看出，各变量之间相关系数不高，说明多重共线性问题不明显。数据结果表明，新创企业绩效与实验、可承担损失、利用权变和先前承诺都具有显著正相关关系，因此，假设 H11 - 1a、H11 - 1b、H11 - 1c 和 H11 - 1d 得到初步验证。

表 11 - 5　研究变量的描述性统计分析与相关分析

| 分类 | 企业年龄 | 员工人数 | 高科技 | 传统制造 | 建筑房产 | 商贸零售 | 年销售额 | 资源内聚 | 资源耦合 | 实验 | 可承担损失 | 利用权变 | 先前承诺 | 环境动态性 | 新创企业绩效 |
|---|---|---|---|---|---|---|---|---|---|---|---|---|---|---|---|
| 均值 | 2.36 | 2.29 | 0.21 | 0.29 | 0.07 | 0.34 | 2.78 | 3.99 | 4.10 | 3.84 | 4.03 | 3.97 | 3.64 | 3.34 | 3.70 |
| 方差 | 1.110 | 1.283 | 0.409 | 0.453 | 0.264 | 0.474 | 1.362 | 0.617 | 0.595 | 0.741 | 0.694 | 0.624 | 1.041 | 0.728 | 0.732 |
| 企业年龄 |  | 0.562** | -0.189** | 0.546** | 0.207** | -0.315** | 0.547** | 0.316** | 0.221** | 0.317** | 0.345** | 0.418** | 0.367** | -0.160** | 0.312** |
| 员工人数 |  |  | -0.066 | 0.409** | 0.095 | -0.273** | 0.730** | 0.211** | 0.290** | 0.249** | 0.280** | 0.308** | 0.307** | -0.225** | 0.303** |
| 高科技 |  |  |  | -0.301** | -0.182** | -0.389** | -0.059 | -0.105 | -0.023 | -0.010 | -0.101 | -0.118* | -0.051 | 0.021 | -0.024 |
| 传统制造 |  |  |  |  | -0.153* | -0.327** | 0.435** | 0.327** | 0.288** | 0.299** | 0.340** | 0.416** | 0.334** | -0.259** | 0.162** |
| 建筑房产 |  |  |  |  |  | -0.197** | 0.059 | 0.004 | -0.087 | 0.045 | 0.000 | -0.008 | -0.037 | 0.131* | 0.080 |
| 商贸零售 |  |  |  |  |  |  | -0.281** | -0.142* | -0.068 | -0.283** | -0.175** | -0.176** | -0.182** | 0.092 | -0.169** |
| 年销售额 |  |  |  |  |  |  |  | 0.268** | 0.323** | 0.327** | 0.354** | 0.365** | 0.350** | -0.358** | 0.325** |
| 资源内聚 |  |  |  |  |  |  |  |  | 0.597** | 0.520** | 0.468** | 0.556** | 0.519** | -0.084 | 0.499** |
| 资源耦合 |  |  |  |  |  |  |  |  |  | 0.532** | 0.362** | 0.549** | 0.442** | -0.016 | 0.529** |
| 实验 |  |  |  |  |  |  |  |  |  |  | 0.587** | 0.632** | 0.538** | 0.062 | 0.633** |
| 可承担损失 |  |  |  |  |  |  |  |  |  |  |  | 0.641** | 0.631** | -0.104 | 0.479** |
| 利用权变 |  |  |  |  |  |  |  |  |  |  |  |  | 0.647** | -0.001 | 0.589** |
| 先前承诺 |  |  |  |  |  |  |  |  |  |  |  |  |  | -0.060 | 0.605** |
| 环境动态性 |  |  |  |  |  |  |  |  |  |  |  |  |  |  | 0.101 |

注：** 在 0.01 水平（双侧）上显著相关；* 在 0.05 水平（双侧）上显著相关

## 四、回归分析

回归分析结果见表 11-6。

主效应：从表 11-6 的模型 2（M2）可以看出，实验（β=0.38，p<0.01）、利用权变（β=0.21，p<0.01）和先前承诺（β=0.32，p<0.01）对新创企业成长绩效的影响显著，而可承担损失对新创企业成长绩效的影响不显著。因此，假设 H11-1a、H11-1c 和假设 H11-1d 得到了数据的支持，而假设 H11-1b 没有得到数据支持。

中介效应：根据巴隆和肯尼（Baron & Kenny，1986）建议的中介效应分析步骤检验创业资源整合（资源内聚和资源耦合）在效果推理（实验、利用权变和先前承诺）与新创企业绩效之间所起的中介作用。可以看出，实验和利用权变对资源内聚（M4，β=0.23、0.22，p<0.01）、资源耦合（M8，β=0.35、0.32，p<0.01）和新创企业绩效（M2，β=0.38、0.21，p<0.01）都具有显著的正向影响。同时，创业资源内聚和创业资源耦合对新创企业绩效（M13，β=0.25、0.38，p<0.01）也具有显著的正向影响。在加入了中介变量创业资源内聚后，实验和利用权变对新创企业绩效（M11，β=0.35、0.18，p<0.01）的影响下降，而创业资源内聚仍对新创企业绩效（M11，β=0.12，p<0.05）具有显著的正向影响。在加入了中介变量创业资源耦合后，实验和利用权变对新创企业绩效（M12，β=0.32、0.15，p<0.01）的影响下降，而创业资源耦合仍对新创企业绩效（M12，β=0.19，p<0.01）具有显著的正向影响。因此认为创业资源内聚和创业资源耦合在实验和利用权变与新创企业绩效的正向关系中具有部分正向中介作用，支持了假设 H11-2a 和 H11-2c。

先前承诺对资源内聚（M4，β=0.21，p<0.01）和新创企业绩效（M2，β=0.32，p<0.01）都具有显著正向影响，在加入了中介变量资源内聚后，先前承诺对新创企业绩效（M11，β=0.29，p<0.01）的影响下降，而创业资源内聚仍对新创企业绩效（M12，β=0.19，p<0.01）具有显著的正向影响。因此认为创业资源内聚在先前承诺与新创企业绩效的正向关系中具有部分正向中介作用，部分支持了假设 H11-2d。

调节效应：根据夏尔马等（Sharma et al.，1981）提出的调节效应检验步骤分三步检验环境动态性的调节效应。从模型 14（M14）和模型 15（M15）可以看出，环境动态性对实验与新创企业绩效的正向关系中具有负向调节作用，因此假设 H11-3a 得到了数据的验证，而 H11-3b、H11-3c 和 H11-3d 没有得到数据的支持。而从模型 6（M6）和模型 10（M10）可以看出，由于环境动态性对创业资源内聚和创业资源耦合的影响不显著，因此环境动态性在实验与创业资源内

表 11-6　回归分析

因变量

| 分类 | 新创企业绩效 | | | 创业资源内聚 | | | 创业资源耦合 | | | | 新创企业绩效 | | | | | | |
|---|---|---|---|---|---|---|---|---|---|---|---|---|---|---|---|---|---|
| | M1 | M2 | M3 | M4 | M5 | M6 | M7 | M8 | M9 | M10 | M11 | M12 | M13 | M14 | M15 | M16 | M17 |
| **控制变量** | | | | | | | | | | | | | | | | | |
| 企业年龄 | 0.19* | 0.04 | 0.17* | 0.04 | 0.04 | 0.06 | -0.00 | -0.12 | -0.12 | -0.10 | 0.04 | 0.06 | 0.15* | 0.04 | 0.04 | 0.04 | 0.06 |
| 员工人数 | 0.08 | 0.10 | -0.07 | -0.05 | -0.04 | -0.05 | 0.10 | 0.12 | 0.12 | 0.11 | 0.11 | 0.08 | 0.06 | 0.10 | 0.10 | 0.10 | 0.07 |
| 高科技 | -0.04 | -0.03 | -0.02 | -0.02 | -0.02 | -0.04 | 0.11 | 0.11 | 0.11 | 0.09 | -0.03 | -0.05 | -0.07 | -0.03 | -0.03 | -0.03 | -0.05 |
| 传统制造 | -0.09 | -0.21** | 0.19** | 0.09 | 0.07 | 0.06 | 0.24** | 0.13 | 0.14 | 0.11 | -0.22** | -0.23** | -0.22** | -0.19** | -0.19** | -0.20** | -0.22** |
| 建筑房产 | -0.02 | 0.02 | -0.01 | 0.02 | 0.02 | 0.02 | -0.03 | -0.01 | -0.01 | -0.02 | 0.02 | 0.02 | -0.00 | 0.01 | 0.01 | 0.00 | 0.01 |
| 商贸服务 | -0.08 | -0.01 | -0.02 | 0.03 | 0.04 | 0.04 | 0.13 | 0.19** | 0.19** | 0.18** | -0.01 | -0.04 | -0.13 | -0.01 | -0.02 | -0.01 | -0.04 |
| 年销售额 | 0.18* | 0.02 | 0.14 | 0.01 | -0.03 | -0.01 | 0.19* | 0.08 | 0.08 | 0.10 | 0.03 | 0.01 | 0.08 | 0.06 | 0.06 | 0.07 | 0.05 |
| **自变量** | | | | | | | | | | | | | | | | | |
| 实验 | | 0.38** | | 0.23** | 0.25** | 0.23** | | 0.35** | 0.35** | 0.31** | 0.35** | 0.32** | | 0.36** | 0.35** | 0.32** | 0.29** |
| 可承担损失 | | -0.06 | | 0.03 | 0.02 | 0.02 | | -0.14* | -0.14* | -0.12* | -0.07 | -0.04 | | -0.05 | -0.05 | -0.05 | -0.02 |
| 利用权变 | | 0.21** | | 0.22** | 0.23** | 0.23** | | 0.32** | 0.32** | 0.32** | 0.18** | 0.15** | | 0.19** | 0.19** | 0.16** | 0.13* |
| 先前承诺 | | 0.32** | | 0.21** | 0.21** | 0.22** | | 0.11 | 0.11 | 0.11 | 0.29** | 0.30** | | 0.32** | 0.32** | 0.29** | 0.30** |
| **中介变量** | | | | | | | | | | | | | | | | | |
| 资源内聚 | | | | | | | | | | | 0.12* | | 0.25** | | | 0.13** | |
| 资源耦合 | | | | | | | | | | | | 0.19** | 0.38** | | | | 0.18** |
| **调节变量** | | | | | | | | | | | | | | | | | |
| 环境动态性 | | | | | -0.08 | -0.08 | | | 0.01 | 0.02 | | | | 0.10* | 0.11* | 0.12* | 0.10* |
| **交互项** | | | | | | | | | | | | | | | | | |
| 实验×环境动态性 | | | | | | -0.15* | | | | -0.19* | | | | | -0.11* | | -0.02 |

| 分类 | 因变量 | | | | | | | | | | | | | | | | |
| --- | --- | --- | --- | --- | --- | --- | --- | --- | --- | --- | --- | --- | --- | --- | --- | --- | --- |
| | 新创企业绩效 | | 创业资源内聚 | | | | | 创业资源耦合 | | | 新创企业绩效 | | | | | | |
| | M1 | M2 | M3 | M4 | M5 | M6 | M7 | M8 | M9 | M10 | M11 | M12 | M13 | M14 | M15 | M16 | M17 |
| 可承担损失×环境动态性 | | | | | | 0.00 | | | | 0.08 | | | | | 0.027 | | |
| 利用权变×环境动态性 | | | | | | 0.05 | | | | 0.01 | | | | | 0.059 | | |
| 先前承诺×环境动态性 | | | | | | 0.10 | | | | 0.07 | | | | | 0.008 | | |
| $R^2$ | 0.141 | 0.547 | 0.143 | 0.395 | 0.400 | 0.410 | 0.149 | 0.418 | 0.418 | 0.433 | 0.555 | 0.567 | 391 | 0.554 | 0.554 | 0.564 | 0.574 |
| F值 | 6.99** | 32.33** | 7.10** | 17.50** | 16.35** | 12.58** | 7.50** | 19.28** | 17.62** | 13.83** | 30.58** | 32.07** | 21.20** | 30.38** | 28.04** | 27.00** | 28.07** |
| $\Delta R^2$ | 0.141 | 0.406 | 0.143 | 0.252 | 0.005 | 0.010 | 0.149 | 0.269 | 0.000 | 0.014 | 0.009 | 0.020 | 0.251 | 0.045 | 0.001 | 0.010 | 0.019 |
| $\Delta F$ | 6.99 | 66.04 | 7.10 | 30.76 | 2.584 | 1.178 | 7.503 | 34.079 | 0.050 | 1.846 | 5.68 | 13.81 | 61.12 | 4.59 | 0.553 | 6.578 | 13.267 |

注：n=307；**p<0.01，*p<0.05。

聚、实验与创业资源耦合的正向关系中都具有完全负向调节作用。因此假设 H11 - 4a 得到了数据的验证，而 H11 - 4b、H11 - 4c 和 H11 - 4d 没有得到数据的支持。

有中介的调节效应：按照穆勒等（Muller et al., 2005）提出的有中介的调节效应检验步骤检验研究假设 H11 - 5。首先，模型 15 显示，环境动态性在实验与新创企业绩效的正向关系中具有负向调节作用。其次，上述已经验证了环境动态性在实验与创业资源内聚、实验与创业资源耦合中具有负向调节作用。最后，模型 16 显示，加入中介变量创业资源内聚后，实验与环境动态性的交互项对新创企业绩效（M16，β = -0.03，p > 0.05）的影响不显著。模型 17 显示，加入中介变量创业资源耦合后，实验与环境动态性的交互项对新创企业绩效（M17，β = -0.02，p > 0.05）的影响不显著。因此认为，创业资源内聚和创业资源耦合都在以新创企业绩效为因变量、实验为自变量、环境动态性为调节变量的关系模型中起到中介作用，因此，假设 H11 - 5a 得到验证，而 H11 - 5b、H11 - 5c 和 H11 - 5d 没有得到数据的支持。

# 第五节　结论与讨论

效果推理作为有望在解释创业行为方面获得新突破的一个理论，近些年受到国内外学者越来越多的关注，然而对我国数据开展的实证研究还相对欠缺。本研究通过理论和实证分析，获得了一些有价值的发现。

效果推理的实验、利用权变和先前承诺维度对新创企业绩效具有显著的正向影响，而可承担损失维度对新创企业绩效的影响不显著。这意味着新创企业更多地采取实验、利用权变和先前承诺原则进行创业决策有利于提高绩效，但在考虑可承担损失情况下进行创业决策则不能显著提高新创企业绩效。这一结论验证了萨拉斯瓦蒂（Sarasvathy，2001）关于成功的企业早期更加注重利用联盟和合作伙伴的命题，也与已有研究如瑞德等（Read et al., 2009）、宁休斯（Nienhuis，2010）等的结论一致。瑞德等（Read et al., 2009）通过元分析发现，效果推理的手段导向（我知道什么、我是谁、我认识谁）、先前承诺和利用权变对新创企业绩效具有显著的正向影响，而可承担损失原则对新创企业的影响不显著。由于本研究采取钱德勒等（Chandler et al., 2011）对效果推理的分析维度，所以本研究第一个效果推理原则采取的是实验维度而非手段导向维度。钱德勒等（Chandler et al., 2011）提出的实验原则，即短期实验以识别不可预测未来的商业机会而非事前定义最终目标以预测不确定的未来，正是从萨拉斯瓦蒂（Sarasvathy，2001）提出的第一个效果推理原则，即手段导向而非目标导向而提出的。

宁休斯（Nienhuis，2010）也认为，实验原则是手段导向原则的一个测量。因此从内涵上来讲，实验原则与手段导向原则一致。

尽管迪尤等（Dew et al.，2009）认为瑞德等（Read et al.，2009）基于四篇文献作出的元分析不足以说明可承担损失与新创企业绩效无关，本研究还是没有验证萨拉斯瓦蒂等（Sarasvathy et al.，2008）关于可承担损失对绩效影响的理论和迪尤等（Dew et al.，2009）的分析。相反，本研究进一步证实了瑞德等（Read et al.，2009）关于可承担损失对绩效没有显著影响的结论。可承担损失原则之所以不能很好地预测绩效，与可承担损失的概念有关。可承担损失是一种更加关注消极信息的决策逻辑（Sarasvathy et al.，2008），采取的往往是一种谨慎和风险厌恶的投资决策逻辑，尽管可以减少犯错误带来损失的概率，但也失去了许多因投资正确而带来收益的机会。在一个机会多于威胁的转型经济制度背景下，基于可承担损失逻辑确定创业行为，可能并不是一个能带来更高回报的行为决策逻辑。布雷特尔等（Brettel et al.，2012）的研究也发现，只有在高创新情境下可承担损失维度才对研发效率具有积极的正向影响，因此可承担损失对新创企业绩效的影响受情境的影响。此外，该研究结论也验证了心理学中关于创业者风险厌恶方面的特质与创业企业的绩效没有明显线性关系的实验研究结论。

创业资源内聚和创业资源耦合在实验和利用权变与新创企业绩效的正向关系中具有部分正向中介作用。说明效果推理的实验和利用权变原则一方面直接影响新创企业绩效；另一方面也通过资源内聚和资源耦合的中介作用影响新创企业绩效。这些研究部分与莫尔等（Mauer et al.，2010）发现的效果推理的可承担损失原则通过影响资源扩大影响新创企业绩效，而利用权变通过影响汇聚目标和约束而影响新创企业绩效的研究结论一致。但与其效果推理的手段导向直接影响新创企业绩效，资源扩大不具有中介作用的研究结论不一致，本研究发现资源内聚和资源耦合在实验与新创企业绩效的正向关系中具有部分正向中介作用。创业资源整合（包括创业资源内聚和创业资源耦合）作为创业过程中的重要决策行为，其在效果推理决策逻辑与创业绩效中的中介作用得到验证，说明按照效果推理逻辑进行创业资源整合，有利于提高新创企业绩效。

创业资源耦合在先前承诺与新创企业绩效的正向关系中具有部分正向中介作用，说明先前承诺一方面直接正向影响新创企业绩效；另一方面通过创业资源耦合影响新创企业绩效。按照效果推理的先前承诺逻辑进行创业资源耦合，能显著提高新创企业绩效。这一研究结论与莫尔等（Mauer et al.，2010）发现的资源扩大在效果推理的先前承诺原则与新创企业绩效之间不具有中介作用的结论不一致。这是因为创业资源耦合不是简单的资源扩大，而是包括对现有资源的有机融合，使资源实现 $1 + 1 > 2$ 的效果。而且按照效果推理逻辑，新创企业可以基于现有资源进行创造性整合，而先前承诺为这种创新的资源整合提供了一定的资源保障。因此，创业资源耦合能在先前承诺与新创企业绩效之间起到中介作用。

环境动态性在实验与新创企业绩效的正向关系中具有负向调节作用。这一结论与布雷特尔等（Brettel et al.，2012）关于高创新环境下，采取高效果推理原则的企业比采取低效果推理原则的企业绩效更好的研究结论不同，因为高创新环境也是高动态和高不可预测的环境。这一结论部分说明中国情境下，尽管创业者一方面会利用高不确定环境创造机会；另一方面中国的创业者也更加是风险规避型的，这在浙江的企业表现得更加明显。环境动态性在实验与创业资源内聚、实验与创业资源耦合的正向关系中都具有完全负向调节作用。说明环境动态性越高，效果推理的实验原则对创业资源内聚和创业资源耦合的正向影响越低。根据萨拉斯瓦蒂（Sarasvathy，2001）的理论和钱德勒等（Chandler et al.，2011）的实证，不确定性与效果推理的实验原则具有正向关系，即不确定性程度越高，创业者更多采取实验原则。而实验原则意味着按照现有手段而非预期目标进行资源整合，无论是进行相同资源的内聚，还是进行不同资源的耦合，创业者都需要考虑资源的可获得性和可利用性。高动态的环境下，创业者只能基于手中掌握的资源和可利用手段进行资源内聚和资源耦合拼凑。这种拼凑的资源整合在创业者看来显然不如在稳定环境下按照计划进行的资源整合，因此在高动态性环境下，按照效果推理逻辑进行的资源内聚和资源耦合，不如在低动态环境下进行的资源内聚和资源耦合。

创业资源内聚和创业资源耦合两种资源整合方式都在以新创企业绩效为因变量、实验为自变量、环境动态性为调节变量的影响关系中起到中介作用。环境动态性越高，创业资源内聚和创业资源耦合在实验与新创企业绩效之间所起的中介效应越强。这说明不同的环境下，创业资源内聚和创业资源耦合在实验与新创企业绩效之间所起的中介作用有差异。这进一步揭示了创业资源整合在实验与新创企业绩效之间所起的情境中介作用，从而说明在不同的环境下，效果推理通过影响创业资源整合进而影响新创企业绩效的影响关系链有差异。对新创企业而言，其指导意义在于新创企业需要依据不同的环境，选择不同的决策逻辑，并据此采取不同的资源整合方式。对于解释新创企业的绩效差异，本研究结论提供了更加丰富的解释空间。

## 本章参考文献

［1］蔡莉，尹苗苗. 新创企业学习能力、资源整合方式对企业绩效的影响研究［J］. 管理世界，2009，(10)：1-10.

［2］方琳，冯雷鸣. 基于效果推理的科技型中小企业国际化决策分析——天津与浙江中

小企业的对比 ［J］. 国际经济合作，2014，44（7）：71 – 76.

［3］金健. 效果推理理论在创业人力资源管理中的应用 ［J］. 工会论坛，2012，18（6）：71 – 73.

［4］秦剑. 基于效果推理理论的创业实证研究及量表开发前沿探析与未来展望 ［J］. 外国经济与管理，2011，33（6）：1 – 8.

［5］张玉利，赵都敏. 手段导向理性的创业行为与绩效关系 ［J］. 系统管理学报，2009，18（6）：631 – 637.

［6］张玉利，田新. 创业者风险承担行为透析——基于多案例深度访谈的探索性研究 ［J］. 管理学报，2010，7（1）：82 – 90.

［7］张玉利，闫丽平，胡望斌. 新企业生成中创业者成长期望研究——基于 CPSED 首轮调查数据分析 ［J］. 管理学报，2010，7（10）：1448 – 1471.

［8］Almeida, P. , Song, J. , & Grant, R. M. . Are firms superior to alliances and markets? An empirical test of cross-border knowledge building ［J］. Organization Science, 2002, 13（2）：147 – 162.

［9］Baron, R. M. & Kenny, D. A. . The moderate-mediator variable distinction in social psychological research: Conceptual, strategic, and statistical considerations ［J］. Jounral of Personality and Social psychology, 1986, 51（6）：1173 – 1182.

［10］Brush, C. G. & Vanderwerf, P. A. . A comparison of methods and sources for obtaining estimates of new venture performance ［J］. Journal of Business Venturing, 1992, 7（2）：157 – 170.

［11］Sarasvathy, S. D. . Causation and effectuation: Toward a theoretical shift from economic inevitability to entrepreneurial contingency ［J］. Academy of Management Review, 2001, 26（2）：243 – 263.

［12］Read, S. , Song, M. , & Smit, W. . A meta-analytic review of effectuation and venture performance ［J］. Journal of Business Venturing, 2009, 24（6）：573 – 587.

［13］Brettel, M. , Mauer, R. , Engelen, A. , & Küpper, D. . Corporate effectuation: Entrepreneurial action and its impact on R&D project performance ［J］. Journal of Business Venturing, 2012, 27（2）：167 – 184.

［14］Chandler, G. N. , DeTienne, D. R. , McKelvie, A. , & Mumford, T. V. . Causation and effectuation processes – A validation measurement ［J］. Journal of Business Venturing, 2011, 26（3）：375 – 390.

［15］Christophe, G. & Per, D. . Do strategy choices matter for nascent firms? Effectuation in the early stages of ventures creation ［C］. 2010 Academy of Management Annual Meeting Proceedings, Montréal Convention Center, Montréal. August 6 – 10, 2010.

［16］Dew, N. , Sarasathy, S. , Read, S. , & Wiltbank, R. . Affordable loss: behavioral economic aspects of the plunge decision ［J］. Strategic Entrepreneurship Journal, 2009, 3（2）：105 – 126.

［17］Kahneman, D. & Tversky, A. . Prospect theory: An analysis decision under risk ［J］. Econometrica, 1979, 47（2）：263 – 292.

［18］Kogut, B. & Zander, U. . Knowledge of the firm, combinative capabilities, and the replication of technology [J]. Organization Science, 1992, 3 (3): 383 – 397.

[19] Lichtenstein, B. M. B. & Brush, C. G.. How do "resource bundles" develop and change in new ventures? A dynamic model and longitudinal exploration [J]. Entrepreneurship Theory and Practice, 2001, (25): 37 – 58.

[20] Mauer, R. , Smit, W. , Forster, W. , & York, J. Curry in a hurry? A longitudinal study on the acceleration of performance through effectuation by nascent entrepreneurs [J]. Frontiers of Entrepreneurship Research. 2010, 30 (6): Article 13.

[21] McKelvie, A. , Haynie, M. , & Gustavsson, V.. Unpacking the uncertainty construct: Implications for entrepreneurial action [J]. Journal of Business Venturing, 2011, 26 (3): 273 – 292.

[22] Miller D. & Friesen P. H.. Innovation in conservative and entrepreneurial firms: Two models of strategic momentum [J]. Strategic Management Journal, 1982, 3 (1): 1 – 25.

[23] Muller, D. , Judd, C. M. , & Yzerbyt, V. Y.. When moderation is mediated and mediation is moderated [J]. Journal of Personality and Social Psychology, 2005, 89 (6): 852 – 863.

[24] Nienhuis, M. D.. Effectuation and causation: The effect of entrepreneurial logic on incubated start-up performance [C]. Master thesis, 2010.

[25] Perry, J. T. , Chandler, G. N. , & Markova, G.. Entrepreneurial effectuation: A review and suggestions for future research [J]. Entrepreneurship Theory and Practice, 2012, 36 (4): 837 – 861.

[26] Read, S. & Sarasvathy, S. D.. Knowing what to do and doing what you know: Effectuation as a form of entrepreneurial expertise [J]. Journal of Private Equity, 2005, 9 (1): 45 – 62.

[27] Sarasvathy, S. D. & Dew, N.. Entrepreneurial logics for a technology of foolishness [J]. Scandinavian Journal of Management, 2005, 21 (4): 385 – 406.

[28] Sarasvathy, S. D. , Dew, N. , Read, S. , & Wiltbank, R.. Effectual entrepreneurial expertise: Existence and bounds [J]. Working Paper, 2008.

[29] Sharma, S. , Durand, R. M. , & Gur – Arie, O.. Identification and analysis of moderator variables [J]. Journal of Marketing Research, 1981, (18): 291 – 300.

[30] Sirmon, D. G. , Hitt, M. A. , & Ireland, R. D.. Managing firm resources in dynamic environments to create value Looking inside the black box [J]. Academy of Management Review, 2007, 32 (1): 273 – 292.

[31] Sharfman, M. P. & Jr, J. W. D. Conceptualizing and measuring organizational environment: A multidimensional approach [J]. Journal of Management, 1991, 17 (4): 681 – 700.

[32] Stewart, W. H. & Roth, P. L.. Risk propensity differences between entrepreneurs and managers: A meta-analysis review [J]. Journal of Applied Psychology, 2001, 86 (1): 145 153.

[33] Wiltbank, R. , Read, S. , Dew, N. , & Sarasvathy, S. D.. Prediction and control under uncertainty: Outcomes in angel investing [J]. Journal of Business Venturing, 2009, 24 (2): 116 – 133.

[34] Van deVrande, V. , Vanhaverbeke, W. , & Duysters, G.. External technology sourcing:

The effect of uncertainty on governance mode choice ［J］. Journal of Business Venturing, 2009, 24 (1): 62 – 80.

　　［35］Zahra, S. A.. Technology strategy and new venture performance: A study of corporate-sponsored and independent biotechnology ventures ［J］. Journal of Business venturing, 1996, 11 (4): 289 – 321.